KOMMUNALRECHT NRW

2014

Horst Wüstenbecker
Rechtsanwalt

ALPMANN UND SCHMIDT Juristische Lehrgänge Verlagsges. mbH & Co. KG
48143 Münster, Alter Fischmarkt 8, 48001 Postfach 1169, Telefon (0251) 98109-0
AS-Online: www.alpmann-schmidt.de

Wüstenbecker, Horst
Kommunalrecht NRW
11. neubearbeitete Auflage 2014
ISBN 978-3-86752-378-3
Verlag Alpmann und Schmidt Juristische Lehrgänge
Verlagsgesellschaft mbH & Co. KG, Münster

INHALTSVERZEICHNIS

LITERATURVERZEICHNIS

Articus/Schneider	Gemeindeordnung für das Land Nordrhein-Westfalen 4. Aufl. 2012
Burgi	Kommunalrecht 4. Aufl. 2012
Dietlein/Burgi/Hellermann	Öffentliches Recht in Nordrhein-Westfalen 5. Aufl. 2014
Ehlers/Fehling/Pünder	Besonderes Verwaltungsrecht Band 3 Kommunalrecht 3. Aufl. 2013
Erichsen	Kommunalrecht des Landes Nordrhein-Westfalen 2. Aufl. 1997
Erichsen/Ehlers	Allgemeines Verwaltungsrecht 14. Aufl. 2010
Geis	Kommunalrecht 3. Aufl. 2013
Held/Winkel/Wansleben	Kommunalverfassungsrecht Nordrhein-Westfalen Loseblatt, Stand: Dezember 2013 (zit.: KV/GO-Bearbeiter bzw. KV/KrO-Bearbeiter)
Heusch/Schönenbroicher	Die Landesverfassung Nordrhein-Westfalen 2010
Hufen	Verwaltungsprozessrecht 9. Aufl. 2013
Jarass/Pieroth	Grundgesetz 13. Aufl. 2014
Kleerbaum/Palmen	Gemeindeordnung Nordrhein-Westfalen 2008
Kopp/Ramsauer	Verwaltungsverfahrensgesetz 14. Aufl. 2013

Kopp/Schenke	Verwaltungsgerichtsordnung 20. Aufl. 2014
Lange	Kommunlarecht 2013
Löwer/Tettinger	Kommentar zur Verfassung des Landes Nordrhein-Westfalen 2002
Maunz/Dürig	Grundgesetz Loseblatt, Stand: Dezember 2013
Maurer	Allgemeines Verwaltungsrecht 18. Aufl. 2011
v, Münch/Kunig	Grundgesetz Band 1 6. Aufl. 2012
v. Mutius	Kommunalrecht 2. Aufl. 2011
Redeker/v. Oertzen	Verwaltungsgerichtsordnung 15. Aufl. 2010
Rehn/Cronauge/v. Lennep/ Knirsch (zit. Rehn/Cronauge)	Gemeindeordnung für das Land Nordrhein-Westfalen Loseblatt, Stand: März 2014
Sachs	Grundgesetz 6. Aufl. 2011
Schoch	Besonderes Verwaltungsrecht 15. Aufl. 2013
Steiner	Besonderes Verwaltungsrecht 8. Aufl. 2006
Stelkens/Bonk/Sachs	Verwaltungsverfahrensgesetz 8. Aufl. 2014
Tettinger/Erbguth/Mann	Besonderes Verwaltungsrecht 11. Aufl., Heidelberg 2012

1. Abschnitt: Kommunale Selbstverwaltung im Staatsgefüge

A. Die Bedeutung des Kommunalrechts im Examen

Das Kommunalrecht gehört zum **Pflichtfachbereich** (§ 11 Abs. 2 Nr. 13 b JAG NRW) und ist häufig Gegenstand von Examensklausuren. Im ersten Examen in NRW wiesen in den vergangenen Jahren im Durchschnitt **ca. 15 %** der öffentlich-rechtlichen Klausuren kommunalrechtliche Bezüge auf. Im zweiten Examen ist der Anteil angesichts der dortigen Aufgabenstellung (vgl. § 51 Abs. 2 JAG NRW) naturgemäß geringer. 1

Anders als z.B. das Polizeirecht oder das Baurecht ist das Kommunalrecht kein materielles Rechtsgebiet, sondern in erster Linie **Organisationsrecht**. Im Vordergrund stehen Fragen nach den Kompetenzen und den Handlungen kommunaler Organe (z.B. des Gemeinderates oder des Bürgermeisters). Kommunalrechtliche Fragestellungen können in der Klausur daher nicht nur isoliert auftauchen, sondern sind häufig Teil von Klausuren zum Allgemeinen und sonstigen Besonderen Verwaltungsrecht. 2

Beispiele: Im Rahmen einer Baurechtsklausur kommt es auf die Festsetzungen eines Bebauungsplans der Gemeinde an (§ 30 BauGB). Dessen Wirksamkeit hängt vom Vorliegen eines ordnungsgemäßen Ratsbeschlusses nach den Vorschriften der Gemeindeordnung ab. – Die Rechtmäßigkeit einer Straßenumbenennung durch den Gemeinderat setzt dessen Organkompetenz nach der Gemeindeordnung voraus.

Ausgangspunkt des Kommunalrechts ist die **besondere Stellung** der Gemeinden und Gemeindeverbände (insbesondere der Kreise) im Staatsgefüge, die aus dem **Recht zur Selbstverwaltung** (Art. 28 Abs. 2 GG) folgt. Daraus ergeben sich spezifische organisationsrechtliche Regelungen, insbesondere für die gemeindeinterne Willensbildung, aber auch für das Außenverhältnis zum Bürger. 3

Rechtsbeziehungen im Kommunalrecht

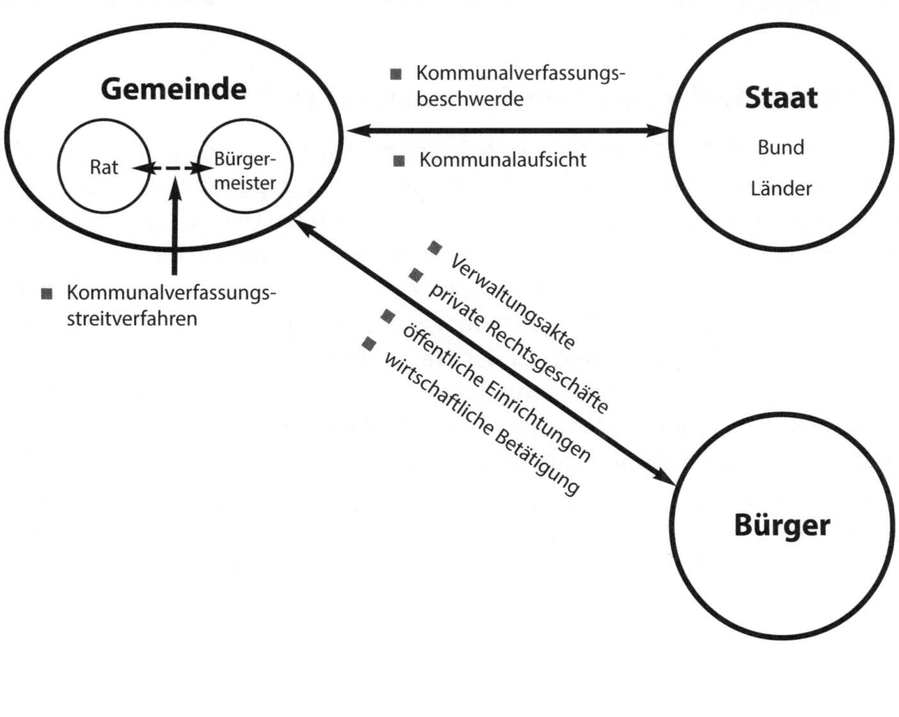

Klausurprobleme im Kommunalrecht

- **Verhältnis Kommune – Staat**
  - **Verfassungsrechtliche Gewährleistungen** des Art. 28 Abs. 2 GG, Art. 78 LVerf
    - materiell: Eingriffe in die kommunale Selbstverwaltungsgarantie
    - prozessual: Kommunalverfassungsbeschwerde
  - **Staatliche Aufsicht** über die Kommunen
    - materiell: kommunale Aufgaben
    - prozessual: Klage gegen Aufsichtsmaßnahmen
- **Verhältnis zwischen den Organen der Kommune** (Kommunalverfassungsrecht, innere Gemeindeverfassung)
  - materiell: **Rechte und Pflichten der Organe** (insbesondere des Rates, der Ratsmitglieder, der Fraktionen und des Bürgermeisters)
  - prozessual: **Kommunalverfassungsstreitverfahren**
- **Verhältnis Kommune – Bürger**
  - **Organkompetenz** beim Erlass von Verwaltungsakten
  - **Vertretung** bei privatrechtlichen Rechtsgeschäften
  - **Benutzung kommunaler öffentlicher Einrichtungen**
    - Benutzungsanspruch und Zulassungsklage
    - Anschluss- und Benutzungszwang und Abwehrklage
  - **Gemeindewirtschaftsrecht**
    - wirtschaftliche Betätigung der Gemeinde
    - Konkurrentenklage

B. Entwicklung der Kommunalverfassung in NRW

4 Schon in frühgeschichtlicher Zeit, noch bevor es den Staat gab, bildeten sich **Dorfgemeinschaften** als höhere Einheiten über Familie und Sippe. Größere Bedeutung erlangten später die von den Römern im Gebiet des heutigen Deutschland gegründeten **Städte** (z.B. Köln und Trier). Ab dem 11. Jahrhundert verstärkte sich die kommunale Bewegung, um größere Freiheiten von den Landesherren zu erreichen. Ihre im Mittelalter erlangte Bedeutung verloren die Städte aber wieder weitgehend im Zeitalter des Absolutismus (17. bis 18. Jahrhundert), da der Staat zentralistisch geführt wurde. Die Wiedererweckung des Gedankens bürgerschaftlicher Mitwirkung an der örtlichen Verwaltung brachte die preußische Städteordnung des **Freiherrn vom Stein** aus dem Jahre 1808. Seitdem gibt es kommunale Selbstverwaltung.

Kommunale Selbstverwaltung bedeutet Aktivierung der Bürger „für ihre eigenen Angelegenheiten. Die in der örtlichen Gemeinschaft lebendigen Kräfte schließen sich zur eigenverantwortlichen Erfüllung öffentlicher Aufgaben der engeren Heimat zusammen mit dem Ziel, das Wohl der Einwohner zu fördern und die geschichtliche und heimatliche Eigenart zu wahren."[1]

1 BVerfGE 11, 266, 275 f.

Die erste verfassungsrechtliche Gewährleistung der Selbstverwaltung der Kommunen enthielt **Art. 127 WRV** (Weimarer Reichsverfassung): „Gemeinden und Gemeindeverbände haben das Recht der Selbstverwaltung innerhalb der Schranken der Gesetze." Allerdings gelang es zur Zeit der Weimarer Republik nicht, eine Reichsgemeindeordnung zu erlassen. Im Gebiet des heutigen NRW galten weiterhin die **preußischen Städteordnungen** aus dem 19. Jahrhundert. Diese wurden erst Ende 1933 durch das **Preußische Gemeindeverfassungsgesetz** (PrGVG) abgelöst, das allerdings bereits entscheidend von den Nationalsozialisten geprägt war und im Januar 1935 durch die **Deutsche Gemeindeordnung** (DGO) ersetzt wurde. Die DGO schaffte die kommunale Selbstverwaltung praktisch ab. An der Spitze der Gemeinde stand ein vom Staat ernannter Bürgermeister als „Leiter der Gemeinde". Einen gewählten Rat als Vertretung der Bürgerschaft gab es nicht mehr. 5

Nach dem 2. Weltkrieg wurde in der britischen Besatzungszone die DGO vom nationalsozialistischen Gedankengut befreit und durch Elemente des englischen Kommunalrechts ergänzt (**revidierte DGO** vom 01.04.1946). Neben den Rat und den Bürgermeister als Repräsentanten der Gemeinde trat ein Gemeindedirektor, dem die Leitung der Verwaltung oblag. Diese sogenannte **Doppelspitze** wurde dann 1952 durch die GO NW (heute GO NRW) übernommen.[2] 6

Die mit der Konkurrenz zwischen Bürgermeister und Gemeindedirektor verbundene Doppelspurigkeit ist immer wieder kritisiert worden (Reibungsverluste, Effektivität der Leitung und Steuerung der Gemeinde). Deshalb hat der Landesgesetzgeber 1994 die Doppelspitze abgeschafft:[3] Das Organ Gemeindedirektor entfiel. Leiter der Gemeindeverwaltung ist seitdem der von den Bürgern **unmittelbar gewählte Bürgermeister**, der zugleich Vorsitzender des Rates ist (in kreisfreien Städten: Oberbürgermeister, § 40 Abs. 2 S. 3 GO NRW). 7

Entsprechende Änderungen gab es auf der **Kreisebene**: Das Organ Oberkreisdirektor (OKD) entfiel. Der von den Bürgern unmittelbar gewählte **Landrat** ist Leiter der Kreisverwaltung und Vorsitzender des Kreistags (§§ 25 Abs. 2, 42 ff. KrO NRW).

C. Rechtsgrundlagen im Kommunalrecht

I. Verfassungsrechtliche Gewährleistungen

Verfassungsrechtlich wird das Kommunalrecht vor allem geprägt durch die **Selbstverwaltungsgarantie** in Art. 28 Abs. 2 GG: 8

> *„Den Gemeinden muss das Recht gewährleistet sein, alle Angelegenheiten der örtlichen Gemeinschaft im Rahmen der Gesetze in eigener Verantwortung zu regeln. Auch die Gemeindeverbände haben im Rahmen ihres gesetzlichen Aufgabenbereichs nach Maßgabe der Gesetze des Recht der Selbstverwaltung. …"*

Diese Garantie richtet sich zunächst an den **Bund**, schützt die Kommunen also insbesondere vor Eingriffen durch Bundesgesetze.

2 Zur geschichtlichen Entwicklung Riotte NWVBl. 2002, 129 ff.

3 Gesetz zur Änderung der Kommunalverfassung vom 17.05.1994 (GVBl. S. 270).

9 Über Art. 28 Abs. 3 GG werden aber auch die **Länder** zu einer entsprechenden Gewährleistung der kommunalen Selbstverwaltung verpflichtet. Dementsprechend wird das Selbstverwaltungsrecht auch durch die Landesverfassung in **Art. 78 LVerf** garantiert:

> *„(1) Die Gemeinden und Gemeindeverbände sind Gebietskörperschaften mit dem Recht der Selbstverwaltung durch ihre gewählten Organe.*
>
> *(2) Die Gemeinden und Gemeindeverbände sind in ihrem Gebiet die alleinigen Träger der öffentlichen Verwaltung, soweit die Gesetze nichts anderes vorschreiben. ...“*

10 Die Garantien in Art. 28 Abs. 2 GG und Art. 78 LVerf stehen **selbstständig nebeneinander**. Landesorgane müssen beide Garantien beachten, während Bundesorgane nur an das GG gebunden sind.[4] So ist z.B. die Vereinbarkeit eines Bundesgesetzes mit der Selbstverwaltungsgarantie an Art. 28 Abs. 2 GG zu überprüfen, die Vereinbarkeit eines Landesgesetzes dagegen an Art. 78 Abs. 1 u. 2 LVerfG und Art. 28 Abs. 2 GG. Unterschiede ergeben sich dadurch jedoch kaum, da die Gewährleistungsbereiche weitgehend identisch sind (vgl. unten Rn. 51 ff.).

II. Kommunalrecht im engeren Sinne

11 Das Kommunalrecht unterliegt nach Art. 30, 70 GG der **ausschließlichen Gesetzgebungskompetenz der Länder**. Einfach-gesetzlich sind die Rechtsverhältnisse der Kommunalkörperschaften insbesondere geregelt in der

- **Gemeindeordnung** (GO NRW),
- **Kreisordnung** (KrO NRW) und der
- **Landschaftsverbandsordnung** (LVerbO).

Weitere kommunalrechtliche Vorschriften finden sich im Kommunalwahlgesetz (KWahlG), im Gesetz über die kommunale Gemeinschaftsarbeit (GkG), in der GemeindehaushaltsVO, in der EigenbetriebsVO, in der KommunalunternehmensVO und im Gesetz über den Verfassungsgerichtshof (VGHG NRW), das in § 52 eine besondere Kommunalverfassungsbeschwerde vorsieht (s.u. Rn. 85 ff.).

12 Eine wichtige Rechtsquelle für das Verfassungsrecht der einzelnen Gemeinde ist deren **Hauptsatzung** (§ 7 Abs. 3 GO NRW).

Die Hauptsatzung enthält ergänzende Regelungen zur Verfassung und Verwaltung der Gemeinde, soweit die GO die Entscheidung der Gemeinde überlässt. **Beispiele:** Bestimmungen über die Bildung von Ausschüssen (§ 57 GO NRW), die Übertragung von Entscheidungsbefugnissen auf Ausschüsse (§ 41 Abs. 2 GO NRW) und die Zuständigkeiten des Bürgermeisters (§ 41 Abs. 2 u. 3 GO NRW).

D. Die Träger der kommunalen Selbstverwaltung

13 Träger der kommunalen Selbstverwaltung sind

- die **Gemeinden** und
- die **Kreise** und
- die **Landschaftsverbände**.

4 Schoch Jura 2001, 121, 122.

I. Gemeinden

Gemeinden gibt es in allen Ländern der Bundesrepublik. In den Stadtstaaten Hamburg und Berlin sind sie allerdings mit den Ländern selbst identisch, sodass es dort kein besonderes Gemeinderecht gibt. **14**

Nach § 1 Abs. 2 GO NRW ist die Gemeinde eine **Gebietskörperschaft** des öffentlichen Rechts. **Körperschaften** sind mitgliedschaftlich verfasste, vom Wechsel ihrer Mitglieder unabhängige Organisationen, die ihre Individualität als Rechtssubjekt aus einem Hoheitsakt (in der Regel einem Gesetz) ableiten (§ 18 LOG NRW). **15**

- Bei **Gebietskörperschaften** (wie der Gemeinde) folgt die Mitgliedschaft aus dem **Wohnsitz** im Gebiet der Körperschaft.[5]
- Bei **Personalkörperschaften** ist der Beitritt oder die bestimmte Eigenschaft einer Person Voraussetzung für die Mitgliedschaft (z.B. Rechtsanwalts-, Notar- oder Ärztekammer, Universitäten).
- Bei **Realkörperschaften** ergibt sich die Mitgliedschaft entweder aus dem Eigentum an einem Grundstück (z.B. bei Forstgenossenschaften) oder aus der Innehabung eines wirtschaftlichen Betriebes (z.B. Industrie- und Handelskammer, Handwerkskammer).
- Bei **Verbandskörperschaften** sind die Mitglieder ausschließlich juristische Personen des öffentlichen Rechts (z.B. Krankenkassen- oder Sparkassenverbände).

Organe der Gemeinde sind insbesondere **16**

- der **Rat** (§ 40 ff. GO NRW) und
- der **Bürgermeister** (§§ 62 ff. GO NRW).

Die **Bedeutung** der Gemeinden wird in § 1 Abs. 1 GO NRW wie folgt umschrieben: **17**

> *„Die Gemeinden sind die Grundlage des demokratischen Staataufbaues. Sie fördern das Wohl der Einwohner in freier Selbstverwaltung durch ihre von der Bürgerschaft gewählten Organe. Sie handeln zugleich in Verantwortung für die zukünftigen Generationen."*

Bedeutung und Aufgaben der einzelnen Gemeinden sind unterschiedlich, je nach der **Größe der Gemeinde**. Zu unterscheiden sind: **18**

- **Kreisfreie Städte**, denen sowohl die Aufgaben der Gemeinden als auch der Kreise obliegen;
- **Kreisangehörige Gemeinden,** wobei nach § 4 GO NRW zu unterscheiden sind:
  - Große kreisangehörige Städte,
  - Mittlere kreisangehörige Städte und
  - sonstige („kleine") kreisangehörige Gemeinden.

Die Bezeichnung **„Stadt"** führen die Gemeinden, denen diese Bezeichnung nach dem bisherigen Recht zusteht (§ 13 Abs. 2 S. 1 GO NRW) oder die als Mittlere kreisangehörige Stadt (§ 4 Abs. 1 GO NRW) zusätzliche Aufgaben wahrzunehmen haben (§ 13 Abs. 2 S. 2 GO NRW). Eine kreisangehörige Stadt, in der die Kreisverwaltung ihren Sitz hat, ist berechtigt, die Bezeichnung „Kreisstadt" zu führen (§ 13 Abs. 2 S. 3 GO NRW). Nach § 13 Abs. 3 GO NRW können Gemeinden mit Genehmigung des Innenministeriums auch andere Bezeichnungen führen, die auf ihre Geschichte oder heutige Eigenart oder Bedeutung hinweisen (z.B. Hansestadt, Hochschulstadt o.Ä.). **19**

Kommunalverfassungsrechtlich unterscheiden sich „Gemeinde" und „Stadt" **nicht**.

5 Zum Begriff der Gebietskörperschaft vgl. VerfGH NRW NWVBl. 2001, 340, 344.

20 Die Bestimmung, welche Gemeinden Große und Mittlere kreisangehörige Städte sind, richtet sich grundsätzlich nach der **Einwohnerzahl** (§ 4 Abs. 2 ff. GO NRW) und erfolgt durch **Rechtsverordnung** der Landesregierung (§ 4 Abs. 6 S. 3 GO NRW).[6]

Den Großen und Mittleren kreisangehörigen Städten können nach § 4 Abs. 1 GO NRW durch Gesetz und RechtsVO **zusätzliche Aufgaben** zugewiesen werden (vgl. z.B. die Differenzierung in § 60 Abs. 1 Nr. 3 a) BauO NRW).

In NRW gibt es insgesamt **396 Gemeinden**, davon 23 kreisfreie Städte und 373 kreisangehörige Städte und Gemeinden, hiervon sind 35 Große kreisangehörige Städte und 129 Mittlere kreisangehörige Städte. Besonderheiten gelten für die Städteregion Aachen (dazu unten Rn. 24).

II. Kreise

21 Kreise gibt es in allen Ländern, die Flächenstaaten sind (außerhalb NRW heißen sie überwiegend Landkreise). Sie nehmen die auf ihr Gebiet begrenzten **überörtlichen Angelegenheiten** wahr (§ 2 Abs. 1 S. 1 KrO NRW). Darüber hinaus erfüllen sie die Aufgaben, die ihnen aufgrund gesetzlicher Vorschriften übertragen sind (§ 2 Abs. 2 KrO NRW).

22 Die Kreise sind nach § 1 Abs. 2 KrO NRW **„Gemeindeverbände und Gebietskörperschaften"**. Als „Gebietskörperschaft" sind Mitglieder des Kreises die Bürger der kreisangehörigen Gemeinden. Als „Gemeindeverbände" i.S.d. Art. 28 Abs. 2 S. 2 GG sind sie (auch) Verbandskörperschaften, die sich aus den kreisangehörigen Gemeinden des Kreisgebiets zusammensetzen.

23 **Organe** des Kreises sind

- der Kreistag (§§ 25, 26 KrO NRW),
- der Kreisausschuss (§ 50 KrO NRW) und
- der Landrat (§§ 42 ff. KrO NRW).

24 In NRW gibt es **30 Kreise** sowie die **Städteregion Aachen**, die 2009 aus den Gemeinden des früheren Kreises Aachen und der Stadt Aachen gebildet wurde. Die Städteregion Aachen ist ein neuer innovativer Kommunalverband, in dem die Kräfte der Kommunen gebündelt werden, um Synergieeffekte zu erzielen. Die Städteregion Aachen hat die Rechtsstellung eines Kreises, sodass auf sie grundsätzlich die für Kreise geltenden Vorschriften Anwendung finden. Der Kreistag führt die Bezeichnung „Städteregionstag" und der Landrat die Bezeichnung „Städteregionsrat". Die regionsangehörige Stadt Aachen hat die Rechtsstellung einer kreisfreien Stadt mit einem Oberbürgermeister. Die übrigen regionsangehörigen Gemeinden haben die Rechtsstellung kreisangehöriger Gemeinden.

25 Da das **Kreisrecht** dem Gemeinderecht sehr ähnlich ist und sich oft nur die Bezeichnungen unterscheiden (z.B. Landrat statt Bürgermeister), wird das Kommunalrecht im Folgenden anhand des **Gemeinderechts** dargestellt. Soweit erforderlich, wird auf die gleiche oder abweichende Rechtslage in den Kreisen hingewiesen.

III. Landschaftsverbände

26 Träger der kommunalen Selbstverwaltung in NRW sind außerdem die Landschaftsverbände **Westfalen-Lippe** (LWL mit Sitz in Münster) und **Rheinland** (LVR mit Sitz in Köln).

---

6 Verordnung vom 13.11.1979, zuletzt geändert durch VO vom 27.10.2009 (GVBl. NRW S. 679), Hippel-Rehborn 20 b.

Anders als die Kreise, nehmen sie nicht allgemein überörtliche Verwaltungsaufgaben 27
wahr, sondern haben nur einen **eingeschränkten Aufgabenbereich**. Ihre Aufgaben sind in der Landschaftsverbandsordnung (LVerbO) geregelt[7] und liegen vor allem im sozialen Bereich, im Gesundheitswesen und in der Kultur- und Denkmalpflege (§ 5 LVerbO).

Die **Landschaftsverbände** sind reine **Verbandskörperschaften**. Sie setzen sich nach 28
§ 1 LVerbO aus den kreisfreien Städten und den Kreisen des jeweiligen Verbandsgebietes zusammen. Man bezeichnet sie auch als „höhere" Gemeindeverbände. Ihre Einrichtung ist zwar verfassungsrechtlich nicht geboten. Wenn sie aber bestehen, also eingerichtet sind, werden sie vom Schutzbereich des Art. 28 Abs. 2 S. 2 GG und des Art. 78 LVerf erfasst.[8]

Dagegen wird eingewandt, dass die LVerf von einem engen Gemeindeverbandsbegriff ausgehe, was auch durch Art. 78 LVerf dokumentiert werde, wonach die Gemeinden und Gemeindeverbände die „ausschließlichen" Träger der öffentlichen Verwaltung sind.[9] Dies treffe auf die Landschaftsverbände nicht zu. Richtig ist zwar, dass die Landschaftsverbände keine universale Kompetenz hinsichtlich der auf ihr Gebiet bezogenen Angelegenheiten haben. Für den Schutz der Art. 28 Abs. 2 S. 2 GG, Art. 78 LVerf reicht es aber aus, wenn die Körperschaft in „größerem Umfang kommunale Aufgaben von einigem Gewicht als Selbstverwaltungsaufgabe" wahrnimmt.[10]

Organe des Landschaftsverbandes sind 29

- die Landschaftsversammlung (§§ 7 ff. LVerbO),
- der Landschaftsausschuss (§§ 11, 12 LVerbO) und
- der Direktor des Landschaftsverbandes (§§ 20, 21 LVerbO).

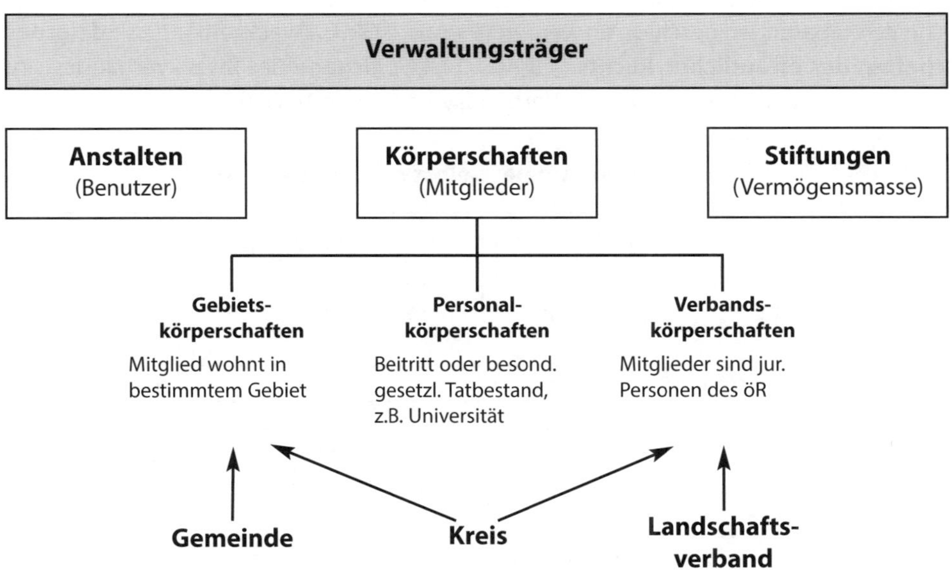

7 Vgl. Hippel-Rehborn 32.

8 Vgl. VerfGH NRW NWVBl. 2001, 340, 343 ff. (zur Eigenschaft der Landschaftsverbände als „Gebietskörperschaft" i.S.d. Art. 78 LVerf); Görrisch NWVBl. 2002, 418 ff.; Burgi NWVBl. 2001, 1, 6; ders. NWVBl. 2004, 131, 131 f. m.w.N.

9 Görisch NWVBl. 2002, 418, 419; Ehlers DVBl. 2001, 1601 ff.

10 VerfGH NRW NWVBl. 2001, 340, 343 f.

IV. Regionalverband Ruhr

30 Ein weiterer Gemeindeverband ist der **Regionalverband Ruhr (RVR)**. Der RVR ist Nachfolger des früheren Kommunalverbandes Ruhrgebiet (KVR). Der RVR dient dem Gemeinwohl der Region Ruhr. Mitglieder sind die Kreise und kreisfreien Städte des Ruhrgebiets (§ 1 RVRG).[11] Der Verband ist eine **Körperschaft des öffentlichen Rechts** mit dem Recht der Selbstverwaltung. **Organe** des Verbandes sind die Verbandsversammlung, der Verbandsausschuss und der Geschäftsführer (§ 8 RVRG, künftig: Regionaldirektor).

Pflichtaufgaben des RVR sind nach § 4 Abs. 1 RVRG u.a. die Sicherung und Weiterentwicklung von Grün-, Wasser- und Waldflächen mit überörtlicher Bedeutung für die Erholung, die regionale Wirtschaftsförderung und die regionale Tourismusförderung. Zudem kann der RVR nach § 4 Abs. 2 RVRG weitere Aufgaben mit regionaler Bedeutung übernehmen **(freiwillige Aufgaben)** und für einzelne oder mehrere Mitglieder auf Antrag kommunale Tätigkeiten wahrnehmen (§ 4 Abs. 3 ff. RVRG).

Nach den Vorstellungen der Landesregierung sollen die Kompetenzen des RVR erweitet werden. Die innere Organisationsstruktur soll durch die Einrichtung eines Kommunalrats als Gremium mit beratender Funktion ergänzt werden. Die Verbandsspitze (Regionaldirektor) soll künftig wieder aus kommunalen Wahlbeamten bestehen. Ab 2020 sollen die Mitglieder der Verbandsversammlung direkt von den Bürgerinnen und Bürgern des Verbandsgebiets gewählt werden.[12]

V. Zweckverbände

31 Gemeindeverbände im weiteren Sinne sind auch die **Zweckverbände** nach dem Gesetz über die kommunale Gemeinschaftsarbeit (GkG). Nach dem GkG können Gemeinden und Gemeindeverbände Aufgaben **gemeinsam wahrnehmen** (z.B. Errichtung einer gemeinsamen Volkshochschule). Hierzu können Arbeitsgemeinschaften gegründet, Zweckverbände und gemeinsame Kommunalunternehmen gebildet sowie öffentlich-rechtliche Vereinbarungen geschlossen werden (§ 1 Abs. 2 GkG). Zweckverbände sind **Körperschaften des öffentlichen Rechts** (§ 5 Abs. 1 GkG). **Organe** des Zweckverbandes sind die Verbandsversammlung und der Verbandsvorsteher (§ 14 GkG).

* Kreisfreie Städte einschließlich der regionsangehörigen Stadt Aachen, die die Rechtsstellung einer kreisfreien Stadt hat; die übrigen neun regionsangehörigen Gemeinden haben die Rechtsstellung kreisangehöriger Gemeinden.

11 Gesetz über den Regionalverband Ruhr (Hippel-Rehborn 34); dazu Kremer NWVBl. 2004, 337.

12 Vgl. den Gesetzentwurf vom 02.04.2014 in LT-Vorlage 16/1801.

E. Die Kommunen als Teil des Staates

I. Kommunalverwaltung als mittelbare Staatsverwaltung

Die Kommunen sind Teil des Staates (genauer des Landes). Die Kommunalverwaltung ist **32**
deshalb **mittelbare Staatsverwaltung.**[13]

Von **mittelbarer Staatsverwaltung** spricht man, wenn der Staat (Bund oder Land) Verwaltungsaufgaben durch selbstständige juristische Personen des öffentlichen Rechts (Körperschaften, Anstalten, Stiftungen) wahrnehmen lässt. **Unmittelbare Staatsverwaltung** liegt dagegen vor, wenn der Staat durch eigene Organe (Bundes- oder Landesbehörden) tätig wird.

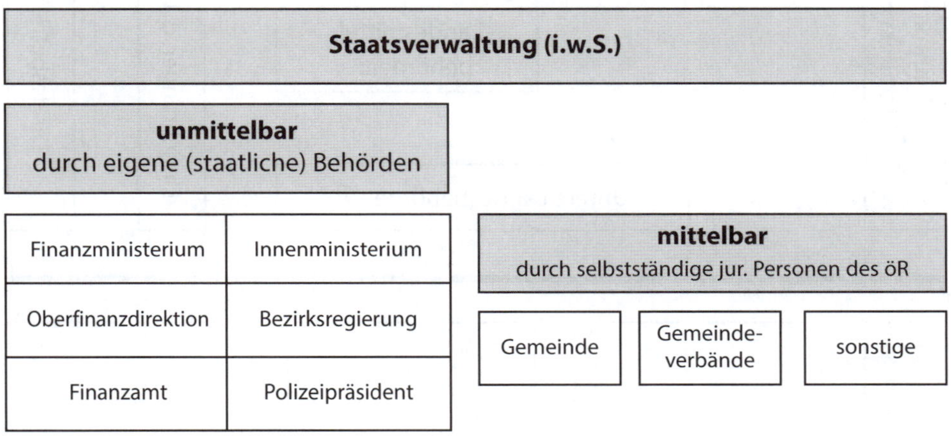

Daraus ergibt sich für die Gemeinden folgende **Aufgabenstruktur**:

- Nach Art. 28 Abs. 2 S. 1 GG haben die Gemeinden das Recht, „alle Angelegenheiten **33**
der örtlichen Gemeinschaft" (sog. **Selbstverwaltungsaufgaben**) in eigener Verantwortung zu regeln. Diese Aufgaben darf die Gemeinde selbstständig ausführen. Es besteht nur eine **Rechtsaufsicht** des Staates (§ 119 Abs. 1 GO NRW).

  Beispiel: Die Gemeinde betreibt die Energie- und Wasserversorgung oder ein Museum, Theater, o.Ä.

- Außerdem gibt es zahlreiche Aufgaben, die eigentlich **staatlicher Natur** sind, vom **34**
Staat aber nicht durch eigene Behörden erfüllt werden (können), sondern aus Gründen der Zweckmäßigkeit und der Ortsnähe auf die kommunalen Selbstverwaltungsträger übertragen worden sind. Bei diesen **Fremdaufgaben** besteht eine stärkere Aufsicht des Staates, die bis zu einer **Fachaufsicht** gehen kann (§ 13 LOG NRW).

  Beispiel: Die Gemeinde ist als örtliche Ordnungsbehörde zuständig für die staatliche Abwehr von Gefahren für die öffentliche Sicherheit und Ordnung (§ 3 Abs. 1 OBG).

- Am stärksten ist die Verbindung kommunaler Organe mit staatlicher Verwaltungs- **35**
tätigkeit beim Kreis. Hier ist der Landrat zugleich **„untere staatliche Verwaltungsbehörde"** (§§ 58, 59 KrO NRW). Er wird also nicht nur als Kommunalorgan tätig, sondern in bestimmten Fällen als Organ des Staates (Fall der sog. Organleihe).

  Nach § 58 Abs. 2 KrO NRW können Aufgaben der unteren staatlichen Verwaltungsbehörde auch den Bürgermeistern von kreisangehörigen Gemeinden zugewiesen werden (vgl. auch § 9 Abs. 4 OBG).

13 Vgl. BVerfG NJW 1991, 159; BVerwG NVwZ 1984, 176, 177; Maurer § 23 Rn. 1 ff.

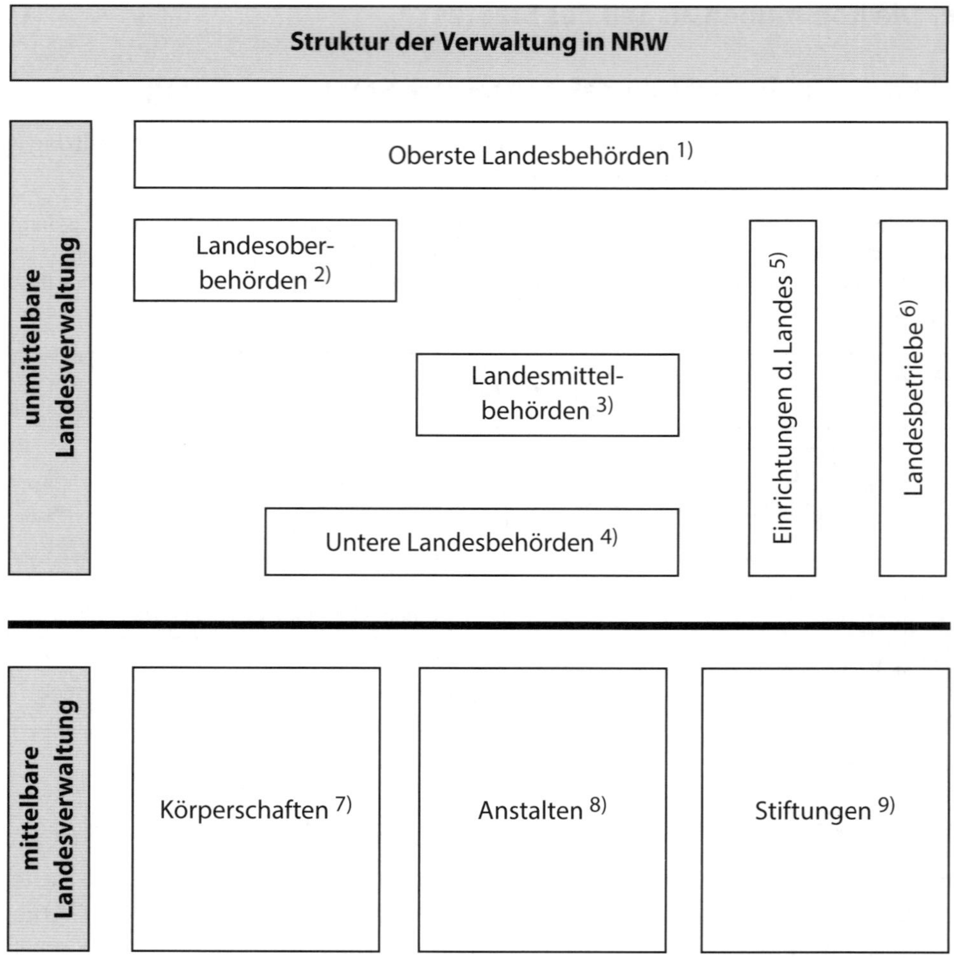

36 **1. Oberste Landesbehörden** sind die Landesregierung, der Ministerpräsident und die Landesministerien (§ 3 LOG NRW) sowie der Landesrechnungshof, der eine verfassungsrechtliche Sonderstellung einnimmt (Art. 87 LVerf).

Die Landesregierung ist die gesetzliche Vertreterin des Landes NRW nach außen. Sie kann diese Befugnis auf den Ministerpräsidenten, auf ein anderes Mitglied der Landesregierung oder auf nachgeordnete Stellen übertragen (Art. 57 LVerf).

37 **2. Landesoberbehörden** sind jeweils der fachlich zuständigen obersten Landesbehörde (also dem Ministerium) unmittelbar unterstellt und für das ganze Land zuständig (§ 6 LOG NRW). Sie können über einen eigenen Verwaltungsunterbau verfügen, in der Regel sind ihnen jedoch keine Behörden nachgeordnet.

Beispiele: Landesamt für Besoldung und Versorgung (LBV), Landeskriminalamt (LKA), Landesamt für Natur, Umwelt und Verbraucherschutz (LANUV).

38 **3. Landesmittelbehörden** sind die einer obersten Landesbehörde unmittelbar unterstehenden Behörden, die für einen Teil des Landes und in besonderen Fällen für das ganze Land zuständig sind (§ 7 LOG NRW). Landesmittelbehörden sind die Bezirksregierungen und die Oberfinanzdirektionen.

Die **Bezirksregierung** hat die Funktion einer allgemeinen Verwaltungsbehörde in der Mittelinstanz und ist die allgemeine Vertretung der Landesregierung im Bezirk (§ 8 Abs. 1 LOG NRW). Sie nimmt Aufgaben der verschiedensten Ministerien wahr, sodass sich hier die meisten staatlichen Aufgaben bündeln (Bündelungsbehörde, § 8 Abs. 2 LOG NRW). Die Bezirksregierung ist zuständig für alle Aufgaben der Landesverwaltung, die nicht ausdrücklich anderen Behörden übertragen sind (§ 8 Abs. 3 LOG NRW).

4. Untere Landesbehörden sind Behörden, die einer Landesoberbehörde oder einer Landesmittelbehörde unterstehen (§ 9 LOG NRW). Untere Landesbehörden sind insbesondere die Finanzämter, die Kreispolizeibehörden, die Schulämter und der Landrat als untere staatliche Verwaltungsbehörde (§ 59 KrO NRW). **39**

Der **Landrat** ist in erster Linie Organ des Kreises und damit Kommunalorgan (§§ 42 ff. KrO NRW). In bestimmten Fällen bedient sich das Land des kommunalen Organs für eigene Aufgaben (sog. Organleihe). In diesen Fällen wird der Landrat als „untere staatliche Verwaltungsbehörde" tätig (§ 59 KrO NRW).[14] Außerdem kann der Landrat zur Kreispolizeibehörde bestimmt werden (§ 2 Abs. 1 Nr. 2 POG) und ist dann in dieser Funktion untere Landesbehörde (§ 9 Abs. 2 LOG NRW).

5. Einrichtungen des Landes sind organisatorisch verselbstständigte, aber rechtlich unselbstständige (also nicht rechtsfähige) Teile der Landesverwaltung. Sie werden von den obersten Landesbehörden im Rahmen ihres Geschäftsbereichs errichtet (§ 14 LOG NRW). **40**

Beispiele: Archive, Forschungsanstalten, Kuranstalten.

6. Landesbetriebe sind ebenfalls rechtlich unselbstständige, organisatorisch abgesonderte Teile der Landesverwaltung, deren Tätigkeit erwerbswirtschaftlich oder zumindest auf Kostendeckung ausgerichtet ist (§ 14 a LOG). **41**

Beispiele: Landesbetrieb Straßenbau NRW und der Bau- und Liegenschaftsbetrieb NRW.

7. Körperschaften sind mitgliedschaftlich verfasste Zusammenschlüsse, bei denen die Mitglieder wesentlichen Einfluss auf die Willensbildung haben, deren Bestand aber vom Wechsel der Mitglieder unabhängig ist. Sie sind juristische Personen des öffentlichen Rechts, die durch Gesetz oder aufgrund eines Gesetzes errichtet werden (§ 18 LOG) und denen hoheitliche Aufgaben übertragen werden können (§ 19 Abs. 2 LOG). **42**

Dazu zählen z.B. die Universitäten, die Handwerkskammern, die Rechtsanwaltskammern, aber auch die **Träger der kommunalen Selbstverwaltung** (insbesondere Gemeinden, Kreise), die neben den Selbstverwaltungsaufgaben auch bestimmte staatliche Verwaltungsaufgaben wahrnehmen (s.o. Rn. 33 ff.).

6. Anstalten sind verselbstständigte Zusammenfassungen von Sachmitteln und Personal, welche der Erfüllung einer öffentlichen Aufgabe dienen und dem Bürger in der Regel zur Benutzung zur Verfügung stehen. Die **rechtsfähige** Anstalt (§ 21 LOG) ist auch rechtlich verselbstständigt und damit selbst Verwaltungsträger, die nichtrechtsfähige Anstalt ist dagegen unselbstständiger Teil eines anderen Verwaltungsträgers. **43**

Rechtsfähige Anstalten sind z.B. der Westdeutsche Rundfunk (WDR) und die Sparkassen (§ 1 SpkG). Als **nichtrechtsfähige** Anstalten können z.B. Friedhöfe, Schwimmbäder und ähnliche Einrichtungen der Gemeinde organisiert werden.

7. Stiftungen des öffentlichen Rechts sind rechtlich verselbstständigte Vermögensmassen (vgl. §§ 80 ff. BGB), die einen bestimmten öffentlichen Zweck fördern sollen (§ 21 LOG). **44**

Beispiele: Stiftung Kunst und Kultur des Landes Nordrhein-Westfalen, Stiftung Kunstsammlung Nordrhein-Westfalen u.a.

---

14 Vgl. Burgi NWVBl. 2001, 1, 6.

II. Einbindung der Gemeinden in die Staatsstruktur

45 Als Teil des Staates sind die Gemeinden (und Gemeindeverbände) gemäß Art. 28 Abs. 1 GG in die Staatsstrukturprinzipien des Art. 20 GG eingebunden.

1. Demokratieprinzip

46 Ausdruck des **demokratischen Prinzips** ist es, wenn auf örtlicher Ebene Bürger durch gewählte Organe an der Verwaltung mitwirken (vgl. § 1 Abs. 1 S. 2 GO NRW). Deshalb muss das Volk auf kommunaler Ebene eine Vertretung haben, die aus allgemeinen, unmittelbaren, freien, gleichen und geheimen Wahlen hervorgegangen ist (Art. 28 Abs. 1 S. 2 GG). Dadurch entsteht für den Volkswillen eine „dritte Entscheidungsebene" unterhalb von Bund und Land. Man spricht vom Prinzip der „gestuften Demokratie".

Es gehört „zum Wesen der kommunalen Selbstverwaltung, dass sie von der Mitwirkung angesehener, mit den heimischen Verhältnissen besonders vertrauter Mitbürger getragen wird und sich an den besonderen Bedürfnissen der örtlichen Gemeinschaft orientiert".[15] Daraus hat das BVerfG den Schluss gezogen, dass bei Kommunalwahlen örtliche Wählergruppen (sog. Rathausparteien oder freie Wählerinitiativen) nicht ausgeschlossen werden dürfen.

2. Bundesstaatsprinzip

47 Unter **bundesstaatlichen** Gesichtspunkten bleibt es dagegen bei der Zweiteilung in Bund und Länder, da nur Bund und Länder Gebietskörperschaften mit Staatsqualität sind. Die **Kommunen** bilden staatsrechtlich **keine dritte Ebene** innerhalb des Bundesstaates, sondern sind Teil der Länder.[16]

Praktische Konsequenz: Die Gemeinden können keine Kompetenzen haben, die im Bund-Länder-Verhältnis dem Bund zustehen, z.B. keine Zuständigkeiten im Bereich der Außen- und Verteidigungspolitik (dazu Rn. 123).

3. Rechtsstaatsprinzip

48 Unter dem **rechtsstaatlichen** Aspekt der Gewaltenteilung (Funktionentrennung) gehören die Gemeinden zur zweiten Gewalt, der Verwaltung **(Exekutive)**.

Vgl. Art. 3 Abs. 2 LVerf: „Die **Verwaltung** liegt in den Händen der Landesregierung, der Gemeinden und der Gemeindeverbände."; ähnlich Art. 78 Abs. 2 LVerf: „Die Gemeinden und Gemeindeverbände sind in ihrem Gebiet die alleinigen Träger der öffentlichen **Verwaltung**."

49 Innerhalb der Gemeinde selbst besteht daher **keine Gewaltenteilung**. Wichtig ist dies vor allem für die richtige Einordnung des Rates als dem Hauptorgan der Gemeinde. Der Rat ist **Verwaltungsorgan**, nicht Gesetzgebungsorgan und deshalb auch **kein Parlament** i.S.d. Gewaltenteilungslehre.[17] Zwar nimmt der Rat auch **Rechtsetzungsaufgaben** wahr (z.B. beim Erlass von Satzungen nach § 7 u. § 41 Abs. 1 S. 2 lit. f) GO NRW). Auch hierbei handelt er jedoch nicht als Parlament, sondern als Verwaltungsorgan.[18]

---

15 BVerfGE 11, 351, 363.

16 Schoch Jura 2001, 121, 122; Müller NWBl. 2012, 414, 414 m.w.N.

17 BVerfGE 78, 344, 348; BVerwG NVwZ 1993, 375; Nolte DVBl. 2005, 870, 872.

18 Ipsen JZ 1990, 789, 791.

2. Abschnitt: Rechtsstellung der Kommunen

A. Die Garantie der kommunalen Selbstverwaltung

Die kommunale Selbstverwaltung wird durch Art. 28 Abs. 2 GG und Art. 78 LVerf verfassungsrechtlich gewährleistet. 50

Nach Art. 28 Abs. 2 S. 1 GG haben die Gemeinden das Recht,

- **alle Angelegenheiten der örtlichen Gemeinschaft**
- **im Rahmen der Gesetze**
- **in eigener Verantwortung** zu regeln.

Art. 78 LVerf entspricht dem in Art. 28 Abs. 3 GG erteilten Auftrag an den Landesverfassungsgeber und hat daher im Wesentlichen denselben Inhalt, da die LVerf die Selbstverwaltungsgarantie nicht abweichend vom Mindestgehalt des GG bestimmen darf (Art. 31 GG). Zwar bestimmt Art. 78 Abs. 2 GG die Gemeinden in ihrem Gebiet scheinbar weitergehend zum **„alleinigen Träger der öffentlichen Verwaltung"**, soweit die Gesetze nichts anderes vorschreiben. Die Aufgabengarantie in Art. 78 Abs. 2 GG bezieht sich aber anerkanntermaßen nur auf die Angelegenheiten der örtlichen Gemeinschaft i.S.d. Art. 28 Abs. 2 S. 1 GG, sodass diese Einschränkung in Art. 78 Abs. 2 LVerf hineinzulesen ist.[19] 51

Verfassungsrechtlichen Schutz genießt nur die **kommunale Selbstverwaltung**. Die sog. **funktionale Selbstverwaltung** sonstiger unterstaatlicher Verwaltungsträger (z.B. der Landwirtschaftskammern, Ärztekammern oder Rechtsanwaltskammern) ist verfassungsrechtlich nicht abgesichert.[20] Sie genießt **auch keinen Grundrechtsschutz** (z.B. nach Art. 9 Abs. 1 GG), da juristische Personen des öffentlichen Rechts – von hier nicht einschlägigen Ausnahmen abgesehen – nicht Träger der Grundrechte sind (s.u. Rn. 93 ff.). Die funktionale Selbstverwaltung beruht **ausschließlich auf einfach gesetzlichen Vorschriften** und kann dementsprechend – in Abänderung dieser Vorschriften – eingeschränkt oder sogar ganz entzogen werden. 52

Aus der Selbstverwaltungsgarantie in Art. 28 Abs. 2 S. 1 GG und Art. 78 LVerf ergeben sich **drei Gewährleistungsbereiche**: 53

- **Rechtssubjektsgarantie**, d.h. es muss in Deutschland überhaupt Gemeinden geben;
- **Rechtsinstitutionsgarantie**, d.h. den Gemeinden muss ein eigener Aufgabenbereich zu eigenverantwortlicher Erledigung zugewiesen sein **(Gewährleistung eines eigenen Aufgabenbereiches)** und
- **subjektive Rechtsstellungsgarantie**, d.h. die Verbürgung eines subjektiven öffentlichen Rechts mit Verfassungsrang.[21]

---

19 Burgi § 2 Rn. 69; Dietlein/Burgi/Hellermann, § 1 Rn. 179; weiter Heusch/Schönenbroicher LVerf Art. 78 Rn. 6.

20 BVerwG NJW 2000, 3150; vgl. dazu auch Waldhoff JuS 2011, 670, 671.

21 Vgl. v. Mutius, Gutachten E zum 53. DJT (1980); Stern I § 12 II 4 b, S. 409; Ehlers DVBl. 2000, 1301, 1302; Schoch Jura 2001, 121, 123; Heusch/Schönenbrocher LVerfG Art. 78 Rn. 5.

Inhalt der Selbstverwaltungsgarantie (Art. 28 Abs. 2 S. 1 GG, Art. 78 LVerf)

Rechtssubjektsgarantie	Rechtsinstitutionsgarantie	subjektive Rechtsstellungsgarantie
■ Vorhandensein von Gemeinden ■ keine Einzelbestandsgarantie, daher kommunale Neugliederung möglich (vgl. §§ 17 ff. GO NRW)	Gewährleistung eines eigenen Aufgabenbereichs zur eigenverantwortlichen Erledigung ■ Angelegenheiten der örtlichen Gemeinschaft ■ im Rahmen der Gesetze	Klagebefugnis gegen staatliche Maßnahmen ■ gegen Aufsichtsmaßnahmen ■ gegen Genehmigungen, Planfeststellungen etc.

I. Art. 28 Abs. 2 S. 1 GG als institutionelle Rechtssubjektsgarantie

54 Als institutionelle Garantie beinhaltet Art. 28 Abs. 2 S. 1 GG die **Gewährleistung der Existenz von Gemeinden**. Sie stellt sicher, dass es in Deutschland immer Gemeinden geben wird, und zwar in der tradierten Gestalt, also als rechtsfähige Körperschaften mit der Befugnis zur Selbstverwaltung. Man spricht insoweit von einer **„institutionellen Rechtssubjektsgarantie“**.[22]

55 Art. 28 Abs. 2 S. 1 GG gewährleistet die Gemeinden aber nur institutionell, **nicht individuell**, d.h. es muss in der Bundesrepublik überhaupt Gemeinden geben. Nicht geschützt wird dagegen der Bestand der einzelnen konkreten Gemeinde (ebenso wie das Bundesstaatsprinzip nicht den Fortbestand der vorhandenen Bundesländer garantiert, vgl. Art. 29, 79 Abs. 3 GG).[23] Deshalb ist es grundsätzlich möglich, Gemeindegrenzen zu ändern, Gemeinden in andere einzugliedern und dadurch aufzulösen oder neu zu bilden. Eine umfassende **kommunale Neugliederung** wurde in NRW in den 70iger Jahren durchgeführt und hatte das Ziel, leistungsfähigere Gemeinden zu schaffen. Wesentliche Voraussetzung ist, dass die Neugliederung aus Gründen des **öffentlichen Wohls** erforderlich und angemessen ist (vgl. § 17 Abs. 1 GO NRW).[24]

Rechtsschutz gegen die Neugliederung wird über die Kommunalverfassungsbeschwerde (§ 52 VGHG NRW) gewährt (dazu unten Rn. 85 ff.).[25] Im Streitfall gilt eine aufgelöste Gemeinde bis zur gerichtlichen Klärung als fortbestehend.[26]

II. Die Gewährleistung eines eigenen Aufgabenbereiches

56 Art. 28 Abs. 2 S. 1 GG gewährleistet den Gemeinden darüber hinaus,

- einen grundsätzlich alle Angelegenheiten der örtlichen Gemeinschaft umfassenden **Aufgabenbereich** und

22 Stern StaatsR I § 12 II 4 b, S. 409; Heusch/Schönenbroicher LVerfG Art. 78 Rn. 5.
23 Vgl. BVerfGE 50, 50; BVerfG NVwZ 1993, 263, 264; VerfGH NRW OVGE 26, 286, 287; Rennert JuS 2008, 29, 34.
24 BVerfGE 50, 50; VerfGH NRW OVGE 30, 276 ff.; Schoch Jura 2001, 121, 124 f.; allgemein Meyer NVwZ 2013, 1177 ff.
25 Vgl. Schmidt JA 2008, 763, 765; zum Prüfungsmaßstab vgl. Katz/Ritgen DVBl. 2008, 1525, 1527 ff.
26 Guckelberger Jura 2008, 819, 824.

- die Befugnis zur **eigenverantwortlichen Aufgabenerledigung**,[27]
- allerdings nur **im Rahmen der Gesetze**.

Beachte: *Obwohl es sich bei Art. 28 Abs. 2 GG nicht um ein Grundrecht handelt,*[28] *orientiert sich die Prüfung, ob eine staatliche Maßnahme mit der Selbstverwaltungsgarantie vereinbar ist, an dem dort üblichen Aufbau.*

Aufbauschema: Eingriff in die Selbstverwaltungsgarantie
1. Gewährleistungsbereich („Schutzbereich"): Angelegenheiten der örtlichen Gemeinschaft i.S.d. Art. 28 Abs. 2 S. 1 GG
2. Eingriff in den Gewährleistungsbereich
3. Verfassungsrechtliche Rechtfertigung des Eingriffs („im Rahmen der Gesetze")

1. Gewährleistungsbereich

a) Eigener Aufgabenbereich

Das Selbstverwaltungsrecht umfasst die **„Angelegenheiten der örtlichen Gemeinschaft"** 57
(so Art. 28 Abs. 2 S. 1 GG) bzw. die Verwaltungsaufgaben der Gemeinde „in ihrem Gebiet" (so Art. 78 Abs. 2 LVerf und § 2 GO NRW), womit das Gleiche gemeint ist: Ob eine Aufgabe als **Angelegenheit der örtlichen Gemeinschaft** und damit als sogenannte Selbstverwaltungsaufgabe anzusehen ist, kann gesetzlich ausdrücklich bestimmt sein (vgl. z.B. § 22 Abs. 1 DSchG NRW). Fehlt eine solche Bestimmung, ist auf die **allgemeine Definition** zurückzugreifen, wie sie in Art. 28 Abs. 2 GG und Art. 78 LVerf zugrunde gelegt wird (vgl. auch § 2 GO NRW):

„Angelegenheiten der örtlichen Gemeinschaft sind solche, die in der örtlichen Ge- 58
meinschaft wurzeln oder auf sie einen spezifischen Bezug haben."[29]

Beispiele sind die Bauleitplanung (§ 1 Abs. 3 BauGB), die Energie- und Wasserversorgung, die Abwasserbeseitigung, der öffentliche Personennahverkehr (ÖPNV), örtliche Verkehrswege, kulturelle Einrichtungen (Volkshochschulen, Bibliotheken, Museen, Theater, Sportstätten) und soziale Einrichtungen (z.B. Kindergärten, Altenpflege).[30]

Aus der relativ offenen Definition folgt, dass es **keinen ein für allemal feststehenden** 59
Aufgabenkreis gibt (keine status-quo-Garantie), dieser ist vielmehr den sich wandelnden Verhältnissen anzupassen. Allerdings kommt es bei der Festlegung entgegen der früheren Rspr. auf die Finanz- und Verwaltungskraft der Gemeinde nicht an.[31]

---

27 BVerfGE 79, 127, 143 (Rastede-Entscheidung); 91, 228, 236; 110, 370, 400; BVerwG DVBl. 2006, 779, 780; Rennert JuS 2008, 29, 32; Schoch DVBl. 2008, 937, 938.

28 BVerfG NVwZ 1994, 893 f.; Sachs/Nierhaus GG Art. 28 Rn. 34; Jarass/Pieroth GG Art. 28 Rn. 5a.

29 BVerfGE 8, 122, 134; 79, 127, 151; BVerwG RÜ 2009, 727, 729; DVBl. 2006, 779, 780; VerfGH NRW NWVBl. 2004, 141, 142; Schoch Jura 2001, 121, 128; Papier DVBl. 2003, 686, 688.

30 Vgl. die beispielhafte Aufzählung bei Rennert JuS 2008, 119, 120.

31 BVerfGE 79, 127, 151; BVerfG NVwZ 2004, 1477, 1483; BVerwG RÜ 2009, 727, 729; VerfGH NRW NWVBl. 2004, 141, 142; DVBl. 1991, 487, 488; a.A. noch BVerfGE 33, 125, 157 ff.

60 In jedem Fall ist die **historische Entwicklung** zu berücksichtigen. Was herkömmlich das Bild der gemeindlichen Selbstverwaltung entscheidend geprägt hat, darf weder rechtlich noch faktisch beseitigt werden.[32]

So entspricht es herkömmlicher Auffassung, dass der Betrieb eines Theaters als Angelegenheit der örtlichen Gemeinschaft anzusehen ist, obwohl dessen Einzugsbereich die Gemeindegrenzen überschreitet. Gleichwohl gehören Theater bei der geschichtlich gebotenen Betrachtungsweise traditionell zum Selbstverwaltungsbereich der Gemeinden.

Gegenbeispiel: Die Abwehr von Gefahren für die öffentliche Sicherheit und Ordnung ist herkömmlicherweise keine Angelegenheit der örtlichen Gemeinschaft, sondern eine überörtliche, staatliche Aufgabe.[33] Auch durch die Einteilung der Wahlkreise für die Bundestagswahlen wird das Selbstverwaltungsrecht der Gemeinde nicht berührt.[34]

61 Die Prüfung der Frage, ob eine Angelegenheit der örtlichen Gemeinschaft vorliegt, bedeutet eine Subsumtion unter einen **unbestimmten Rechtsbegriff**. Nach Auffassung des BVerfG steht dem Gesetzgeber insoweit ein **Einschätzungsspielraum** zu. Das Gericht prüft nur, ob die Wertungen des Gesetzgebers vertretbar sind.[35]

b) Eigenverantwortliche Wahrnehmung

62 Art. 28 Abs. 2 S. 1 GG garantiert den Gemeinden neben der Zuweisung der Selbstverwaltungsaufgaben auch das Recht zur **eigenverantwortlichen Wahrnehmung** dieser Aufgaben. Eine Konkretisierung der Eigenverantwortlichkeitsgarantie erfolgt üblicherweise durch die sogenannten **Gemeindehoheiten**.

Gemeindehoheiten
■ **Gebietshoheit**
■ **Organisationshoheit**
■ **Personalhoheit**
■ **Finanzhoheit**
■ **Planungshoheit**
■ **Rechtsetzungshoheit**

Die Aufzählung ist **nicht abschließend**, sondern gibt nur die wichtigsten Ausprägungen des Selbstverwaltungsrechts wieder.[36]

63 **aa)** Die **Gebietshoheit** umfasst die Befugnis, im Gemeindegebiet Hoheitsgewalt auszuüben, d.h. jedermann, der sich auf dem Gebiet der Gemeinde aufhält, ist ihrer Hoheitsgewalt unterworfen.[37]

---

32 VerfGH NRW NWVBl. 2004, 141, 142 (Krankenversorgung); DVBl. 1991, 487, 488.

33 OVG NRW NVwZ 1988, 740, 741.

34 BVerfG NVwZ 2002, 72.

35 BVerfGE 79, 127, 153; BVerfG DVBl. 1999, 697, 698; NVwZ 2004, 1477, 1483; ebenso VerfGH NRW NWVBl. 2004, 141, 142; NWVBl. 2001, 341, 345; Magen JuS 2006, 404, 406.

36 Heusch/Schönenbroicher LVerf Art. 78 Rn. 15.

37 Rennert JuS 2008, 29, 32.

bb) Die **Organisationshoheit** beinhaltet das Recht zur eigenverantwortlichen Führung der Geschäfte, z.B. Einrichtung von Ämtern, Regelung des verwaltungsinternen Geschäftsgangs etc.[38] **64**

cc) Die **Personalhoheit** ist die Befugnis zur Auswahl, Einstellung, Beförderung und Entlassung von Bediensteten der Gemeinde.[39] Allerdings ist dieser Bereich durch eine Vielzahl gesetzlicher Regelungen (z.B. des Beamtenrechts) herkömmlicherweise stark „fremdbestimmt".[40] **65**

dd) Die **Finanzhoheit** umfasst das Recht auf eigene Einnahmen sowie die Befugnis der Gemeinde, über die Ausgaben selbst zu bestimmen, ferner das Recht zur Verwaltung des eigenen Vermögens.[41] Wesentlicher Teil der Finanzhoheit ist die **Steuer- und Abgabenhoheit**, die es den Gemeinden erlaubt, ihre Einwohner aus eigenem Recht zur Finanzierung der mit der Aufgabenerfüllung verbundenen Lasten heranzuziehen.[42] Art. 28 Abs. 2 S. 3 GG stellt ausdrücklich klar, dass die Gewährleistung der Selbstverwaltung auch die **Grundlagen der finanziellen Eigenverantwortung** umfasst. **66**

Zu diesen Grundlagen gehört insbesondere das sog. **Hebesatzrecht** bei der Grundsteuer und Gewerbesteuer (Art. 28 Abs. 2 S. 3 Hs. 2, Art. 106 Abs. 6 S. 2 GG). Durch den Hebesatz kann die Gemeinde die Höhe des Steueraufkommens beeinflussen. Früher stand es den Gemeinden frei, jeden beliebigen Hebesatz festzusetzen und z.B. durch die Festsetzung auf Null von der Erhebung der Gewerbesteuer gänzlich abzusehen. Der seit 2004 in § 16 Abs. 4 S. 2 GewStG vorgesehene Mindesthebesatz von 200 % stellt eine verhältnismäßige Einschränkung der Finanzhoheit dar, um „Steueroasen" zu verhindern.[43]

Ebenso schließt das Selbstverwaltungsrecht eine Beanstandung der Senkung der Hebesätze durch die Aufsichtsbehörde nicht aus, wenn die betreffende Gemeinde sich in einer anhaltenden Haushaltsnotlage befindet und der Einnahmeverlust anderweitig nicht ausgeglichen werden kann.[44]

Die Finanzhoheit umfasst einen Anspruch auf eine **angemessene, aufgabenadäquate Finanzausstattung**,[45] „denn eigenverantwortliches Handeln setzt eine entsprechende finanzielle Leistungsfähigkeit der Selbstverwaltungskörperschaften voraus."[46] Nach Art. 79 S. 2 LVerf ist das Land verpflichtet im Rahmen seiner finanziellen Leistungsfähigkeit einen übergemeindlichen **Finanzausgleich** zu gewährleisten. Die Gemeinden haben jedoch **keinen Anspruch auf eine bestimmte Höhe** staatlicher Finanzzuweisungen.[47] Verletzt ist die Finanzhoheit erst dann, wenn der Selbstverwaltung die finanzielle Grundlage entzogen und dadurch das Selbstverwaltungsrecht **ausgehöhlt** wird.[48] **67**

Das Selbstverwaltungsrecht ist außerdem verletzt, wenn der Landesgesetzgeber bei der Ausgestaltung des kommunalen Finanzausgleichs zwingende Vorgaben des Bundesrechts nicht beachtet.[49] Schließlich muss das Land das Gebot interkommunaler Gleichbehandlung beachten, darf also Gemeinden oder Gemeindeverbände nicht aus sachwidrigen Gründen benachteiligen oder bevorzugen.[50]

---

38 BVerfG DVBl. 2003, 919, 920; BVerwG NVwZ 2005, 963, 964; VerfGH NRW NVwZ-RR 2010, 705, 706.
39 BVerfGE 17, 172, 182; VerfGH NRW NWVBl. 2002, 101, 105; NWVBl. 2001, 340, 348.
40 Schoch Jura 2001, 121, 131; vgl. auch VerfGH NRW NWVBl. 2010, 269: Kommunalisierung der Versorgungsverwaltung.
41 BVerfGE 71, 25, 36; 52, 95, 117; VerfGH NRW NWVBl. 2010, 269, 270; OVG NRW NWVBl. 2010, 34, 35.
42 BVerfG NVwZ 2010, 895, 898; OVG NRW NWVBl. 2010, 34, 35.
43 BVerfG NVwZ 2010, 895, 898; vgl. auch BVerfG NJW 2009, 1868 f. zur Verfassungsmäßigkeit der Grundsteuer.
44 BVerwG NVwZ 2011, 424, 426 = RÜ 2011, 332, 335; OVG NRW NWVBl. 2010, 34; Selmer JuS 2011, 763 ff.
45 VerfGH NRW DVBl. 2010, 1561, 1562; BVerwG DVBl. 2013, 858; Schoch Jura 2001, 121, 126.
46 VerfGH NRW DVBl. 2012, 837, 838; DVBl. 2008, 241, 243; allgemein Sarnighausen/Gatawis NWVBl. 2013, 236 ff.
47 Vgl. zuletzt VerfGH NRW, Urt. v. 06.05.2014 - VerfGH 14/11, Rdnr. 58 m.w.N.
48 VerfGH DVBl. 2012, 837, 838; enger BVerwG DVBl. 2013, 858, 860 mit Anm. Henneke DVBl. 2013, 652 ff.
49 VerfGH NRW DVBl. 2012, 837, 838; DVBl. 2008, 241, 243.

68 Nicht nur ein **Aufgabenentzug**, sondern auch eine (kostenintensive) **Aufgabenzuweisung** kann einen Eingriff in die Finanzhoheit darstellen, wenn die Gemeinde ihre Finanzmittel für die Erfüllung von Pflichtaufgaben verbrauchen muss und dadurch die Mittel für die Wahrnehmung von Selbstverwaltungsangelegenheiten geschmälert werden.[51]

Deshalb ist im Jahre 2004 in § 78 Abs. 3 LVerf ein **striktes Konnexitätsprinzip** eingeführt worden. Führt die Übertragung neuer oder die Veränderung bestehender und übertragbarer Aufgaben zu einer wesentlichen Belastung der davon betroffenen Gemeinden oder Gemeindeverbände ist durch Gesetz oder RechtsVO aufgrund einer Kostenfolgenabschätzung zwingend ein entsprechender finanzieller Ausgleich zu schaffen (§ 78 Abs. 3 S. 2 LVerfG).[52]

69 **ee)** Die **Planungshoheit** ist das Recht der Gemeinde, in eigener Verantwortung für ihr Gemeindegebiet die Bodennutzung festzulegen, insbes. durch Flächennutzungspläne und Bebauungspläne (vgl. §§ 1 Abs. 2, 2 Abs. 1 BauGB).[53] Es liegt allerdings im Wesen der örtlichen Planung, dass sie sich mit überörtlichen Planungen überschneidet (vgl. z.B. § 1 Abs. 4 BauGB). Eine Verletzung der Planungshoheit durch staatliche Maßnahmen kommt daher i.d.R. erst dann in Betracht, wenn eine hinreichend konkrete örtliche Planung vorliegt und diese durch die überörtliche Planung **nachhaltig gestört** wird.[54]

Darüber hinaus kann eine Verletzung der Planungshoheit vorliegen, wenn bei einer großräumigen Planung wesentliche Teile des Gemeindegebietes einer gemeindlichen Planung entzogen werden.[55]

70 **ff)** Die **Rechtsetzungshoheit** umfasst die Befugnis der Gemeinde, die eigenen Angelegenheiten durch eigene Rechtsnormen, insbesondere durch **Satzung** (sogenannte Satzungsautonomie, § 7 GO NRW) und im Einzelfall durch **Verwaltungsakt** zu regeln.[56]

Beispiele: Die Gemeinde regelt die Benutzung ihrer öffentlichen Einrichtung durch Satzung (Benutzungsordnung). Einen störenden Nutzer kann die Gemeinde im Einzelfall durch Verwaltungsakt ausschließen.[57]

2. Eingriff

71 Ein Eingriff in den Gewährleistungsbereich des Art. 28 Abs. 2 S. 1 GG kann durch **Rechtsnorm** (förmliches Gesetz, RechtsVO oder Satzung) oder durch **Einzelakt** (VA, Realakt) erfolgen.[58] Aufgrund des zweifachen Gewährleistungsgehalts des Art. 28 Abs. 2 S. 1 GG kommen sowohl Eingriffe in den **Aufgabenbestand** als auch in die **Aufgabenerledigung** in Betracht.

Beispiele: Den Gemeinden werden bestimmte von ihnen bislang wahrgenommene Aufgaben entzogen und nunmehr den Kreisen zur Aufgabenerfüllung übertragen. Durch Gesetz werden Weisungsbefugnisse staatlicher Behörden gegenüber den Kommunen zur Überwachung der Erledigung von Selbstverwaltungsaufgaben eingeführt (dazu Fall 1). Den Kommunen werden vom Land (kostenträchtige) Aufgaben übertragen, die bislang von Landesbehörden wahrgenommen wurden.[59]

50 VerfGH NRW NVwZ-RR 2010, 627, 628; DVBl. 2008, 241, 245.
51 Vgl. OVG NRW NWVBl. 2004, 109, 111.
52 Vgl. VerfGH NRW NVwZ-RR 2011, 41; Kraak NWVBl. 2011, 41; Jäger NWVBl. 2013, 121; Engelken NVwZ 2013, 1529.
53 Vgl. z.B. VerfGH NRW DVBl. 2012, 29; NWVBl. 2009, 474, 476.
54 VerfGH NRW DVBl. 2012, 29; NVwZ 2003, 202, 203; v. Schwanenflug NVwZ 2007, 1351, 1352.
55 BVerfGE 56, 298, 317 f.; VerfGH NRW NWVBl. 2008, 474, 477; NVwZ 2003, 202, 202.
56 BVerfGE 52, 95, 117; Schoch Jura 2001, 121, 133; Rennert JuS 2008, 29, 33.
57 OVG NRW NWVBl. 2003, 104, 105.
58 Rennert JuS 2008, 29, 30.

In der Klausur geht es im Regelfall um die Prüfung, ob eine **Rechtsnorm** mit der Selbstverwaltungsgarantie des Art. 28 Abs. 2 GG, Art. 78 LVerf NRW vereinbar ist. Prozessual ist dies zumeist Gegenstand einer **Kommunalverfassungsbeschwerde** (Art. 93 Abs. 1 Nr. 4 b GG, Art. 75 Nr. 4 LVerf NRW) (dazu Fall 1). Die Frage nach der Vereinbarkeit mit Art. 28 Abs. 2 GG, Art. 78 LVerf NRW kann sich aber auch **inzident** im Rahmen der Wirksamkeit (Verfassungsmäßigkeit) der Ermächtigungsgrundlage für einen Einzelakt stellen. 72

Beispiel: Im Rahmen einer gemeindlichen Klage gegen eine staatliche Weisung stellt sich die Frage, ob das zur Weisung ermächtigende Gesetz wirksam, d.h. verfassungsgemäß ist, insbesondere ob es mit Art. 28 Abs. 2 GG, Art. 78 LVerf NRW vereinbar ist.

Denkbar ist auch, dass ein **Einzelakt unmittelbar** an Art. 28 Abs. 2 S. 1 GG zu messen ist. 73
In der Klausur ist dies allerdings eher selten der Fall.[60]

Beispiel: Vereinbarkeit eines Planfeststellungsbeschlusses, z.B. für eine Bundesfernstraße (§ 17 FStrG), mit der Planungshoheit der Gemeinde.

3. Verfassungsrechtliche Rechtfertigung

Eingriffe in das Selbstverwaltungsrecht sind nur rechtmäßig, wenn sie **verfassungsrechtlich gerechtfertigt** sind. Nach Art. 28 Abs. 2 S. 1 GG wird die gemeindliche Selbstverwaltung **„im Rahmen der Gesetze"** gewährleistet, bzw. nach Art. 78 Abs. 2 LVerf, „soweit die Gesetze nichts anderes vorschreiben". Hierin ist ein **Regelungsvorbehalt** zu sehen, der sich sowohl auf die **Aufgabenverteilung** als auch auf die Art und Weise der **Aufgabenerledigung** bezieht.[61] Bei der Anwendung dieses Vorbehalts sind dem Gesetzgeber aber seinerseits Schranken gesetzt (sogenannte **Schranken-Schranken**).[62] 74

a) Eingriffe in den Kernbereich

Generell unzulässig ist ein Eingriff in den **unantastbaren Kernbereich des Selbstverwaltungsrechts** (Wesensgehalt).[63] 75

Beachte: Art. 19 Abs. 2 GG (Wesensgehaltsgarantie) gilt nur für den Grundrechtsbereich, also nicht unmittelbar für die Selbstverwaltungsgarantie des Art. 28 Abs. 2 GG. Gleichwohl ist allgemein anerkannt, dass der Gesetzgeber „die überkommenen identitätsbestimmenden Merkmale – den sogenannte Wesensgehalt – der gemeindlichen Selbstverwaltung zu beachten [hat]; was herkömmlich das Bild der gemeindlichen Selbstverwaltung in ihren verschiedenen historischen und regionalen Erscheinungsformen durchlaufend und entscheidend prägt, darf weder faktisch noch rechtlich beseitigt werden."[64]

Wann ein **unzulässiger Eingriff in den Kernbereich** vorliegt, lässt sich nicht allgemein festlegen, sondern kann nur im konkreten Einzelfall entschieden werden. Ausgangspunkt ist, dass den Gemeinden ein Bestand typischer **essenzieller Aufgaben unentziehbar** gewährleistet ist. 76

59 VerfGH NRW, Urt. v. 23.03.2010 – VerfGH 19/08, NWVBl. 2010, 269 (Übertragung von Aufgaben der staatlichen Versorgungsämter auf Kreise und kreisfreie Städte); VerfGH NRW, Urt. v. 23.03.2010 – VerfGH 21/08 (Übertragung von Aufgaben im Umweltrecht von den Bezirksregierungen auf die Kreise und kreisfreien Städte).

60 Rennert JuS 2008, 29, 30.

61 BVerwG NVwZ 2010, 895, 899; DVBl. 2006, 779, 780; VerfGH NRW NVwZ-RR 2010, 705, 706; BVerwG NVwZ 2011, 424, 426.

62 BVerfGE 79, 127, 143 f.; 83, 363, 382; BVerwG NVwZ 2011, 424, 426 f.; Ehlers DVBl. 2000, 1301, 1303; Schoch Jura 2001, 121, 126 ff. m.w.N.

63 Vgl. z.B. BVerfG NVwZ 2010, 895, 900; VerfGH NRW DVBl. 2012, 29; NVwZ-RR 2010, 705, 706; BVerwG NVwZ 2011, 424, 427; DVBl. 2006, 779, 780; OVG NRW NWVBl. 2005, 135, 138.

64 Grundlegend BVerfGE 79, 127, 143 (Rastede); ebenso BVerfG NVwZ 2010, 895, 900.

Begrifflich lässt sich der Kernbereich durch eine Kombination unterschiedlicher Abgrenzungsmethoden bestimmen: „Unter Berücksichtigung der historischen Entwicklung (historische Methode) ist zu fragen, was nach dem Eingriff von der Selbstverwaltung noch übrig bleibt (Subtraktionsmethode), wobei die Intensität des Eingriffs (qualitative Methode) zu berücksichtigen ist. Isolierte Eingriffe des Gesetzgebers sind zu kumulieren (Additionsmethode), wobei ein an sich gewichtiger Eingriff in die kommunale Selbstverwaltung durch Übertragung anderer Selbstverwaltungsrechte im Einzelfall ausgeglichen werden kann (begrenzte Kompensationsmöglichkeit)."[65]

77 **aa)** Ein erster Ansatz für die **Konkretisierung** ist der Wortlaut des Art. 28 Abs. 2 S. 1 GG. Wenn einerseits **„alle"** Aufgaben der örtlichen Gemeinschaft erfasst werden, andererseits aber nur „im Rahmen der Gesetze", so soll dadurch eine bestimmte Methode der Zuständigkeitsverteilung gewährleistet werden: Die Gemeinden müssen **im Zweifel für alle Angelegenheiten der örtlichen Gemeinschaft** zuständig sein. Für sie muss eine **Zuständigkeitsvermutung** sprechen (vgl. auch Art. 78 Abs. 2 LVerf: „alleinige Träger der öffentlichen Verwaltung"). Die Gemeinden haben danach die verfassungsrechtlich geschützte Befugnis, sich **aller Angelegenheiten der örtlichen Gemeinschaft**, die nicht durch Gesetz bereits anderen Trägern öffentlicher Verwaltung übertragen sind, ohne besonderen Kompetenztitel anzunehmen (Universalität des gemeindlichen Wirkungskreises, **Allzuständigkeit** der Gemeinde).[66]

78 **bb)** Zum Kernbereich der **Aufgabenwahrnehmung** gehört die **Eigenverantwortlichkeit**. Deshalb ist im Selbstverwaltungsbereich grundsätzlich nur eine **Rechtsaufsicht** zulässig. Unzulässig ist es, die Erledigung von Selbstverwaltungsaufgaben entweder generell oder doch weitgehend Weisungen staatlicher Stellen zu unterwerfen.[67]

Vgl. Art. 78 Abs. 4 S. 1 LVerf: „Das Land überwacht die **Gesetzmäßigkeit der Verwaltung** der Gemeinden und Gemeindeverbände." § 119 Abs. 1 GO NRW: „Die Aufsicht des Landes (§ 11) erstreckt sich darauf, dass die Gemeinden **im Einklang mit den Gesetzen** verwaltet werden (allgemeine Aufsicht)."

Soweit den Gemeinden dagegen **staatliche Aufgaben** zur Erledigung übertragen sind, unterliegen sie nicht nur einer Rechtsaufsicht, sondern einer Fach- oder Sonderaufsicht (s.u. Rn. 250 ff.). Art. 28 Abs. 2 S. 1 GG ist insoweit nicht berührt, da es sich im staatlichen Bereich nicht um örtliche, sondern überörtliche Aufgaben handelt.

79 **cc)** Eine weitere Konkretisierung erfolgt durch die sogenannten **Gemeindehoheiten**, die den Gemeinden im Grundsatz erhalten bleiben müssen (also z.B. die Personalhoheit, die Finanzhoheit und die Planungshoheit). Die Gemeindehoheiten und die damit verbundenen Aufgabenbereiche sind aber naturgemäß **nicht uneingeschränkt gewährleistet**, da auch insoweit überörtliche Interessen überwiegen können. Unbedingt geschützt ist auch hier nur der **unantastbare Kernbereich**, d.h. eines dieser Sachgebiete darf den Gemeinden nicht **generell entzogen** bzw. gegenüber allen Gemeinden **ausgehöhlt** werden. Bei Eingriffen, die nur punktuell einzelne Gemeinden belasten, ist eine Verletzung des Kernbereichs der kommunalen Selbstverwaltung kaum denkbar (dieser gewährt lediglich institutionellen und keinen individuellen Schutz).[68]

---

65 Stüer, Funktionalreform und kommunale Selbstverwaltung (1980), S. 395.

66 BVerfG NVwZ 2008, 183, 185; BVerfGE 79, 127, 146; BVerfG DVBl. 2003, 919, 920; BVerwG NWVBl. 2007, 93; Schoch Jura 2001, 121, 123; Papier DVBl. 2003, 686, 688; Magen JuS 2006, 404, 407; Rennert JuS 2008, 119, 120.

67 BVerwG NVwZ 1998, 63; Stern StaatsR I, § 12 II 4, S. 413; Ehlers DVBl. 2000, 1301, 1305; Meyer NVwZ 2001, 766, 767; Schoch Jura 2001, 121, 131; Franz JuS 2004, 937.

68 BVerfGE 56, 298, 313; VerfGH NRW DVBl. 1997, 1107, 1109; Schoch Jura 2001, 121, 126 m.w.N.

„Die durch Art. 28 Abs. 2 GG garantierten wesentlichen Hoheitsrechte, die der Staat den Gemeinden im Interesse einer funktionsgerechten Aufgabenwahrnehmung garantiert (...), müssen den Gemeinden im Kern erhalten bleiben (...). Der Kernbereich des Hoheitsrechts ist jedenfalls dann verletzt, wenn es beseitigt wird oder kein hinreichender Spielraum für seine Ausübung mehr übrig bleibt (...). Den absoluten Schutz der Kernbereichsgarantie genießt aber nicht jede einzelne Ausformung dieser Rechte (...).“[69]

b) Eingriffe in den Randbereich

Welche Anforderungen an die Rechtmäßigkeit von **Eingriffen außerhalb des Kernbereichs** (im sogenannten **Randbereich**) zu stellen sind, ist umstritten. Die h.M. unterscheidet danach, ob die angegriffene Maßnahme 80

- die **Aufgabenverteilung** oder
- deren **eigenverantwortliche Erledigung** betrifft.

aa) Regelung der Aufgabenverteilung

Ist Gegenstand der gesetzlichen Regelung die Verteilung sachlicher Aufgaben, so folgt 81
aus Art. 28 Abs. 2 GG ein **Aufgabenverteilungsprinzip mit Vorrang für die Gemeinde.**[70] Eine Aufgabe mit relevantem örtlichen Charakter darf der Gesetzgeber den Gemeinden nur aus Gründen des Gemeininteresses entziehen, vor allem wenn anders die ordnungsgemäße Aufgabenerfüllung nicht sicherzustellen ist. Diese Entscheidung des Gesetzgebers ist nur auf ihre **Vertretbarkeit** zu untersuchen.[71] Eine Kontrolle, ob die vom Gesetzgeber getroffene Entscheidung im Übrigen auf hinreichend gewichtigen Zielsetzungen beruht, also verhältnismäßig ist, findet bei Regelungen der Aufgabenverteilung nicht statt.[72]

bb) Regelung der Aufgabenerledigung

Geht es nicht um die Aufgabenverteilung, sondern um die Art und Weise der **Aufgaben-** 82
erledigung, so waren nach früher ganz h.M. Eingriffe rechtmäßig, wenn sie sich im Rahmen der **Verhältnismäßigkeit** hielten.[73] Aus der Rechtsprechung des BVerfG zum Aufgabenverteilungsprinzip ist teilweise geschlossen worden, dass das Prinzip der Verhältnismäßigkeit bei Eingriffen in Art. 28 Abs. 2 GG generell als Prüfungsmaßstab ausscheide. Es komme ausschließlich darauf an, ob die Maßnahme im Hinblick auf den grundsätzlichen Vorrang der Gemeinde **vertretbar** sei.[74] Zur Begründung wird darauf verwiesen, dass der Grundsatz der Verhältnismäßigkeit nur zur Anwendung gelangen könne, wenn in ein subjektives Recht eingegriffen werde. Verstehe man die Garantie der kommunalen Selbstverwaltung aber als **institutionelle Gewährleistung**, so gehe es nicht um einen Eingriff, sondern um eine gesetzliche Ausgestaltung, durch die die geschützte Rechtsposition erst definiert werde.

---

69 BVerfG NVwZ 2010, 895, 900; ähnlich BVerwG NVwZ 2011, 424, 427; VerfGH NRW NVwZ-RR 2010, 705, 706.

70 Grundlegend BVerfGE 79, 127, 153 f.; BVerfG DVBl. 2003, 919, 920; OVG NRW NWVBl. 2004, 109, 111.

71 BVerfGE 79, 127, 153 f.; BVerfG NVwZ 1992, 365, 366 f.; VerfGH NRW DVBl. 1991, 487, 488; OVG NRW NWVBl. 2004, 109, 111; Magen JuS 2006, 404, 408.

72 BVerfG DVBl. 1995, 290 mit Anm. Berlit; Waldhoff JA 2010, 660, 662.

73 So BVerfG DVBl. 1982, 27, 28; BVerwG DVBl. 1983, 1152; OVG Lüneburg DÖV 1980, 417, 418; VerfGH NRW DÖV 1980, 420.

74 Clemens NVwZ 1990, 834, 835; Ossenbühl in FS Lerche (1993), 151, 161; Rennert JuS 2008, 29, 34.

Dies entspricht der Tendenz des BVerfG, das Verhältnismäßigkeitsprinzip im Staatsorganisationsrecht nicht anzuwenden.[75]

83 Im Ergebnis ist aber auch die „Vertretbarkeitsprüfung" des BVerfG nichts anderes als eine am Verhältnismäßigkeitsgrundsatz orientierte Prüfung, durch die der Maßstab der **Erforderlichkeit** des Eingriffs konkretisiert wird. Schließlich ist der Eingriff nur dann **angemessen**, wenn er durch **überwiegende Gründe des Gemeinwohls** gerechtfertigt ist. Im Übrigen ist die Selbstverwaltungsgarantie nicht nur eine institutionelle Garantie, sondern begründet auch ein subjektives Recht auf Selbstverwaltung. Eingriffe im Randbereich, die nicht die Aufgabenverteilung betreffen, können daher – wie bei jedem subjektiven Recht – nur rechtmäßig sein, wenn sie **verhältnismäßig** sind.[76]

„Die verfassungsrechtlich garantierte kommunale Selbstverwaltung bedarf der gesetzlichen Ausgestaltung. Sie kann insofern zwar eingeschränkt werden, ist aber nicht zur Disposition des einfachen Gesetzgebers gestellt (...). Vielmehr sind dem beschränkenden Zugriff des Gesetzgebers seinerseits Schranken gesetzt. **Er unterliegt insbesondere dem Grundsatz der Verhältnismäßigkeit** (...). Beschränkungen müssen danach zur Erreichung eines legitimen Zwecks geeignet sowie erforderlich und verhältnismäßig sein."[77]

Fall 1: Das Zuständigkeits-Anpassungs-Gesetz

Das Land NRW will die Zuständigkeit der Gemeinden zur Erbringung von Leistungen auf dem Gebiet der Daseinsvorsorge den veränderten finanziellen und wirtschaftlichen Verhältnissen anpassen und zugleich übersichtlicher gestalten. Dazu wird folgendes Gesetz erlassen:

Art. 1: Dieses Gesetz findet Anwendung, soweit die Gemeinden Leistungen auf dem Gebiet der Daseinsvorsorge erbringen. ... (wird näher erläutert)

Art. 2: § 2 GO NRW wird dahin geändert, dass die Gemeinden in dem von Art. 1 bezeichneten Bereich nur zuständig sind, soweit eine Zuständigkeit in diesem oder in einem anderen Gesetz ausdrücklich bestimmt ist. Eine Erweiterung der den Gemeinden zugewiesenen Aufgaben bedarf eines Gesetzes, das zugleich die Deckung der Kosten regeln muss.

Art. 3: Die Kommunalaufsichtsbehörde ist bei Aufgaben i.S.d. Art. 1 dieses Gesetzes zu allgemeinen und im Einzelfall auch zu besonderen Weisungen befugt, soweit sie dies nach pflichtgemäßem Ermessen zur Wahrung überörtlicher Interessen für erforderlich erachtet. ...

Art. 12: Im Interesse einer wirtschaftlichen Betriebsführung dürfen neu zu errichtende Alten- und Pflegeheime nur noch in der Trägerschaft der Kreise und kreisfreien Städte geführt werden.

Die kreisangehörige Stadt S, die gerade beabsichtigt, auf einem größeren in ihrem Eigentum stehenden Grundstück ein Altenheim zu errichten, hält die Regelungen für einen unzulässigen Eingriff in ihr Selbstverwaltungsrecht und fragt, ob sie gegen das Gesetz mit Erfolg vorgehen kann. Dabei ist davon auszugehen, dass Alten- und Pflegeheime in der Trägerschaft der Kreise und kreisfreien Städte tatsächlich kostengünstiger betrieben werden können als in der Trägerschaft von sonstigen Gemeinden.

75 Vgl. z.B. BVerfGE 81, 310, 338; Rennert JuS 2008, 29, 34.

76 Ehlers DVBl. 2000, 1301, 1307; Schoch Jura 2001, 121, 126 f.

77 BVerfG NVwZ 2010, 895, 900; ebenso BVerwG NVwZ 2011, 424, 427; VerfGH NRW DVBl. 2012, 29; NVwZ-RR 2010, 705, 706; OVG NRW NWVBl. 2010, 34, 36.

Vorüberlegung: *Wendet sich eine Gemeinde unmittelbar gegen eine gesetzliche Regelung, so kommt als Rechtsbehelf nur eine* ***Verfassungsbeschwerde*** *in Betracht, und zwar eine* 84

- ***Kommunalverfassungsbeschwerde*** *vor dem Verfassungsgerichtshof des Landes NRW gemäß Art. 75 Nr. 4 LVerf, §§ 12 Nr. 8, 52 VGHG NRW;*
- ***Kommunalverfassungsbeschwerde*** *vor dem BVerfG gemäß Art. 93 Abs. 1 Nr. 4 b GG, §§ 13 Nr. 8 a, 91 BVerfGG;*
- ***Individualverfassungsbeschwerde*** *vor dem BVerfG gemäß Art. 93 Abs. 1 Nr. 4 a GG, §§ 13 Nr. 8 a, 90 ff. BVerfGG.*

A. Zulässigkeit einer Verfassungsbeschwerde der Stadt S

I. Kommunalverfassungsbeschwerde vor dem Verfassungsgerichtshof NRW 85

Nach § 52 VGHG NRW können Gemeinden und Gemeindeverbände vor dem Verfassungsgerichtshof für das Land NRW (VerfGH) Verfassungsbeschwerde mit der Behauptung erheben, dass Landesrecht die Vorschriften der Landesverfassung über das Recht der Selbstverwaltung (Art. 78, 79 LVerf) verletzt. Die kreisangehörige Stadt ist damit beteiligtenfähig.

Beschwerdeführer können insbesondere Gemeinden und Kreise sein, aber auch die Landschaftsverbände,[78] nicht dagegen Zweckverbände.[79]

1. Die **Zuständigkeit** des VerfGH NRW folgt aus Art. 75 Nr. 4 LVerf i.V.m. § 12 Nr. 8 VGHG NRW. 86

Der VerfGH NRW hat seinen Sitz in Münster (§ 1 Abs. 2 VGHG NRW) und setzt sich zusammen aus dem Präsidenten des OVG, den beiden lebensältesten Präsidenten der OLGe des Landes sowie vier vom Landtag gewählten Mitgliedern und ihren Vertretern (§ 2 VGHG NRW).

2. **Beschwerdegegenstand** ist **Landesrecht**, also 87

- formelle Gesetze,
- RechtsVOen und
- andere untergesetzliche Vorschriften mit Außenwirkung.[80]

Anders als bei der Individualverfassungsbeschwerde können **gerichtliche Entscheidungen** ebenso wie **Verwaltungsentscheidungen** nicht Gegenstand der Kommunalverfassungsbeschwerde sein.[81] Auch eine **Untätigkeit** des Gesetzgebers ist mit der Kommunalverfassungsbeschwerde nicht angreifbar.[82]

Vom (vollständigen) legislativen Unterlassen zu unterscheiden ist die **unvollständige Regelung** eines Sachverhalts, bei der der Gesetzgeber im Zusammenhang mit dem Erlass eines Gesetzes eine verfassungsrechtlich gebotene weitere gesetzliche Normierung nicht vornimmt. Eine solche Regelung ist als Landesrecht tauglicher Gegenstand einer Kommunalverfassungsbeschwerde.[83]

---

78 VerfGH NRW, Urt. v. 23.03.2010 – VerfGH 29/08; NWVBl. 2001, 340, 343; a.A. Ehlers DVBl. 2001, 1601, 1602.

79 Starke JuS 2008, 319, 320.

80 VerfGH NRW DVBl. 1997, 1107; Starke JuS 2008, 319, 320 f., insbesondere staatliche Pläne und Programme (z.B. Raumordnungs- und Gebietsentwicklungspläne); dazu Kment NWVBl. 2003, 455 ff.

81 Vgl. BVerfG, Beschl. v. 12.05.2011 – 2 BvR 941/11; BVerfG NVwZ 2004, 1349 f.; Schoch DVBl. 2009, 1533, 1538.

82 VerfGH NRW DVBl. 2000, 1283; NWVBl. 2003, 261, 263; DVBl. 2010, 1561.

83 VerfGH NRW DVBl. 2010, 1561; Starke JuS 2008, 319, 321.

88 3. Die **Beschwerdebefugnis** ist bei der Kommunalverfassungsbeschwerde auf die Behauptung beschränkt, Landesrecht verletze die Vorschriften der Art. 78, 79 LVerf über das **Recht der Selbstverwaltung**. Außerdem muss die Gemeinde durch die von ihr angegriffene Regelung **selbst, gegenwärtig und unmittelbar** betroffen sein.[84]

Beispiel: Wendet sich die Gemeinde gegen ein Gesetz, das noch der Konkretisierung durch eine RechtsVO bedarf, ist die Kommunalverfassungsbeschwerde gegen das Gesetz mangels Unmittelbarkeit unzulässig. Beschwerdefähig ist in diesen Fällen nur die aufgrund des Gesetzes erlassene RechtsVO.[85]

Im vorliegenden Fall beschränkt das angegriffene Gesetz die Zuständigkeit der Gemeinde auf dem Gebiet der Daseinsvorsorge, die herkömmlicherweise zum Selbstverwaltungsbereich zählt.[86] Dadurch ist trotz der nur pauschalen Behauptung der Stadt S die Möglichkeit einer Verletzung des Art. 78 LVerf hinreichend dargetan. Die Stadt S ist auch selbst, gegenwärtig und unmittelbar betroffen, sodass sie damit beschwerdebefugt ist.

89 4. Die **Jahresfrist** des § 52 Abs. 2 VGHG NRW und die **Formvorschrift** des § 18 Abs. 1 VGHG NRW sind einzuhalten.

Eine Kommunalverfassungsbeschwerde der Stadt S vor dem VerfGH NRW ist somit **zulässig**.

II. Kommunalverfassungsbeschwerde vor dem BVerfG

90 Die Kommunalverfassungsbeschwerde vor dem BVerfG ist gemäß Art. 93 Abs. 1 Nr. 4 b Hs. 2 GG, § 91 S. 2 BVerfGG **subsidiär** gegenüber der Verfassungsbeschwerde vor dem Landesverfassungsgericht. Da hier Beschwerde beim VerfGH NRW erhoben werden kann, **scheidet eine Beschwerde vor dem BVerfG aus**.[87]

Daraus folgt: Bei **Bundesrecht** kann Kommunalverfassungsbeschwerde ohnehin nur vor dem BVerfG erhoben werden, da der VerfGH NRW diesbezüglich keine Verwerfungskompetenz hat. Bei **Landesrecht** kommt in NRW aufgrund der Subsidiarität nur die Kommunalverfassungsbeschwerde vor dem VerfGH NRW in Betracht.

91 ***Ergänzend:*** *Die übrigen Zulässigkeitsvoraussetzungen der Kommunal-VB vor dem BVerfG entsprechen im Grundsatz denen der Landes-Kommunal-VB:*

- **Beteiligtenfähigkeit:** Gemeinde und Gemeindeverbände (§ 91 S. 1 BVerfGG)
- **Beschwerdegegenstand:** alle Rechtsnormen, die Außenwirkung entfalten, insbesondere formelle Gesetze, aber auch RechtsVOen[88]
- **Beschwerdebefugnis** (§ 91 S. 1 BVerfGG)
  - Rüge einer Verletzung des Selbstverwaltungsrechts aus Art. 28 Abs. 2 GG
  - eigene, gegenwärtige und unmittelbare Betroffenheit

---

84 VerfGH NRW NWVBl. 2003, 93, 94; NWVBl. 2001, 340, 344; Kment NWVBl. 2003, 455, 456; Starke JuS 2008, 319, 321.

85 BVerfG DVBl. 1988, 41, 42; VerfGH NRW NWVBl. 2003, 93, 94; ebenso ThürVerfGH DVBl. 2005, 443, 444.

86 Vgl. Erlenkämper NVwZ 1995, 649, 650; Papier DVBl. 2003, 686, 688 m.w.N.

87 Vgl. BVerfG, Beschl. v. 06.12.2011– 2 BvR 1470/11.

88 BVerfG NVwZ 2004, 1477, 1478; Rennert JuS 2008, 29, 31 m.w.N.

- **Rechtswegerschöpfung**, § 90 Abs. 2 BVerfGG

Dieses Erfordernis gilt – trotz der systematischen Einbindung in § 90 BVerfGG – aufgrund der Bezugnahme in § 91 S. 1 BVerfGG auf die „Verfassungsbeschwerde" auch für die Kommunal-VB.[89] Bedeutung erlangt diese Voraussetzung aber nur bei untergesetzlichen Rechtsnormen, gegen die ggf. nach § 47 VwGO vorzugehen ist. **Beachte:** Bei der landesrechtlichen Kommunal-VB gibt es mangels gesetzlicher Regelung das Gebot der Rechtswegerschöpfung nicht.[90]

- **Subsidiarität**
  - bei Landesgesetzen gegenüber der Landes-Kommunal-VB (§ 91 S. 2 BVerfGG)
  - (allgemeiner) **Subsidiaritätsgrundsatz**

Die Individual-VB ist trotz unmittelbarer Grundrechtsbetroffenheit grundsätzlich unzulässig, wenn der Beschwerdeführer die Möglichkeit einer fachgerichtlichen Inzidentkontrolle hat (z.B. durch allgemeine Feststellungsklage nach § 43 Abs. 1 VwGO).[91] Das BVerfG hat dies vereinzelt auch für die Kommunal-VB gefordert.[92] Zumeist fehlt es jedoch an einem Vollzugsakt, sodass die Gemeinde nicht auf eine Inzidentprüfung verwiesen werden kann.[93] Bei formellen Gesetzen, bei denen eine Vorlage zum BVerfG nach Art. 100 Abs. 1 GG erfolgen muss, greift der Subsidiaritätsgedanke ohnehin nicht ein.[94]

- **Form, Frist:** schriftlich mit Begründung innerhalb eines Jahres nach Inkrafttreten des Gesetzes (§§ 23, 92, 93 Abs. 3 BVerfGG)[95]

Aufbauschema: Zulässigkeit einer Kommunalverfassungsbeschwerde

BVerfG	VerfGH NRW
I. Beteiligtenfähigkeit (§ 91 S. 1 BVerfGG) ■ Gemeinden ■ Gemeindeverbände	**I. Beteiligtenfähigkeit** (§ 52 VGHG NRW) ■ Gemeinden ■ Gemeindeverbände
II. Beschwerdegegenstand (§ 91 S. 1 BVerfGG) ■ formelle Gesetze ■ RechtsVOen, Satzungen ■ sonstige mit Außenwirkung	**II. Beschwerdegegenstand** (§ 52 VGHG NRW) ■ formelle Gesetze ■ RechtsVOen, Satzungen ■ sonstige mit Außenwirkung
III. Beschwerdebefugnis: mögliche Verletzung von Art. 28 Abs. 2 GG	**III. Beschwerdebefugnis:** mögliche Verletzung von Art. 78, 79 LVerf
IV. Rechtswegerschöpfung (§ 90 Abs. 2 BVerfGG)	
V. Subsidiarität ■ ggü. VerfGH NRW ■ allgemeine Subsidiarität	
VI. Form, Frist (§§ 23, 92, 93 Abs. 3 BVerfGG)	**IV. Form, Frist** (§§ 18, 52 VGHG NRW)

89 BVerfGE 76, 107, 114 ff.; Jarass/Pieroth GG Art. 93 Rn. 76; Rennert JuS 2008, 29, 32; Starke JuS 2008, 319, 322.
90 Erichsen § 17 C 6, S. 402.
91 Vgl. dazu AS-Skript Grundrechte (2012), Rn. 476.
92 BVerfG, Beschl. v. 10.09.1976 – 2 BvR 826/74 – zitiert bei Erichsen, § 17 C 6, S. 402.
93 Rennert JuS 2008, 29, 32.
94 Ehlers/Schoch, Rechtsschutz im Öffentlichen Recht, § 14 Rn. 51.
95 Einzelheiten zur Fristberechnung bei Rennert JuS 2008, 29, 32.

92 **III. Individualverfassungsbeschwerde vor dem BVerfG**

In Betracht kommt noch die **Individualverfassungsbeschwerde** zum BVerfG nach Art. 93 Abs. 1 Nr. 4 a GG, §§ 90 ff. BVerfGG. Diese könnte die Stadt hier mit der Behauptung erheben, durch Art. 12 des Gesetzes werde die geplante Nutzung des im Eigentum der Stadt stehenden Grundstücks vereitelt und damit das Grundrecht auf Eigentum (Art. 14 Abs. 1 GG) verletzt.

93 1. Fraglich ist jedoch, ob sich die Stadt S überhaupt auf Art. 14 GG berufen kann, d.h. ob sie als öffentlich-rechtliche Körperschaft **Grundrechtsträger** ist. Nach Art. 19 Abs. 3 GG gelten die Grundrechte zwar auch für inländische juristische Personen, soweit sie ihrem Wesen nach auf diese anwendbar sind. Dies gilt jedoch nicht für **öffentlich-rechtliche Körperschaften**, da diese selbst Hoheitsträger sind. Als solche stehen sie gerade auf der Seite derjenigen Rechtssubjekte, gegen die sich die Grundrechte richten, die die Grundrechte der Bürger also zu beachten haben (Art. 1 Abs. 3 GG). Würden sie sich auch auf Grundrechte berufen können, so könnte dies eine zweckmäßige Regelung der staatlichen Organisation und die Erfüllung der staatlichen Aufgaben erschweren.

94 a) Deshalb kann sich ein Verwaltungsträger unstreitig dann nicht auf Grundrechte berufen, wenn er **öffentliche Aufgaben** erfüllt, und zwar unabhängig davon, ob die Aufgaben in den Formen des öffentlichen Rechts oder des Privatrechts wahrgenommen werden.[96]

95 b) Das BVerfG hat den Ausschluss des Grundrechtsschutzes für Gemeinden indes auch auf den **fiskalischen Bereich** (Vermögensverwaltung, Teilnahme am Wirtschaftsleben) ausgedehnt, da es bei Gemeinden an der für das Verhältnis Bürger – Staat charakteristischen **„grundrechtstypischen Gefährdungslage"** fehle. Danach ist die Gemeinde **generell nicht grundrechtsfähig**.[97]

Nach der Rspr. des BVerfG sind deshalb auch Unternehmen, die eine Kommune gemeinsam mit Privaten betreibt (sogenannte gemischt-wirtschaftliche Unternehmen), nicht grundrechtsfähig, wenn die Kommune entscheidenden Einfluss auf die Geschäftsführung hat. Denn ein solches Unternehmen sei ein „bloßes Werkzeug des Staates". Die Gesellschaft erfülle öffentliche Aufgaben und sei als vollziehende Gewalt i.S.d. Art. 1 Abs. 3, 20 Abs. 3 GG Adressatin der Grundrechte, nicht aber zugleich Grundrechtsträgerin.[98]

96 Juristische Personen des öffentlichen Rechts können sich danach nur **ausnahmsweise** auf Grundrechte berufen, wenn sie als eigenständige, vom Staat unabhängige oder jedenfalls distanzierte Einrichtungen unmittelbar dem durch ein spezifisches Grundrecht geschützten Lebensbereich zuzuordnen sind und in diesem Bereich den Bürgern zur Verwirklichung ihrer individuellen Grundrechte dienen.[99]

---

96 BVerfG NVwZ 2008, 778; NVwZ 2007, 1176; NVwZ 2005, 572, 573; Schoch Jura 2001, 201, 205 m.w.N.

97 BVerfGE 61, 82, 105 (Sasbach); BVerfG DVBl. NVwZ 2008, 778; VerfGH NRW NWVBl. 2001, 341, 347; Ehlers DVBl. 2000, 1301, 1309; Guckelberger Jura 2008, 819, 822; vgl. auch EGMR NVwZ 2011, 479: Kein Recht der Gemeinde auf Individualbeschwerde nach Art. 34 EMRK:

98 BVerfG NVwZ 2009, 1282; NJW 1990, 1783; Badura DÖV 1990, 353, 354; Überblick bei Schoch Jura 2001, 201, 206.

99 BVerfGE 21, 362, 373 f.; 68, 193, 207; BVerfG NVwZ 2007, 1176; NVwZ 2008, 778.

Anerkannt ist dies z.B. für öffentlich-rechtliche Rundfunkanstalten (wegen Art. 5 Abs. 1 S. 2 GG), für Universitäten bzw. Fakultäten (wegen Art. 5 Abs. 3 GG) und für öffentlich-rechtliche Religions- und Weltanschauungsgemeinschaften (wegen Art. 140 GG i.V.m. Art. 137 Abs. 5 WRV, Art. 4 Abs. 1 GG).[100]

Diese Voraussetzungen werden von Gemeinden nicht erfüllt. Das ihnen gewährte Selbstverwaltungsrecht (Art. 28 Abs. 2 GG) dient im Zusammenhang mit der ebenfalls verfassungsrechtlich vorgegebenen demokratischen Legitimation des Gemeinderats (Art. 28 Abs. 1 S. 2 GG) zwar auch den allgemeinen politischen Bürgerfreiheiten, eine Zuordnung zu einem spezifischen Schutzbereich der Grundrechte ist indes nicht möglich.[101]

Umgekehrt kann sich auch der Bürger nicht auf Art. 28 Abs. 2 GG berufen, sondern nur auf seine eigenen subjektiven Rechte. Allerdings kann eine Individual-VB zu einer mittelbaren Prüfung des Art. 28 Abs. 2 GG führen, wenn der Hoheitsakt z.B. in die allgemeine Handlungsfreiheit eingreift und bei einem Verstoß gegen Art. 28 Abs. 2 GG nicht zur verfassungsmäßigen Ordnung i.S.v. Art. 2 Abs. 1 GG gehört.[102]

c) Dem wird in der Lit. entgegengehalten, dass sich auch die Gemeinde in einer **grundrechtstypischen Gefährdungslage** befinde, wenn sie dem Staat als rechtlich selbstständiges Rechtssubjekt gegenübertrete. Zumindest im fiskalischen Bereich, wo seitens der Gemeinde keine öffentlichen Aufgaben wahrgenommen werden, gehe es allein um allgemeine Rechte als juristische Person. Diese bestehenden (Grund-)Rechte müssten dann auch gegenüber denkbaren staatlichen Eingriffen geschützt sein.[103] **97**

Deshalb können sich nach dieser Auffassung auch gemischt-wirtschaftliche kommunale Unternehmen auf die Grundrechte berufen.[104]

2. Gegen eine generelle **Grundrechtsfähigkeit** der Gemeinde spricht, dass Grundrechte in erster Linie die Freiheitssphäre des Einzelnen gegen Eingriffe der staatlichen Gewalt schützen. Auch Art. 14 Abs. 1 GG schützt **nicht das Privateigentum**, sondern das **Eigentum Privater**. Verfassungsrechtlich ist das Eigentum von Gemeinden nur im Rahmen der Gewährleistung der kommunalen Selbstverwaltung (Art. 28 Abs. 2 S. 1 GG) geschützt, soweit es Gegenstand und Grundlage kommunaler Betätigung ist. Die Versorgung mit Altenheimen ist – unabhängig von der Rechtsform, in der sie erfüllt wird – eine öffentliche Aufgabe. Deshalb kann sich die Stadt S, soweit es um ihr Grundeigentum geht, nicht auf Art. 14 Abs. 1 GG berufen. **98**

Eine **Individualverfassungsbeschwerde** wäre **nicht zulässig**.

Unstreitig können sich öffentlich-rechtliche Körperschaften und damit auch die Gemeinden auf die Verfahrensgrundrechte (Art. 101 Abs. 1 S. 2, Art. 103 Abs. 1 GG) berufen. Insoweit ist dann auch eine Individualverfassungsbeschwerde der Gemeinde zulässig.[105] Umstritten ist, ob dies auch für Art. 19 Abs. 4 GG gilt.[106]

100 Vgl. BVerfG NVwZ 2007, 1420, 1421; Jarass/Pieroth GG Art. 19 Rn. 26; Guckelberger Jura 2008, 819, 821.

101 BVerfG NVwZ 2008, 778; NVwZ 2007, 1176: Gemeinden können sich nicht auf Art. 2 Abs. 1 GG berufen.

102 Rennert JuS 2008, 29, 30.

103 Ronellenfitsch JuS 1983, 594 ff.; Erlenkämper NVwZ 1984, 621, 622; Broß VerwArch 77 (1986), 65, 73; im Ergebnis ebenso für das Eigentumsgrundrecht BayVerfGH BayVBl. 1993, 459.

104 Koppensteiner NJW 1990, 3105, 3109; Kahl Jura 2002, 721, 726 f.; Kahl/Weißenberger Jura 2009, 194, 202.

105 Schoch Jura 2001, 201, 205 f.; Sachs JuS 2007, 265, 266; Guckelberger Jura 2008, 819, 822.

Gegenbeispiel: Auf Art. 3 Abs. 1 GG können sich Gemeinden unmittelbar nicht berufen, da sie nicht Grundrechtsträger sind.[107] Der Gleichheitssatz, in dem ein allgemeiner Rechtsgrundsatz zum Ausdruck kommt und aus dem das Willkürverbot folgt, beansprucht objektiv aber auch Geltung für die Beziehungen innerhalb des Staates. Das Willkürverbot gilt hier aufgrund des Rechtsstaatsprinzips (Art. 20, 28 GG) und ist insoweit Prüfungsmaßstab im Verfahren der Kommunalverfassungsbeschwerde.[108]

Zwischenergebnis: Die Stadt S kann (nur) Kommunalverfassungsbeschwerde zum VerfGH NRW erheben.

B. Begründetheit der Kommunalverfassungsbeschwerde zum VerfGH NRW

Die Kommunalverfassungsbeschwerde zum VerfGH NRW ist begründet, wenn das Gesetz verfassungswidrig in das durch Art. 78 Abs. 1 und 2 LVerf geschützte Selbstverwaltungsrecht der Gemeinde eingreift.

99 ***Prüfungsmaßstab*** *ist grundsätzlich nur Art. 28 Abs. 2 GG bzw. Art. 78 LVerf, da im Rahmen der Kommunal-VB nur das Recht der Selbstverwaltung rügefähig ist. Anders als bei der abstrakten Normenkontrolle geht es nicht um die Verfassungsmäßigkeit einer Rechtsnorm, sondern um die Sicherung der kommunalen Selbstverwaltungsgarantie. Das BVerfG bzw. der VerfGH NRW sind daher nicht befugt, die Prüfung beliebig auf andere Verfassungsvorschriften auszuweiten.[109] Die Verfassungsgerichte ziehen nur diejenigen Verfassungsbestimmungen und Verfassungsgrundsätze ergänzend als Prüfungsmaßstab heran, die nach ihrem Inhalt „das verfassungsrechtliche Bild der Selbstverwaltung mitzubestimmen geeignet sind".[110] Dazu zählen das Demokratieprinzip,[111] das Bundesstaatsprinzip,[112] das Rechtsstaatsprinzip,[113] das Willkürverbot,[114] die Gesetzgebungszuständigkeiten (Art. 70 ff. GG)[115] und die Verwaltungskompetenzen (Art. 83 ff. GG).[116]*

Teilweise wird dieser Gesichtspunkt bereits im Rahmen der Zulässigkeit bei der Beschwerdebefugnis angesprochen.[117] Die Verfassungsgerichte sehen darin dagegen eine Beschränkung des Prüfungsmaßstabes, der erst im Rahmen der **Begründetheit** zum Tragen kommt.[118]

Anders bei der Individual-VB: Dort kann ein Gesetz einen Grundrechtseingriff nur rechtfertigen, wenn es insgesamt formell und materiell verfassungsgemäß ist (und damit z.B. Teil der verfassungsmäßigen Ordnung i.S.d. Art. 2 Abs. 1 GG ist). Zwar wird dies teilweise auch für die Kommunal-VB gefordert.[119] Dagegen spricht jedoch, dass es bei der Kommunal-VB nicht um Grundrechte als individuelle Freiheitsentfaltung geht, sondern um staatliche Kompetenzzuweisungen. Eine mit Art. 2 Abs. 1 GG vergleichbare allgemeine Handlungsfreiheit gibt es für die Gemeinde nicht.[120]

---

106 Bejahend BbgVerfG NJ 2000, 193 f.; offengelassen von BVerfG NVwZ 2008, 778, 779; NVwZ 2007, 1176, 1177; ablehnend SächsVerfGH JuS 2008, 265 mit zustimmender Anm. Sachs; ausführlich Guckelberger Jura 2008, 819, 822 ff.

107 BVerfG NVwZ 2007, 1420, 1421; Guckelberger Jura 2008, 819, 822.

108 BVerfG NVwZ 2005, 82, 83.

109 Bethge, in: Maunz/Schmidt-Bleibtreu/Klein/Bethge, BVerfGG, § 91 Rn. 62 m.w.N.

110 BVerfG NVwZ 2010, 895, 897; NVwZ 2008, 183, 184; VerfGH NRW NWVBl. 2001, 334, 348; NVwZ-RR 2010, 705, 706; Starke JuS 2008, 319, 323.

111 BVerfGE 56, 298, 310; 71, 25, 37; 91, 228, 244; VerfGH NRW NWVBl. 2001, 334, 348.

112 BVerfGE 56, 298, 310; Magen JuS 2006, 404, 409.

113 BVerfG NVwZ 2005, 82, 83.

114 BVerfGE 26, 228, 245; Magen JuS 2006, 404, 409.

115 BVerfGE 56, 298, 310; VerfGH NRW NVwZ-RR 2010, 705, 706; Rennert JuS 2008, 29, 33; abweichend zur jeweililgen LVerf Brem StGH, Urt. v. 12.04.2013 – St 1/12, RÜ 2013, 519, 522: nur bei ausdrücklicher Transformation; ebenso StGH Hessen, Beschl. v. 12.02.2014 - P.St. 2406, NVwZ-RR 2014, 409, 410.

116 Schoch DVBl. 2008, 937, 940 f.; einschränkend BVerfG NVwZ 2008, 183, 184.

117 Guckelberger Jura 2008, 819, 824.

118 Vgl. z.B. VerfGH NRW NVwZ-RR 2010, 705, 706; ebenso Starke JuS 2008, 319, 323.

119 BK-Stern GG Art. 93 Rn. 813; Hoppe DVBl. 1995, 179, 185 f.

Aufbauschema: Eingriff in die Selbstverwaltungsgarantie

I. Gewährleistungsbereich („Schutzbereich"):
Angelegenheiten der örtlichen Gemeinschaft

- Aufgabenzuweisungsgarantie: Angelegenheiten der örtlichen Gemeinschaft
- Eigenverantwortlichkeitsgarantie

II. Eingriff in den Gewährleistungsbereich

- **Aufgabenverteilung**
  - Aufgabenentzug
  - Aufgabenzuweisung
- Regelung der **Aufgabenerledigung**

III. Verfassungsrechtliche Rechtfertigung des Eingriffs („im Rahmen der Gesetze")

- Eingriffe in den Kernbereich unzulässig
- Eingriffe in den Randbereich zulässig, wenn vertretbar bzw. verhältnismäßig

I. Es müsste der **Gewährleistungsbereich** der Selbstverwaltungsgarantie betroffen sein. Dieser wird bestimmt durch den Begriff der Angelegenheiten der örtlichen Gemeinschaft. **100**

Mangels ausdrücklicher gesetzlicher Regelung ist auf die allgemeine Definition der Selbstverwaltungsangelegenheiten zurückzugreifen, wie sie in Art. 28 Abs. 2 GG und Art. 78 LVerf zugrunde gelegt wird. **Angelegenheiten der örtlichen Gemeinschaft** sind danach solche, die in der örtlichen Gemeinschaft wurzeln oder auf sie einen spezifischen Bezug haben.[121]

1. Art. 2 und 3 des Gesetzes betreffen Leistungen auf dem Gebiet der **Daseinsvorsorge**, die herkömmlicherweise zum Kernbestand des Selbstverwaltungsrechts gezählt wird.[122] **101**

Zur Daseinsvorsorge zählen z.B. die Energie- und Wasserversorgung,[123] die Abwasserbeseitigung, die Abfallentsorgung, kulturelle Einrichtungen wie Theater, Bibliotheken und Museen, Kindergärten, Sportanlagen etc.[124]

Die Daseinsvorsorge hat zwar nicht ausschließlich, aber doch größtenteils einen Bezug zur örtlichen Gemeinschaft. Indem in Art. 2 des Gesetzes die Zuständigkeiten der Gemeinden nach § 2 GO NRW beschnitten werden, wird zudem klargestellt, dass es um die Daseinsvorsorge **auf örtlicher Ebene** geht. Auch unter Berücksichtigung des dem Gesetzgeber zustehenden Einschätzungsspielraums wäre es offensichtlich nicht mehr vertretbar, pauschal sämtliche Aufgaben der Daseinsvorsorge als überörtlich einzustufen.

120 Starke JuS 2008, 519, 523.

121 BVerfGE 8, 122, 134; 50, 195, 201; 79, 127, 151; BVerwG DVBl. 2006, 779, 780; NVwZ 2004, 1477, 1482; VerfGH NRW NWVBl. 2004, 141, 142; NWVBl. 2001, 341, 345; Schoch Jura 2001, 121, 128; Papier DVBl. 2003, 686, 688.

122 Erlenkämper NVwZ 1995, 649, 650; Papier DVBl. 2003, 686, 688 m.w.N.

123 BVerwG NVwZ 2005, 958, 959.

124 Vgl. BVerfG NVwZ 2004, 1477, 1483; allgemein Papier DVBl. 2003, 686, 687 f.; Doerfert JA 2006, 316 ff.

102 2. Auch die in Art. 12 des Gesetzes geregelte Versorgung mit Alten- und Pflegeheimen ist grundsätzlich eine **Angelegenheit der örtlichen Gemeinschaft**. Gerade alte Menschen empfinden es als ihr natürliches Bedürfnis, an ihrem vertrauten Ort bleiben zu können. Zwar mag bei hochspezialisierten, etwa auf bestimmte Krankheiten ausgerichteten Pflegeheimen eine andere Betrachtungsweise geboten sein. Es ist jedoch auch unter Berücksichtigung des dem Gesetzgeber eingeräumten Einschätzungsspielraums nicht mehr vertretbar, den Betrieb sämtlicher Alten- und Pflegeheime als überörtliche Angelegenheit einzustufen. Dies hätte zur Folge, dass zahlreiche (kreisangehörige) Städte mit u.U. weit über 50.000 Einwohnern keine eigenen Alten- und Pflegeheime mehr errichten dürften.

Vertretbar ist es dagegen z.B., die Trägerschaft über kommunale Krankenhäuser grundsätzlich den Kreisen und kreisfreien Städten zuzuweisen, wenn gleichzeitig die kreisangehörigen Gemeinden freiwillig eigene Krankenhäuser errichten und unterhalten dürfen.[125]

Damit ist durch die gesetzlichen Regelungen der **Gewährleistungsbereich** der Selbstverwaltungsgarantie des Art. 28 Abs. 2 S. 1 GG **betroffen**.

103 II. Ein **Eingriff** in die Selbstverwaltungsgarantie liegt jedenfalls dann vor, wenn durch die gesetzlichen Regelungen der Gewährleistungsbereich verkürzt wird.

1. Die Regelung in Art. 2 des Gesetzes beschränkt die **Allzuständigkeit** der Gemeinden auf dem Gebiet der Daseinsvorsorge, Art. 12 führt zu einem **Entzug** bestimmter Aufgaben. Die Vorschriften greifen final in den Bestand der Selbstverwaltungsaufgaben ein und stellen daher einen unmittelbaren Eingriff dar.

Nicht nur ein Entzug von Aufgaben, sondern auch eine Zuweisung von staatlichen Aufgaben kann (mittelbar) in das gemeindliche Recht auf Selbstverwaltung eingreifen, wenn dadurch die Möglichkeit eingeschränkt wird, Selbstverwaltungsaufgaben wahrzunehmen.[126]

104 2. Art. 28 Abs. 2 GG und Art. 78 LVerf garantiert den Gemeinden neben der Zuweisung der Selbstverwaltungsaufgaben auch das Recht zur **eigenverantwortlichen Wahrnehmung** dieser Aufgaben. In dieses Recht wird durch Art. 3 des Gesetzes eingegriffen, indem der Kommunalaufsicht die Befugnis eingeräumt wird, der Gemeinde Weisungen im Allgemeinen und im Einzelfall zu erteilen.

105 III. Diese Eingriffe in das Selbstverwaltungsrecht sind nur rechtmäßig, wenn sie **verfassungsrechtlich gerechtfertigt** sind.

Nach Art. 28 Abs. 2 S. 1 GG wird die gemeindliche Selbstverwaltung **„im Rahmen der Gesetze"** gewährleistet, bzw. nach Art. 78 Abs. 2 LVerf, „soweit die Gesetze nichts anderes vorschreiben". Hierin ist ein **Regelungsvorbehalt** zu sehen, der sich sowohl auf die Aufgabenverteilung als auch auf die Art und Weise der Aufgabenerledigung bezieht.[127] Bei der Anwendung dieses Vorbehalts sind dem Gesetzgeber aber seinerseits Schranken gesetzt (sogenannte **Schranken-Schranken**).[128]

125 Vgl. BVerfG NVwZ 1992, 365, 367; vgl. auch VerfGH NRW NWVBl. 2004, 141, 142 f.

126 BVerfG NVwZ 2008, 183, 188; BVerwG DVBl. 2006, 781, 783; VerfGH NRW NVwZ 1997, 793.

127 BVerwG DVBl. 2006, 779, 780.

128 BVerfGE 79, 127, 143 f.; 83, 363, 382; Ehlers DVBl. 2000, 1301, 1303; Schoch Jura 2001, 121, 126 ff. m.w.N.

1. Generell unzulässig ist ein Eingriff in den **unantastbaren Kernbereich des Selbstverwaltungsrechts** (Wesensgehalt).[129] Wann ein **unzulässiger Eingriff in den Kernbereich** vorliegt, lässt sich nicht allgemein festlegen, sondern kann nur im konkreten Einzelfall entschieden werden. Ausgangspunkt ist, dass den Gemeinden ein Bestand typischer **essenzieller Aufgaben unentziehbar** gewährleistet ist. 106

„Art. 28 Abs. 2 S. 1 GG garantiert die kommunale Selbstverwaltung. Der einfache Gesetzgeber darf dieses Recht nicht aufheben und die Selbstverwaltung nicht derart einschränken, dass sie innerlich ausgehöhlt wird."[130]

a) Da den Gemeinden durch Art. 28 Abs. 2 S. 1 GG grundsätzlich **„alle"** Aufgaben der örtlichen Gemeinschaft zugewiesen werden, müssen die Gemeinden im Zweifel auch für alle Angelegenheiten zuständig sein (**Allzuständigkeit** der Gemeinde).[131] 107

Damit ist eine enumerative Aufzählung der gemeindlichen Aufgaben, wie in Art. 2 des Gesetzes vorgesehen, unvereinbar. Zwar ist die Regelung auf den Bereich der Daseinsvorsorge beschränkt. Dabei handelt es sich aber um einen besonders wichtigen Bereich gemeindlicher Tätigkeit. Eine enumerative Zuständigkeitsbestimmung im Rahmen der Daseinsvorsorge würde die Gemeinden daran hindern, schnell und ohne gesetzgeberische Maßnahmen abwarten zu müssen, auf neu auftretende Bedürfnisse der Bevölkerung zu reagieren **(„Aufgabenfindungsrecht")**.

Art. 2 des Gesetzes verstößt daher gegen ein Wesensmerkmal der Selbstverwaltung und ist als Eingriff in den Kernbereich **verfassungswidrig**.

b) Zum Kernbereich der **Aufgabenwahrnehmung** gehört die **Eigenverantwortlichkeit**. Deshalb ist im Selbstverwaltungsbereich nur eine **Rechtsaufsicht** zulässig.[132] 108

Durch **Art. 3** des Gesetzes wird ein **Weisungsrecht** im Selbstverwaltungsbereich eingeführt, das Zweckmäßigkeitsweisungen im Einzelfall zulässt. Die hierfür aufgestellte Voraussetzung „nach pflichtgemäßem Ermessen" und „zur Wahrung überörtlicher Interessen" enthält keine wirklichen Beschränkungen, sondern lässt es zu, dass über örtlich bedingte Entscheidungen der gemeindlichen Organe durch die Aufsichtsbehörde hinweggegangen werden kann. Da diese Vorschrift somit die Eigenverantwortlichkeit im Kernbereich einschränkt, verstößt auch **Art. 3** des Gesetzes gegen das verfassungsrechtlich garantierte Selbstverwaltungsrecht.

c) Zum Kernbereich gehören des Weiteren die sogenannten **Gemeindehoheiten**, die den Gemeinden als Grundbestand erhalten bleiben müssen (also z.B. die Personalhoheit, die Finanzhoheit und die Planungshoheit). Unbe- 109

---

129 Vgl. z.B. BVerfG NVwZ 2004, 1477, 1483; VerfGH NRW NVwZ 2003, 202, 203; BVerwG DVBl. 2006, 779, 780.

130 BVerfG NVwZ 2010, 895, 898.

131 BVerfG NVwZ 2008, 183, 185; BVerfGE 79, 127, 146; BVerfG DVBl. 2003, 919, 920; BVerwG NWVBl. 2007, 93; Schoch Jura 2001, 121, 123; Papier DVBl. 2003, 686, 688; Magen JuS 2006, 404, 407.

132 BVerwG NVwZ 1998, 63; Stern StaatsR I, § 12 II 4, S. 413; Ehlers DVBl. 2000, 1301, 1305; Schoch Jura 2001, 121, 131; Müller NWVBl. 2012, 414, 415.

dingt geschützt ist allerdings nur der **unantastbare Kernbereich**, d.h., einer dieser Bereiche darf den Gemeinden nicht **generell** entzogen bzw. gegenüber **allen Gemeinden** ausgehöhlt werden. Bei Eingriffen, die nur punktuell einzelne Gemeinden belasten, ist dagegen eine Verletzung des Kernbereichs der kommunalen Selbstverwaltung kaum denkbar (dieses gewährt lediglich institutionellen und keinen individuellen Schutz).[133]

Im vorliegenden Fall betrifft die Zuständigkeitsverlagerung für die neu zu errichtenden Alten- und Pflegeheime durch Art. 12 des angegriffenen Gesetzes zwar die Regelungsbefugnis der Gemeinden im Bereich der Daseinsvorsorge. Dadurch ist aber lediglich ein geringer Teil der Regelungsbefugnis der Gemeinden in diesem Bereich betroffen. Dies stellt weder einen vollständigen **Entzug** noch eine **Aushöhlung** der Befugnisse der Gemeinden dar. Art. 12 des Gesetzes beinhaltet daher keinen unzulässigen Eingriff in den unantastbaren Kernbereich.

110 2. Welche Anforderungen an die Rechtmäßigkeit von **Eingriffen außerhalb des Kernbereichs** (im sogenannten **Randbereich**) zu stellen sind, ist umstritten (s.o. Rn. 80 ff.). Die h.M. unterscheidet danach, ob die angegriffene Maßnahme

- die **Aufgabenverteilung** oder
- die eigenverantwortliche **Aufgabenerledigung** betrifft.

111 a) Als **Aufgabenverteilungsregel** ist Art. 12 des Gesetzes nur verfassungsgemäß, wenn der Gesetzgeber das aus Art. 28 Abs. 2 GG folgende **Aufgabenverteilungsprinzip** mit Vorrang für die Gemeinde berücksichtigt hat, wonach Angelegenheiten mit relevantem örtlichem Charakter grundsätzlich von den Gemeinden wahrzunehmen sind. Ein Eingriff kann daher nur dann rechtmäßig sein, wenn er aus Gründen des **Gemeininteresses** geboten ist, vor allem also dann, wenn auf anderem Wege die ordnungsgemäße Aufgabenerfüllung nicht sicherzustellen wäre.

Allein finanzielle Gründe können dabei eine Aufgabenverlagerung auf übergeordnete Träger nicht rechtfertigen. Die Gründe müssen vielmehr sachbezogen im Sinne einer **ordnungsgemäßen Aufgabenerfüllung** sein. Eine Grenze ist erst dort erreicht, wo die Kostenbelastung so groß ist, dass eine ordnungsgemäße Aufgabenerfüllung durch die Gemeinde nicht mehr sichergestellt ist.[134] Dafür bestehen hier indes keine Anhaltspunkte. Vielmehr hat der Gesetzgeber ausschließlich auf wirtschaftliche Gründe abgestellt, die den Aufgabenentzug grundsätzlich nicht rechtfertigen können.

112 b) Fraglich ist, ob diese Grundsätze im gleichen Maße auch im **Verhältnis der Gemeinden zum Kreis** gelten, da die Kreise nach Art. 28 Abs. 2 S. 2 GG ebenfalls das Recht der Selbstverwaltung haben.

133 BVerfGE 56, 298, 313; BVerfG DVBl. 1995, 290; VerfGH NRW DVBl. 1997, 1107, 1109; Schoch Jura 2001, 121, 126 m.w.N.

134 BVerfGE 79, 127, 153; Schink DVBl. 2003, 417, 421.

aa) Das BVerwG hat ursprünglich darauf abgestellt, dass Kreise und Gemeinden bei der Erfüllung von Selbstverwaltungsaufgaben selbstständig und gleichberechtigt nebeneinander stehen und sich gegenseitig ergänzen **(Komplementärprinzip)**. Die kommunale Selbstverwaltung sei zwar zum einen durch die Allzuständigkeit der Gemeinden im örtlichen Bereich, zum anderen aber auch durch eine Ergänzungs- und Ausgleichsfunktion der Kreise charakterisiert.[135] **113**

bb) Demgegenüber geht das BVerfG und der überwiegende Teil der Lit. grundsätzlich von einer **Subsidiarität des Kreises** gegenüber den Gemeinden aus. Art. 28 Abs. 2 S. 1 GG räume ausschließlich den Gemeinden die Allzuständigkeit für die örtlichen Angelegenheiten ein, während dem Kreis durch Art. 28 Abs. 2 S. 2 GG das Selbstverwaltungsrecht nur im Rahmen seines gesetzlichen Aufgabenbereiches **nach Maßgabe der Gesetze** zugewiesen sei (s.u. Rn. 128 ff.). Die Selbstverwaltungsgarantie der Gemeinde reiche daher wesentlich weiter als die der Kreise. Aus diesem **Subsidiaritätsprinzip** folge, dass die Universalität des gemeindlichen Wirkungskreises grundsätzlich auch gegenüber den Kreisen gelte. Ein Aufgabenentzug ist daher auch zugunsten des Kreises nur gerechtfertigt, wenn das Gesetz den verfassungsrechtlich vorgegebenen **Vorrang der Gemeinde** ausreichend berücksichtigt.[136] **114**

„Aufgaben mit relevantem örtlichem Charakter kann der Gesetzgeber den Gemeinden zugunsten der Kreise nur aus überwiegenden Gründen des Gemeininteresses entziehen, insbesondere dann, wenn anders die ordnungsgemäße Aufgabenerfüllung nicht sicherzustellen ist. Verwaltungsvereinfachung, Zuständigkeitskonzentration, Wirtschaftlichkeit und Sparsamkeit der öffentlichen Verwaltung rechtfertigen keinen Aufgabenentzug."[137]

cc) Das Subsidiaritätsprinzip schließt nach Auffassung des BVerwG eine **Ergänzungs- und Ausgleichsfunktion** der Kreise gleichwohl nicht generell aus: Die Kreise brauchen sich nicht auf die Wahrnehmung nur der überörtlichen Aufgaben zu beschränken. Vielmehr kann der Gesetzgeber den Kreisen **auch im örtlichen Bereich** Ergänzungs- und Ausgleichsaufgaben zuweisen. **115**

Bei **Ergänzungsaufgaben** tritt der Kreis zur Sicherung eines einheitlichen Leistungsniveaus an die Stelle der Gemeinden, wenn diese die ihnen zugewiesenen Aufgaben nicht wahrnehmen können, weil ihre Verwaltungs- oder Finanzkraft dazu nicht ausreicht. Bei **Ausgleichsaufgaben** gewährt der Kreis mit derselben Zielsetzung den Gemeinden administrative oder finanzielle Hilfen.[138]

Allerdings ist umstritten, ob die Kreise in NRW aufgrund des § 2 KrO NRW überhaupt Ergänzungs- und Ausgleichsaufgaben wahrnehmen dürfen.[139] Die Rspr. interpretiert die Zuweisung „überörtlicher Angelegenheiten" in § 2 KrO NRW auch als Zuweisung von Ergänzungs- und Ausgleichsaufgaben (s.u. Rn. 131 f.).[140]

---

135 BVerwG DVBl. 1983, 1152, 1153; zustimmend Papier DVBl. 1984, 456; Weides NVwZ 1984, 155, 157.

136 BVerfGE 79, 127, 150; BVerfG NVwZ 2004, 1477, 1483; Erlenkämper NVwZ 1995, 649, 653; Knemeyer NVwZ 1996, 29, 30.

137 BVerwG NVwZ 1998, 63, 65.

138 BVerwG DVBl. 1996, 1062, 1063.

139 Bejahend Ehlers DVBl. 1997, 225, 228; Schink DVBl. 2003, 417, 423 m.w.N., während Schoch DVBl. 1995, 1047, 1051 nur Ergänzungs- nicht aber Ausgleichsaufgaben für zulässig hält.

116 Eine solche **Ergänzungs- und Ausgleichsfunktion** des Kreises stellt nach Auffassung des BVerwG **keinen** verfassungsrechtlich **unzulässigen Aufgabenentzug** zulasten der kreisangehörigen Gemeinden dar. Denn sie dient lediglich der Unterstützung der Gemeinden, stellt deren eigene Aufgabenwahrnehmung aber nicht infrage. Derartige Funktionen dürfen die Kreise allerdings nur wahrnehmen, wenn und soweit kreisangehörige Gemeinden allein zur Wahrnehmung der Aufgabe nicht imstande sind.[141]

„Die Kreise haben bei der Wahrnehmung von Ausgleichs- und Ergänzungsaufgaben abzuwägen zwischen der Bedeutung der Aufgabe einerseits und der dadurch verursachten Einschränkung der kommunalen Finanzhoheit andererseits."[142]

Praktische Bedeutung haben Ergänzungs- und Ausgleichsaufgaben vor allem für die Finanzierung, die – soweit die Aufgabenwahrnehmung durch den Kreis zulässig ist – durch die von den Gemeinden zu zahlende **Kreisumlage** erfolgt.[143]

117 Art. 12 regelt nicht nur Ausgleichs- und Ergänzungsaufgaben des Kreises, sondern beinhaltet einen **generellen Aufgabenentzug.** Da Gründe des Gemeinwohls, die eine Hochzonung rechtfertigen könnten, nicht ersichtlich sind, ist Art. 12 des Gesetzes **verfassungswidrig**.

„Die Kreiszuständigkeit beginnt da, wo es sich nicht mehr um Angelegenheiten der örtlichen Gemeinschaft handelt – also bei den **überörtlichen Aufgaben**, soweit diese dem Kreis ... vom Gesetzgeber zugewiesen sind. Nur unter engen Ausnahmevoraussetzungen und durch gesetzgeberischen Akt dürfen **örtliche Angelegenheiten** in die Zuständigkeit der Kreise hochgezont werden, wenn anders die **ordnungsgemäße Aufgabenerfüllung nicht sicherzustellen** wäre und wenn die Gründe der Hochzonung gegenüber dem verfassungsrechtlichen Aufgabenverteilungsprinzip des Art. 28 Abs. 2 S. 1 GG überwiegen."[144]

Ergebnis: Art. 2, 3 und 12 des Gesetzes verstoßen gegen das durch Art. 78 LVerf gewährleistete Recht der kommunalen Selbstverwaltung. Der VerfGH wird die Nichtigkeit dieser Vorschriften feststellen.

---

140 VerfGH NRW DVBl. 1997, 121; VG Köln NWVBl. 1999, 351 ff.; Schoch Jura 2001, 121, 129.

141 BVerwG NVwZ 1998, 63, 65; DVBl. 1996, 1062, 1064; BGH DVBl. 2000, 1204 ff. (Rechtsberatung durch den Kreis für leistungsschwächere Gemeinden); Schink DVBl. 2003, 417, 421; gegen Ergänzungs- und Ausgleichsaufgaben Beckmann DVBl. 1990, 1193, 1196; Schmidt-Jortzig DÖV 1993, 973, 982.

142 Hess StGH DVBl. 1999, 840.

143 Vgl. dazu BVerwG NVwZ 1998, 63, 65; Schoch Jura 2001, 121, 129

144 Knemeyer NVwZ 1996, 29, 30.

Garantie der kommunalen Selbstverwaltung, Art. 28 Abs. 2 S. 1 GG, Art. 78 LVerf

I. Gewährleistungsbereich („Schutzbereich")

- **Angelegenheiten der örtlichen Gemeinschaft**

  -> Angelegenheiten, die in der örtlichen Gemeinschaft wurzeln oder auf sie einen spezifischen Bezug haben
  - räumlich, persönlich, historisch
  - unabhängig von Verwaltungs- und Finanzkraft

Aufgabenzuweisungsgarantie	**Eigenverantwortlichkeitsgarantie**

II. Eingriff

Aufgabenverteilung („Ob")	Regelung der **Aufgabenerledigung** („Wie")

III. Verfassungsrechtliche Rechtfertigung

- „im Rahmen der Gesetze" (Art. 28 Abs. 2 S. 1 GG)
- „soweit die Gesetze nichts anderes vorschreiben" (Art. 78 Abs. 2 LVerf)

Eingriffe in den Kernbereich unzulässig

- Zuständigkeitsvermutung, Allzuständigkeit
- Kernbestand an Aufgaben (kein genereller Entzug): Gebietshoheit, Organisationshoheit, Personalhoheit, Finanzhoheit, Planungshoheit, Satzungs- und VA-Recht, Daseinsvorsorge
- keine Fachaufsicht, nur Rechtsaufsicht

Eingriffe in den Randbereich zulässig

Vorrangprinzip	**Regelungsvorbehalt**
Aufgabenentzug zulässig, wenn aus überwiegenden Gründen des Gemeinwohls **vertretbar**	Beschränkung der eigenverantwortlichen **Aufgabenerledigung** zulässig, wenn **verhältnismäßig**

Kommunalverfassungsbeschwerde zum BVerfG gem. Art. 93 Abs. 1 Nr. 4 b GG, §§ 13 Nr. 8 a, 91 BVerfGG

A. Zulässigkeit

I. Beteiligtenfähigkeit:
Gemeinden und Gemeindeverbände, § 91 S. 1 BVerfGG

II. Beschwerdegegenstand, § 91 S. 1 BVerfGG
Gesetz = alle Rechtsnormen mit Außenwirkung, auch RechtsVOen

III. Beschwerdebefugnis
- Rüge einer Verletzung von Art. 28 Abs. 2 GG
- selbst, gegenwärtig und unmittelbar betroffen

IV. Rechtswegerschöpfung, § 90 Abs. 2 BVerfGG

V. Subsidiarität
1. keine Zuständigkeit des Landesverfassungsgerichts (also keine Bundes-Kommunal-VfB bei Landesrecht), § 91 S. 2 BVerfGG
2. allgemeiner Subsidiaritätsgedanke (str.)

VI. Form, Frist (§§ 23, 92, 93 Abs. 3 BVerfGG)

B. Begründetheit

I. Eingriff in das Selbstverwaltungsrecht:
Angelegenheiten der örtlichen Gemeinschaft betroffen

II. Eingriff verfassungsgemäß, wenn verfassungsrechtlich gerechtfertigt
Art. 28 Abs. 2 GG enthält Gesetzesvorbehalt:
„im Rahmen der Gesetze" – (ähnlich einem Regelungsvorbehalt)
-> eingreifendes Gesetz muss verfassungsgemäß sein

1. Alternative: **Eingriff durch formelles Gesetz**
   a) formelle Verfassungsmäßigkeit des Gesetzes, insbes. Zuständigkeit des Bundesgesetzgebers (Art. 70 ff. GG)*
   b) materielle Verfassungsmäßigkeit
      aa) Vereinbarkeit mit Art. 28 Abs. 2 GG
      bb) Vereinbarkeit mit sonstigem Verfassungsrecht, insbes. Art. 20 GG*
2. Alternative: **Eingriff durch Rechtsverordnung**
   a) Verfassungsmäßigkeit des zum Erlass der RechtsVO ermächtigenden Gesetzes
   b) Rechtmäßigkeit der RechtsVO
      aa) Vereinbarkeit mit Art. 28 Abs. 2 GG
      bb) Rechtmäßigkeit im Übrigen**

* Da im Rahmen der Kommunal-VB nur Art. 28 Abs. 2 GG rügefähig ist, zieht das BVerfG nur diejenigen Verfassungsbestimmungen und Verfassungsgrundsätze als Prüfungsmaßstab heran, die nach ihrem Inhalt „das verfassungsrechtliche Bild der Selbstverwaltung mitzubestimmen geeignet sind".[145] Dazu zählt z.B. das Demokratieprinzip, das Rechtsstaatsprinzip, das Bundesstaatsprinzip, die Gesetzgebungskompetenzen (Art. 70 ff. GG) und die Verwaltungszuständigkeiten nach Art. 83 ff. GG (s.o. Rn. 86).

** Eingriffe durch RechtsVOen sind auf Bundesebene äußerst selten, im Übrigen gelten hier dieselben Einschränkungen wie auf Landesebene (vgl. Anm. S. 37).

145 BVerfG NVwZ 2010, 895, 897; NVwZ 2008, 183, 184; NVwZ 2005, 82, 83.

Kommunalverfassungsbeschwerde zum VerfGH NRW gemäß Art. 75 Nr. 4 LVerf, §§ 12 Nr. 8, 52 VGHG NRW

A. Zulässigkeit

I. Beteiligtenfähigkeit:
Gemeinden und Gemeindeverbände, § 52 VGHG NRW

II. Beschwerdegegenstand, § 52 VGHG NRW
Landesrecht, insbes. formelle Gesetze, RechtsVOen etc.

III. Beschwerdebefugnis
- Rüge einer Verletzung von Art. 78 LVerf
- selbst, gegenwärtig und unmittelbar betroffen

IV. Form, Frist (§§ 18, 52 Abs. 2 VGHG NRW)

B. Begründetheit

I. Eingriff in das Selbstverwaltungsrecht:
Angelegenheiten der örtlichen Gemeinschaft betroffen

II. Eingriff verfassungsgemäß, wenn verfassungsrechtlich gerechtfertigt
Art. 78 Abs. 2 LVerf enthält Gesetzesvorbehalt:
„soweit die Gesetze nichts anderes vorschreiben"–
–> eingreifendes Gesetz muss verfassungsgemäß sein

1. Alternative: **Eingriff durch formelles Gesetz**
   a) formelle Verfassungsmäßigkeit des Gesetzes, insbes. Zuständigkeit des Landesgesetzgebers*
   b) materielle Verfassungsmäßigkeit
      aa) Vereinbarkeit mit Art. 78 LVerf
      bb) Vereinbarkeit mit sonstigem Verfassungsrecht, insbesondere Art. 28 Abs. 1, 20 GG*
2. Alternative: **Eingriff durch Rechtsverordnung**
   a) Verfassungsmäßigkeit des zum Erlass der RechtsVO ermächtigenden Gesetzes
   b) Rechtmäßigkeit der RechtsVO
      aa) Vereinbarkeit mit Art. 78 LVerf
      bb) Rechtmäßigkeit im Übrigen**

* Wie das BVerfG (s.o. S. 36) zieht auch der VerfGH NRW nur solche Verfassungsbestimmungen und Verfassungsgrundsätze als Prüfungsmaßstab heran, die nach ihrem Inhalt „das verfassungsrechtliche Bild der Selbstverwaltung mitzubestimmen geeignet sind."[146]

** Nach Auffassung des VerfGH NRW erstreckt sich die verfassungsgerichtliche Kontrolle bei untergesetzlichen Vorschriften nur darauf, ob der „allgemeine gesetzliche Ermächtigungsrahmen" eingehalten worden ist. Eine Vollprüfung von untergesetzlichen Normen im Rahmen eines kommunalen Verfassungsbeschwerdeverfahrens lehnt der VerfGH NRW grundsätzlich ab.[147] Eine umfassende Prüfung komme nur ausnahmsweise in Betracht, wenn ein Verstoß gegen einfachgesetzliche Normen offensichtlich ist und eine anderweitige Rechtsschutzmöglichkeit (vor den Fachgerichten) zur Beseitigung der Rechtsverletzung nicht besteht.[148]

146 VerfGH NRW NVwZ-RR 2010, 705, 706 m.w.N.

147 VerfGH NRW NVwZ 2003, 202, 203; OVGE 39, 303, 312: nur verfassungsspezifische Kontrolle; kritisch Ehlers DVBl. 2000, 1301, 1306: partielle Rechtsverweigerung.

148 Vgl. Teipel NWVBl. 2002, 92, 97.

III. Die Selbstverwaltungsgarantie als subjektives Recht

Auch außerhalb des Verfassungsrechts begründet Art. 28 Abs. 2 S. 1 GG für die Gemeinden ein **subjektives öffentliches Recht** auf Selbstverwaltung. Dies hat vor allem Bedeutung für Klagen gegen Maßnahmen anderer Verwaltungsträger (§§ 42 Abs. 2, 113 Abs. 1 S. 1 VwGO):

118 ■ So kann die Gemeinde z.B. gegen **Aufsichtsmaßnahmen** Klage vor dem Verwaltungsgericht erheben, wenn sie geltend machen kann, in ihrem Selbstverwaltungsrecht (Art. 28 Abs. 2 S. 1 GG, Art. 78 Abs. 2 LVerf) verletzt zu sein.

Beispiele: Anfechtungsklage gegen Weisungen der Aufsichtsbehörde oder gegen die Aufhebung eines Ratsbeschlusses (§ 122 Abs. 1 S. 2 GO NRW); Verpflichtungsklage auf Erteilung einer aufsichtsbehördlichen Genehmigung.[149]

119 ■ Die Gemeinde kann außerdem, ähnlich wie ein Bürger, gegen sonstige **Verwaltungsakte** (insbesondere Genehmigungen) klagen. Praktisch wichtig sind vor allem die Fälle, in denen die gemeindliche **Planungshoheit** beeinträchtigt wird und hierdurch die **Klagebefugnis** (§ 42 Abs. 2 VwGO) bzw. die **Antragsbefugnis** der Gemeinde im Normenkontrollverfahren (§ 47 Abs. 2 VwGO) begründet wird, z.B. bei

- **Planfeststellungsbeschlüssen** und vergleichbaren Entscheidungen, soweit eine Verletzung der Planungshoheit möglich ist;[150]

  Gegen einen Planfeststellungsbeschluss hat die planbetroffene Gemeinde grundsätzlich dieselben Rechtsschutzmöglichkeiten wie ein planbetroffener Bürger (z.B. bei einer Planfeststellung für eine Bundesfernstraße, eine Eisenbahnlinie oder einen Verkehrsflughafen).[151] Dasselbe gilt für vergleichbare planerische Entscheidungen (z.B. Einrichtung eines Truppenübungsplatzes[152] oder die Festsetzung von Flugrouten[153]).

- **Bebauungsplänen** der Nachbargemeinde bei möglicher Verletzung des interkommunalen Abstimmungsgebotes nach § 2 Abs. 2 BauGB.[154] Entsprechendes gilt für die **Genehmigung** von Einzelvorhaben auf der Grundlage des Bebauungsplans.[155]

  Hierbei kann sich die Gemeinde auch auf die ihr durch Ziele der Raumordnung zugewiesenen Funktionen sowie auf Auswirkungen auf ihre zentralen Versorgungsbereiche berufen (vgl. auch § 34 Abs. 3 u. Abs. 3 a S. 2 BauGB).

- Missachtung der Mitwirkungsbefugnis nach **§ 36 Abs. 1 BauGB**, der dem Schutz der gemeindlichen Planungshoheit dient;

  Beispiele: Anfechtung einer Baugenehmigung, die ohne das erforderliche Einvernehmen erteilt wird[156] oder bei Ersetzung des Einvernehmens nach § 36 Abs. 2 S. 3 BauGB;[157] Anspruch der Gemeinde auf Erlass einer Beseitigungsverfügung bei Verstoß gegen § 36 Abs. 1 BauGB.[158]

---

149 OVG NRW DVBl. 2007, 323.

150 BVerwG NVwZ 2008, 1237; NVwZ 2007, 841; DVBl. 2005, 903, 904; VGH Kassel NVwZ 2010, 1165, 1167; allgemein v. Schwanenflug NVwZ 2007, 1351 ff.

151 BVerwG DVBl. 2005, 903 (Bundesfernstraße); NVwZ 2006, 1290 (Eisenbahn); NVwZ 2006, 1055 (Flughafen).

152 BVerwG DVBl. 2001, 395; VG Potsdam DVBl. 2007, 1314.

153 BVerwG DVBl. 2004, 382; VGH Kassel NVwZ-RR 2014, 432.

154 BVerwGE 84, 209, 214 f.; OVG NRW NWVBl. 2005, 456; VGH Kassel NVwZ 2010, 1165, 1167; Kahl JA 2005, 280, 282.

155 BVerwG NVwZ 2010, 133 (factory-outlet-center); OVG NRW NWVBl. 2000, 314 (Mulitplex-Kino); OVG Lüneburg NVwZ 2001, 452 (Windpark); allgemein Jahn JuS 2000, 590 ff.

156 BVerwG NVwZ 2008, 1347, 1348; OVG NRW, Urt. v. 28.11.2007 - 8 A 2325/06, RÜ 2008, 190, 194.

157 OVG Lüneburg, Urt. v. 10.08.2008 - 12 LB 22/07, RÜ 2008, 599, 600.

158 BayVGH NVwZ-RR 2005, 56.

Ebenso kann sich die Gemeinde unter Hinweis auf ihre Planungshoheit auch gegen die Aufhebung einer Beseitigungsverfügung zur Wehr setzen,[159] nicht dagegen gegen die Versagung einer von der Gemeinde befürworteten Baugenehmigung, da die Baubehörde an das erteilte Einvernehmen nicht gebunden ist.[160]

- oder bei einem Verstoß gegen **Anhörungspflichten**.

Unabhängig vom einfachen Verfahrensrecht haben die Gemeinden einen verfassungskräftigen Anspruch auf Anhörung unmittelbar aus Art. 28 Abs. 2 S. 1 GG, wenn z.B. ihre Planungshoheit berührt wird.[161] Ein bloß mittelbarer und unerheblicher Eingriff reicht hierfür jedoch nicht aus.[162]

Die Gemeinde kann sich aber nur dann gegen ein Vorhaben wehren, wenn sie sich dabei auf ihr Selbstverwaltungsrecht, also auf **eigene Rechte** berufen kann. 120

Beispiele: Verletzung der Planungshoheit oder Störung kommunaler Einrichtungen, z.B. Abwehr von Lärmeinwirkungen auf einen Kindergarten, ein Krankenhaus oder eine Schule.[163] Auf Grundrechte kann sich die Gemeinde im Rahmen der Klagebefugnis dagegen nicht berufen, da sie nicht Grundrechtsträgerin ist (s.o. Rn. 92 ff.).

Die Klagebefugnis der Gemeinde aus Art. 28 Abs. 2 GG ist auch zu **verneinen**, wenn die Gemeinde sich nur auf öffentliche, **sie nicht unmittelbar schützende Belange** berufen kann. Nicht zum Selbstverwaltungsrecht gehört es insbesondere, wenn die Gemeinde als Sachwalter ihrer Bürger oder der Allgemeinheit tätig wird.[164] 121

Beispiele: Keine Klagebefugnis der Gemeinde aus allgemeinen Belangen des Umweltschutzes,[165] bei befürchteten Störungen des Orts- und Landschaftsbildes,[166] zum Schutz der Bevölkerung vor Gesundheitsgefahren[167] oder zum Schutz von Natur und Landschaft.[168]

In der Praxis bleiben die meisten Klagen der Gemeinden allerdings erfolglos, weil **unbegründet**. Denn der Eingriff in das Selbstverwaltungsrecht wird in der Regel durch vorrangige übergemeindliche Interessen gerechtfertigt. 122

So kommt z.B. eine Verletzung der Planungshoheit der Gemeinde nur in Betracht, wenn durch die anderweitige Fachplanung eine hinreichend konkrete und verfestigte Planung der Gemeinde nachhaltig gestört wird oder wenn durch die Fachplanung wesentliche Teile des Gemeindegebiets einer durchsetzbaren kommunalen Planung entzogen werden.[169] Entscheidend ist häufig, ob die Belange der Gemeinde in der Abwägung ausreichend berücksichtigt worden sind (Verletzung des Abwägungsgebots).

IV. Beschränkung des gemeindlichen Wirkungskreises

1. Zuständigkeitsschranke

Nach Art. 28 Abs. 2 S. 1 GG, Art. 78 Abs. 2 LVerf, § 2 GO NRW ist die Gemeinde in ihrem Gebiet grundsätzlich zuständig zur Wahrnehmung aller Angelegenheiten der örtlichen Gemeinschaft. Aus dieser Zuständigkeitsgewährleistung folgt zugleich eine **Zuständig-** 123

159 Vgl. BVerwG NVwZ 2000, 1048; a.A. VGH Mannheim NVwZ-RR 1998, 388.
160 VGH Mannheim, Urt. v. 17.02.2014 - 5 S 1667/12.
161 Vgl. BVerfG DVBl. 1999, 697, 699; RhPf VerfGH NVwZ 2006, 206, 207.
162 BVerwG DVBl. 2004, 382, 383.
163 BVerwG NVwZ 2006, 1055, 1059; v. Schwanenflug NVwZ 2007, 1351, 1352.
164 BVerwG DVBl. 2005, 903, 907; VGH Mannheim, Urt. v. 17.02.2014 - 5 S 1667/12.
165 BVerwG NVwZ 2001, 1160; DVBl. 2005, 903, 907.
166 BayVGH NVwZ 1986, 679.
167 BVerwG DVBl. 2005, 903, 907.
168 BVerwG NVwZ 2001, 88.
169 BVerwGE 81, 95, 106; 90, 96, 100; BVerwG NVwZ 2005, 813, 816; NVwZ 2008, 1237, 1238.

keitsschranke: Die Garantie der Selbstverwaltung im Gemeindegebiet ist auch die **Grenze der Verwaltungszuständigkeit der Gemeinde**. Sobald sich eine Materie also nicht als Angelegenheit der örtlichen Gemeinschaft, sondern als überörtliche Angelegenheit darstellt, darf die Gemeinde weder Beschlüsse fassen noch sonstige Regelungen treffen. Der Gemeinde steht aus Art. 28 Abs. 2 S. 1 GG insbesondere **kein allgemeinpolitisches Mandat** zu, sondern nur ein kommunalpolitisches Mandat.[170] Die Begrenzung gilt auch für appelative oder symbolische Handlung (z.B. Erklärung zur atomwaffenfreien Zone).[171] Etwas anderes gilt, wenn sich eine konkrete Maßnahme auf das eigene Gemeindegebiet bezieht (konkrete Realisierungsbetroffenheit).[172]

Weitere Beispiele: Mangels Verbandskompetenz unzulässig sind Warnungen der Gemeinde vor Gefahren überörtlicher Religionsgemeinschaften[173] oder der Aufruf zu einer Gegendemonstration gegen eine rechtsextreme Versammlung.[174] Ebenso hat die Gemeinde keine Kompetenz im Bereich des Klimaschutzes.[175] Auch Art. 20 a GG ermächtigt die Gemeinde nicht, Aufgaben des Umweltschutzes losgelöst von ihrem Kompetenzbereich an sich zu ziehen.[176] Wegen der abschließenden Kompetenz des Bundes für den Familienlastenausgleich ist die Gewährung eines kommunalen „Kindergeldes" unzulässig.[177]

2. Selbstverwaltungspflicht

124 **a)** Aus Art. 28 Abs. 2 S. 1 GG ergibt sich **nicht nur ein Recht der Gemeinde**, Eingriffe in ihren Aufgabenbereich abzuwehren, sondern auch die **grundsätzliche Pflicht** die Angelegenheiten der örtlichen Gemeinschaft wahrzunehmen.[178] Dies gilt uneingeschränkt bei den **pflichtigen Selbstverwaltungsaufgaben**. Hier kann die Gemeinde nur noch über die Art der Durchführung (das „Wie") entscheiden, die Pflicht zur Wahrnehmung der Aufgaben (das „Ob") ergibt sich aus Gesetz oder RechtsVO.

Pflichtige Selbstverwaltungsaufgaben sind z.B. Errichtung von Schulen (§§ 78 ff. SchulG), Bauleitplanung (§ 1 Abs. 3 BauGB), Erschließung von Bauland (§ 123 BauGB), Bau von Gemeindestraßen (§ 47 StrWG), Abwasserbeseitigung (§ 56 WHG, § 53 LWG), Abfallbeseitigung durch die Kreise und kreisfreien Städte (§ 5 LAbfG).

125 **b)** Bei den **freiwilligen Selbstverwaltungsaufgaben** gingen Rspr. und Lit. bislang davon aus, dass es der Gemeinde grundsätzlich freistehe, ob, wann und wie sie diese Aufgaben wahrnehme.[179]

Freiwillige Selbstverwaltungsaufgaben sind alle übrigen Angelegenheiten der örtlichen Gemeinschaft, z.B. Einrichtungen der Daseinsvorsorge (Sportplätze, Badeanstalten, Theater, Museen u.a.); Sparkassen (§ 1 SparkassenG); kommunale Wirtschaftsförderung, Förderung von Vereinen im örtlichen Bereich u.Ä.

---

170 Grundlegend BVerfGE 8, 122 ff.; ebenso BVerwG DVBl. 2006, 779, 780; OVG NRW DVBl. 1984, 155, 156; VG Düsseldorf, Urt. v. 26.04.2010 – 1 K 2401/08; OVG Koblenz NVwZ-RR 2013, 853, 855; Schoch Jura 2001, 121, 128.

171 BVerwG DVBl. 1991, 491, 493.

172 BVerfG NVwZ 1990, 355; vgl. auch OVG Saarlouis, Beschl. v. 21.02.2014 - 2 B 24/14.

173 BayVerfGH NVwZ 1998, 391, 392; BayVGH NVwZ 1995, 502, 503; Dietlein/Heyers NWVBl. 2000, 77, 79.

174 HessVGH, Beschl. v. 03.05.2013 – 8 A 772/13, NVwZ-RR 2013, 815, VG Gera NVwZ-RR 2011, 79; abweichend OVG Bln-Bbg., Beschl. v. 14.09.2012 – OVG 1 S 127. 12, RÜ 2013, 114, 116; vgl. auch unten Rn. 284 f.

175 VG Gießen, Urt. v. 12.05.2010 – 8 K 4071/08: Unzulässigkeit einer Solarsatzung, die den Eigentümer eines Gebäudes verpflichtet, den Energiebedarf durch eine anteilige Nutzung von erneuerbaren Energien zu decken; dazu Funke/Papp JuS 2010, 395 ff.; Kahl ZUR 2010, 371, 374; Murswiek JuS 2011, 1145 ff.

176 BVerwG DVBl. 2006, 779, 781; Winkler JA 2007, 405, 408.

177 OVG NRW NVwZ 1995, 718; Schoch Jura 2001, 121, 128; Suerbaum/Brüning JuS 2001, 992, 996; a.A. Jakobs/Machens NWVBl. 1996, 1 ff.

178 BVerwG RÜ 2009, 727, 729; Winkler JZ 2009, 1169, 1170; kritisch Waldhoff JuS 2010, 375, 376.

179 HessVGH DÖV 2008, 607, 608; Waldhoff JuS 2008, 925 f.; Wieland NdsVBl. 2009, 33, 36; Kahl/Weißenberger Jura 2009, 194, 199; Schoch DVBl. 2009, 1533, 1534.

aa) Das BVerwG geht demgegenüber neuerdings davon aus, dass sich die Gemeinde auch der freiwilligen Selbstverwaltungsaufgaben nicht ohne Weiteres entledigen könne. Andernfalls hätten es die Gemeinden in der Hand, den Inhalt der kommunalen Selbstverwaltung auszuhöhlen, was auf eine **unzulässige Selbstbeschränkung** hinausliefe.[180] Daher kann sich aus Art. 28 Abs. 2 S. 1 GG ein **Privatisierungsverbot** ergeben. **126**

„Gehören Aufgaben zu den Angelegenheiten des örtlichen Wirkungskreises, so darf sich die Gemeinde im Interesse eine wirksamen Wahrnehmung dieses örtlichen Wirkungskreises, der ausschließlich der Gemeinde, letztlich zum Wohle der Gemeindeangehörigen, anvertraut ist, nicht ihrer gemeinwohlorientierten Handlungsspielräume begeben."[181] Deshalb ist z.B. die vollständige Privatisierung eines traditionellen Weihnachtsmarktes wegen Verstoßes gegen Art. 28 Abs. 2 S. 1 GG unzulässig. Die Gemeinde muss sich Steuerungs- und Einwirkungsmöglichkeiten vorbehalten, um so Einfluss auf die Zulassung zu öffentlichen Einrichtungen zu behalten (s.u. Rn. 194).[182]

bb) Die Lit. hält diesen Ansatz für verfehlt. Das BVerwG verkürze den Selbstverwaltungsspielraum der Gemeinde. Art. 28 Abs. 2 S. 1 GG begründe lediglich ein Recht auf Selbstverwaltung, nicht aber eine Aufgabenwahrnehmungspflicht. Eine solche Pflicht könne nur durch Gesetz begründet werden (z.B. bei den pflichtigen Selbstverwaltungsaufgaben).[183] Dagegen spricht jedoch, dass Gemeinden keine Individuen mit einem Recht zur freien Entfaltung der Persönlichkeit sind, sondern bloße Zweckschöpfungen des öffentlichen Rechts. Aus Art. 28 Abs. 2 S. 1 GG kann sich daher aus Gründen des Gemeinwohls eine **verfassungsunmittelbare Selbstverwaltungspflicht** ergeben. Die Frage ist nur, wie weit diese Pflicht geht. Jedenfalls muss sich die Gemeinde im Fall der Privatisierung gewisse Einwirkungs- und Steuerungsmöglichkeiten vorbehalten. **127**

B. Die Selbstverwaltung auf der Kreisebene

I. Unterschiede zur gemeindlichen Selbstverwaltung

Neben dem gemeindlichen Selbstverwaltungsrecht nach Art. 28 Abs. 2 S. 1 GG garantiert Art. 28 Abs. 2 S. 2 GG, dass in den Ländern, in denen es bisher Gemeindeverbände gab, diese fortbestehen und irgendwelche nennenswerten Aufgaben haben, die eine Selbstverwaltung ermöglichen.[184] Von den Gemeindeverbänden sind die wichtigsten die **Kreise**. Die Kreise sind allerdings nach Art. 28 Abs. 2 S. 2 GG nur **„im Rahmen ihres gesetzlichen Aufgabenbereiches nach Maßgabe der Gesetze"** geschützt. Anders als bei den Gemeinden (Art. 28 Abs. 2 S. 1 GG) beschreibt die Verfassung die Aufgaben der Kreise nicht selbst, sondern überlässt dies dem Gesetzgeber. Art. 28 Abs. 2 S. 2 GG gewährleistet den Kreisen daher vor allem **keine Allzuständigkeit**. Das Selbstverwaltungsrecht der Kreise besteht nach Art. 28 Abs. 2 S. 2 GG grundsätzlich nur eingeschränkt für die **gesetzlich zugewiesenen Aufgaben**.[185] **128**

---

180 BVerwG, Urt. v. 27.05.2009 - BVerwG 8 C 10.08, RÜ 2009, 727, 729.

181 BVerwG, Urt. v. 27.05.2009 - BVerwG 8 C 10.08, RÜ 2009, 727, 729 gegen HessVGH DÖV 2008, 607, 608.

182 BVerwG, Urt. v. 27.05.2009 - BVerwG 8 C 10.08, RÜ 2009, 727, 730; ebenso nunmehr HessVGH DVBl. 2010, 665; anders OVG Berlin-Brandenburg, Beschl. v. 30.11. 2010 – 1 S 107.10 zur Privatisierung eines Wochenmarktes.

183 Vgl. Schoch DVBl. 2009, 1533, 1535 ff.; Winkler JZ 2009, 1169, 1170 f.; Waldhoff JuS 2010, 375, 376; Donhauser NVwZ 2010, 931, 933; Ehlers Jura 2012, 692, 693.

184 Schoch DVBl. 1995, 1047 ff.; Maurer DVBl. 1995, 1037, 1045 f. m.w.N.

185 BVerfG NVwZ 2008, 183; BVerwG, Beschl. v. 03.03.2009 – BVerwG 4 B 59.08; Schoch Jura 2001, 121, 123 m.w.N.

129 Anerkannt ist jedoch, dass Art. 28 Abs. 2 S. 2 GG den Kreisen einen **Grundbestand** an überörtlichen, kreiskommunalen Angelegenheiten des eigenen Wirkungskreises garantiert („irgendwelche nennenswerten Aufgaben"). Denn würde den Kreisen neben staatlichen Aufgaben nur nebensächliche Selbstverwaltungsaufgaben zugewiesen, „so wäre die Garantie des Art. 28 Abs. 2 S. 2 GG durch den Gesetzgeber umgangen und entwertet."[186] Außerhalb dieses Mindestbestands an Selbstverwaltungsaufgaben schützt Art. 28 Abs. 2 S. 2 GG – anders als Art. 28 Abs. 2 S. 1 GG – aber weder gegen Aufgabenentziehungen noch vor Aufgabenzuweisungen.[187]

130 **Art. 78 Abs. 2 LVerf** erweitert allerdings den Schutzbereich des Art. 28 Abs. 2 S. 2 GG. Danach sind die Kreise (zusammen mit den Gemeinden) in ihrem Gebiet die **alleinigen Träger der öffentlichen Verwaltung**, soweit die Gesetze nichts anderes bestimmen. Dadurch wird den Kreisen – über Art. 28 Abs. 2 S. 2 GG hinausgehend – auch gewährleistet, dass sie neuartige **überörtliche Aufgaben** übernehmen können. Praktisch wird dadurch die Regelung in § 2 Abs. 1 S. 1 KrO NRW verfassungsrechtlich abgesichert. Abgesehen von diesen Besonderheiten gilt für das Selbstverwaltungsrecht der Kreise dasselbe wie bei der Gemeinde. Dies gilt insbesondere für die Rechtssetzungs-, Organisations-, Personal- und Finanzhoheit (s.o. Rn. 62 ff.).

II. Aufgabenbereiche des Kreises

131 Neben den überörtlichen Aufgaben nehmen die Kreise in großem Umfang auch sog. **Ergänzungs- und Ausgleichsaufgaben** auf örtlicher Ebene wahr. Die Kompetenz hierzu ergibt sich nach der Rspr. ebenfalls aus § 2 KrO NRW. In die Zuweisung „überörtlicher Aufgaben" ist die Existenz von Ergänzungs- und Ausgleichsaufgaben hineinzulesen.[188] Bei den von den Kreisen wahrzunehmenden Aufgaben lassen sich daher unterscheiden:

132 ■ **überörtliche Aufgaben**, die sich auf den Bereich des Kreises und die gemeinsamen Bedürfnisse der Kreisbewohner beziehen und sich kraft Natur der Sache einer einzelgemeindlichen Wahrnehmung entziehen;

Beispiele: Bau und Unterhaltung von Kreisstraßen; Trägerschaft von Abfallbeseitigungsanlagen; Organisation und Trägerschaft im öffentlichen Personennahverkehr.[189]

133 ■ örtliche **Ergänzungsaufgaben**, die von einzelnen Gemeinden wegen fehlender Leistungsfähigkeit nicht wahrgenommen werden;

Beispiele: Trägerschaft von Alten- und Jugendheimen, Musikschulen, Theater etc. Der Kreis kann ergänzende Aufgaben nicht nur in eigener Trägerschaft, sondern auch durch Bezuschussung freier Träger, z.B. im Krankenhaus- oder Ersatzschulbereich, wahrnehmen.[190]

134 ■ örtliche **Ausgleichsaufgaben** zur Unterstützung der gemeindlichen Aufgabenerfüllung.

Beispiele: administrative Hilfen durch den Kreis, z.B. bei der Ausarbeitung von Bauleitplänen, Rechtsberatung und Prozessvertretung für die Gemeinde.[191]

---

186 BVerfG NVwZ 2008, 183 (Hartz IV-Arbeitsgemeinschaften); Frenz JA 2010, 39, 40.

187 Kritisch Schoch DVBl. 2008, 937, 939 ff.

188 VerfGH NRW DVBl. 1997, 121, 122; VG Köln NWVBl. 1999, 351, 354; Ehlers DVBl. 1997, 225, 228; kritisch Schoch Jura 2001, 121, 129; dagegen Beckmann DVBl. 1990, 1193, 1196; Schmidt-Jortzig DÖV 1993, 973, 982;

189 Vgl. KV/KrO- Wansleben KrO § 2 Anm. 4.7; Ehlers/Baumann DVBl. 2004, 525 ff.

190 Vgl. KV/KrO-Wansleben KrO § 2 Anm. 4.8.

191 BGH DVBl. 2000, 1204.

3. Abschnitt: Rechtsstellung der Gemeindebewohner

A. Gemeindebewohner

I. Einwohner und Bürger

Gemeindebewohner sind die Einwohner und die Bürger. **Einwohner** ist gemäß § 21 Abs. 1 GO NRW, wer in der Gemeinde wohnt. **Bürger** ist gemäß § 21 Abs. 2 GO NRW, wer zu den Gemeindewahlen wahlberechtigt ist. Nach § 7 KWahlG sind dies **135**

- **Deutsche** i.S.d. Art. 116 Abs. 1 GG und Staatsangehörige eines Mitgliedstaates der **Europäischen Union**,
- die das **sechzehnte Lebensjahr** vollendet und
- mindestens **16 Tage** ihren (Haupt-)Wohnsitz im Gemeindegebiet haben.

Während das aktive Wahlrecht mit Vollendung des 16. Lebensjahres besteht, ist die Wählbarkeit (passives Wahlrecht) erst mit Vollendung des 18. Lebensjahres (§ 12 Abs. 1 KWahlG) gegeben.

Das Kommunalwahlrecht für **EU-Angehörige** beruht auf Art. 22 AEUV und Art. 28 Abs. 1 S. 3 GG, wonach Unionsbürger das aktive und passive Wahlrecht in den Kreisen und Gemeinden nach Maßgabe des EU-Rechts haben. **136**

Durch Art. 28 Abs. 1 S. 3 GG wird klargestellt, dass Nicht-EU-Ausländern ein **Kommunalwahlrecht** nur durch Verfassungsänderung zugesprochen werden kann.[192] Der frühere Streit, ob Ausländern durch einfaches Gesetz das kommunale Wahlrecht eingeräumt werden darf, hat sich damit erledigt. **137**

Bereits früher hatte das BVerfG die generelle Einführung eines kommunalen Wahlrechts für Ausländer verworfen. Begründet wurde dies u.a. damit, der Begriff „Volk" i.S.d. Art. 28 Abs. 1 S. 2 GG könne nicht abweichend von Art. 20 Abs. 2 GG ausgelegt werden. Die Ausübung von Staatsgewalt ist danach dem deutschen Volk vorbehalten.[193]

II. Ausländische Einwohner

§ 27 GO NRW regelt die Teilhabe der ausländischen Einwohner an der kommunalpolitischen Willensbildung.[194] Danach ist in Gemeinden mit mindestens 5.000 ausländischen Einwohnern ein **Integrationsrat** zu bilden. In anderen Gemeinden kann (bzw. muss ab 2.000 Ausländern auf Antrag) ein Integrationsrat gebildet werden. Der Integrationsrat besteht aus gewählten Mitgliedern und Ratsmitgliedern, die vom Rat bestellt werden (§ 27 Abs. 1 S. 4 GO NRW). Die Wahl der Mitglieder findet mit der Kommunalwahl statt. Wahlberechtigt sind ausländische Staatsangehörige und Deutsche mit Migrationshintergrund (§ 27 Abs. 3 GO NRW, mit Ausn. in § 27 Abs. 4 GO NRW). Der Integrationsrat hat nur eine **beratende**, aber **keine entscheidende Funktion** (§ 27 Abs. 8 S. 1 u. Abs. 9 GO NRW). Seine Zuständigkeit ist aber nicht auf ausländerrelevante Themen beschränkt. Er kann sich vielmehr mit **allen Angelegenheiten** der Gemeinde befassen (§ 27 Abs. 8 S. 2 GO NRW). **138**

---

192 Greve/Schärdel JuS 2009, 531, 536; vgl. jüngst StGH Bremen, Urt. v. 31.01.2014 - St. 1/13.

193 BVerfG NJW 1991, 159, 162.

194 Vgl. die Neuregelung durch Gesetz vom 19.12.2013 (GVBl. S. 878), in Kraft getreten am 31.12.2013.

B. Rechte und Pflichten

I. Allgemeine Rechte

139 Allgemeine Rechte der Gemeindebewohner regeln die §§ 22–24 GO NRW. Danach hat die Gemeinde den Einwohnern beim Verwaltungsverfahren zu helfen (§ 22 GO NRW), und der Rat hat die Einwohner über die allgemein bedeutsamen Angelegenheiten oder Planungen der Gemeinde zu unterrichten (§ 23 GO NRW). Gemäß § 24 GO NRW hat jeder das Recht, sich einzeln oder in Gemeinschaft mit anderen mit Anregungen und Beschwerden an den Rat zu wenden. Dieser ist deshalb auch Petitionsadressat i.S.d. Art. 17 GG. Nach § 48 Abs. 1 S. 3 GO NRW besteht des Weiteren die Möglichkeit, Fragestunden für Einwohner im Gemeinderat abzuhalten.

II. Plebiszitäre Elemente

140 Seit 1994 gibt es auf kommunaler Ebene zwei plebiszitäre Elemente:

- den **Einwohnerantrag** (§ 25 GO NRW bzw. § 22 KrO NRW) und
- das **Bürgerbegehren** mit anschließendem **Bürgerentscheid** (§ 26 GO NRW bzw. § 23 KrO NRW).

1. Einwohnerantrag

141 Nach § 25 GO NRW können Einwohner (also auch Ausländer), die seit mindestens drei Monaten in der Gemeinde wohnen und das 14. Lebensjahr vollendet haben, beantragen, dass der Rat über eine bestimmte Angelegenheit berät und entscheidet **(Einwohnerantrag)**. Voraussetzung für einen **zulässigen Antrag** ist, dass

- ein bestimmtes Quorum der Einwohner den Antrag unterschrieben hat,
- die Angelegenheit in die Zuständigkeit des Rates fällt und
- nicht innerhalb der letzten zwölf Monate in derselben Angelegenheit bereits ein Antrag gestellt wurde (§ 25 Abs. 5 GO NRW).

142 Durch den Einwohnerantrag haben die Einwohner die Möglichkeit, den Rat zu zwingen, über eine bestimmte Angelegenheit zu beraten und zu entscheiden (§ 25 Abs. 7 S. 2 GO NRW). Die **Entscheidungsfreiheit des Rates in der Sache** bleibt jedoch unberührt, insbesondere besteht kein Anspruch auf Entscheidung des Rates im Sinne des Antrages.

2. Bürgerbegehren

143 Durch Bürgerbegehren und Bürgerentscheid gemäß § 26 GO NRW ist das repräsentativdemokratische System der Gemeindeordnung um Elemente **unmittelbarer Demokratie** ergänzt worden. Das Verfahren ist zweistufig:

- Erst findet das **Bürgerbegehren** statt (§ 26 Abs. 1 GO NRW),
- dann folgt der **Bürgerentscheid**, wenn der Rat dem Bürgerbegehren nicht entspricht (§ 26 Abs. 6 S. 3 GO NRW).

Im Ländervergleich wird in NRW nach Bayern und Baden-Württemberg am häufigsten von Bürgerbegehren und Bürgerentscheid Gebrauch gemacht. In den letzten 20 Jahren sind in NRW ca. 700 Bürgerbegehren durchgeführt worden (insbesondere in den Bereichen öffentliche Einrichtungen und Verkehr), von denen ca. 250 unzulässig waren. In über 100 Fällen wurde dem Begehren vom Rat entsprochen. In ca. 200 Fällen wurde ein Bürgerentscheid durchgeführt, der allerdings nur in ca. 70 Fällen erfolgreich war.[195]

Fall 2: Stadtentwicklung

Die kreisfreie Stadt S verfügt am Rande ihres Zentrums über einen großen unbebauten Platz, der bislang für Volksfeste und ansonsten als gebührenpflichtiger Parkplatz genutzt wird. Am 22.10. beschließt die neue Mehrheit im Rat der Stadt S das Konzept „Stadtentwicklung Jetzt!" Danach soll der Platz entsiegelt und für den Autoverkehr gesperrt werden. Für die verbleibenden freien Parkmöglichkeiten in der Innenstadt werden neben den bestehenden weitere Parkbeschränkungen beschlossen. Auch sollen einige Straßen für den Autoverkehr ganz gesperrt werden. Im Gegenzug soll am Stadtrand ein gebührenfreies Parkhaus gebaut und ein Buspendelverkehr zur Innenstadt eingerichtet werden. Zu diesem Zweck soll ein sanierungsbedürftiges städtisches Haus aus der Gründerzeit abgerissen werden.

Die Bürgerinitiative „Pro S" macht darauf am 15.11. folgende von 12% der Bürger unterzeichnete und im Einzelnen begründete Eingabe bei der Stadt S: „Wir lehnen das vom Rat beschlossene Stadtentwicklungskonzept ab. Alles soll so bleiben wie es ist. Außerdem sollen die seit längerer Zeit bestehenden Parkverbote in der X-Straße aufgehoben werden. Es wird beantragt, dass die Bürgerschaft selbst anstelle des Rates über das Stadtentwicklungskonzept entscheidet."

Der Rat der Stadt S weist das Begehren als unzulässig zurück. Daraufhin haben die Vertreter von „Pro S" Klage vor dem Verwaltungsgericht auf Zulassung des Bürgerbegehrens erhoben. Zugleich beantragen sie, dem Oberbürgermeister vorläufig zu untersagen, mit der Umsetzung des Ratsbeschlusses zu beginnen, bis der Bürgerentscheid durchgeführt ist. Mit Erfolg?

A. Klage auf Zulassung des Bürgerbegehrens

I. Zulässigkeit der Klage 144

1. Der **Verwaltungsrechtsweg** ist gemäß § 40 Abs. 1 S. 1 VwGO eröffnet. Streitentscheidend sind die öffentlich-rechtlichen Vorschriften über Bürgerbegehren und Bürgerentscheid nach § 26 GO NRW.

2. Als statthafte Klageart kommt die **Verpflichtungsklage** (§ 42 Abs. 1, 2. Fall VwGO) in Betracht. Dann müsste die begehrte Entscheidung über die Zulässigkeit des Bürgerbegehrens nach § 26 Abs. 6 S. 1 GO NRW ein **Verwaltungsakt** i.S.d. § 35 VwVfG sein.

   a) Dies wird von der h.M. bejaht, insbesondere liege eine Regelung mit Außenwirkung vor. Gegenüber den Antragstellern werde **verbindlich festgestellt**, das Bürgerbegehren sei zulässig bzw. unzulässig. Die **Außenwirkung** 145

195 Vgl. http://nrw.mehr-demokratie.de

der Entscheidung folge daraus, dass die Unterzeichner des Bürgerbegehrens nicht Organe der Gemeinde sind, sondern die Entscheidung sie als außerhalb der Verwaltung stehende Bürger treffe.[196]

146 b) Nach der Gegenansicht handelt es sich um eine **gemeindeinterne** Auseinandersetzung, da im Rahmen des Bürgerentscheids die Bürgerschaft „anstelle des Rates" und damit als „Quasi-Organ" der Gemeinde entscheiden solle. Dies belege § 26 Abs. 8 S. 1 GO NRW, der anordne, dass der Bürgerentscheid die Wirkung eines Ratsbeschlusses habe. Streitgegenstand seien innerorganschaftliche Entscheidungskompetenzen des Bürgerbegehrens einerseits und des Rates andererseits. Mangels Außenwirkung liege daher kein VA vor. Statthaft sei vielmehr ein Kommunalverfassungsstreitverfahren in Form der **Feststellungsklage** (dazu unten Rn. 473 ff.).[197]

147 c) Dagegen spricht jedoch, dass es sich nicht um einen Streit zwischen verschiedenen Organen oder innerhalb eines Organs der Gemeinde handelt. Die Zulässigkeitsfeststellung betrifft nicht die Entscheidungszuständigkeit im Innenverhältnis, sondern das Begehren der Bürger, anstelle des Rates zu entscheiden. Die Bürger handeln nicht organschaftlich, sondern machen ein subjektives öffentliches Recht geltend. Die (Nicht-)Zulassungsentscheidung hat damit Außenwirkung und ist als Verwaltungsakt i.S.d. § 35 S. 1 VwVfG zu qualifizieren. Deshalb scheidet auch eine teilweise angenommen Leistungsklage aus.[198] Die **Verpflichtungsklage** ist daher **statthaft**.

148 3. **Klagebefugt** ist gemäß § 42 Abs. 2 VwGO derjenige, der geltend machen kann, durch den Verwaltungsakt in seinen subjektiven Rechten verletzt zu sein. Verletzt sein kann an sich nur die Gesamtheit der Unterzeichner. § 26 Abs. 6 S. 2 GO NRW stellt aber klar, dass nicht das „Bürgerbegehren" als solches, sondern nur seine **Vertreter** i.S.d. § 26 Abs. 2 S. 2 GO NRW berechtigt sind, Rechtsbehelfe einzulegen. Das Bürgerbehren selbst (also die Gesamtheit der Unterzeichner) ist nicht klagebefugt.[199] Nur die **Vertreter des Bürgerbegehrens** können geltend machen, durch die ablehnende Entscheidung des Rates in ihrem Recht auf Durchführung des Bürgerentscheids (§ 26 Abs. 6 S. 3 GO NRW) verletzt zu sein. Sie sind damit klagebefugt.

Gegen die Feststellung, dass ein Bürgerbegehren unzulässig ist, können die Vertreter des Bürgerbegehrens nur **gemeinschaftlich** vorgehen.[200] Ein einzelner Vertreter ist ebenso wenig klagebefugt wie ein Bürger, der Rat oder eine Ratsfraktion.[201]

149 4. Das nach § 68 Abs. 2 VwGO bei der Verpflichtungsklage an sich erforderliche **Widerspruchsverfahren** entfällt gemäß § 110 Abs. 1 S. 2 JustG NRW.

---

196 Vgl. OVG NRW NWVBl. 2002, 326; NVwZ-RR 2002, 766; VG Köln NWVBl. 2012, 36; ebenso VGH Kassel NVwZ-RR 2009, 440, 442; VG Berlin LKV 2011, 233, 233 f.; KV/GO-Wansleben § 26 Anm. 5.3; Meyer NVwZ 2003, 183, 183; Fleischfresser NWVBl. 2004, 485, 486; Schoch Jura 2008, 826, 830.

197 Vgl. OVG Saarlouis LKRZ 2008, 356; OVG Koblenz NVwZ-RR 1997, 241, 241; OVG Lüneburg, NdsVBl. 1998, 96, 97; Jaroschek JuS 2000, 53, 55; abweichend VGH Kassel NVwZ-RR 2000, 451: kein Organstreit, aber gleichwohl allgemeine Feststellungsklage.

198 Für Leistungsklage VG Darmstadt NVwZ 2013, 1240; Fischer NWVBl. 1995, 366, 369; Winkler JA 2007, 405, 407.

199 OVG NRW DVBl. 1998, 785, 786; VG Köln NWVBl. 2000, 269; KV/GO-Wansleben § 26 Anm. 5.3; Rehn/Cronauge GO § 26 Anm. VII 1; Fischer DÖV 1996, 181, 185; Jaroschek BayVBl. 1997, 39, 42; abweichend Meyer NVwZ 2003, 183, 184 m.w.N.

200 VG Köln NWVBl. 2000, 155.

201 VG Arnsberg, Beschl. v. 20.10.2000 – 12 L 1516/00; VG Düsseldorf, Urt. v. 17.09.2004 – 1 K 5435/01.

5. Nach § 74 Abs. 1 S. 2, Abs. 2 VwGO ist eine **Klagefrist** von einem Monat ab Bekanntgabe der Ablehnungsentscheidung zu beachten.

6. Klagegegner ist gemäß § 78 Abs. 1 Nr. 1 VwGO die **Gemeinde**.

   Durch die Abschaffung des Behördenprinzips in NRW im Jahre 2011 (§ 5 Abs. 2 AGVwGO a.F.) hat sich die früher streitige Frage nach dem Klagegegner (Rat, Bürgermeister oder Gemeinde)[202] erledigt. Klagegegner ist bei der Verpflichtungsklage nunmehr stets die Körperschaft.

7. Die **Beteiligtenfähigkeit** der Gemeinde als juristische Person folgt aus § 61 **150**
   Nr. 1 VwGO, sie wird durch den Bürgermeister vertreten (§ 62 Abs. 3 VwGO, § 63 Abs. 1 GO NRW). Beim **„Bürgerbegehren"** ist umstritten, ob die Beteiligtenfähigkeit der Vertreter aus § 61 Nr. 1 oder Nr. 2 VwGO folgt.

   Zum einen kann man darauf abstellen, dass die Unterzeichnenden als Vereinigung gemäß § 61 Nr. 2 VwGO beteiligtenfähig sind.[203] § 26 Abs. 6 S. 2 i.V.m. Abs. 2 S. 2 GO NRW regelt dann lediglich die **Vertretung** i.S.d. § 62 Abs. 3 VwGO. Näher liegt es, die Regelung in § 26 Abs. 6 S. 2 GO NRW im Sinne einer **gesetzlichen Prozessstandschaft** zu verstehen, sodass die Vertreter die Rechte aller Unterzeichner nicht im fremden Namen, sondern im eigenen Namen geltend machen und damit ein Fall des § 61 Nr. 1 VwGO vorliegt.[204] Dafür spricht auch, dass das „Bürgerbegehren" selbst kein rechts- oder beteiligtenfähiges Gebilde ist, sondern nur die Fragestellung bezeichnet, die durch den Bürgerentscheid beantwortet werden soll (§ 26 Abs. 1 GO NRW).

Die Klage der Vertreter des Bürgerbegehrens ist damit als Verpflichtungsklage gegen die Gemeinde, vertreten durch den Bürgermeister, zulässig.

II. Begründetheit der Klage

Die Verpflichtungsklage ist gemäß § 113 Abs. 5 S. 1 VwGO begründet, wenn die ablehnende Entscheidung des Rates rechtswidrig ist, die Kläger dadurch in ihren Rechten verletzt sind und die Sache spruchreif ist, d.h. wenn ein **Anspruch auf Zulassung** gemäß § 26 Abs. 6 S. 1 GO NRW besteht.

1. Dann müsste das **Bürgerbegehren zulässig** sein. **151**

   a) **Formelle Voraussetzungen**

      aa) Ein **Antrag**, anstelle des Rates über eine Angelegenheit der Gemeinde selbst zu entscheiden (**Bürgerbegehren**, § 26 Abs. 1 GO NRW), liegt vor.

      bb) Das Bürgerbegehren muss **schriftlich** eingereicht werden und die zur Entscheidung zu bringende **Frage** sowie eine **Begründung** enthalten (§ 26 Abs. 2 S. 1 GO NRW).

         (1) Anders als beim Einwohnerantrag nach § 25 GO NRW, der allgemein **152**
         gehalten sein kann, verlangt § 26 Abs. 7 S. 1 GO NRW beim Bürgerbegehren und Bürgerentscheid eine **Frage,** die eindeutig mit „Ja" oder „Nein" beantwortet werden kann und aus sich selbst heraus verständlich ist.[205] Die Bürger müssen erkennen können, für oder

---

202 Vgl. Fleischfresser NWVBl. 2004, 485, 486.

203 Vgl. OVG Koblenz NVwZ-RR 1995, 411, 412; Meyer NVwZ 2003, 183, 184; Jaroschek JuS 2000, 53, 564.

204 In diesem Sinne wohl OVG NRW NVwZ-RR 2003, 448, 449.

205 OVG NRW, Beschl. v. 15.05.2014 - 15 B 499/14; OVG NRW Beschl. v. 21.06.2013 - 15 B 697/13; KommJur 2014, 60 f.; allgemein Ritgen NWVBl. 2003, 87, 90.

gegen was sie ihre Stimme abgeben. Allerdings dürfen an die äußere Form der zu formulierenden Frage keine übertriebenen Anforderungen gestellt werden. Soweit das Ziel des Begehrens klar erkennbar ist, obliegt es dem Rat, im Zulassungsbeschluss die den Bürgern vorzulegende Entscheidungsfrage abschließend zu formulieren.[206]

Unzulässig wäre z.B. ein Bürgerbegehren mit zwei sich ausschließenden Alternativen, z.B. „Soll das Rathaus oder das Hallenbad erweitert werden?". Dies ergibt sich auch aus dem systematischen Vergleich zu § 41 Abs. 1 GO NRW, der im Gegensatz zu § 26 Abs. 1 GO NRW für Ratsentscheidungen auch die Formulierung allgemeiner Ziele und Absichten zulässt. Deshalb sind auch Bürgerbegehren mit bloß resolutionsartigen Formulierungen unzulässig.[207] Ebenso ist ein Antrag unzulässig, mit dem dem Rat lediglich Vorgaben für eine anderweitige Entscheidung gemacht werden sollen.[208] Allerdings können durch einen Bürgerentscheid auch Grundsatzentscheidungen getroffen werden, die noch durch Detailentscheidungen des Rates ausgefüllt werden müssen.[209]

Vorliegend ist das Bürgerbegehren zwar nicht in eine ausdrückliche Frageform gefasst worden, jedoch wird deutlich, dass die Unterzeichner das Stadtentwicklungskonzept insgesamt ablehnen und zudem mehr Innenstadtparkplätze verlangen. Durch den Bezug auf den konkreten Ratsbeschluss wird das Begehren klar zum Ausdruck gebracht. Eine hinreichend konkrete Frage liegt daher vor.

153 (2) Der Antrag muss des Weiteren eine **Begründung** enthalten (§ 26 Abs. 2 S. 1 GO NRW). Da die Begründung jeweils Bestandteil der Unterschriftenliste sein muss (§ 26 Abs. 4 S. 3 i.V.m. § 25 Abs. 4 S. 1 GO NRW), reichen regelmäßig Kurzbegründungen aus.

Gleichwohl kann ein Bürgerbegehren unzulässig sein, wenn die Begründung unrichtig ist. Die Begründungspflicht trägt nämlich dem Ziel Rechnung, die Unterzeichner über den Sachverhalt und die Argumente der Initiatoren aufzuklären. Diese Funktion kann die Begründung nur erfüllen, wenn die vorgetragenen und für die Entscheidung wesentlichen Tatsachen auch tatsächlich zutreffen.[210]

154 cc) Früher musste das Bürgerbegehren außerdem einen **Kostendeckungsvorschlag** enthalten (§ 26 Abs. 2 S. 1 GO NRW a.F.), um die finanziellen Auswirkungen zu verdeutlichen. Diese Voraussetzung ist 2011 abgeschafft und durch die **Kostenschätzung der Verwaltung** ersetzt worden (§ 26 Abs. 2 S. 5 GO NRW).[211]

Dadurch sind Bürgerbegehren in NRW deutlich erleichtert worden, da die Initiatoren des Bürgerbegehrens in der Regel mit dem kommunalen Haushaltsrecht nicht vertraut sind und nicht über Fachwissen verfügen. Damit die Bürgerinnen und Bürger die finanzielle Machbarkeit von Projekten gleichwohl einschätzen können, ist die Kostenschätzung der Verwaltung bei der Sammlung der Unterschriften nach § 26 Abs. 4 GO NRW anzugeben (§ 26 Abs. 2 S. 6 GO NRW).

---

206 Vgl. BayVGH DVBl. 2012, 798, 699; Rehn/Cronauge GO § 26 Anm. III 1 u. VII 1; Hartmann DVBl. 2001, 776, 780; Ritgen NWVBl. 2003, 87, 90; Goos NWVBl. 2006, 113, 118.

207 OVG NRW DVBl. 2008, 120, 122; VG Köln NWVBl. 2012, 36; Fleischfresser NWVBl. 2004, 485, 486.

208 OVG NRW NWVBl. 2009, 269; DVBl. 2008, 120, 122; NWVBl. 2002, 346; DVBl. 1998, 785, 786.

209 Vgl. OVG Lüneburg NVwZ-RR 2009, 735; NordÖR 2008, 559, 560; BayVGH DVBl. 2012, 698, 699.

210 OVG NRW NVwZ-RR 2002, 766, 767; Fleischfresser NWVBl. 2004, 485, 487; KV/GO-Wansleben § 26 Anm. 4; vgl. auch VGH Mannheim VBlBW 2014, 141, 142.

211 Vgl. das Gesetz zur Stärkung der Bürgerbeteiligung vom 13.12.2011 (GVBl. S. 685).

dd) Die nach § 26 Abs. 2 S. 2 GO NRW zu benennenden **Vertreter** sind vorhanden. Ihre Vertretungsmacht beschränkt sich auf die Entgegennahme von Erklärungen zur verfahrensmäßigen Durchführung von Bürgerbegehren und Bürgerentscheid, sie sind nicht zur Zurücknahme des Antrags befugt.[212] **155**

Vertreter eines Begehrens können nur „Bürger" der Gemeinde sein, in der das Bürgerbegehren durchgeführt wird (§ 26 Abs. 2 S. 2 GO NRW). Benennt ein Begehren mehr als drei Vertreter, so ist es unzulässig.[213]

ee) Nach § 26 Abs. 4 GO NRW muss je nach Einwohnerzahl ein **Unterschriftenquorum** zwischen 3 und 10% erreicht werden. **156**

Umstritten ist, ob auch EU-Angehörige mitwirkungsberechtigt sind. Dafür spricht, dass § 26 Abs. 4 S. 1, § 21 Abs. 2 GO NRW an die Wahlberechtigung anknüpft und diese sich nach § 7 KWahlG auch auf EU-Angehörige erstreckt. Wenn Unionsbürger schon an Kommunalwahlen teilnehmen dürfen, muss ihnen dies erst recht bei einem Bürgerbegehren gestattet sein, bei dem die Einflussnahme auf hoheitliche Entscheidungen wesentlich geringer ist.[214]

Dagegen wird eingewandt, die Beteiligung von Unionsbürgern an kommunalen Abstimmungen sei nicht von der Öffnungsklausel in Art. 28 Abs. 1 S. 3 GG umfasst, die eine unionsrechtliche Regelung voraussetze. Diese sei aber in Art. 22 AEUV nur für Wahlen, nicht für Abstimmungen getroffen. Außerhalb des Unionsrechts könne der Landesgesetzgeber das Verfassungsrecht nicht modifizieren.[215]

Da hier 12% der Bürger das Begehren unterzeichnet haben, ist die **erforderliche Anzahl** erreicht. **157**

Nach §§ 26 Abs. 4 S. 3, 25 Abs. 4 S. 1 GO NRW muss jede Unterschriftsliste den vollen Wortlaut des Antrags enthalten, d.h. die zur Entscheidung zu bringende Frage, deren Begründung und die Vertreterbenennung müssen sich auf jeder Unterschriftsseite befinden oder zumindest mit ihr körperlich fest verbunden sein. Nur so ist sichergestellt, dass sich jeder Unterzeichnende der Tragweite seiner Unterschrift bewusst wird. Es reicht nicht aus, die Angaben separat vorzulegen oder auszulegen.[216]

Unterschriften, welche die Person des Unterzeichners nicht zweifelsfrei erkennen lassen, sind ungültig (§§ 26 Abs. 4 S. 3, 25 Abs. 4 S. 2 GO NRW). Das Fehlen einzelner Angaben i.S.d. § 25 Abs. 4 S. 2 GO NRW ist jedoch unschädlich, wenn die Identität anderweitig zweifelsfrei festgestellt werden kann.[217]

ff) Richtet sich das Bürgerbegehren gegen einen Ratsbeschluss (sog. **kassierendes Bürgerbegehren**), ist eine **Frist von sechs Wochen** nach Bekanntmachung des Beschlusses bzw. drei Monate nach Beschlussfassung einzuhalten (§ 26 Abs. 3 S. 1 u. S. 2 GO NRW). Hierdurch sollen einerseits Rechtssicherheit und Verwaltungseffektivität gewährleistet **158**

---

212 VG Köln NWVBl. 2000, 155; Fischer NWVBl. 1995, 366, 368; Rehn/Cronauge GO § 25 Anm. III 3; a.A. KV/GO-Wansleben § 25 Anm. 4.2.

213 OVG NRW NWVBl. 2003, 468; Fleischfresser NWVBl. 2004, 485, 486.

214 Jarass/Pieroth GG Art. 28 Rn. 8; Löwer in v. Münch/Kunig GG Art. 28 Rn. 33; Hartmann DVBl. 2001, 776, 780; Jaroschek JuS 2000, 53, 57; Rehn/Cronauge GO § 26 Anm. II.1; Begründung in LT-Drs. 12/175, S. 12; ausführlich BayVerfGH, Entsch. v. 12.06.2013 – Vf. 11-VOO-11, RÜ 2013, 587, 589; BayVBl. 2014, 17, 20; allgemein Kühling JuS 2014, 481, 486 f.

215 Scholz in Maunz/Dürig, GG Art. 28 Rn. 41 f.; Tettinger/Schwarz in v. Mangoldt/Klein/Starck, GG Art. 28 Rn. 121; Meyer-Teschendorf/Hofmann ZRP 1995, 290, 292.

216 OVG NRW NWVBl. 2000, 375, 377; Rehn/Cronauge GO § 26 Anm. V 2.

217 OVG NRW, Beschl. v. 01.08.2013 – 15 B 584/13, KommJur 2013, 374; enger VG Düsseldorf, Beschl. v. 23.06.2011 – 1 K 5093/08; großzügiger VG Lüneburg, Urt. v. 11.11.2009 – 5 A 120/09; vgl. auch LT-Drs. 16/2116.

werden, andererseits verdeutlicht die Fristbestimmung, dass die repräsentative Entscheidung durch den Rat die Regel und die unmittelbare Entscheidung durch die Bürger die Ausnahme ist.[218]

Nicht ausdrücklich geregelt ist, ob „alte" Ratsbeschlüsse damit für alle Zukunft vor einer Änderung durch einen Bürgerentscheid geschützt sind. Teilweise wird auf den Rechtsgedanken des § 26 Abs. 8 S. 2 GO NRW zurückgegriffen. Wenn ein Bürgerentscheid nach Ablauf von zwei Jahren geändert werden kann, so müsse dies auch für Ratsbeschlüsse gelten.[219] Die Rspr. verneint dagegen eine analoge Anwendung, da es an einer planwidrigen Regelungslücke fehle.[220] Daher kann die Angelegenheit nur dann Gegenstand eines Bürgerbegehrens werden, wenn sich die Sachlage seit der Entscheidung des Rates wesentlich geändert hat oder die Frist des § 26 Abs. 3 GO NRW durch einen erneuten Beschluss des Rates in der Sache wieder in Gang gesetzt worden ist.[221]

159 Im Umkehrschluss aus § 26 Abs. 3 GO NRW ergibt sich, dass es außerdem **nicht fristgebundene Bürgerbegehren** gibt. Diese sogenannten **initiierenden Begehren** richten sich nicht gegen einen Ratsbeschluss, sondern sollen eine Entscheidung in einer noch nicht vom Rat beschlossenen Angelegenheit herbeiführen. Maßgeblich für die Abgrenzung ist nicht, ob sich das Begehren ausdrücklich gegen einen Ratsbeschluss wendet, sondern der **Inhalt des Begehrens.** Ein kassierendes Bürgerbegehren liegt immer dann vor, wenn das Begehren bei verständiger Würdigung ein vom Rat beschlossenes Regelungsprogramm aufheben oder ändern will.[222]

160 Vorliegend enthält das Begehren kassierende und initiierende Elemente.[223] Einerseits richtet es sich gegen den Ratsbeschluss, andererseits verlangt es aus eigener Motivation, bereits bestehende Parkverbote aufzuheben. Letztlich richtet sich das Begehren jedoch gegen das Stadtentwicklungskonzept als Ganzes und damit gegen den Ratsbeschluss vom 22.10. Da das Begehren bereits knapp vier Wochen nach Beschlussfassung des Rates eingereicht wurde und ein Bürgerentscheid in derselben Sache in den vergangenen zwei Jahren nicht durchgeführt wurde (§ 26 Abs. 5 S. 2 GO NRW), sind die gesetzlichen Fristen gewahrt.

Weiteres Beispiel: Der Rat der Stadt S hat am 28.02. die Schließung des Stadtbades beschlossen. Die Bürgerinitiative I hat es versäumt, fristgerecht ein Bürgerbegehren zu stellen. Deshalb reicht sie am 31.08. einen (fristungebundenen) Einwohnerantrag nach § 25 GO NRW ein. Der Rat berät in der Angelegenheit erneut am 15.10., lehnt den Antrag in der Sache jedoch ab. Am 15.11. wird nunmehr ein Bürgerbegehren eingereicht. Teilweise wird wegen Umgehung auch in diesen Fällen Verfristung bejaht,[224] während andere das neue Begehren als zulässig ansehen, da der Gesetzgeber diesen Weg nicht ausgeschlossen habe.[225]

---

218 Vgl. VGH Mannheim NVwZ-RR 2011, 615; Rehn/Cronauge GO § 26 Anm. IV; Ritgen NVwZ 2000, 129, 133.

219 KV/GO-Wansleben § 26 Anm. 3.2.

220 OVG NRW NWVBl. 2003, 312, 314.

221 OVG NRW NWVBl. 2003, 312, 314; VG Köln NWVBl. 2000, 155, 157; Klenke NWVBl. 2002, 45, 49.

222 OVG NRW NWVBl. 2010, 357, 358; NWVBl. 2003, 312, 315; Klenke NWVBl. 2002, 45, 49; Fleischfresser NWVBl. 2004, 485, 486; zur Abgrenzung vgl. auch VGH Mannheim DVBl. 2011, 1035, 1036.

223 Zur Verbindung eines kassatorischen mit einem initiierenden Begehren vgl. VG Köln NWVBl. 2000, 155, 157.

224 Rehn/Cronauge GO § 26 Anm. IV; ebenso im Ergebnis OVG NRW NWVBl. 2003, 312, 313.

Damit erfüllt das Bürgerbegehren die formellen Zulässigkeitsanforderungen des § 26 GO NRW.

b) **Materielle Voraussetzungen**

aa) In der Sache bürgerentscheidfähig und damit zulässiger Gegenstand eines Bürgerbegehrens ist grundsätzlich **jede Angelegenheit**, für die die Gemeinde die Verbandskompetenz und der Rat die Organkompetenz hat.[226] Dies folgt daraus, dass der Bürgerentscheid gemäß § 26 Abs. 1 GO NRW „an Stelle" einer Entscheidung des Rates ergeht. **161**

(1) Die **Verbandskompetenz** der Gemeinde besteht gemäß § 2 GO NRW, Art. 28 Abs. 2 S. 1 GG für Angelegenheiten der örtlichen Gemeinschaft **(Selbstverwaltungsangelegenheiten)**. Nicht bürgerentscheidfähig sind daher staatliche Aufgaben überörtlicher Natur.[227] **162**

Nicht notwendig ist jedoch, dass sich das Bürgerbegehren auf Projekte bezieht, hinsichtlich derer die Gemeinde die Letztentscheidungsbefugnis besitzt. Es reicht, dass es sich um Fragen handelt, die so gewichtigen Einfluss auf die örtliche Gemeinschaft haben, dass sie sich faktisch auf die gemeindlichen Aufgaben auswirken. **Beispiel:** Neubau einer Kreisstraße, die durch das Gebiet der Gemeinde führt.[228]

Anders als in NRW, wo sich das Bürgerbegehren auf alle Selbstverwaltungsangelegenheiten beziehen kann, ist in einigen Ländern der Bürgerentscheid nur in „wichtigen" Angelegenheiten zulässig (vgl. z.B. § 8 b Hess GO, § 20 KVerf MV).

(2) Die **Organkompetenz** des Rates richtet sich nach § 41 GO NRW. Nicht bürgerentscheidfähig sind daher z.B. Angelegenheiten, in denen der **Bürgermeister** kraft Gesetzes allein zur Entscheidung berufen ist (z.B. § 73 Abs. 3 GO NRW).[229] **163**

Entscheidend ist allein, ob der Entscheidungsgegenstand grundsätzlich in den Zuständigkeitsbereich des Rates fällt. Ein Bürgerbegehren ist daher auch über Angelegenheiten zulässig, die der Rat auf einen Ausschuss delegiert hat (§ 41 Abs. 2 GO NRW).[230]

Die Nutzung gemeindeeigener Grundstücke ist ebenso wie die Parkraumbewirtschaftung eine Selbstverwaltungsangelegenheit, über die der Rat nach § 41 Abs. 1 S. 1 GO NRW befindet. Das Stadtentwicklungskonzept kann danach **grundsätzlich** Gegenstand eines Bürgerbegehrens sein.

bb) § 26 Abs. 5 S. 1 GO NRW enthält **Ausnahmen**, in denen ein Bürgerbegehren **unzulässig** ist. Der Katalog ist 2011 bereinigt und gestrafft worden.[231] **164**

- Unzulässig ist gemäß § 26 Abs. 5 S. 1 Nr. 1 GO NRW ein Bürgerbegehren über die **innere Organisation** der Gemeindeverwaltung (z.B. die Aufgabenverteilung).[232]

225 Müller Eildienst Städtetag NW 1996, 238, 241; ebenso im Ergebnis VGH Mannheim NVwZ-RR 1994, 110, 111.

226 Rehn/Cronauge GO § 26 Anm. II 2; Hartmann DVBl. 2001, 776, 778; Klenke NWVBl. 2002, 45, 46.

227 Rehn/Cronauge GO § 26 Anm. II 2; Ritgen NVwZ 2000, 129, 131; Hartmann DVBl. 2001, 776, 778.

228 Vgl. Bay VGH NVwZ-RR 1998, 258.

229 Rehn/Cronauge GO § 26 Anm. II 2 mit § 25 Anm. II 2; KV/GO-Wansleben § 26 Anm. 3.1.8; Klenke NWVBl. 2002, 45, 46.

230 OVG NRW NWVBl. 2009, 269, 270; Rehn/Cronauge GO Anm. II 2.

231 Art. 1 des Gesetzes zur Stärkung der Bürgerbeteiligung vom 13.12.2011 (GVBl. S. 685).

- Nach § 26 Abs. 5 S. 1 Nr. 2 GO NRW sind Bürgerbegehren unzulässig, die die **Rechtsverhältnisse** der Mitglieder des Rates, der Bezirksvertretungen und der Ausschüsse sowie der Bediensteten der Gemeinde betreffen.[233] Für letztere ist ohnehin zumeist die Zuständigkeit des Bürgermeisters gegeben (§ 73 GO NRW).
- § 26 Abs. 5 S. 1 Nr. 3 GO NRW schließt Bürgerbegehren über die **Haushaltssatzung**, die Finanzabschlüsse der Gemeinde und kommunale Abgaben und Entgelte aus.
- Nach § 26 Abs. 5 S. 1 Nr. 4 GO NRW sind u.a. solche Angelegenheiten einem Bürgerbegehren entzogen, die im Rahmen eines **Planfeststellungsverfahrens**, eines förmlichen Verwaltungsverfahrens oder eines umweltrechtlichen Zulassungsverfahrens zu entscheiden sind.[234] Denn derartige Verfahren erfordern eine Berücksichtigung und Abwägung einer Vielzahl öffentlicher und privater Interessen, die sich nicht durch eine Abstimmung mit „Ja" oder „Nein" beantworten lassen.[235]
- Aus denselben Erwägungen sind gemäß § 26 Abs. 5 S. 1 Nr. 5 GO NRW Bürgerbegehren unzulässig, die sich mit der Aufstellung, Änderung, Ergänzung und Aufhebung von **Bauleitplänen** befassen.[236] Anders als früher ist nunmehr die Entscheidung über die Einleitung eines Bauleitplanverfahrens ausdrücklich ausgenommen, so dass hierüber ein Bürgerentscheid zulässig ist.

Hier könnte das Bürgerbegehren nach § 26 Abs. 5 S. 1 Nr. 3 GO NRW unzulässig sein, wenn es sich mit **kommunalen Abgaben** befasst. Bei weiterer Nutzung des Platzes als entgeltlichen Parkraum würde die Stadt zwar Parkgebühren erhalten. Sinn des § 26 Abs. 5 Nr. 3 GO NRW ist es, die Verantwortung des Rates für den Haushalt zu sichern. Da die meisten Bürgerbegehren in irgendeiner Form Auswirkungen auf den Haushalt haben, sind die in § 26 Abs. 5 Nr. 3 GO NRW geregelten Angelegenheiten nur einer **unmittelbaren Entscheidung** durch die Bürger entzogen, bloß mittelbare Auswirkungen reichen nicht aus.[237]

165 Hier richtet sich das Bürgerbegehren gegen das Stadtentwicklungskonzept und die damit verbundene gesamte Reglementierung. Die Parkraumbewirtschaftung ist nur ein Teil davon. Auch umfasst die Bewirtschaftung mit der Umwidmung des Platzes, den Durchfahrtssperren und Parkverboten mehr als nur die Frage der Gebührenerhebung. Konkrete kommunale Abgaben in Form von Parkgebühren sind allenfalls nicht hinreichend konkretisierte Folgewirkungen. Das Stadtentwicklungskonzept berührt die kommunalen Abgaben somit nur mittelbar und ist daher bürgerentscheidfähig.[238]

Gegenbeispiel: Ein Bürgerbegehren ist wegen Verstoßes gegen § 26 Abs. 5 Nr. 3 GO NRW unzulässig, wenn es nur darauf gerichtet ist, die Einführung von Parkscheinautomaten und die damit verbundene Gebührenerhebung zu verhindern. Denn dann steht der fiskalische Aspekt im Vordergrund.[239]

---

232 Vgl. im Einzelnen Oebbecke NWVBl. 2013, 469, 471.

233 Vgl. dazu z.B. VG Düsseldorf NVwZ-RR 2003, 451.

234 OVG NRW NWVBl. 2009, 267, 268.

235 OVG NRW DVBl. 2002, 792 zu § 23 Abs. 5 Nr. 5 KrO a.F.; Klenke NWVBl. 2002, 45, 47.

236 OVG NRW, Beschl. v. 11.03.2009 – 15 B 329/09; Fleischfresser NWVBl. 2004, 485, 486; vgl. auch VGH Mannheim DVBl. 2011, 1035, 1037 ff.

237 Rehn/Cronauge GO § 26 Anm. VI 3; vgl. auch BayVGH DVBl. 2012, 698, 699.

238 Vgl. KV/GO-Wansleben § 26 Anm. 3.1.3; Rehn/Cronauge GO § 26 Anm. VI 3; Leitfaden IM NRW (2005), S. 9.

239 Vgl. VG Düsseldorf NVwZ 1999, 684; VG Köln NWVBl. 2002, 319, 321; NWVBl. 2000, 193, 194; Klenke NWVBl. 2002, 45, 47.

cc) Neben den Voraussetzungen des § 26 GO NRW erstreckt sich die Zulässigkeitsprüfung außerdem darauf, ob das Begehren **im Übrigen mit der Rechtsordnung in Einklang** steht. Diese umfassende materielle Prüfung hat zur Folge, dass ein auf ein **rechtswidriges Ziel** gerichtetes Bürgerbegehren unzulässig ist.[240] **166**

Insoweit bestehen hier keine Bedenken, insbesondere verstößt die Aufhebung des Stadtentwicklungskonzepts nicht gegen höherrangiges Recht. Das Bürgerbegehren ist damit in formeller und materieller Hinsicht zulässig.

c) **Rechtsfolge:** Die Feststellung, ob ein Bürgerbegehren zulässig ist, trifft der Rat gemäß § 26 Abs. 6 S. 1 GO NRW als reine **Rechtsentscheidung.** Ein Beurteilungs- oder Ermessensspielraum besteht nicht. Auch die Zweckmäßigkeit des Begehrens ist nicht Gegenstand der Entscheidung des Rates.[241] **167**

Bei der Beschlussfassung dürfen auch Ratsmitglieder, die das Bürgerbegehren unterzeichnet haben, mitstimmen. Sie sind nicht befangen, da es sich einerseits nur um eine Rechtsfrage mit gebundener Entscheidung handelt,[242] andererseits allenfalls Gruppeninteressen (§ 31 Abs. 3 Nr. 1 GO NRW) betroffen sind.[243] Befangen sind jedoch Ratsmitglieder, die zugleich Vertreter des Bürgerbegehrens sind.[244]

Da die formellen und materiellen Anforderungen des § 26 GO NRW erfüllt sind, hätte der Rat das Begehren nach § 26 Abs. 6 S. 1 GO NRW zulassen müssen.

2. Die rechtswidrige Ablehnung der Zulassung verletzt das Recht der Kläger auf Durchführung des Bürgerentscheids gemäß § 26 Abs. 6 S. 3 GO NRW. Da die Sache mangels Ermessens des Rates auch spruchreif ist (§ 113 Abs. 5 S. 1 VwGO), ist die **Verpflichtungsklage begründet.** **168**

Der Anspruch auf Feststellung der Zulässigkeit des Bürgerbegehrens kann vorläufig im Wege der **einstweiligen Anordnung** (§ 123 Abs. 1 VwGO) gesichert werden. Ist das Bürgerbegehren mit hoher Wahrscheinlichkeit zulässig und ein Anordnungsgrund glaubhaft gemacht (weil die Gefahr besteht, dass das Bürgerbegehren sonst gegenstandslos wird), kann die Gemeinde durch einstweilige Anordnung verpflichtet werden, unverzüglich die Zulässigkeit des Bürgerbegehrens durch den Rat festzustellen.[245] **169**

B. Antrag auf Untersagung der Durchführung des Ratsbeschlusses

I. Zulässigkeit des Antrags **170**

In Betracht kommt ein Antrag auf Erlass einer **einstweiligen Anordnung** nach § 123 VwGO. Das vorrangige Verfahren nach §§ 80, 80 a VwGO (vgl. § 123 Abs. 5 VwGO) greift nur bei der Vollziehung von (belastenden) **Verwaltungsakten** ein. Der ursprüngliche Ratsbeschluss zum Stadtentwicklungskonzept dient lediglich der internen Willensbildung und ist damit mangels Außenwirkung **kein Verwal-**

240 Vgl. LT-Drs. 15/2151, S. 4 u. S. 15 und z.B. VGH Mannheim VBlBW 2014, 141, 142; BayVGH DVBl. 2012, 698, 699; früher deklaratorisch als Ausnahmegrund in § 26 Abs. 5 Nr. 9 GO NRW a.F. geregelt.

241 v. Danwitz DÖV 1996, 134, 136; Fischer NWVBl. 1995, 366, 369; Rehn/Cronauge GO § 26 Anm. VII 1.

242 Hager VerwArch 84 [1993], 97, 100.

243 VGH Kassel NVwZ-RR 1996, 409, 411; Erlenkämper NVwZ 1997, 546, 557.

244 Goos NWVBl. 2006, 113, 118.

245 OVG NRW, Beschl. v. 15.05.2014 - 15 B 499/14; ebenso BayVGH DVBl. 2011, 308; VGH Mannheim VBlBW 2014, 141.

tungsakt i.S.d. § 35 S. 1 VwVfG. Soweit vorbeugend Vollzugsmaßnahmen des OB verhindert werden sollen, liegt ebenfalls noch kein angreifbarer Verwaltungsakt vor, sodass die §§ 80, 80 a VwGO nicht einschlägig sind. Der Antrag ist damit nach § 123 Abs. 1 VwGO statthaft und auch im Übrigen zulässig.

171 II. **Begründetheit des Antrags**

Der Antrag auf Erlass einer einstweiligen Anordnung ist begründet, wenn die den Anordnungsanspruch und Anordnungsgrund begründenden Tatsachen glaubhaft gemacht sind (§ 123 Abs. 3 VwGO, §§ 920 Abs. 2, 294 Abs. 1 ZPO).

172 1. Der geltend gemachte **Unterlassungsanspruch** könnte sich aus der Wirkung des Bürgerbegehrens ergeben. Das Begehren hat jedoch – ebenso wie Rechtsmittel gegen eine die Unzulässigkeit feststellende Entscheidung des Rates – **keine aufschiebende Wirkung**. § 80 Abs. 1 VwGO ist nicht einschlägig, da es sich nicht um eine Anfechtungsklage, sondern um eine Verpflichtungsklage auf Erlass eines feststellenden VA handelt (s.o.). Der Bürgermeister bleibt verpflichtet, den ursprünglichen Beschluss des Rates zum Stadtentwicklungskonzept auszuführen (§ 62 Abs. 2 S. 2 GO NRW).[246]

2. Dadurch besteht allerdings die Gefahr, dass, wie hier durch den geplanten Abriss, **vollendete Tatsachen** geschaffen werden, sodass die Erfolgschancen des Bürgerentscheids sinken oder er gar unmöglich wird.

173 a) Um der Gefahr zu begegnen, dass dem Bürgerentscheid durch gegenläufige Entscheidungen der Gemeinde die Grundlage entzogen wird, wird deshalb zum Teil generell ein sogenannter **Vollzugsaussetzungsanspruch** anerkannt. Begründet wird dies teils mit dem Initiativrecht der Bürgerschaft auf Durchführung eines Bürgerentscheids, das gegen Beeinträchtigungen gesichert werden müsse. Teils wird auf eine Verpflichtung zur Rücksichtnahme abgestellt, die sich aus der Pflicht zur **Organtreue** ergebe, welche zwischen den Gemeindeorganen Rat und Bürgermeister einerseits und Bürgerschaft andererseits bestehe.[247]

174 b) Die Gegenauffassung verweist darauf, dass rechtlich geschützt allein der Anspruch auf Zulassung des Bürgerbegehrens sei.[248] Gegen eine generelle Sperrwirkung spreche, dass Entscheidungen des Rates und Bürgerentscheide nach der GO **gleichermaßen legitimiert** nebeneinander stehen. Daran ändere sich nichts dadurch, dass im Einzelfall eine Entscheidung des Rates dadurch einen **faktischen Vorrang** erhält, dass diese Entscheidung wegen der Schwerfälligkeit des Verfahrens zur Herbeiführung eines Bürgerentscheids schon vor dessen Abschluss in die Tat umgesetzt wird.[249]

---

246 Vgl. Rehn/Cronauge § 26 Anm. IV; KV/GO-Wansleben § 26 Anm. 9 m.w.N.

247 Vgl. OVG Koblenz, Beschl. v. 10.10.2003 – 7 B 11392/03; VGH Kassel NVwZ 1997, 310, 310; Fischer NWVBl. 1995, 366, 370; Schliesky DVBl. 1998, 169, 175 m.w.N.

248 OVG NRW NWVBl. 2004, 346, 348; Klenke NWVBl. 2002, 45, 49; Kutsch NWVBl. 2005, 398, 403; ebenso VGH Mannheim VBlBW 2010, 311, 312; DVBl. 2012, 1035, 1038.

249 OVG NRW DVBl. 2008, 120, 122 f.

c) § 26 Abs. 6 S. 6 GO NRW sieht deshalb nur eine **begrenzte Sperrwirkung** vor. Ist die Zulässigkeit des Bürgerbegehrens festgestellt, darf bis zur Feststellung des Ergebnisses des Bürgerentscheids eine dem Begehren entgegenstehende Entscheidung der Gemeindeorgane nicht mehr getroffen oder mit dem Vollzug einer derartigen Entscheidung nicht mehr begonnen werden, es sei denn, zu diesem Zeitpunkt haben rechtliche Verpflichtungen der Gemeinde hierzu bestanden.[250] **175**

aa) Nach § 26 Abs. 6 S. 6 GO NRW tritt die Sperrwirkung aber nur ein, wenn „die **Zulässigkeit des Bürgerbegehrens festgestellt** ist", also wenn der Rat eine positive Entscheidung nach § 26 Abs. 6 S. 1 GO NRW getroffen hat. Dies ist hier nicht der Fall. Trifft der Rat die Entscheidung, „das Bürgerbegehren ist unzulässig", so tritt nach dem Wortlaut des § 26 Abs. 6 S. 6 GO NRW keine Sperrwirkung ein. **176**

bb) Allerdings wurde oben festgestellt, dass die Entscheidung des Rates **rechtswidrig** ist und das Bürgerbegehren einen Anspruch auf einen die Zulässigkeit feststellenden VA hat. Deshalb könnte man sich auf den Standpunkt stellen, dass es im Rahmen des § 26 Abs. 6 S. 6 GO NRW ausreicht, dass das Bürgerbehren zulässig ist.[251] Dagegen spricht jedoch der Wortlaut der Vorschrift, der ausdrücklich verlangt, dass die Zulässigkeit des Bürgerbegehrens „festgestellt" ist, also der entsprechende Verwaltungsakt bereits vorliegt. Auch auf die Verpflichtungsklage erlässt das Gericht nicht selbst den entsprechenden Feststellungs-VA, sondern es verpflichtet den Rat (nur) dazu, die Zulässigkeit festzustellen (§ 113 Abs. 5 S. 1 VwGO). Solange aber die Zulässigkeit des Bürgerbegehrens nicht durch den Rat festgestellt ist, bleibt der Bürgermeister gemäß § 62 Abs. 2 S. 2 GO NRW zur Ausführung des ursprünglichen Ratsbeschlusses verpflichtet.[252] Nur so kann eine effektive Verwaltung der Gemeinde gesichert werden. Vollzieht die Verwaltung den betroffenen Ratsbeschluss, erwächst ihr nur das (finanzielle und politische) Risiko, bei Zulässigkeit des Bürgerbegehrens die Maßnahmen wieder rückgängig machen zu müssen. **177**

Ein **Unterlassungsanspruch** nach § 26 Abs. 6 S. 6 GO NRW besteht daher vorliegend nicht.

Das Bürgerbegehren kann aber versuchen, im Wege der **einstweiligen Anordnung** die Gemeinde zu verpflichten, die Zulässigkeit des Bürgerbegehrens festzustellen. Eine solche Entscheidung kommt aber nur ausnahmsweise in Betracht (s.o. Rn. 168).

d) Ausnahmsweise erkennt die Rspr. einen über § 26 Abs. 6 S. 6 GO NRW hinausgehenden Unterlassungsanspruch aus dem im Staatsrecht entwickelten und auf das Verhältnis kommunaler Organe untereinander übertragbaren **Grundsatz der Organtreue** an. **178**

250 Vgl. dazu OVG NRW NVwZ-RR 2013, 814.

251 So OVG Schleswig NVwZ 2006, 363, 364 zur Regelung in § 16 g Abs. 5 S. 2 SchlHGO; auch OVG NRW DVBl. 2008, 120, 123 spricht abweichend vom Gesetzeswortlaut nur von einem „zulässigen Bürgerbegehren".

252 Hofmann NWVBl. 2009, 41, 44.

179 Voraussetzung dafür ist aber ein **willkürliches Verhalten**, das ohne sachliche Erwägungen **rechtsmissbräuchlich** allein darauf abzielt, dem Bürgerbegehren die Grundlage zu entziehen und damit die direkt-demokratische Entscheidung zu verhindern.[253] Eine solche willkürliche Verhaltensweise lässt sich vorliegend nicht feststellen. Mangels eines sicherungsfähigen Anordnungsanspruchs ist der Antrag auf Erlass einer einstweiligen Anordnung daher **unbegründet**.

---

3. Bürgerentscheid

a) Verfahren bei zulässigem Bürgerbegehren

180 Hat der Rat die Zulässigkeit des Bürgerbegehrens festgestellt, muss innerhalb von drei Monaten ein **Bürgerentscheid** durchgeführt werden (§ 26 Abs. 6 S. 3 GO NRW). Allerdings kann der Rat dem Antrag abhelfen und dem Bürgerbegehren entsprechen. Ein Bürgerentscheid findet dann nicht statt (§ 26 Abs. 6 S. 4 GO NRW).

Handeln die Vertreter des Bürgerbegehrens mit dem Rat einen Kompromiss aus, der den Text des Bürgerbegehrens nicht uneingeschränkt übernimmt, so liegt kein Fall des § 26 Abs. 6 S. 4 GO NRW vor. Zur Sicherung einer entsprechenden Vereinbarung ist ein öffentlich-rechtlicher Vertrag in Schriftform (§ 57 VwVfG) erforderlich.[254]

Hilft der Rat dem Begehren nicht ab, so richtet sich die **Durchführung des Bürgerentscheids** gemäß § 26 Abs. 10 GO NRW nach der BürgerentscheidDVO i.V.m. der dazu ergangenen gemeindlichen Satzung.

Anders als bei Wahlen als Akt demokratischer Legitimation sind die Gemeindeorgane im Verfahren über Bürgerbegehren und Bürgerentscheid **nicht zur Neutralität verpflichtet**, sondern u.U. sogar gehalten, öffentlich zu dem Begehren wertend Stellung zu nehmen. Einschränkungen ergeben sich nur aus den Kompetenznormen, dem Grundsatz der Freiheit der Teilnahme am Bürgerentscheid und aus dem Sachlichkeitsgebot.[255]

181 Nach § 26 Abs. 1 S. 2 GO NRW kann der Rat (ohne vorausgehendes Bürgerbegehren) mit 2/3-Mehrheit den Bürgern eine Angelegenheit auch direkt zur Entscheidung vorlegen (sog. **Ratsbürgerentscheid**).[256] Für den Ratsbürgerentscheid gelten die Vorschriften über den Bürgerentscheid im Wesentlichen entsprechend (§ 26 Abs. 1 S. 3 GO NRW), insbesondere die Unzulässigkeitsgründe nach § 26 Abs. 5 GO NRW, nicht aber die Sperrwirkung nach § 26 Abs. 6 S. 6 GO NRW.

Beispiel: Während einer laufenden Unterschriftensammlung für ein aus der Bürgerschaft initiiertes Bürgerbegehren beschließt der Rat die Durchführung eines Ratsbürgerentscheids nach § 26 Abs. 1 S. 2 GO NRW. Weder aus dem Gesetzeswortlaut noch aus dem Normzweck des § 26 GO NRW lässt sich entnehmen, dass ein derartiger „Konkurrenzentscheid" unzulässig wäre. Auch die Sperrwirkung des § 26 Abs. 6 S. 6 GO NRW hindert den Rat nicht, einen Ratsbürgerentscheid einzuleiten. Denkbar ist somit, dass ein Ratsbürgerentscheid ein laufendes Bürgerbegehren „überholt".[257] Bei konkurrierenden Bürgerbegehren ist allerdings ggf. ein Stichentscheid erforderlich (§ 26 Abs. 7 S. 4–6 GO NRW).

---

253 Vgl. OVG NRW NWVBl. 2009, 116; DVBl. 2008, 120, 123; Rehn/Cronauge § 26 Anm. IV; KV/GO-Wansleben § 26 Anm. 9.

254 OVG NRW NWVBl. 2002, 110.

255 OVG NRW NVwZ-RR 2013, 814 815; Rehn/Cronauge § 26 Anm. VIII.1.

256 Vgl. dazu Hofmann NWVBl. 2009, 41, 45.

257 Hofmann NWVBl. 2009, 41, 45.

Der Bürgerentscheid ist **erfolgreich**, wenn die gestellte Frage von der **Mehrheit** der gültigen Stimmen bejaht wird (es kann nur mit „Ja" oder „Nein" abgestimmt werden, bei Stimmengleichheit gilt der Antrag als abgelehnt, § 26 Abs. 7 S. 3 GO NRW). Um zu verhindern, dass sich bei geringer Beteiligung ggf. die Interessen einer kleinen Minderheit durchsetzen, muss die Mehrheit – je nach Größe der Gemeinde – mindestens 10 bis 20 % der stimmberechtigten Bürger betragen (§ 26 Abs. 7 S. 2 GO NRW). **182**

Finden an einem Tag mehrere Bürgerentscheide statt, hat der Rat eine Stichfrage für den Fall zu beschließen, dass die gleichzeitig zur Abstimmung gestellten Fragen in einer miteinander nicht zu vereinbarenden Weise beantwortet werden (sog. Stichentscheid). Es gilt dann diejenige Entscheidung, für die sich im Stichentscheid die Mehrheit der gültigen Stimmen ausspricht (§ 26 Abs. 7 S. 4 GO NRW).

Der Bürgerentscheid hat die **Wirkung eines Ratsbeschlusses** (§ 26 Abs. 8 S. 1 GO NRW) und muss vom Bürgermeister gemäß § 62 Abs. 2 S. 2 GO NRW ausgeführt werden.[258] Der Bürgerentscheid kann innerhalb von zwei Jahren weder durch einen Ratsbeschluss noch durch einen Bürgerentscheid aufgrund eines neuen Bürgerbegehrens abgeändert werden (§ 26 Abs. 5 S. 2 GO NRW). Eine Aufhebung oder Änderung ist innerhalb dieses Zeitraums allein dadurch möglich, dass der Rat die Angelegenheit den Bürgern erneut zur Abstimmung vorlegt (§ 26 Abs. 8 S. 2 GO NRW).[259] **183**

b) Verfahren nach Abschluss des Bürgerentscheids

Beispiel: Nach dem erfolgreichen Bürgerentscheid sollte die S-Straße für den Autoverkehr gesperrt werden. Der Bürgermeister unterlässt es, die dafür erforderlichen straßenverkehrsrechtlichen Anordnungen zu treffen, sodass entsprechende Verkehrszeichen (§ 41 StVO) nicht aufgestellt werden. **184**

Die Rspr. geht teilweise davon aus, dass die Vertreter des Bürgerbegehrens einen verfahrensrechtlichen **Anspruch auf Umsetzung des Bürgerentscheids** haben.[260] Dagegen spricht jedoch, dass sich mit der Durchführung des Bürgerentscheids das Bürgerbegehren erledigt hat. Damit ist auch das Recht der Vertretungsberechtigten, für das Bürgerbegehren tätig zu werden, entfallen, und zwar unabhängig vom Ergebnis des Bürgerentscheids. Richtigerweise besteht daher **kein Anspruch** darauf, nach erfolgreichem Bürgerentscheid dessen ordnungsgemäße Umsetzung durch die gemeindlichen Organe durchzusetzen. Diese Aufgabe obliegt allein der Kommunalaufsicht.[261]

Auch die abstimmungsberechtigten **Bürger** haben kein subjektives Recht auf Vollzug des Bürgerentscheids.[262] Insoweit sind die Rechte des einzelnen Bürgers denen des Ratsmitglieds vergleichbar, der ebenfalls keinen individuell durchsetzbaren Anspruch gegen den Bürgermeister auf Vollzug eines Ratsbeschlusses hat. Einer Klage würde bereits die Klagebefugnis (§ 42 Abs. 2 VwGO) fehlen.

Das Ergebnis des Bürgerentscheids kann durch den Bürger auch **nicht angefochten** werden.[263] Insbesondere ist die Bekanntgabe des Abstimmungsergebnisses mangels Regelung kein Verwaltungsakt i.S.d. § 35 VwVfG. Auch begründet der Bürgerentscheid in aller Regel noch kein Rechtsverhältnis i.S.d. § 43 Abs. 1 VwGO. Insofern hat er – wie ein **185**

258 OVG NRW NWVBl. 2008, 64; Rehn/Cronauge § 26 Anm. IX.1.

259 Hofmann NWVBl. 2009, 41, 46.

260 OVG NRW NWVBl. 2008, 64, 65; tendenziell auch OVG NRW NWVBl. 2002, 110 f.

261 In diesem Sinne OVG Lüneburg NVwZ-RR 2009, 735; BayVGH NVwZ-RR 2003, 448; VG Aachen, Beschl. v. 16.03.2005 – 4 L 166/05; vgl. auch BVerfG NVwZ-RR 2011, 1, 2.

262 OVG Lüneburg NVwZ-RR 2009, 735; a.A. VGH Mannheim DVBl. 1975, 552; Peine/Starke DÖV 2007, 740.

263 VG Aachen, Beschl. v. 16.03.2005 – 4 L 166/05; Klenke NWVBl. 2002, 45, 49 f.

Ratsbeschluss – nur Bedeutung für die gemeindeinterne Willensbildung. Rechtsbeziehungen zwischen der Gemeinde und dem Einzelnen entstehen erst aufgrund weiterer Entscheidungen oder Vollzugshandlungen in der Folge des Bürgerentscheids. Die Vorschriften über die **Wahlprüfung** nach den §§ 39 ff. KWahlG gelten für den Bürgerentscheid nicht, auch nicht analog, da es sich nicht um eine Wahl (Personalentscheidung), sondern um eine Abstimmung über eine Sachfrage handelt.[264] Der Bürger hat daher in aller Regel nur die Möglichkeit, die auf der Grundlage des Bürgerentscheids ergehenden und ihn betreffenden Entscheidungen anzufechten und dabei eine **Inzidentprüfung** der Rechtmäßigkeit des Bürgerentscheids herbeizuführen.[265]

Auch die Vertreter des Bürgerbegehrens haben kein subjektives Recht auf Ungültigerklärung eines Bürgerentscheids, da deren Rechte mit der Durchführung des Bürgerentscheids erloschen sind.[266]

186 Ein Bürgerentscheid unterliegt jedoch der **Kommunalaufsicht** gemäß §§ 119 ff. GO NRW. Dies folgt aus § 122 Abs. 1 S. 1 GO NRW, der von „Beschlüssen des Rates" spricht, und der Bürgerentscheid nach § 26 Abs. 8 S. 1 GO NRW die Wirkung eines Ratsbeschlusses hat. Die Gesetzmäßigkeit des kommunalen Handelns ist nicht majorisierbar.[267]

187 ■ Ist die **Zulassungsentscheidung des Rates** (§ 26 Abs. 6 S. 1 GO NRW) rechtswidrig (z.B. weil ein Ausschlussgrund nach § 26 Abs. 5 GO NRW besteht), so muss dieser Beschluss durch den Bürgermeister beanstandet (§ 54 Abs. 2 GO NRW) und kann dann von der Aufsichtsbehörde aufgehoben werden (§ 122 Abs. 1 S. 2 GO NRW).[268]

188 ■ Ist der **Bürgerentscheid rechtswidrig durchgeführt** worden, scheidet eine Beanstandung aus, da sie sich auf eine erneute Beratung und Beschlussfassung durch die Bürgerschaft beziehen müsste (§ 122 Abs. 1 S. 2 GO NRW; dazu. Rn. 295). Dies ist jedoch bei einem Bürgerentscheid rechtlich wie tatsächlich unmöglich. § 26 GO NRW sieht Abstimmungen, aber keine Beratung mit anschließender Beschlussfassung vor. Eine Beanstandung des Bürgerentscheids scheidet daher aus.[269] Deshalb kann die Aufsichtsbehörde gemäß § 123 Abs. 1 GO NRW (nur) die Anordnung treffen, dass der Bürgerentscheid durch die Gemeinde aufzuheben ist, und unter den Voraussetzungen der Ersatzvornahme nach § 123 Abs. 2 GO NRW den Entscheid selbst aufheben.[270] Jedenfalls darf der rechtswidrige Bürgerentscheid nicht vollzogen werden.

„Insoweit wäre unerheblich, dass der Rat das Bürgerbegehren gemäß § 27 Abs. 6 S. 1 GO NRW für zulässig erklärt hat und gegen diesen Beschluss keine aufsichtlichen Maßnahmen, insbesondere keine Beanstandung durch den Bürgermeister, ergriffen wurde. Dadurch würde ein von Anfang an rechtswidriges oder später rechtswidrig gewordenes Bürgerbegehren bzw. ein solcher Bürgerentscheid nicht rechtmäßig. Er dürfte mit diesem Inhalt mithin nicht durchgeführt werden."[271]

---

264 VG Düsseldorf NVwZ-RR 2000, 98 ff.; Klenke NWVBl. 2002, 45, 50; vgl. auch Meyer NVwZ 2003, 183, 184.

265 Vgl. VGH Mannheim DVBl. 2001, 1278, 1279.

266 Vgl. BayVGH DVBl. 2003, 277 f. zur entsprechenden Regelung in Art. 18 a BayGO.

267 Fischer NWVBl. 1995, 366, 372; Jaroschek BayVBl. 1997, 39, 43; Erlenkämper NVwZ 1998, 354, 367 m.w.N.; im Ergebnis auch OVG NRW NWVBl. 2008, 64, 65.

268 OVG NRW NWVBl. 2008, 64, 65.

269 KV/GO-Wansleben § 26 Anm. 7.3; Rehn/Cronauge GO § 26 Anm. IX 1; a.A. Ritgen NVwZ 200, 129, 135: Beanstandung und Aufhebung durch die Aufsichtsbehörde.

270 KV/GO-Wansleben § 26 Anm. 7.3; Klenke NWVBl. 2002, 45, 50; Meyer NVwZ 2003, 183, 184; a.A. Rehn/Cronauge GO § 26 Anm. IX 1: Das geltende Recht stelle keine Möglichkeit zur Verfügung, rechtswidrige Bürgerentscheide aufzuheben.

271 OVG NRW NWVBl. 2008, 64, 65.

Aufbauschema: Klage auf Zulassung eines Bürgerbegehrens

A. **Zulässigkeit der Klage**

I. **Verwaltungsrechtsweg** (§ 40 Abs. 1 S. 1 VwGO)

II. **Klageart**

1. h.M.: Verpflichtungsklage auf Zulässigerklärung durch VA des Rates
2. a.A.: Kommunalverfassungsstreitverfahren als Feststellungsklage, Bürgerschaft als „Quasi-Organ"

III. **Sonstige Sachurteilsvoraussetzungen**

1. Klagebefugnis (§ 42 Abs. 2 VwGO): nicht das „Bürgerbegehren", nur dessen Vertreter gemeinschaftlich (§ 26 Abs. 6 S. 2 GO NRW)
2. Vorverfahren (§ 68 Abs. 2 VwGO) entfällt gemäß § 68 Abs. 2, Abs. 1 S. 2 VwGO, § 110 Abs. 1 S. 2 JustG NRW
3. Klagefrist (§ 74 Abs. 1 S. 2, Abs. 2 VwGO)
4. Klagegegner: Gemeinde gemäß § 78 Abs. 1 Nr. 1 VwGO (früher str.)
5. Beteiligtenfähigkeit
   a) Gemeinde gemäß § 61 Nr. 1 VwGO, vertreten durch den Bürgermeister
   b) Vertreter des Bürgerbegehrens gemäß § 61 Nr. 1 VwGO als Prozessstandschafter (a.A. als Vereinigung nach § 61 Nr. 2 VwGO)

B. **Begründetheit der Klage** (§ 113 Abs. 5 S. 1 VwGO)

Anspruch auf Feststellung der Zulässigkeit gemäß § 26 Abs. 6 S. 1 GO NRW

I. **Formelle Voraussetzungen**

1. schriftlicher Antrag mit bestimmtem Begehren und Begründung (§ 26 Abs. 2 S. 1 GO NRW)
2. Vertreterbenennung (§ 26 Abs. 2 S. 2 GO NRW)
3. Unterschriftenquorum (§ 26 Abs. 4 GO NRW)
4. Frist bei kassierendem Bürgerbegehren (§ 26 Abs. 3 GO NRW)

II. **Materielle Voraussetzungen**

1. Angelegenheit des Gemeinderates
   a) Verbandskompetenz der Gemeinde (§ 2 GO NRW, Art. 28 Abs. 2 GG)
   b) Organkompetenz des Rates (§ 41 GO NRW)
2. Ausnahmen nach § 26 Abs. 5 GO NRW
3. Kein Verstoß gegen höherrangiges Recht (insbesondere GG, LVerf, GO etc.)

III. Benutzung öffentlicher Einrichtungen der Gemeinde

1. Verpflichtung zur Schaffung öffentlicher Einrichtungen

189 Nach § 8 Abs. 1 GO NRW haben die Gemeinden innerhalb der Grenzen ihrer Leistungsfähigkeit die für die wirtschaftliche, soziale und kulturelle Betreuung ihrer Einwohner erforderlichen **öffentlichen Einrichtungen** zu schaffen (z.B. Frei- und Hallenbäder, Museen, Theater). Diese Verpflichtung besteht ausschließlich im öffentlichen Interesse der **Daseinsvorsorge**, vermittelt dem Einwohner der Gemeinde jedoch keine subjektiven Rechte. Die Einwohner haben weder einen Anspruch auf Schaffung noch auf Erweiterung einer öffentlichen Einrichtung.[272] § 8 Abs. 2 GO NRW begründet einen subjektiven **Benutzungsanspruch** nur für **vorhandene Einrichtungen**. Deshalb haben Einwohner grds. auch keinen Abwehranspruch gegen die Schließung öffentlicher Einrichtungen.[273]

2. Anspruch auf Benutzung öffentlicher Einrichtungen

190 Nach § 8 Abs. 2 GO NRW sind alle Einwohner einer Gemeinde im Rahmen des geltenden Rechts berechtigt, die öffentlichen Einrichtungen der Gemeinde zu benutzen. Dasselbe gilt für juristische Personen und Personenvereinigungen (§ 8 Abs. 4 GO NRW). Auf Kreisebene gelten die gleichlautenden Regelungen in § 6 KrO NRW.

Öffentliche Einrichtungen i.S.d. § 8 Abs. 2 GO NRW
■ **Einrichtung** = jeder benutzbare Gegenstand und sonstige Leistungsangebote
■ **gemeindliche Einrichtung** Gemeinde trifft die für die Benutzung wesentlichen Entscheidungen
■ **öffentlich** Widmung zur Benutzung durch die Allgemeinheit

Öffentliche Einrichtung i.S.d. § 8 Abs. 2 GO NRW ist jeder Gegenstand, den die Gemeinde im öffentlichen Interesse unterhält und durch Widmung der allgemeinen Benutzung zugänglich macht (funktioneller Einrichtungsbegriff).[274]

191 **a) Einrichtung** ist jeder benutzbare Gegenstand und sonstige Leistungsangebote.

Beispiele: Theater, Museen, Bibliotheken, Sportstätten, Stadthallen, Festplätze,[275] Weihnachtsmärkte, Tageseinrichtungen für Kinder,[276] Obdachlosenunterkünfte,[277] Werbeflächen, auch im Rahmen kommunaler Broschüren,[278] Tagungen[279] und Diskussionsveranstaltungen.[280]

192 **b)** Um eine **gemeindliche Einrichtung** handelt es sich, wenn die Gemeinde zu den für die Benutzung wesentlichen Entscheidungen befugt ist.

---

272 OVG NRW NWVBl. 2004, 387; Rennert JuS 2008, 211.

273 BayVGH, Beschl. v. 21.12.2012 – 4 ZB 11.2496, NVwZ-RR 2013, 494.

274 VG Düsseldorf NWVBl. 2004, 33; Dietlein Jura 2002, 445, 446; Kahl/Weißenberger Jura 2009, 194, 195 m.w.N.

275 BayVGH, Beschl. v. 10.10.2013 – 4 CE 13.2125, RÜ 2014, 188, 190.

276 BayVGH, Beschl. v. 10.10.2012 – 12 CE 12.2170, NJW 2013, 249.

277 VGH Mannheim NVwZ-RR 1997, 123; OVG Lüneburg NVwZ-RR 2004, 777.

278 VG Minden NJW 1992, 523.

279 VG Gießen DVBl. 2013, 800, 801.

280 VGH Mannheim, Beschl. v. 28.02.2011 – 9 S 499/11, RÜ 2011, 532, 534.

Das ist insbesondere der Fall, wenn die Gemeinde die Einrichtung **selbst betreibt**, also Sachherr und Eigentümer ist. Problematisch kann diese Voraussetzung sein, wenn die Einrichtung von einem **rechtlich selbstständigen privaten Rechtsträger** (AG, GmbH) oder von einem Privatunternehmer im Auftrag der Gemeinde betrieben wird. **193**

Die rechtliche Beurteilung der **Einschaltung Privater** in die Erfüllung öffentlicher Aufgaben hängt von den Umständen des Einzelfalles ab:[281]

- Weitgehend unproblematisch ist die sogenannte **Vermögensprivatisierung**, bei der der Staat einzelne Vermögensgegenstände (Grundstücke, Aktien etc.) an Private veräußert. Grenzen ergeben sich insbesondere aus dem Haushaltsrecht, z.B. § 90 Abs. 3 GO NRW.
- Bei der **Erfüllungsprivatisierung** (funktionale Privatisierung) verbleibt die Aufgabenzuständigkeit bei der Verwaltung, die jedoch beim Vollzug Privatpersonen zur Unterstützung heranzieht (z.B. Einschaltung eines Privatunternehmers, um ein verkehrswidrig parkendes Fahrzeug abzuschleppen).
- Bei der **Organisationsprivatisierung** (formelle Privatisierung) nimmt der Verwaltungsträger die öffentliche Aufgabe weiterhin wahr, bedient sich hierfür aber der Rechtsformen des Privatrechts, z.B. durch sog. Eigengesellschaften (Stadtwerke GmbH), ggf. unter gesellschaftsrechtlicher Beteiligung privater Dritter (sog. Public Private Partnership – PPP).
- Bei der **Aufgabenprivatisierung** (materielle Privatisierung) überträgt die Verwaltung eine bislang von ihr wahrgenommene Aufgabe vollständig auf eine Privatperson. Der Staat zieht sich ganz zurück und der Private führt die Aufgabe in eigener Verantwortung fort. Beispiel ist die Privatisierung im Post- und Telekommunikationsbereich.

Die **Privatisierung öffentlicher Einrichtungen** ist zwar grundsätzlich zulässig, soweit diese zu den freiwilligen Selbstverwaltungsangelegenheiten der Gemeinde gehören. Derartige Einrichtungen können, müssen aber nicht als öffentliche Einrichtungen betrieben werden. Die Gemeinde darf sich einmal übernommener Aufgaben aber nicht ohne Weiteres entledigen. Dies gilt vor allem im kulturellen, sozialen und traditionellen Bereich. Um ein Unterlaufen des ihr anvertrauten Aufgabenbereichs zu verhindern, muss sich die Gemeinde zumindest Einwirkungs- und Steuerungsmöglichkeiten vorbehalten.[282] Eine **öffentliche Einrichtung der Gemeinde** i.S.d. § 8 Abs. 2 GO NRW liegt bei Einschaltung eines Privaten daher nur vor, wenn die Gemeinde einen **ausreichenden Einfluss** auf die Einrichtung hat, entweder aufgrund ihrer Kapitalbeteiligung oder aufgrund besonderer Verträge.[283] **194**

Keine öffentliche Einrichtung der Gemeinde liegt daher im Fall der **materiellen Privatisierung** vor. **Beispiel:** Die Wasserversorgung stellt keine öffentliche Einrichtung der Gemeinde dar, wenn die Gemeinde die Aufgabe vollständig auf eine Privatperson übertragen hat.[284] Die (wirksame) Entwidmung einer öffentlichen in eine private Einrichtung führt dann zum Erlöschen des kommunalen Benutzungsanspruchs.[285] Ist die Privatisierung aber wegen Verstoßes gegen Art. 28 Abs. 2 S. 1 GG unzulässig, besteht der Zulassungsanspruch aus § 8 Abs. 2 GO NRW gegen die Gemeinde fort.[286]

Ist ein solcher Einfluss gegeben, so richtet sich der Anspruch aus § 8 Abs. 2 GO NRW (bzgl. des „Ob") weiterhin **gegen die Gemeinde**, lediglich das Abwicklungsverhältnis (das „Wie") kommt zwischen dem privaten Träger der Einrichtung und dem Einwohner **195**

281 Zu den verschiedenen Arten der Privatisierung vgl. Schoch Jura 2008, 672, 676; ders. DVBl. 2009, 1533, 1534; Kahl/Weißenberger Jura 2009, 194, 195; Geis/Madeja JA 2013, 248, 254.

282 BVerwG, Urt. v. 27.05.2009 – BVerwG 8 C 10.08, RÜ 2009, 727, 730: keine materielle Privatisierung eines historischen Weihnachtsmarktes; a.A. HessVGH DÖV 2008, 607, 608; dazu näher oben Rn. 126.

283 OVG Lüneburg DVBl. 2013, 253, 254; SächsOVG SächsVBl. 2005, 14; Bader Jura 2009, 940, 942; Ehlers Jura 2012, 692, 693.

284 Vgl. SächsOVG, Urt. v. 18.06.2009 – 4 B 383/09; SächsOVG SächsVBl. 2005, 14; dazu BVerwG NVwZ 2005, 963.

285 Bader Jura 2009, 940, 945.

286 BVerwG, Urt. v. 27.05.2009 – BVerwG 8 C 10.08, RÜ 2009, 727, 731.

zustande. Gegen die Gemeinde besteht dann ein **„Verschaffungsanspruch"**, also ein Anspruch darauf, dass die Gemeinde auf den privaten Rechtsträger einwirkt, damit dieser die Leistung erbringt.[287]

Beispiel: Die Stadt S unterhält ein Kongresszentrum in Form einer von ihr beherrschten GmbH. Für Klagen gegen die GmbH als juristische Person des Privatrechts (z.B. auf Abschluss eines Mietvertrages über einen Saal) ist gemäß § 13 GVG der Zivilrechtsweg eröffnet.[288] Für den öffentlich-rechtlichen Zulassungsanspruch in Form des Verschaffungsanspruchs gegen die Gemeinde ist gemäß § 40 Abs. 1 S. 1 VwGO der Verwaltungsrechtsweg gegeben.[289]

Beachte: Über die Zulassung zu einer öffentlichen Einrichtung muss die Gemeinde **selbst entscheiden**. Sie darf diese Entscheidung nicht einem privaten Dritten überlassen, der demokratisch nicht legitimiert ist (z.B. einem „Festausschuss" oder dem Schaustellerverband).[290]

196 **c) Öffentlich** ist die Einrichtung, wenn eine **Widmung** erfolgt ist.[291] Widmung ist die Erklärung des zuständigen Verwaltungsorgans, wonach die Einrichtung von der Allgemeinheit oder einem begrenzten Kreis von Personen benutzt werden darf. Die Widmung kann ausdrücklich erfolgen (z.B. durch Satzung, VA oder schlichten Ratsbeschluss), aber auch konkludent[292] (z.B. durch eine Einweihung als Realakt oder durch eine entsprechende Vergabepraxis). Im Übrigen besteht eine widerlegbare Vermutung, dass Leistungseinrichtungen gewidmet sind.[293]

Keine öffentlichen Einrichtungen i.S.d. § 8 Abs. 2 GO NRW sind Dienstgebäude, Dienstwagen und andere Verwaltungseinrichtungen, die nur der Erfüllung der Amtsgeschäfte, nicht aber unmittelbar der Nutzung durch Dritte dienen.[294] Nicht zu den öffentlichen Einrichtungen zählen außerdem die **Sachen im Gemeingebrauch** (insbesondere Straßen), die ohnehin jedermann, nicht nur der Einwohner, frei benutzen darf (§ 14 StrWG NRW).[295]

Fall 3: Benutzungsanspruch

Der Ortsverband der D-Partei plant in der kreisfreien Stadt M am 11.11. eine Wahlkampfkundgebung in der gemeindeeigenen Stadthalle. Der von D gestellte Antrag auf Überlassung der Halle wurde abgelehnt. Zur Begründung verwies die Stadtverwaltung darauf, dass die Stadthalle nur für gesellige und sportliche Veranstaltungen sowie für gewerbliche Zwecke zur Verfügung gestellt werde. Für politische Veranstaltungen stehe ein eigens dafür hergerichteter Saal im Ratskeller zur Verfügung, dieser sei jedoch am 11.11. bereits für eine Karnevalsveranstaltung vergeben. Im Übrigen sei die D-Partei verfassungsfeindlich, sodass sich eine Zulassung von selbst verbiete. Außerdem sei aufgrund der in der Veranstaltung zu erwartenden radikalen Äußerungen mit Ausschreitungen durch Gegendemonstranten zu rechnen. Der Ortsverband der D-Partei hat ordnungsgemäß Klage vor dem Verwaltungsgericht erhoben. Mit Erfolg?

---

287 BVerwG NVwZ 1991, 59; NJW 1990, 134, 135; Dietlein Jura 2002, 445, 446 f.; Kahl/Weißenberger Jura 2009, 194, 196; Heckel JA 2012, 361, 365; a.A. Ehlers Jura 2012, 849, 854: Anspruch unmittelbar gegen den privaten Rechtsträger.

288 BVerwG NVwZ 1991, 59; a.A. OVG Koblenz DÖV 1986, 153: Verwaltungsrechtsweg.

289 Schönberger/Reimer Jura 2006, 139, 140.

290 BayVGH Beschl. v. 07.01.2014 – 8 L 2511/13; NVwZ 1999, 1122, 1123; NVwZ-RR 2004, 599, 600; Winkler JA 2007, 405, 408; Donhauser NVwZ 2010, 931, 932.

291 Dietlein Jura 2002, 445, 448; Rennert JuS 2008, 211, 212; Ehlers Jura 2012, 692, 693.

292 BayVGH, Beschl. v. 10.10.2013 – 4 CE 13.2125, RÜ 2014, 188, 190; OVG Lüneburg DVBl. 2013, 253, 254.

293 KV/GO-Wansleben § 8 Anm. 2.1; Rehn/Cronauge GO § 8 Anm. 3.

294 Röhl in Schoch, Rdnr. 156; Dietlein Jura 2002, 445, 448; Ehlers Jura 2012, 692, 693.

295 Vgl. OLG Hamm NVwZ 2010, 1319, 1320; Rehn/Cronauge GO § 8 Anm. I 3; kritisch Lenski JuS 2012, 984, 985 f.

A. **Zulässigkeit der Klage**

I. Der **Verwaltungsrechtsweg** ist gemäß § 40 Abs. 1 S. 1 VwGO nur eröffnet, wenn es sich um eine **öffentlich-rechtliche Streitigkeit** handelt. Das ist der Fall, wenn die zwischen den Beteiligten streitigen Beziehungen nach Maßgabe des öffentlichen Rechts zu beurteilen sind. **197**

1. Bei öffentlichen Einrichtungen ist hierbei zwischen der Zulassung zur Benutzung und dem Benutzungsverhältnis zu unterscheiden (sogenannte **Zwei-Stufen-Theorie**).[296]

- Der Streit um die Zulassung, also darüber, **ob** ein Bewerber zur Einrichtung zugelassen wird, richtet sich nach der öffentlich-rechtlichen Vorschrift des § 8 Abs. 2 GO NRW und ist daher stets vor dem Verwaltungsgericht auszutragen.[297]

  Das gilt auch dann, wenn die Gemeinde die Einrichtung nicht selbst betreibt, sondern durch eine juristische Person des Privatrechts betreiben lässt. Der in diesem Fall aus § 8 Abs. 2 GO NRW folgende Verschaffungsanspruch (s.o. Rn. 195) ist öffentlich-rechtlicher Natur, auch wenn die erstrebte Einwirkung durch die Gemeinde aufgrund ihrer gesellschaftsrechtlichen oder sonstigen vertraglichen Befugnisse erfolgt.[298]

- Fragen der Abwicklung, also des **„Wie“** der Benutzung, können sich dagegen entweder nach privatem oder nach öffentlichem Recht richten, je nach dem wie das Benutzungsverhältnis ausgestaltet ist.[299]

Nach der Gegenansicht erfolgen Zulassung und Ausgestaltung einheitlich öffentlich-rechtlich. Teilweise wird für eine insgesamt privatrechtliche Ausgestaltung plädiert.[300] Dagegen spricht jedoch, dass der Verwaltungsträger bei der Ausgestaltung von Leistungsverhältnissen ein Wahlrecht hat.[301] Auch wenn der Benutzungsanspruch öffentlich-rechtlich ist, kann die Abwicklung entweder öffentlich-rechtlich oder privatrechtlich erfolgen.

Vorliegend geht es um die Zulassung als solche, also um eine Streitigkeit auf der 1. Stufe.

2. Hierfür ist § 8 Abs. 2 GO NRW aber nur dann streitentscheidend, wenn die Stadthalle tatsächlich eine **öffentliche Einrichtung** i.S. dieser Vorschrift ist. **198**

Nach h.Rspr. ist die Frage, ob eine „öffentliche Einrichtung“ vorliegt, bereits im Rahmen der Zulässigkeit zu entscheiden, da hiervon die Eröffnung des Rechtsweges abhängt.[302] Nach der Gegenansicht ist die Frage erst im Rahmen der Begründetheit zu prüfen, da es für den Rechtsweg nur auf die Rechtsnatur der möglichen Anspruchsgrundlage, nicht aber auf einzelne Anspruchsvoraussetzungen ankommt.[303] Dagegen spricht jedoch, dass § 8 Abs. 2 GO NRW den Rechtsweg zu den Verwaltungsgerichten nur eröffnet, wenn überhaupt eine öffentliche Einrichtung vorliegt.

---

296 BVerwG NVwZ 1991, 59; NJW 1990, 134, 135; BayVGH NVwZ 1999, 1122; Dietlein Jura 2002, 445, 451; Rennert JuS 2008, 211, 212; Heckel JA 2012, 361, 363; Geis/Madeja JA 2013, 248, 253; abweichend Ehlers Jura 2012, 849, 855 nur bei nachweislich zweistufiger Ausgestaltung.

297 BayVGH NJW 2013, 249, 250.

298 BVerwG NJW 1990, 134, 135; VGH Mannheim, Urt. v. 19.05.2003 – 1 S 1449/01; Kahl/Weißenberger Jura 2009, 194, 196 f.

299 Vgl. BVerwG NVwZ 2005, 1072, 1073; BayVGH NJW 2013, 249, 250; Pielow/Finger Jura 2007, 189, 196.

300 Vgl. Ehlers Jura 2012, 692, 696; allgemein AS-Skript VwGO (2013), Rn. 59 ff.

301 OVG NRW NWVBl. 2004, 475; Maurer § 3 Rn. 26.

302 BayVGH NVwZ-RR 1988, 71; OVG NRW NJW 1976, 820, 821; Schönberger/Reimer Jura 2006, 139, 141.

303 Ehlers Jura 2008, 183, 191; Bader Jura 2009, 940, 941, Fn. 10.

Vorliegend wurde die Stadthalle von den Einwohnern in der Vergangenheit zu verschiedenen Veranstaltungen genutzt und damit der Öffentlichkeit zugänglich gemacht. Eine Widmung ist daher erfolgt, sodass die Stadthalle eine **öffentliche Einrichtung der Gemeinde** darstellt. Damit ist die öffentlich-rechtliche Norm des § 8 Abs. 2 GO NRW streitentscheidend. Der Verwaltungsrechtsweg ist gemäß § 40 Abs. 1 S. 1 VwGO eröffnet.

199 II. Statthafte Klageart ist die **Verpflichtungsklage** gemäß § 42 Abs. 1, 2. Fall VwGO, weil über die Zulassung regelnd durch Verwaltungsakt i.S.d. § 35 VwVfG entschieden wird.

- Wenn die Gemeinde die Einrichtung nicht selbst, sondern durch eine rechtlich selbstständige Gesellschaft (z.B. eine GmbH) betreibt, ist der gegen die Gemeinde bestehende Verschaffungsanspruch (s.o. Rn. 195), der das „Ob" der Benutzung betrifft, mittels **Leistungsklage** (auf Einwirkung) geltend zu machen.[304]
- Wird keine konkrete Zulassung begehrt, sondern nur um die generelle Zugangsberechtigung gestritten, so kommt eine allgemeine **Feststellungsklage** (§ 43 Abs. 1 VwGO) in Betracht.[305]
- **Vorläufiger Rechtsschutz** richtet sich in jedem Fall nach § 123 VwGO, unabhängig davon, ob ein Verpflichtungsbegehren auf Zulassung oder ein Leistungsbegehren auf Verschaffung des Zugangs geltend gemacht wird.[306]

200 III. Der Ortsverband der D-Partei ist gemäß § 42 Abs. 2 VwGO auch **klagebefugt**, da er geltend machen kann, in seinem subjektiven Rechten aus § 8 Abs. 2 GO NRW, § 5 ParteiG, Art. 3 Abs. 1 und Art. 21 Abs. 1 GG verletzt zu sein.

IV. Ein **Vorverfahren** ist nach § 68 Abs. 1 S. 2 VwGO i.V.m. § 110 Abs. 1 S. 2 JustG NRW nicht erforderlich. Von der Einhaltung der **Klagefrist** (§ 74 Abs. 2 i.V.m. Abs. 1 S. 2 VwGO) ist auszugehen.

V. **Klagegegner** ist gemäß § 78 Abs. 1 Nr. 1 VwGO die Stadt M.

201 VI. Die **Beteiligtenfähigkeit** der Stadt als juristische Person folgt aus § 61 Nr. 1 VwGO. Parteien sind dagegen i.d.R. keine eingetragenen Vereine und damit keine juristischen Personen i.S.d. § 61 Nr. 1 VwGO. Die D-Partei kann daher nur als Vereinigung nach § 61 Nr. 2 VwGO beteiligtenfähig sein, soweit ihr ein Recht zustehen kann.

Nach § 3 S. 1 ParteiG kann die Partei (Bundesverband) unter ihrem Namen klagen und verklagt werden. Dasselbe gilt nach § 3 S. 2 ParteiG für ihre Gebietsverbände der höchsten Stufe (Landesverband). Dadurch soll aber nicht ausgeschlossen werden, dass auch niedere Gebietsverbände (z.B. Ortsverbände) beteiligtenfähig sind.[307] Entscheidend ist nur, ob ihnen i.S.d. § 61 Nr. 2 VwGO „ein Recht zustehen kann". Nach § 8 Abs. 4 GO NRW kann der gemeindliche Benutzungsanspruch auch Personenvereinigungen zustehen, sodass auch der Ortsverband der D gemäß § 61 Nr. 2 VwGO beteiligtenfähig ist.[308]

304 BVerwG DVBl. 1990, 154; NVwZ 1991, 59; BayVGH NVwZ 1999, 1122, 1123; VGH Mannheim, Urt. v. 19.05.2003 – 1 S 1449/91; Winkler JA 2007, 405, 408; Bader Jura 2009, 940, 941; Heckel JA 2012, 361, 365; Geis/Madeja JA 2013, 248, 254.

305 BVerwG Urt. v. 27.05.2009 – BVerwG 8 C 10.08, RÜ 2009, 727, 728; Rennert JuS 2008, 211, 212; a.A. Winkler JZ 2009, 1169, 1171: Feststellungsklage subsidiär gegenüber möglicher Verpflichtungsklage.

306 Vgl. ThürOVG RÜ 2009, 126, 127; Bader Jura 2009, 940, 941; Ehlers Jura 2012, 849, 857.

307 Vgl. OVG Hamburg NordÖR 2003, 67; VG Saarlouis, Beschl. v. 09.02.2009 – 11 L 54/09; Ehlers Jura 2012, 849, 853.

308 Vgl. BVerwGE 32, 333, 334; SächsOVG NVwZ 2002, 615, 615; Erichsen/Frenz Jura 1996, 213, 214.

VII. Die **Prozessfähigkeit** des D wie die der Stadt richtet sich nach § 62 Abs. 3 VwGO. Für D handelt ihr Vorstand, für die Stadt der (Ober-)Bürgermeister (§ 63 Abs. 1 GO NRW). 202

Die Klage des D gegen die Stadt M ist mithin zulässig.

B. **Begründetheit der Klage**

Die Klage ist gemäß § 113 Abs. 5 S. 1 VwGO begründet, wenn die Ablehnung rechtswidrig, der Kläger dadurch in seinen Rechten verletzt und die Sache spruchreif ist. Das ist der Fall, wenn D einen **Anspruch auf Zulassung** zur Benutzung der Stadthalle hat.

I. Ein solcher Anspruch könnte sich aus **§ 8 Abs. 2 GO NRW** ergeben. 203

Neben dem gemeindlichen Benutzungsanspruch aus § 8 Abs. 2 GO NRW kommt als Anspruchsgrundlage u.U. auch **§ 70 Abs. 1 GewO** in Betracht.[309] Danach ist jedermann, der dem Teilnehmerkreis einer festgesetzten Veranstaltung (z.B. Messe, Ausstellung, Jahrmarkt) angehört, nach Maßgabe der Veranstaltungsbestimmungen zur Teilnahme an der Veranstaltung berechtigt. Liegt eine Festsetzung nach § 69 GewO vor, verdrängt § 70 Abs. 1 GewO als spezielle bundesrechtliche Regelung den kommunalrechtlichen Anspruch aus § 8 Abs. 2 GO NRW.[310]

1. Bei der Stadthalle handelt es sich um eine **öffentliche Einrichtung der Gemeinde** (s.o.).

2. Der Benutzungsanspruch steht grundsätzlich nur **Einwohnern** der Gemeinde zu bzw. ortsansässigen juristischen Personen und (nichtrechtsfähigen) Personenvereinigungen (§ 8 Abs. 4 GO NRW). Als in M ansässiger Ortsverband ist D anspruchsberechtigt. 204

- Der **ortsansässige** Parteiverband hat wegen § 5 ParteiG grds. auch dann einen Benutzungsanspruch, wenn die Veranstaltung überörtlichen Charakter hat (z.B. Durchführung eines Landesparteitags). Der Anspruchsteller muss ortsansässig sein, nicht die Teilnehmer.[311]
- **Ortsfremde** Parteiverbände haben dagegen keinen Anspruch aus § 8 Abs. 2 GO NRW, aber ggf. einen Anspruch auf Gleichbehandlung aus § 5 ParteiG i.V.m. Art. 3 Abs. 1, Art. 21 Abs. 1 GG (s.u. Rn. 215 ff.).[312] Die Gemeinde kann allerdings durch Widmung den Benutzerkreis auf Ortsfremde erweitern. Der Anspruch auf Zulassung folgt dann aus der entsprechenden Satzung oder bei konkludenter Widmung aus Art. 3 Abs. 1 GG i.V.m. dem Gesichtspunkt der Selbstbindung der Verwaltung.[313] Es besteht aber kein Anspruch Auswärtiger auf Widmungserweiterung.[314]
- Den Einwohnern gleichgestellt sind die sog. **Forensen**, die nicht in der Gemeinde wohnen, aber dort gewerbliche Niederlassungen oder Grundbesitz haben (§ 8 Abs. 3 GO NRW).
- Umstritten ist neuerdings, ob das Einwohnerprivileg mit der **Dienstleistungsfreiheit** (Art. 56 AEUV) vereinbar ist. Zwar gilt das Einwohnerprivileg für Inländer und Ausländer gleichermaßen. Jedoch kann auch eine unterschiedslos wirkende Maßnahme einen Eingriff in die

309 Vgl. z.B. VGH Mannheim, Urt. v. 01.10.2009 – 6 S 99/09, RÜ 2010, 123.

310 VGH Mannheim GewArch 1991, 420; Landmann/Rohmer/Schönleiter GewO § 70 Rn. 14; Tettinger/Wank/Ennuschat GewO § 70 Rn. 5; Müller/Schellberg NWVBl. 2006, 154, 155; Handan JA 2007, 249, 257; Kahl/Weißenberger Jura 2009, 194, 200; a.A. Pielow GewO § 70 Rn. 58.1: § 70 GewO ergänzt den kommunalrechtlichen Anspruch, verdrängt ihn aber nicht.

311 OVG Saarlouis NVwZ-RR 2009, 533, 534 f.; Ehlers Jura 2012, 849, 852 f.; a.A. VGH Mannheim NVwZ-RR 1988, 43, 44; VG Neustadt LKRZ 2012, 36.

312 Vgl. OVG LSA NVwZ-RR 2011, 150; ThürOVG RÜ 2009, 126, 128; OVG Schleswig NdsVBl. 2007, 166; SächsOVG NVwZ 2002, 615; allgemein Dietlein Jura 2002, 445, 450; Bader Jura 2009, 940, 943; Ehlers Jura 2012, 849, 853.

313 VGH Mannheim NVwZ-RR 2004, 63; VBlBW 1996, 101; Sauer JuS 2004, 1081, 1090; Rennert JuS 2008, 211, 212; weiter Ehlers Jura 2012, 849, 850: Anspruch unmittelbar aus der Widmung.

314 BayVGH NVwZ 1982, 120; Dietlein Jura 2002, 445, 449.

Dienstleistungsfreiheit darstellen, wenn sie geeignet ist, die Erbringung der Dienstleistung zu verhindern oder zu erschweren.[315] Faktisch führt der Ausschluss Ortsfremder bei grenzüberschreitenden Sachverhalten zu einer Beschränkung der Dienstleistungsfreiheit. Eine Rechtfertigung lässt sich nur bejahen, wenn man die kommunale Selbstverwaltung als Teil der nationalen Identität (Art. 4 Abs. 2 S. 1 EUV) zu den zwingenden Gründen des Gemeinwohls zählt.[316]

205 3. Der Benutzungsanspruch nach § 8 Abs. 2 GO NRW besteht nur **„im Rahmen des geltenden Rechts"**. Einschränkungen ergeben sich insbesondere aus

- **gesetzlichen Vorschriften**,
- der **Widmung**,
- einer evtl. **Benutzungssatzung** und
- der **Kapazität**.

206 a) Einer Nutzung der Stadthalle „im Rahmen des geltenden Rechts" könnte die von der Verwaltung behauptete **Verfassungsfeindlichkeit** der D-Partei entgegenstehen. Die Verfassungswidrigkeit einer Partei kann aber nur vom BVerfG festgestellt werden (Entscheidungsmonopol nach Art. 21 Abs. 2 S. 2 GG, §§ 43 ff. BVerfG). Solange eine derartige Feststellung nicht erfolgt ist, genießen auch verfassungsfeindliche Parteien das **Parteienprivileg**, sodass dem Zulassungsanspruch einer politischen Partei auch eine etwaige Verfassungsfeindlichkeit nicht entgegengehalten werden kann.[317]

Kein Versagungsgrund ist auch die Gefährdung des „guten Rufs" der Stadt.[318] Ebenso ist es unzulässig, nicht verbotene Parteien wegen bestimmter Meinungskundgaben vom Zugang zu öffentlichen Einrichtungen auszuschließen.[319] Etwas anderes gilt nur bei Gefahr der Begehung von Straftaten, z.B. Verstoß gegen § 130 StGB (Volksverhetzung) bei rechtsradikalen Veranstaltungen.[320]

207 b) Gegen die Nutzung könnten jedoch die erwarteten Ausschreitungen durch Gegendemonstranten sprechen. Der Begriff „im Rahmen des geltenden Rechts" in § 8 Abs. 2 GO NRW umfasst die **gesamte Rechtsordnung** und damit auch das Polizei- und Ordnungsrecht. Der Nutzungsanspruch kann daher bei einer **Gefahr für die öffentliche Sicherheit** eingeschränkt werden. Allerdings muss der Veranstalter für die Gefahr **verantwortlich** sein, d.h. es müssen konkrete Ausschreitungen von dem Veranstalter selbst bzw. dessen Gästen drohen, oder es müssen die Voraussetzungen der **Notstandspflicht** nach § 19 OBG, § 6 PolG NRW vorliegen.[321]

Hier bestehen schon keine ausreichenden Anhaltspunkte für eine Gefahr (oder zumindest einen sogenannten Gefahrenverdacht), da die Angaben über Gegendemonstranten überaus vage sind. Im Übrigen droht eine et-

315 Vgl. AS-Skript Europarecht (2013), Rn. 319.

316 Bejahend Ehlers Jura 2012, 849, 852; verneinend Geuer BayVBl. 2011, 752, 754.

317 BVerfG DVBl. 2001, 1134, 1135; BayVGH, Beschl. v. 04.01.2012 – 4 CE 11.3002, RÜ 2012, 121, 123; OVG Saarlouis NVwZ-RR 2009, 533, 534; Dietlein Jura 2002, 445, 450; Bader Jura 2009, 940, 943; Wittmann DVBl. 2012, 788, 789.

318 BayVGH NJW 1989, 2491, 2492.

319 VG Berlin, Urt. v. 16.07.2010 – 2 K 93/09.

320 VGH Kassel DVBl. 1993, 618, 619; Ehlers Jura 2012, 692, 697.

321 Vgl. VGH Kassel DVBl. 1993, 618, 619; OVG NRW NVwZ-RR 1991, 35, 36; BayVGH NJW 1989, 2491, 2492; Dietlein Jura 2002, 445, 450; Ehlers Jura 2012, 692, 697.

waige Gefahr nicht unmittelbar von der Veranstaltung des D, sondern von Dritten. Eine Inanspruchnahme des D als Notstandspflichtiger scheidet schon deshalb aus, weil nicht ersichtlich ist, dass die zuständigen Behörden zur Gefahrenabwehr nicht in der Lage sind (§ 19 Abs. 1 Nr. 3 OBG, § 6 Abs. 1 Nr. 3 PolG NRW). Es besteht daher kein Grund, der D-Partei den Zugang zur Stadthalle aus ordnungsrechtlichen Gesichtspunkten zu versagen.[322]

Eine andere Frage ist, ob die Gemeinde bei „gefahrgeneigten" Veranstaltungen eine Kaution für die Kosten der Beseitigung etwaiger Schäden verlangen kann. Wegen der Pflicht der Gemeinde zur pfleglichen Verwaltung des Gemeindevermögens (§ 90 Abs. 2 GO NRW) wird dies allgemein bejaht, und zwar nach überwiegender Ansicht auch dann, wenn die Schäden von Dritten zu erwarten sind.[323]

c) Im Rahmen des geltenden Rechts hält sich die Benutzung im Übrigen nur dann, wenn die Vorgaben einer etwaigen **Benutzungssatzung** beachtet werden. Nach § 7 Abs. 1 i.V.m. § 8 Abs. 2 GO NRW ist die Gemeinde berechtigt, die Benutzung der öffentlichen Einrichtungen durch Satzung zu regeln. Die Regelungsbefugnis wird begrenzt durch höherrangiges Recht und durch den **Einrichtungszweck**, an dem sich die Benutzungsbedingungen zu orientieren haben. **208**

Beispiel: Die Gemeinde G unterhält eine Hinweistafel für Veranstaltungen von Vereinen und Privatpersonen sowie für Wahlwerbung durch Parteien. Nach der Benutzungssatzung ist die Benutzung der Tafel zu Zwecken der privaten Meinungsäußerung verboten. – Das Verbot entspricht dem Zweck der Einrichtung für bloße Veranstaltungshinweise. Ein Verstoß gegen Art. 5 Abs. 1 S. 1 GG liegt nicht vor. Eine Gemeinde ist nicht verpflichtet, öffentliche Einrichtungen zur Verbreitung von Meinungsäußerungen bereitzustellen. Da die private Meinungsäußerung nicht mit der Wahlwerbung einer Partei vergleichbar ist, liegt auch kein Verstoß gegen Art. 3 Abs. 1 GG vor.[324]

d) Eine **tatsächliche Grenze** findet der Benutzungsanspruch in der Kapazität der Einrichtung. Ist die **Kapazität erschöpft**, wandelt sich der Zulassungsanspruch in einen **Anspruch af ermessensfehlerfreie Entscheidung**.[325] Ein Anspruch auf Erweiterung der öffentlichen Einrichtung besteht nicht.[326] **209**

Besteht aus Kapazitätsgründen nur ein Anspruch auf ermessensfehlerfreie Entscheidung, so müssen die Auswahlkriterien sachgerecht sein. Anerkannt sind u.a. das Prioritätsprinzip, die Zuverlässigkeit des Bewerbers, die Attraktivität und Bekanntheit des Angebots, die Anwendung eines rollierenden Systems oder eines Losverfahrens.[327] Diese Kriterien sind auch mit dem Unionsrecht vereinbar. Die Dienstleistungsfreiheit (Art. 56 AEUV) vermittelt ebenso wenig wie die Grundrechte einen Anspruch auf Kapazitätserweiterung.[328]

Ein Ermessensfehler liegt allerdings vor, wenn die Gemeinde bei einem Volksfest ausschließlich bekannte und bewährte Bewerber berücksichtigt, da hierdurch Neubewerber keine Chance auf eine zeitnahe Zulassung haben.[329]

---

322 Vgl. BayVGH, Urt. v. 03.07.2000 – 24 B 99.1824; VG Saarlouis, Beschl. v. 06.04.2011 – 3 L 298/11.

323 BVerwGE 32, 333, 337; VGH Mannheim DVBl. 1995, 927, 928; VG Augsburg, Beschl. v. 16.11.2012 – Au 7 E 12.1447; zurückhaltend Dietlein Jura 2002, 445, 450: Gefahr einer Aushöhlung; vgl. auch BVerfG LKV 2013, 30.

324 VGH Mannheim NVwZ 1999, 565, 566.

325 Donhauser NVwZ 2010, 931, 934.

326 OVG NRW NWVBl. 2004, 387; OVG Schleswig NVwZ-RR 2000, 377; Becker/Sichert JuS 2000, 348, 350; Dietlein Jura 2002, 445, 451; Rennert JuS 2008, 211, 211; Heckel JA 2012, 361, 368.

327 Vgl. BVerwG NVwZ-RR 2006, 786; OVG Lüneburg NVwZ-RR 2006, 117; Schönberger/Reimer Jura 2006, 139, 142; Rennert JuS 2008, 211, 213; Heckel JA 2012, 361, 370; Ehlers Jura 2012, 692, 697.

328 Becker/Sichert JuS 2000, 348, 351.

e) Die Nutzung erfolgt nur dann im Rahmen des geltenden Rechts, wenn sie sich **innerhalb der Widmung** hält. Es besteht kein Anspruch auf Benutzung kommunaler Einrichtungen außerhalb des Widmungszwecks.[330]

210 aa) Der **Umfang der Widmung** kann durch eine Satzung oder durch die Verwaltungspraxis (auch in Form von Verwaltungsvorschriften) konkretisiert werden. Vorliegend ist die Stadthalle in M nur für gesellige, sportliche sowie gewerbliche Zwecke gewidmet. Eine Nutzung der Halle für politische Veranstaltungen ist dagegen nicht vorgesehen.

Umstritten ist, ob der durch Ratsbeschluss festgelegte Umfang der Widmung durch eine **abweichende Vergabepraxis** der Verwaltung erweitert werden kann. Teilweise wird dies generell bejaht, sodass gemäß Art. 3 Abs. 1 GG i.V.m. der Selbstbindung der Verwaltung ein Anspruch auf Benutzung der Einrichtung entsprechend der tatsächlichen, erweiterten Vergabepraxis besteht.[331] Die Gegenansicht verweist darauf, dass auch die Widmungserweiterung ihrerseits rechtmäßig sein muss, insbesondere von dem nach der GO zuständigen Organ vorgenommen oder zumindest gebilligt worden sein muss.[332] Daran dürfte es in der Regel fehlen, weil die Umwidmung keine in die Zuständigkeit der Gemeindeverwaltung fallende Angelegenheit der laufenden Verwaltung ist, sondern als Grundentscheidung dem Gemeinderat vorbehalten ist (s.u. Rn. 506). Voraussetzung für eine Erweiterung der Widmung ist in jedem Fall eine dauerhafte und nicht nur einmalige Abweichung.[333]

211 bb) Derartige Regelungen müssen allerdings ihrerseits **rechtmäßig** sein, insbesondere dürfen sie nicht gegen Grundrechte des Bürgers verstoßen. Dabei ist jedoch zu beachten, dass es hier nicht um die Abwehr eines Eingriffs geht, sondern die Grundrechte in ihrer Funktion als **Teilhaberechte** betroffen sind. Insoweit hat der Bürger nur einen Anspruch auf Teilhabe an der Nutzung einer **vorhandenen Einrichtung**, ein darüber hinausgehender Leistungsanspruch auf Schaffung oder Erweiterung einer öffentlichen Einrichtung besteht grundrechtlich nicht.[334]

212 Hat die Gemeinde – vorbehaltlich besonderer gesetzlicher Verpflichtungen – das Recht, frei zu entscheiden, ob sie öffentliche Einrichtungen überhaupt schafft, so darf sie erst recht darüber entscheiden, welchem Zweck die Einrichtung dienen soll. Die Gemeinde ist daher nicht daran gehindert, den **Widmungszweck zu beschränken.** Allerdings darf die Beschränkung nicht willkürlich (Art. 3 Abs. 1 GG) oder unangemessen sein.[335]

213 Gemeinden sind **nicht generell** zur Überlassung von Räumlichkeiten an politische Parteien verpflichtet. Aufgrund des Selbstverwaltungsrechts (Art. 28 Abs. 2 S. 1 GG) steht es ihnen grundsätzlich frei, Parteien ihre ge-

329 BVerwG DVBl. 1984, 1071, 1071; NVwZ 1982, 194, 195; Donhauser NVwZ 2010, 931, 934; Ehlers Jura 2012, 692, 697; vgl. auch AS-Skript Besonderes Ordnungsrecht (2012), Rn. 429 ff.

330 BayVGH, Beschl. v. 04.01.2012 – 4 CE 11.3002, RÜ 2012, 121, 124.

331 VGH Mannheim NVwZ 1998, 540, 541; Burgi § 16 Rn. 7; Ossenbühl DVBl. 1973, 289, 296; Bader Jura 2009, 940, 944.

332 BayVGH, Beschl. v. 04.01.2012 – 4 CE 11.3002, RÜ 2012, 121, 125; Rennert JuS 2008, 211, 213 Fn. 20; kritisch dazu Wittmann DVBl. 2012, 788. 790.

333 OVG LSA, Beschl. v. 10.10.2011 – 4 M 179/11; OVG LSA, Beschl. v. 18.03.2011 – 4 M 48/11; BayVGH, Beschl. v. 04.01.2012 – 4 CE 11.3002, RÜ 2012, 121, 125.

334 BaVGH NVwZ-RR 2013, 494, 495; OVG Schleswig NVwZ-RR 2000, 377; Püttner/Lingemann JA 1984, 127 m.w.N.

335 Vgl. SächsOVG NVwZ 2002, 615; VGH Mannheim NVwZ 1999, 565, 566; Vollmer DVBl. 1989, 1087, 1090.

meindlichen Einrichtungen zur Verfügung zu stellen oder diese von deren Nutzung auszuschließen.[336] Die Gemeinde ist daher berechtigt, eine Einrichtung **nur für nichtpolitische Veranstaltungen** zu widmen, wenn dies unterschiedslos für alle Parteien gilt.[337]

Die von D beabsichtigte Nutzung hält sich daher **nicht innerhalb der Widmung**. Ein Anspruch auf Benutzung der Stadthalle nach § 8 Abs. 2 GO NRW besteht daher nicht.

Da die Gemeinde nicht von vornherein verpflichtet ist, politischen Parteien über- **214**
haupt Räumlichkeiten zu überlassen, darf sie auch eine **beschränkte Überlassung** an Parteien vorsehen, soweit dies generell geschieht und alle Parteien gleichbehandelt werden.[338] Zulässig ist es daher z.B. zwischen parteiinternen Veranstaltungen (z.B. Parteitagen) einerseits und Veranstaltungen mit allgemeinen politischen Bezügen zu unterscheiden,[339] ebenso die Unterscheidung zwischen örtlichen und überörtlichen Veranstaltungen.[340] Unzulässig ist dagegen der Ausschluss bestimmter Parteien.[341]

Beispiel: Werden parteiinterne Veranstaltungen nicht vom Widmungszweck erfasst, besteht daher – ungeachtet der Verpflichtung der Partei nach § 9 Abs. 1 S. 3 ParteiG – kein Anspruch auf Überlassung der öffentlichen Einrichtung zur Durchführung eines Parteitags.[342]

Gegenbeispiel: Eine nachträgliche Widmungsbeschränkung (z.B. auf nichtpolitische Veranstaltungen) darf nicht dazu führen, einen bereits vorliegenden Benutzungsantrag abzulehnen. Dieser muss nach den bisherigen Benutzungsgrundsätzen beschieden werden. Denn sonst hätte es die Verwaltung in der Hand, ihr unliebsame Nutzungen zu verhindern.[343]

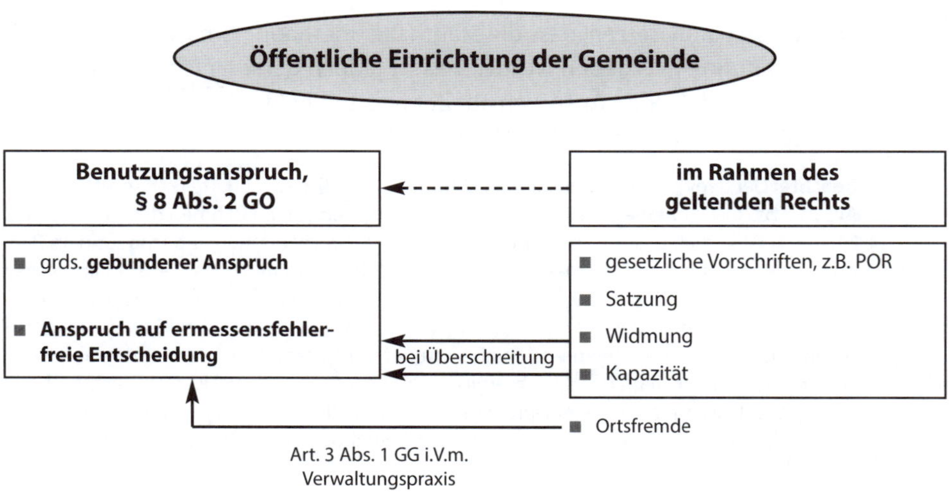

336 OVG Lüneburg NdsVBl. 2011, 191, 192; ThürOVG LKV 2009, 139, 141; VG Karlsruhe, Beschl. v. 07.09.2009 – 8 K 2196/09.

337 BVerfG NdsVBl. 2007, 165; OVG LSA, Beschl. v. 10.10.2011 – 4 M 179/11; VGH Mannheim, Beschl. v. 10.11.2011 – 1 S 2966/11.

338 OVG Bln-Bbg, Beschl. v. 23.11.2011 – OVG 3 S 141.11; BayVGH, Beschl. v. 17.02.2011 – 4 CE 11.287.

339 OVG Lüneburg NdsVBl. 2007, 166; VGH Mannheim, Beschl. v. 10.11.2011 – 1 S 2966/11.

340 ThürOVG ThürVBl. 2009, 128, 129; OVG Bln-Bbg, Beschl. v. 23.11.2011 – OVG 3 S 141.11.

341 BVerfG, Beschl. v. 07.03.2007 – 2 BvR 447/07; BayVGH, Beschl. v. 17.02.2011 – 4 CE 11.287; abweichend VG Gießen DVBl. 2013, 800, 801 bei eingeschränktem Teilnehmerkreis

342 OVG LSA, Beschl. v. 10.10.2011 – 4 M 179/11; VGH Mannheim, Beschl. v. 10.11.2011 – 1 S 2966/11; OVG Bln-Bbg, Beschl. v. 23.11.2011 – OVG 3 S 141.11; Ehlers Jura 2012, 692, 693.

343 BVerwGE 31, 368, 370; OVG Lüneburg NdsVBl. 2011, 191, 192; OVG Bln-Bbg, Urt. v. 28.11.2011 – OVG 3a B 4.11; BayVGH, Beschl. v. 17.02.2011 – 4 CE 11.287; OVG Bln-Bbg NVwZ-RR 2010, 765, 766; Wittmann DVBl. 2012, 788. 789; Ehlers Jura 2012, 692, 693; a.A. bei einer durch Satzung erfolgten Neuregelung ThürOVG LKV 2009, 139, 141.

215 II. Der Anspruch auf Zulassung könnte sich aus dem Gleichbehandlungsgebot für Parteien gemäß **§ 5 Abs. 1 ParteiG i.V.m. Art. 3 Abs. 1, Art. 21 Abs. 1 S. 1 GG** ergeben.

1. § 5 Abs. 1 ParteiG stellt allein **keine originäre Anspruchsgrundlage** dar.[344] Er regelt nicht die Verpflichtung der Gemeinde zur Vergabe von Räumen, sondern enthält lediglich einen Verteilungsmaßstab („abgestufte Chancengleichheit") für anderweitig geregelte Ansprüche, z.B. auf Gleichbehandlung gemäß Art. 3 Abs. 1 GG i.V.m. der Verwaltungspraxis sowie den Anspruch auf ermessensfehlerfreie Entscheidung bei öffentlichen Einrichtungen, deren Benutzung nicht speziell geregelt ist. § 5 Abs. 1 ParteiG begründet daher **keinen originären Leistungsanspruch**, sondern nur einen **derivativen Gleichbehandlungsanspruch**.[345] Anspruchsgrundlage ist deshalb § 5 Abs. 1 ParteiG i.V.m. Art. 3 Abs. 1, Art. 21 Abs. 1 S. 1 GG.[346]

216 2. Ob und unter welchen Bedingungen Parteien außerhalb von § 8 Abs. 2 GO NRW einen Anspruch auf Nutzung bestimmter Räume haben, hängt damit von der **Verwaltungspraxis** der Gemeinde ab. Nach § 5 Abs. 1 ParteiG sollen Parteien gleichbehandelt werden, wenn ein Träger öffentlicher Gewalt den Parteien Einrichtungen zur Verfügung stellt. Das Recht auf Chancengleichheit der Parteien ist verletzt, wenn ein Träger öffentlicher Gewalt die Nutzung einer öffentlichen Einrichtung einer Partei verweigert oder beschränkt, obwohl er sie **anderen Parteien** unbeschränkt einräumt oder eingeräumt hat.[347]

Das würde voraussetzen, dass die Stadthalle überhaupt jemals an Parteien für Veranstaltungen vergeben wurde. Dies ist jedoch gerade nicht der Fall. Folglich hat D auch keinen Anspruch auf Zugang zu der Stadthalle nach § 5 Abs. 1 ParteiG i.V.m. Art. 3 Abs. 1, Art. 21 Abs. 1 GG.

Beachte: Der derivative Gleichbehandlungsanspruch aus § 5 Abs. 1 ParteiG i.V.m. Art. 3 Abs. 1, Art. 21 Abs. 1 GG unterliegt denselben **Einschränkungen** wie im Rahmen des § 8 Abs. 2 GO NRW. Der Anspruch besteht daher nur im Rahmen der vorhandenen Kapazität und im Rahmen der Widmung.[348] Die Gemeinde kann daher auch im Rahmen des § 5 Abs. 1 ParteiG den Nutzungszweck durch Satzung oder Vergabepraxis einschränken.[349] Dabei ist es jedoch – anders als im Rahmen des § 8 Abs. 2 GO NRW – im Hinblick auf § 5 ParteiG unzulässig, zwischen ortsansässigen Parteien und solchen zu differenzieren, die im Gebiet der Gemeinde keinen Ortsverband haben.[350] Auch ergibt sich aus § 5 Abs. 1 ParteiG i.V.m. Art. 3 Abs. 1, Art. 21 Abs. 1 GG nur ein eigener Nutzungsanspruch der Partei, aber kein Abwehrrecht, dass dem politischen Konkurrenten die Durchführung einer politischen Veranstaltung abgelehnt wird.[351]

344 BVerwGE 32, 333, 336; OVG Bln-Bbg, Urt. v. 28.11.2011 – OVG 3a B 4.11; KV/GO-Wansleben § 8 Anm. 3.2; Dietlein Jura 2002, 445, 450, Bader Jura 2009, 940, 943.

345 Dietlein Jura 2002, 445, 450, Bader Jura 2009, 940, 943.

346 OVG Bln-Bbg, Urt. v. 28.11.2011 – OVG 3a B 4.11; OVG LSA NVwZ-RR 2011, 150; OVG Lüneburg NVwZ-RR 2007, 363.

347 BVerfG, Beschl. v. 07.03.2007 – 2 BvR 447/07; OVG Bln-Bbg, Urt. v. 28.11.2011 – OVG 3a B 4.11

348 ThürOVG RÜ 2009, 126, 128; Bader Jura 2009, 940, 943; Dietlein Jura 2002, 445, 451.

349 OVG Bln-Bbg, Urt. v. 28.11.2011 – OVG 3a B 4.11; OVG Bln-Bbg, Beschl. v. 23.11.2011 – OVG 3 S 141.11.

350 OVG LSA NVwZ-RR 2011, 150, 151.

351 OVG LSA, Urt. v. 18.03.2011 – 4 M 48/11.

III. D könnte ein Zulassungsanspruch aus **Art. 8 GG** (Versammlungsfreiheit) zustehen. Grundrechte sind jedoch in erster Linie Abwehrrechte gegen den Staat. Originäre **Leistungsansprüche** werden nur ausnahmsweise anerkannt, wenn dies zum Schutz des grundrechtlich gesicherten Freiheitsraumes „unerlässlich" ist.[352] Davon kann hier indes keine Rede sein: Auch ohne Zulassung zur Stadthalle kann D Veranstaltungen in privaten Räumen bzw. im städtischen Ratskeller durchführen (sofern dieser verfügbar ist). Art. 8 GG gewährleistet zwar die Durchführung von Versammlungen an Orten, die für die Öffentlichkeit **allgemein zugänglich** sind (insbesondere auf öffentlichen Straßen),[353] gibt aber keinen Anspruch auf Zuweisung eines bestimmten Versammlungsraumes.[354] **217**

IV. Liegen die Voraussetzungen des gemeinderechtlichen Zulassungsanspruchs nicht vor, weil der Antragsteller – wie hier – nicht den typischen (widmungsgemäßen) Einrichtungsgebrauch erstrebt, so liegt eine sogenannte **Sonderbenutzung** vor (vergleichbar mit der Sondernutzung bei öffentlichen Straßen nach § 18 StrWG NRW). Ob die Sonderbenutzung gewährt wird, steht im **Ermessen** der Verwaltung.[355] Fraglich ist, ob damit aus **Art. 3 Abs. 1 GG** ein Anspruch des Bürgers auf ermessensfehlerfreie Entscheidung (sogenannte Destination) korrespondiert. **218**

1. Früher wurde dies nur bejaht, soweit die Sonderbenutzung noch im **Sachzusammenhang** mit dem Widmungszweck stand. Widmungsfremde Nutzungen lägen außerhalb des auf Begünstigung des Bürgers angelegten Einrichtungszwecks. Die Entscheidung über die Zulassung erfolge allein nach objektivem Recht, ohne dass subjektive Rechte des Bürgers zu berücksichtigen seien.[356] **219**

2. Demgegenüber bejaht die Rspr. heute einen Anspruch auf ermessensfehlerfreie Entscheidung immer schon dann, wenn bei der Entscheidung **Grundrechte** des Antragstellers zu berücksichtigen sind.[357] Auch wenn ein genereller Rechtsanspruch auf Zulassung nicht besteht, muss die Behörde bei ihrer Entscheidung das Gewicht der Interessen des Antragstellers an der Wahrnehmung seiner Grundrechte gebührend berücksichtigen. Insoweit besteht daher aus Art. 3 Abs. 1 GG ein Anspruch auf ermessensfehlerfreie Entscheidung über die widmungsüberschreitende Nutzung (sogenannte Sonderbenutzung).[358] **220**

   Hier hat die Behörde die Zulassung aus sachwidrigen Gründen (Verfassungsfeindlichkeit, Gefahr von Ausschreitungen) versagt, sodass der Anspruch des D auf ermessensfehlerfreie Entscheidung weiterhin besteht. Es ergeht daher ein **Bescheidungsurteil** gemäß § 113 Abs. 5 S. 2 VwGO.

---

352 BVerfGE 35, 79, 116; BVerwG DVBl. 1993, 210, 211; vgl. allgemein AS-Skript Grundrechte (2012), Rn. 14 ff.

353 BVerfG RÜ 2011, 243, 245: Versammlungsfreiheit im Terminal eines Flughafens.

354 BVerwG DVBl. 1993, 210, 211.

355 Rennert JuS 2008, 211, 213.

356 BVerwGE 39, 236, 237 (Schiffsausrüsterfall); BVerwG GewArch 1975, 88; Papier in Erichsen/Ehlers § 39 Rn. 44; Detterbeck, Allg. Verwaltungsrecht, Rn. 999; Peine JZ 2006, 593, 607.

357 Grundlegend BVerwG DVBl. 1993, 210, 212.

358 VG Hamburg, Urt. v. 30.11.2011 – 17 K 361/11; Rennert JuS 2008, 211, 213; Wittmann DVBl. 2012, 788. 791; a.A. Ehlers Jura 2012, 849, 851.

Aufbauschema: Anspruch auf Benutzung öffentlicher Einrichtungen

I. § 70 Abs. 1 GewO

1. nach § 69 Abs. 1 GewO festgesetzte Veranstaltung i.S.d. §§ 64 ff. GewO
(z.B. Messe, Ausstellung, Wochenmarkt, Jahrmarkt)
2. Anspruchsteller gehört zum Teilnehmerkreis der Veranstaltung
3. Anspruch nach Maßgabe der allgemeinen Veranstaltungsbestimmungen
4. Ausschluss aus sachlichen Gründen (§ 70 Abs. 3 GewO),
insbesondere bei Kapazitätsüberschreitung:
–> Anspruch auf ermessensfehlerfreie Auswahlentscheidung

II. § 8 Abs. 2 GO NRW

1. öffentliche Einrichtung der Gemeinde
2. Einwohner oder ortsansässige Vereinigung (Ausnahme § 8 Abs. 3 GO NRW)
3. im Rahmen des geltenden Rechts
   - gesetzliche Vorschriften (z.B. POR)
   - Widmung
   - Benutzungssatzung
   - Kapazität – bei Kapazitätsüberschreitung:
     –> Anspruch auf ermessensfehlerfreie Auswahlentscheidung

III. Art. 3 Abs. 1 GG (i.V.m. Verwaltungspraxis, Selbstbindung der Verwaltung),
ggf. i.V.m. § 5 Abs. 1 ParteiG i.V.m. Art. 3 Abs. 1, Art. 21 Abs. 1 GG

1. öffentliche Einrichtung
2. wird durch Träger öffentlicher Gewalt zur Verfügung gestellt
3. im Rahmen des geltenden Rechts (Widmung, Kapazität, POR etc.)

–> Anspruch auf Gleichbehandlung

IV. Grundrechte als Leistungs- bzw. Teilhaberechte (z.B. Art. 5 Abs. 3, Art. 8 Abs. 1 GG):
nur soweit für Grundrechtsausübung unerlässlich

V. Art. 3 Abs. 1 GG auf ermessensfehlerfreie Entscheidung über **Sonderbenutzung**

1. nur soweit Sachzusammenhang mit Widmungszweck
2. immer wenn Grundrechte zu berücksichtigen sind

–> Anspruch auf ermessensfehlerfreie Entscheidung

IV. Anschluss- und Benutzungszwang

Während § 8 Abs. 2 GO NRW die Frage beantwortet, ob ein **Anspruch auf Benutzung** einer öffentlichen Einrichtung der Gemeinde besteht, begründet der sogenannte Anschluss- und Benutzungszwang die **Verpflichtung**, öffentliche Einrichtungen der Gemeinde zu benutzen. Ein solcher Anschluss- und Benutzungszwang (A-B-Zwang) ist für bestimmte öffentliche Einrichtungen in § 9 GO NRW (ebenso auf Kreisebene § 7 KrO NRW) vorgesehen.[359] **221**

Daneben bestehen spezialgesetzliche Grundlagen für einen A-B-Zwang, z.B. in § 9 Abs. 1 a LAbfG i.V.m. § 17 Abs. 1–3 KrWG (für die Abfallbeseitigung).[360]

Nach § 9 S. 1 GO NRW können die Gemeinden **bei öffentlichem Bedürfnis durch Satzung** für die Grundstücke ihres Gebiets **222**

- den Anschluss an Wasserleitung, Kanalisation und ähnliche der Volksgesundheit dienende Einrichtungen sowie an Einrichtungen zur Versorgung mit Fernwärme **(Anschlusszwang)** und
- die Benutzung dieser Einrichtungen und der Schlachthöfe **(Benutzungszwang)** vorschreiben.

Der A-B-Zwang begründet das **Gebot**, die öffentliche Einrichtung zu benutzen, und das **Verbot**, eigene Anlagen oder Anlagen eines Dritten zu benutzen.[361]

Fall 4: Fernwärmeversorgung

Nach langer Diskussion hat die Stadt D mit erheblichen Investitionen ein Kraftwerk zur Produktion von Fernwärme aus regenerativen Energiequellen errichtet, welches nunmehr als städtischer Eigenbetrieb geführt wird. Um das Kraftwerk langfristig betriebswirtschaftlich ohne Verluste betreiben zu können, will der Rat der Stadt für sämtliche Anlieger des in der Nähe des Heizkraftwerkes gelegenen Stadtteils „Wiesengrund" einen Anschluss- und Benutzungszwang anordnen.

Daraufhin beschließt der Rat in formell ordnungsgemäßer Weise die „Satzung der Stadt D über die Wärmeversorgung der Grundstücke im Wiesengrund und den Anschluss an die öffentliche Fernwärmeversorgungsanlage der Stadt D (Fernwärmesatzung – FWS)". Zur Begründung wird darauf hingewiesen, dass durch diese Art der Energieversorgung die Immissionsbelastung vor Ort reduziert und dadurch ein wesentlicher Beitrag zum Gesundheitsschutz geleistet werden soll. Außerdem diene eine zentrale Fernwärmeversorgung dem Klimaschutz. Das Staatsziel zur Erhaltung der natürlichen Lebensgrundlagen nach Art. 20 a GG könne, so die Satzungsbegründung, nicht realisiert werden, wenn die Kommunen hierzu keinen eigenen Beitrag leisteten. Es sei gutachtlich nachgewiesen, dass die Emissionsbelastung bei überörtlicher Betrachtung reduziert werde, wenn die Wärme in einem zentralen Kraftwerk erzeugt wird.

---

359 Vgl. z.B. OVG NRW NWVBl. 2011, 322 (Trinkwasserversorgung), BayVGH DVBl. 2013, 233; VGH Mannheim VBlBW 2013, 73 (Wasserversorgung), SächsOVG DVBl. 2013, 867 (Abwasseranlage).

360 Vgl. hierzu BVerwG NVwZ 2009, 1292 (Überlassung von Altpapier); dazu Murswiek JuS 2010, 564.

361 Rennert JuS 2008, 211, 213.

Nach § 4 Abs. 1 FWS ist jeder Eigentümer innerhalb des ländlich strukturierten Stadtteils „Wiesengrund" verpflichtet, sein Grundstück an die Fernwärmeversorgung anzuschließen, sobald es mit einem Gebäude bebaut ist oder mit der Bebauung begonnen wird bzw. Wärmeverbrauchsanlagen betrieben werden. Nach § 4 Abs. 2 FWS kann aus wichtigem Grund Befreiung erteilt werden, soweit der Zweck des Anschluss- und Benutzungszwangs nicht entgegensteht und die Erfüllung der angestrebten öffentlichen Aufgabe nicht gefährdet wird.

K ist Inhaber eines Gewerbebetriebes innerhalb des betroffenen Stadtteils und unterhält auf seinem Grundstück ein eigenes konventionelles Heizkraftwerk, welches die zulässigen Emissionswerte einhält. Durch den Anschluss- und Benutzungszwang sieht er sich zusätzlichen wirtschaftlichen Belastungen ausgesetzt und erhebt Klage vor dem zuständigen Verwaltungsgericht. Er möchte festgestellt wissen, dass er dem Anschluss- und Benutzungszwang nicht unterliegt. Mit Erfolg?

A. **Zulässigkeit der Klage**

223 I. Der **Verwaltungsrechtsweg** ist gemäß § 40 Abs. 1 S. 1 VwGO eröffnet. Der Anschluss- und Benutzungszwang nach § 9 S. 1 GO NRW weist typisch hoheitlichen Charakter auf, sodass Streitigkeiten über die Reichweite dieser Pflicht öffentlich-rechtlicher Natur sind. Die Streitigkeit ist auch nichtverfassungsrechtlicher Art und keinem anderen Gericht zugewiesen.

II. Die statthafte **Klageart** richtet sich nach dem Klagebegehren (§ 88 VwGO). K begehrt die Feststellung, dass er dem satzungsmäßigen Anschluss- und Benutzungszwang nicht unterliegt. Damit kommt eine allgemeine **Feststellungsklage** gemäß § 43 Abs. 1 Alt. 1. VwGO in Betracht.

224 1. Die allgemeine Feststellungsklage ist statthaft, wenn K das Bestehen oder Nichtbestehen eines konkreten Rechtsverhältnisses geklärt wissen möchte. Unter einem **Rechtsverhältnis** versteht man die sich aus einem konkreten Sachverhalt aufgrund einer öffentlich-rechtlichen Rechtsnorm ergebenden rechtlichen Beziehungen einer Person zu einer anderen Person oder zu einer Sache.[362]

Durch die Regelungen der FWS wird K dem A-B-Zwang an die örtliche Fernwärmeversorgung unterworfen und damit eine rechtliche Beziehung zwischen dem Träger der öffentlichen Einrichtung und dem K als Pflichtigen begründet. Damit ist das Bestehen eines Rechtsverhältnisses nach § 43 Abs. 1 Alt. 1 VwGO streitig.

225 2. Nach § 43 Abs. 2 S. 1 VwGO ist die Feststellungsklage **subsidiär** gegenüber Gestaltungs- und Leistungsklagen. Gegenstand der von K erhobenen Klage ist die Feststellung eines unmittelbar aus der Satzung folgenden Pflichtenverhältnisses. Insoweit scheidet eine andere Klage aus; insbesondere ist eine Anfechtungsklage gemäß § 42 Abs. 1 Fall 1 VwGO mangels konkretisierenden VA nicht zulässig.

362 BVerwG NVwZ 2012, 162, 163; OVG NRW NWVBl. 2003, 102; Kopp/Schenke VwGO § 43 Rn. 10; vgl. hierzu AS-Skript VwGO (2013), Rn. 294 ff.

Eine Anfechtungsklage ist dagegen statthaft, wenn die Gemeinde zur Durchsetzung des A-B-Zwangs einen (feststellenden) VA erlassen hat.[363] Die Verpflichtungsklage ist einschlägig, wenn der Betroffene nach § 9 S. 2 GO NRW eine Ausnahme von einem an sich zulässigen A-B-Zwang erstrebt.[364] Die Möglichkeit der Normenkontrolle der Satzung (§ 47 Abs. 1 Nr. 2 VwGO) besteht in NRW nicht.

Damit ist eine Feststellungsklage gemäß § 43 Abs. 1 Alt. 1 VwGO statthaft.

III. Das nach § 43 Abs. 1 VwGO erforderliche **Feststellungsinteresse** ergibt sich aufgrund der erheblichen wirtschaftlichen Belastung des K. **226**

IV. Soweit man zur Vermeidung von Popularklagen auch bei der Feststellungsklage analog § 42 Abs. 2 VwGO eine **Klagebefugnis** fordert,[365]folgt diese daraus, dass K durch den A-B-Zwang gehindert ist, seine eigene Anlage zu nutzen. Dies führt ggf. zu erheblichen wirtschaftlichen Belastungen, wodurch K als Gewerbetreibender möglicherweise in seinem Grundrecht aus Art. 12 Abs. 1 GG verletzt ist. **227**

V. Weitere besondere Sachurteilsvoraussetzungen bestehen bei der Feststellungsklage nicht, insbesondere muss (unabhängig von § 110 Abs. 1 JustG NRW) **kein Vorverfahren** (§§ 68 ff. VwGO) durchgeführt werden und **keine Klagefrist** eingehalten werden. **228**

Die Klage des K ist damit zulässig.

B. **Begründetheit der Klage**

Die Feststellungsklage des K ist begründet, wenn durch die Fernwärmesatzung (FWS) zwischen ihm und der Stadt D ein Anschluss- und Benutzungsverhältnis nicht begründet wurde. Durch die FWS kann ein Rechtsverhältnis nur begründet werden, wenn die **Satzung wirksam** ist.[366]

I. Als untergesetzliche Rechtsnorm bedarf die Satzung einer wirksamen gesetzlichen **Ermächtigungsgrundlage**. Dies könnte hier § 9 S. 1 GO NRW sein. Danach können die Gemeinden bei einem öffentlichen Bedürfnis durch Satzung für die Grundstücke ihres Gebiets **229**

- den Anschluss an Wasserleitung, Kanalisation und ähnliche der Volksgesundheit dienende Einrichtungen sowie an Einrichtungen zur Versorgung mit Fernwärme **(Anschlusszwang)** und
- die Benutzung dieser Einrichtungen und der Schlachthöfe **(Benutzungszwang)** vorschreiben.

§ 9 GO NRW müsste aber seinerseits **wirksam**, d.h. **verfassungsgemäß** sein, um die Satzung zu rechtfertigen.

1. Die **Zuständigkeit des Landesgesetzgebers** ergibt sich aus Art. 70 GG, da es um die Sachgebiete Kommunalrecht und allgemeine Gefahrenabwehr (Volksgesundheit) geht und hierfür keine vorrangige Bundeszuständigkeit besteht. **230**

363 Vgl. SächsOVG DVBl. 2013, 867, 868; VGH Mannheim VBlBW 2013, 73.

364 Vgl. BayVGH BayVBl. 2012, 146.

365 BVerwG, Beschl. v. 24.05.2011 – BVerwG 6 B 2.11; NVwZ 2008, 423, 424; allgemein AS-Skript VwGO (2013), Rn. 312.

366 Zur Wirksamkeit von Satzungen ausführlich unten Rn. 352 ff.

Allein der Umstand, dass die Regelung sich auch gegenüber Gewerbetreibenden nachteilig auswirken kann und damit das Recht der Wirtschaft i.S.d. Art. 74 Abs. 1 Nr. 11 GG berührt, reicht zum Ausschluss der Landeszuständigkeit nicht aus. Zwar kann die Gewerbezulassung (das „Ob") grundsätzlich nur bundesrechtlich reglementiert werden (§ 1 GewO). Die Gewerbeausübung (das „Wie") kann dagegen auch landesrechtlich eingeschränkt werden.[367]

2. Die durch § 9 GO NRW zugelassene Begründung eines A-B-Zwangs könnte gegen **Grundrechte** verstoßen.

231 a) Soweit durch den A-B-Zwang eigene Anlagen entwertet werden, liegt ein Eingriff in **Art. 14 GG** vor. Grundsätzlich ist die Einführung des A-B-Zwangs aber eine verhältnismäßige Inhalts- und Schrankenbestimmung des Eigentums i.S.d. Art. 14 Abs. 1 S. 2 GG. Das Eigentumsrecht ist von vornherein dahin eingeschränkt, dass der Betroffene seine private Anlage nur solange benutzen darf, bis im öffentlichen Interesse ein A-B-Zwang angeordnet wird.[368] Gegenüber dem Zweck des A-B-Zwangs, die Volksgesundheit zu bewahren, ist der Eingriff vergleichsweise gering. Daneben steht die wirtschaftliche Erwägung, dass nur bei allgemeiner Nutzung ein kostengünstiger und kostendeckender Betrieb der genannten Einrichtungen möglich ist. Härtefälle können durch satzungsrechtliche Ausnahmeregelungen gemäß § 9 S. 2 u. S. 4 GO NRW berücksichtigt werden.[369] Die Beschränkung des Eigentums ist daher nach Art. 14 Abs. 1 S. 2 GG gerechtfertigt.

232 b) Entsprechendes gilt für **Art. 12 Abs. 1 GG**, soweit sich (z.B. bei Gewerbetreibenden) Auswirkungen auf die Berufsausübung ergeben. Der A-B-Zwang ist eine Berufsausübungsregelung, die sich aus den genannten Erwägungen des Gemeinwohls als verhältnismäßig erweist. Der Eingriff in die Berufsfreiheit ist daher nach Art. 12 Abs. 1 S. 2 GG gerechtfertigt.

c) Dasselbe gilt für **Art. 2 Abs. 1 GG**, soweit Privatpersonen betroffen sind. § 9 S. 1 GO NRW ist Teil der verfassungsmäßigen Ordnung und stellt eine verhältnismäßige Einschränkung der allgemeinen Handlungsfreiheit dar.[370]

Die **Ermächtigung in § 9 S. 1 GO NRW** zur Einführung eines A-B-Zwangs ist damit verfassungsgemäß und Grundlage für die vorliegende Satzung.

II. Da formelle Bedenken nicht bestehen, kommt es darauf an, ob die Satzung **materiell** mit der Ermächtigungsgrundlage in § 9 S. 1 GO NRW in Einklang steht.

233 1. Zunächst muss es sich um eine von § 9 S. 1 GO NRW erfasste **Einrichtung** handeln.

Gegenstand eines A-B-Zwangs können nur **öffentliche Einrichtungen** der Gemeinde sein (s.o. Rn. 221).[371] Bei privatrechtlich organisierten Einrichtungen ist daher erforderlich, dass die Gemeinde über hinreichende Einflussmöglichkeiten verfügt.[372]

---

367 BVerwG NVwZ 2002, 598, 601; Landmann/Rohmer GewO § 1 Rn. 39 ff.; Rehn/Cronauge GO § 9 Anm. III.2.

368 BVerewG NVwZ-RR 1990, 96; OVG NRW NWVBl. 2011, 322; BayVGH BayVBl. 2012, 146; SächsOVG DVBl. 2013, 867, 868.

369 BVerwG NVwZ 2010, 1157; SächsOVG NVwZ-RR 2011, 420; Pielow/Finger Jura 2007, 189, 199; Ehlers Jura 2012, 692, 698.

370 Vgl. SächsOVG DVBl. 2013, 867, 868; VGH Mannheim VBlBW 2013, 73

371 BVerwG NVwZ 2005, 963; SächsOVG SächsVBl. 2005, 14; OVG LSA NVwZ-RR 2008, 810; Rennert JuS 2008, 211, 214.

Beispiel: Die Wasserversorgung stellt keine dem A-B-Zwang unterfallende öffentliche Einrichtung der Gemeinde dar, wenn die Gemeinde die Aufgabe vollständig auf eine Privatperson übertragen hat und sich jeglicher Einflussmöglichkeit auf die Aufgabenerledigung begeben hat.

a) § 9 S. 1 GO NRW sieht einen **Anschlusszwang** für Wasserleitungen, Kanalisation und ähnliche der Volksgesundheit dienende Einrichtungen sowie an Einrichtungen zur Versorgung mit Fernwärme vor. Der **Benutzungszwang** erfasst daneben auch Schlachthöfe. **234**

Ähnliche der Volksgesundheit dienende Einrichtungen sind z.B. Friedhöfe,[373] nicht dagegen kommunale Leichenhallen[374] oder gemeindliche Kultureinrichtungen.[375]

Nach dem Wortlaut des § 9 GO NRW ist für den A-B-Zwang eine **grundstücksbezogene Einrichtung** erforderlich („für die Grundstücke"). Die Grundstücksbezogenheit erfasst nach h.M. aber nur den **Anschlusszwang**, nicht den **Benutzungszwang**, da man die Benutzung einer Einrichtung nicht für Grundstücke, sondern sinnvollerweise nur für **Personen** anordnen kann. Der Anschlusszwang ist grundstücksbezogen, der Benutzungszwang personenbezogen.[376]

Nach der Gegenansicht ist der Benutzungszwang akzessorisch zum Anschlusszwang. Auch dieser könne sich grundsätzlich nur auf Grundstücke beziehen. Anders ließe sich nicht erklären, warum die Schlachthöfe gesondert aufgeführt werden. Deshalb sei entgegen der h.M. ein Benutzungszwang für Friedhöfe unzulässig.[377]

b) Während früher umstritten war, ob **Fernheizwerke** „der Volksgesundheit dienende Einrichtungen" darstellen,[378] ist durch § 9 S. 1 GO NRW nunmehr ausdrücklich klargestellt, dass für diese Einrichtungen ein A-B-Zwang angeordnet werden kann.

2. Weiterhin setzt § 9 S. 1 GO NRW voraus, dass für den Anschluss- und Benutzungszwang ein **öffentliches Bedürfnis** besteht. Nach h.Rspr. handelt es sich hierbei um einen unbestimmten Rechtsbegriff mit **Beurteilungsspielraum** der Gemeinde.[379] **235**

Die h.Lit. hält die Voraussetzung dagegen für gerichtlich voll überprüfbar.[380] Ein Beurteilungsspielraum sei nur anzuerkennen, wenn der Norm zweifelsfrei zu entnehmen sei, dass die Verwaltung zur Letztentscheidung befugt ist (normative Ermächtigungslehre).[381] Dies sei bei § 9 GO NRW nicht der Fall. Dagegen spricht jedoch, dass sich die gemeindliche Entscheidung über den A-B-Zwang nicht im bloßen Normvollzug erschöpft, sondern Ausfluss gemeindlicher Gestaltungsfreiheit ist, die im Hinblick auf Art. 28 Abs. 2 GG gerichtlich nur eingeschränkt überprüfbar ist.

---

372 BVerwG NVwZ 2005, 1072, 1073; Grünwald NWVBl. 2009, 138, 140; Kahl/Weißenberger Jura 2009, 194, 202.

373 Rehn/Cronauge GO § 9 Anm. II 1; KV/GO-Wansleben § 9 Anm. 2.1

374 OVG Weimar NVwZ 1998, 871, 872; vgl. auch BayVerfGH DVBl. 2005, 436.

375 Rehn/Cronauge § 9 Anm. II 1.

376 VGH Kassel NVwZ 1988, 847, 849; Weber NVwZ 1988, 641, 642 KV/GO-Wansleben § 9 Anm. 7.

377 OVG Weimar NVwZ 1998, 871, 872; Isensee/Jakobs NWVBl. 2001, 323, 325.

378 Vgl. KV/GO-Wansleben § 9 Anm. 5.

379 OVG NRW OVGE 24, 219, 223; OVG NRW NVwZ 1987, 727; zustimmend Rehn/Cronauge GO § 9 Anm. IV 2 m.w.N.

380 KV/GO-Wansleben § 9 Anm. 6.1; Hünnekes/Krôcher NWVBl. 2004, 88, 91; Pielow/Finger Jura 2007, 189, 195; Ehlers Jura 2012, 692, 698; ebenso VGH Mannheim VBlBW 2013, 73, 74 zum Landesrecht BW

381 Vgl. AS-Skript Verwaltungsrecht AT 1 (2013), Rn. 473.

Ein öffentliches Bedürfnis ist immer dann gegeben, wenn **vernünftige Gründe des Gemeinwohls** für den A-B-Zwang sprechen, sodass nach objektiven Maßstäben das Wohl der Gemeindeeinwohner gefördert wird.

Durch die Bezugnahme auf „ähnliche" der Volksgesundheit dienende Einrichtungen wird klargestellt, dass auch ein Anschlusszwang an Wasserleitungen und Kanalisation durch ein öffentliches Bedürfnis gerechtfertigt sein muss. Da die öffentliche Wasserversorgung als Ganzes der Volksgesundheit dient, ist grundsätzlich ein umfassender A-B-Zwang gerechtfertigt, auch bei der Verwendung von Brauchwasser.[382] Bei Niederschlagswasser ergibt sich das öffentliche Bedürfnis aus der Abwasserüberlassungspflicht nach § 53 Abs. 1 c LWG NRW.[383]

236 a) Im vorliegenden Fall hat die Gemeinde den A-B-Zwang u.a. damit begründet, dass sonst die **Auslastung des Eigenbetriebes** nicht gesichert werden könne.

Eigenbetriebe sind nach § 114 GO NRW i.V.m. § 1 EigVO NRW die wirtschaftlichen Unternehmen der Gemeinde ohne Rechtspersönlichkeit. Sie sind zwar keine selbstständigen juristischen Personen, aber wirtschaftlich und organisatorisch verselbstständigt (vgl. dazu Rn. 532).

Rentabilitätsüberlegungen allein reichen indes nicht aus, um den A-B-Zwang zu rechtfertigen.[384] Dies folgt schon aus der Überlegung, dass andernfalls der Betrieb des Kraftwerkes zum Selbstzweck würde. Es bedarf vielmehr eines darüber hinausgehenden öffentlichen Bedürfnisses.

Ebenso reichen gebührenrechtliche Erwägungen regelmäßig allein nicht aus, um ein öffentliches Bedürfnis zu begründen.[385]

237 b) Das öffentliche Bedürfnis könnte sich hier aus Gründen des **Gesundheitsschutzes** ergeben. Das wäre bei einem Kraftwerk z.B. der Fall, wenn die lokale Luftverschmutzung eine solche Intensität aufweist, dass eine Reduzierung zwingend geboten ist.[386] Hier handelt es sich indes um ein ländlich strukturiertes Gebiet ohne erhebliche Schadstoffimmissionen. Zudem werden durch die in dem betroffenen Stadtteil bestehenden Heizungsanlagen offensichtlich ebenfalls keine besonderen Immissionen hervorgerufen. Damit lässt sich der Anschluss- und Benutzungszwang nicht aus Gründen des Gesundheitsschutzes rechtfertigen.

238 c) Die Gemeinde hat den A-B-Zwang im Übrigen auch aus Gründen des **Klimaschutzes** angeordnet. Fraglich ist, ob solche überregionalen Erwägungen einen A-B-Zwang auf kommunaler Ebene rechtfertigen können.

aa) Teilweise wird ein „öffentliches Bedürfnis" bereits bejaht, wenn die Fernwärmeversorgung bei überörtlicher Betrachtung zu einer beachtlichen **Verringerung der Schadstoffbelastung insgesamt** führt, weil an anderer Stelle Kraftwerksleistungen eingespart werden können.[387]

382 Vgl. VGH Mannheim VBlBW 2013, 73, 74 zum öffentlichen Bedürfnis bei der Wasserversorgung.
383 OVG NRW, Beschl. v. 14.12.2012 – 15 A 2041/12; anders noch OVG NRW NWVBl. 2003, 380 zur früheren Rechtslage.
384 KV/GO-Wansleben § 9 Anm. 6.3.
385 OVG NRW NWVBl. 2003, 380, 382; Hünnekens/Kröcher NWVBl. 2004, 88, 90; Pielow/Finger Jura 2007, 189, 192.
386 v. Mutius, Kommunalrecht, Rn. 340.
387 OVG Schleswig NordÖR 2003, 22, 24; Rehn/Cronauge § 9 GO Anm. III 2; Kahl JZ 2008, 74, 76; Rennert JuS 2008, 211, 214.

Das öffentliche Bedürfnis sei darin zu sehen, dass ohne den A-B-Zwang auf gemeindlicher Ebene das angestrebte Ziel, einen Beitrag zum Schutz der natürlichen Lebensgrundlagen (Art. 20 a GG) zu erbringen, wegen geringer Nutzung der geschaffenen öffentlichen Einrichtungen gefährdet wäre.

bb) Nach der Gegenansicht setzt ein öffentliches Bedürfnis stets einen hinreichenden **örtlichen Bezug** voraus.[388] Dieser sei nur dann gegeben, wenn die Einrichtung bei objektiver Betrachtung darauf gerichtet ist, die **örtliche Umweltsituation** zu verbessern. Auch Art. 20 a GG ermächtige die Gemeinde nicht, Aufgaben des Umweltschutzes losgelöst von ihrem Kompetenzbereich (Art. 28 Abs. 2 GG, Art. 78 Abs. 2 LVerf) an sich zu ziehen.[389] Allein die überörtliche Umweltverträglichkeit der Fernwärmeversorgung sei nicht geeignet, den gemeindlichen A-B-Zwang zu rechtfertigen. **239**

cc) Gegen ein solches enges Verständnis spricht indes die Regelung in **§ 16 EEWärmeG**.[390] **240**

§ 16 EEWärmeG lautet: „Die Gemeinden und Gemeindeverbände können von einer Bestimmung nach Landesrecht, die sie zur Begründung eines Anschluss- und Benutzungszwangs an ein Netz der öffentlichen Nah- oder Fernwärmeversorgung ermächtigt, auch zum Zwecke des Klima- und Ressourcenschutzes Gebrauch machen."

Diese bundesrechtliche Regelung konkretisiert den Begriff des öffentlichen Bedürfnisses und ermächtigt die Gemeinden ausdrücklich, von der landesrechtlichen Ermächtigung zur Begründung eines A-B-Zwangs an die Fernwärmeversorgung **auch zum Zwecke des Klima- und Ressourcenschutzes** Gebrauch zu machen.[391]

Die vom Bundesrat im Gesetzgebungsverfahren geltend gemachten verfassungsrechtlichen Bedenken[392] bestehen nach zutreffender Ansicht nicht. § 16 EEWärmeG ist keine nach Art. 70 GG unzulässige Regelung des Kommunalrechts, sondern beruht auf der Gesetzgebungskompetenz des Bundes nach Art. 74 Abs. 1 Nr. 24 GG („Luftreinhaltung").[393] Auch ein Verstoß gegen das Aufgabenübertragungsverbot nach Art. 84 Abs. 1 S. 7 GG liegt nicht vor, da mit § 16 EEWärmeG keinerlei rechtliche Verpflichtung der Kommunen verbunden ist.[394]

Außerdem verpflichtet das KlimaSchG NRW[395] die Kommunen nunmehr ausdrücklich, den **Klimaschutz nachhaltig zu verbessern** und Beiträge zum Klimaschutz zu leisten. Nach § 5 KlimaSchG NRW haben auch die Kommunen eine Vorbildfunktion beim Klimaschutz. Damit ist auch der überörtliche Klimaschutz von § 9 S. 1 GO NRW gedeckt.

---

388 Vgl. VGH Mannheim VBlBW 2004, 337, 338 f.; OVG LSA NVwZ-RR 2008, 810, 811; Pielow/Finger Jura 2007, 189, 195; Glaser VerwArch 41 (2008), 483, 498 ff.; Waldhoff JuS 2009, 265, 267.

389 BVerwG DVBl. 2006, 779; Schmidt-Aßmann ZHR 170 (2006), 489, 495 f.; Glaser VerwArch 41 (2008), 483, 507 ff.

390 Gesetz zur Förderung Erneuerbarer Energien im Wärmebereich vom 07.08.2008 (BGBl. I S. 1658).

391 Kahl JuS 2010, 599, 600; VBlBW 2011, 53, 54; Wustlich NVwZ 2008, 1041, 1045; vgl. auch Gesetzesbegründung in BT-Drs. 16/8149, S. 29.

392 Vgl. BT-Drs. 16/8149, S. 37.

393 Kahl VBlBW 2011, 53, 55.

394 Kahl VBlBW 2011, 53, 56.

395 Gesetz zur Förderung des Klimaschutzes in Nordrhein-Westfalen v. 29.01.2013 (GVBl. 2013, 33).

Die **Fernwärmesatzung** der Stadt ist daher auch materiell durch § 9 S. 1 GO NRW gedeckt und damit **wirksam**.

241 III. Des Weiteren müssten im Fall des K die **Voraussetzungen der Satzung** erfüllt sein.

1. Das Grundstück des K befindet sich im Geltungsbereich der Satzung, sodass nach § 4 Abs. 1 FWS grundsätzlich ein **Anschluss- und Benutzungszwang** besteht.

242 2. K könnte aber unter die **Befreiungsvorschrift** des § 4 Abs. 2 FWS fallen. Danach kann aus wichtigem Grund Befreiung vom A-B-Zwang erteilt werden, wenn das Interesse des Grundstückseigentümers das öffentliche Interesse an der Einhaltung des A-B-Zwangs überwiegt. Bei der insoweit gebotenen Interessenabwägung ist hier das wirtschaftliche Interesse des K an der Nutzung seiner eigenen Anlage zu berücksichtigen. Auch wenn der A-B-Zwang grundsätzlich mit Art. 14 GG vereinbar ist (s.o.), kann seine Anordnung **im Einzelfall unverhältnismäßig** sein.

Beispiel: Anspruch auf Teilbefreiung vom Benutzungszwang der Wasserversorgung, um Waschmaschinen mit Brunnen- oder Regenwasser zu betreiben;[396] aber kein Anspruch auf Befreiung von der Trinkwasserversorgung, wenn der eigene Hausbrunnen keine Trinkwasserqualität aufweist.[397]

243 Allein der Betrieb einer eigenen Anlage zwingt allerdings nicht zu einer Befreiung, selbst wenn diese einwandfrei arbeitet.[398] Etwas anderes kann nur dann gelten, wenn der Anschluss an die gemeindliche Einrichtung keinen Nutzen für die Umwelt mit sich bringen würde oder mit übermäßigen Kosten verbunden wäre (in diesem Sinne ausdrücklich § 53 Abs. 1 d LWG für Abwasserbeseitigungsanlagen). Dabei ist hier entscheidend, dass K ein konventionelles Heizkraftwerk betreibt, während die gemeindliche Anlage regenerative Energiequellen nutzt und dadurch den verfolgten Zweck des Klimaschutzes besser erfüllt.[399] Ebenso sind übermäßige Kosten oder sonstige Gesichtspunkte, die eine Befreiung des K rechtfertigen könnten, hier nicht ersichtlich. Ein Anspruch auf Befreiung vom A-B-Zwang nach § 4 Abs. 2 FWS besteht daher nicht.

Weiteres Beispiel: Kein Befreiungsanspruch, wenn der Eigentümer noch in eine private Anlage investiert, obwohl bereits konkret absehbar ist, dass sein Grundstück an das öffentliche Leitungsnetz angeschlossen wird.[400]

Damit besteht eine Anschluss- und Benutzungspflicht des K nach der Fernwärmesatzung, die ein entsprechendes **Rechtsverhältnis** begründet.

Ergebnis: Die **Feststellungsklage** des K ist deshalb **unbegründet**.

---

396 Vgl. BVerwG, Urt. v. 24.01.2011 – BVerwG 8 C 44.09; BVerwG NVwZ 2011, 242; NVwZ 2010, 1157.

397 BayVGH DVBl. 2013, 233.

398 BVerwG NVwZ 1998, 1080, 1081; OVG NRW NWVBl. 2003, 435, 436; OVG NRW, Beschl. v. 21.04.2009 – 15 B 416/09 (private Kläranlage).

399 Vgl. auch VG Gera ThürVBl. 2011, 12 zur Befreiung beim Betrieb einer eigenen Solaranlage.

400 BayVGH DVBl. 2013, 233, 234.

4. Abschnitt: Aufgaben der Kommunen

Die Gemeinden nehmen nach Art. 28 Abs. 2 S. 1 GG die Angelegenheiten der örtlichen Gemeinschaft, d.h. die sog. **Selbstverwaltungsaufgaben** wahr. Da es auf der örtlichen Ebene in der Regel keine unmittelbaren Landesbehörden gibt, werden die Kommunen aber auch zur Erfüllung staatlicher Aufgaben eingesetzt **(Fremdaufgaben)**, s.o. Rn. 34. **244**

Beispiele: Die Gemeinden nehmen Aufgaben der staatlichen Ordnungsverwaltung wahr, z.B. auf dem Gebiet des Gewerberechts, des Melderechts und des Straßenverkehrsrechts (vgl. z.B. § 44 Abs. 1 StVO und allgemein § 3 OBG).

Fremdaufgaben waren früher die den Gemeinden übertragenen **Auftragsangelegenheiten** (§ 132 GO NRW), bei denen der Staat ein **umfassendes Weisungsrecht** hatte. Beim Neuaufbau demokratischer Gemeinden nach dem 2. Weltkrieg sollte das Selbstverwaltungsrecht der Gemeinden gestärkt werden. Der hierfür grundlegende **Weinheimer Entwurf** einer Gemeindeordnung von 1948 sah vor, die bisherigen Auftragsangelegenheiten in Selbstverwaltungsaufgaben zu überführen. Die Länder sind dem mehr oder weniger gefolgt. Teilweise wird in den Ländern nach wie vor strikt zwischen Selbstverwaltungsangelegenheiten und Auftragsangelegenheiten unterschieden **(Aufgabendualismus)**. Art. 78 Abs. 2 LVerf bestimmt demgegenüber die Gemeinden (und Gemeindeverbände) in ihrem Gebiet zum **alleinigen Träger der öffentlichen Verwaltung**, soweit die Gesetze nichts anderes bestimmen (ebenso § 2 GO NRW). Alle Verwaltungsaufgaben auf kommunaler Ebene werden daher grundsätzlich von der Gemeinde eigenverantwortlich wahrgenommen **(Aufgabenmonismus)**.[401] Art. 78 Abs. 4 S. 2 LVerf eröffnet dem Land nur die Möglichkeit, sich bei Pflichtaufgaben ein Weisungs- und Aufsichtsrecht nach näherer gesetzlicher Vorschrift vorzubehalten. Auftragsangelegenheiten mit uneingeschränktem Weisungsrecht werden hierdurch ausgeschlossen. Landesrechtlich sind an die Stelle der Auftragsangelegenheiten die **Pflichtaufgaben zur Erfüllung nach Weisung** getreten, bei denen nach Art. 78 Abs. 4 S. 2 LVerf ein **eingeschränktes Weisungsrecht** besteht.[402] Auftragsangelegenheiten gibt es in NRW nur noch kraft Bundesrechts. Demnach lassen sich bei den Aufgaben der Gemeinde unterscheiden: **245**

- **Selbstverwaltungsangelegenheiten**,
- staatliche **Auftragsangelegenheiten** kraft Bundesrechts und
- staatliche **Pflichtaufgaben zur Erfüllung nach Weisung** kraft Landesrechts.

A. Selbstverwaltungsaufgaben

Selbstverwaltungsaufgaben sind die **Angelegenheiten der örtlichen Gemeinschaft** i.S.d. Art. 28 Abs. 2 S. 1 GG, Art. 78 LVerf, also solche, die in der örtlichen Gemeinschaft wurzeln oder auf sie einen spezifischen Bezug haben.[403] **246**

- Dazu zählen zum einen die **freiwilligen Selbstverwaltungsaufgaben**, bei denen keine staatlichen Vorgaben bestehen. Die Gemeinde kann eigenverantwortlich über „ob" und „wie" der Aufgabenwahrnehmung entscheiden. **247**

401 OVG NRW NWVBl. 2004, 109, 110.

402 Zur geschichtlichen Entwicklung OVG NRW NVwZ 2003, 887, 887; VG Aachen NWVBl. 2002, 116, 117 f.

403 BVerwG RÜ 2009, 727, 729; VerfGH NRW NWVBl. 2004, 141, 142; NWVBl. 2001, 341, 345; Schoch Jura 2001, 121, 128.

Beispiele: Betrieb öffentlicher Einrichtungen (Bibliotheken, Museen, Theater, Sportstätten) und Einrichtungen der Daseinsvorsorge (kommunale Verkehrsbetriebe und Versorungsunternehmen).

248 ■ Daneben gibt es die sog. **pflichtigen Selbstverwaltungsaufgaben** (auch weisungsfreie Pflichtaufgaben), bei denen gesetzlich festgelegt ist, dass und unter welchen Voraussetzungen diese Aufgaben von der Gemeinde zu erledigen sind (das „ob"). Ermessen hat die Gemeinde hier nur hinsichtlich Art und Weise der Aufgabenerledigung (das „wie").

Beispiele: Bauleitplanung, Errichtung von Schulen, Abfall- und Abwasserbeseitigung, Jugend- und Sozialhilfe.

249 Bei Selbstverwaltungsaufgaben gibt es – unabhängig davon, ob es sich um eine freiwillige oder eine pflichtige Aufgabe handelt – nur eine **Rechtsaufsicht.** Die Aufsicht des Landes (§ 11 GO NRW) erstreckt sich darauf, dass die Gemeinden **im Einklang mit den Gesetzen** verwaltet werden (§ 119 Abs. 1 GO NRW). Handelt die Gemeinde rechtswidrig, bestehen insbes. Beanstandungs- und Aufhebungsrechte der Aufsichtsbehörde (§§ 122, 123 GO NRW).[404] **Zweckmäßigkeitsweisungen** sind dagegen generell **unzulässig**.

B. Auftragsangelegenheiten

Auftragsangelegenheiten gibt es in NRW **nur noch kraft Bundesrechts.** Die Ausführung von Bundesrecht richtet sich hierbei nach Art. 83 ff. GG.

250 Grundsätzlich führen die Länder nach Art. 83 GG die Bundesgesetze **als eigene Angelegenheiten** aus und regeln dabei auch die Zuständigkeit der Behörden und das Verwaltungsverfahren (Art. 84 Abs. 1 S. 1 GG). Die Länder entscheiden also, wer die Aufgaben wahrzunehmen hat und wie diese wahrgenommen werden.

Früher war die Übertragung der Aufgaben auf die Gemeinden ausnahmsweise auch durch Bundesgesetz möglich.[405] Heute ist ein unmittelbarer Durchgriff des Bundes auf die Gemeinden unzulässig (Art. 84 Abs. 1 S. 7 GG). Bisherige Aufgabenübertragungen gelten gemäß Art. 125 a Abs. 1 GG fort, können aber durch Landesrecht ersetzt werden.

251 Art. 85 GG regelt den Sonderfall, dass die Bundesgesetze **von den Ländern im Auftrage des Bundes** ausgeführt werden (sog. Bundesauftragsverwaltung).

Beispiele: Art. 90 Abs. 2 GG (Fernstraßen), Art. 87 b Abs. 2 GG (Verteidigung und Zivilschutz), Art. 104 a Abs. 3 S. 2 GG (wenn bei Geldleistungen der Bund die Hälfte oder mehr trägt).

In diesen Fällen hat der Bund eine **Fachaufsicht** über die Länder: Die Landesbehörden unterstehen den Weisungen der Bundesbehörden (Art. 85 Abs. 3 GG). Die Aufsicht erstreckt sich auf die **Gesetzmäßigkeit** und **Zweckmäßigkeit** der Verwaltungstätigkeit (Art. 85 Abs. 4 S. 1 GG).

Kennzeichnend für die Fachaufsicht ist, dass die Aufsichtsbehörde die Befugnis hat, das Ermessen der handelnden Behörde aus Gründen der Zweckmäßigkeit zu steuern. Im Wege der fachaufsichtlichen Weisung kann daher auch die Aufhebung oder Änderung bereits getroffener Entscheidungen (z.B. nach §§ 48, 49 VwVfG) verlangt werden.

404 Dazu unten 5. Abschnitt, Rn. 275 ff.

405 BVerwG DÖV 1982, 826, 827 zur Bauleitplanung durch die Gemeinden gemäß §§ 1 Abs. 3, 2 Abs. 1 BauGB.

Um zu gewährleisten, dass die vom Bund erteilten Weisungen auch von den letztlich mit den Verwaltungsaufgaben betrauten Kommunen befolgt werden (Art. 85 Abs. 3 S. 3 GG), handelt es sich auch im Verhältnis zu den Gemeinden um **Auftragsangelegenheiten**. Somit gibt es **kraft Bundesrechts** auch heute noch Auftragsangelegenheiten der Gemeinden mit einer grundsätzlich uneingeschränkten Fachaufsicht (vgl. auch § 16 Abs. 1 S. 1 LOG NRW).[406] 252

Vgl. z.B. § 2 Abs. 1 S. 1 Zivilschutz- und Katastrophenhilfegesetz (ZSKG): „Soweit die Ausführung dieses Gesetzes den Ländern einschließlich der Gemeinden und Gemeindeverbände obliegt, handeln sie im Auftrage des Bundes."

C. Pflichtaufgaben zur Erfüllung nach Weisung

Kraft Landesrechts gibt es in NRW **keine Auftragsangelegenheiten** (mehr). Nach Art. 78 Abs. 4 S. 2 LVerf kann sich das Land bei Pflichtaufgaben nur ein Weisungs- und Aufsichtsrecht nach näherer gesetzlicher Vorschrift vorbehalten (**Pflichtaufgaben zur Erfüllung nach Weisung**). 253

Die **Rechtsnatur** der Pflichtaufgaben zur Erfüllung nach Weisung ist umstritten. Teilweise wird die Auffassung vertreten, es handele sich dem Grunde nach um die früheren Auftragsangelegenheiten, die lediglich eine neue Bezeichnung erhalten haben.[407] Nach a.A. sind Pflichtaufgaben nach Weisung Selbstverwaltungsangelegenheiten oder doch zumindest den Selbstverwaltungsangelegenheiten gleichzustellen.[408] Die Rspr. hat sich zunächst nicht festgelegt, sondern einen eigenständigen Aufgabentyp angenommen und diesen als **„Zwischending"** qualifiziert.[409] Heute bleibt die Frage nach der Rechtsnatur zumeist offen, da die Pflichtaufgaben zur Erfüllung nach Weisung jedenfalls in ihren Rechtswirkungen den Selbstverwaltungsaufgaben nahestehen (s.u. Fall 5).

Hauptanwendungsfall der Pflichtaufgaben zur Erfüllung nach Weisung ist die **Gefahrenabwehr** nach dem OBG (§§ 3, 9 OBG) oder Spezialgesetzen (§ 12 OBG). Damit sind alle Angelegenheiten Pflichtaufgaben zur Erfüllung nach Weisung, bei denen auf das OBG verwiesen wird, was in der Regel durch die Verwendung des Begriffs „Sonderordnungsbehörden" oder durch die Bestimmung geschieht, eine Aufgabe gelte „als Aufgabe der Gefahrenabwehr". 254

Wichtigste Anwendungsfälle hierzu sind die Angelegenheiten der Bauaufsicht (§ 60 Abs. 1 u. 2 BauO NRW), des Immissionsschutzes (§ 14 Abs. 3 LImSchG), der Landschaftsbehörden (§ 8 Abs. 2 LG), der Denkmalbehörden (§ 20 Abs. 3 DSchG) und die Aufgaben des Feuerschutzes (§ 4 FSHG).

Bei Pflichtaufgaben zur Erfüllung nach Weisung greift eine **Sonderaufsicht** nach dem jeweils geltenden Spezialgesetz ein (§ 119 Abs. 2 GO NRW). Das jeweilige Gesetz eröffnet eine Rechtmäßigkeits- und eine Zweckmäßigkeitsaufsicht, wobei letztere in der Regel beschränkt ist (§ 3 Abs. 2 S. 1 Hs. 2 GO NRW). 255

Beispiel ist § 9 OBG, der in Abs. 1 die Rechtsaufsicht regelt (vgl. „gesetzmäßige Erfüllung") und in Abs. 2 die **eingeschränkte Zweckmäßigkeitsaufsicht**, wobei zwischen (a) allgemeinen Weisungen (z.B. Verwaltungsvorschriften) und (b) besonderen Weisungen unterschieden wird. Letztere sind nur zulässig, „wenn das Verhalten der zuständigen Ordnungsbehörde zur Erledigung ordnungsbehördlicher Aufgaben nicht geeignet erscheint oder überörtliche Interessen gefährden kann".

---

406 OVG NRW NVwZ 2003, 887, 888; VG Aachen NRW NWVBl. 2002, 116, 118.

407 Maurer § 23 Rn. 16.

408 Knemeyer JuS 2000, 521, 524; Ehlers DVBl. 2001, 1601, 1602; Müller NWVBl. 2012, 414, 415; im Ergebnis auch VerfGH NRW DVBl. 1985, 685, 687; OVG NRW NVwZ 2003, 887, 888; NWVBl. 1995, 300, 301.

409 So die frühere Rspr. des OVG NRW OVGE 13, 356, 358 f.; KV/GO-Wansleben § 3 Anm. 5.

Fall 5: Rechtsschutz gegen fachaufsichtliche Weisungen

Die Ratsmehrheit der kreisfreien Stadt S in NRW will mit dem Konzept „In der Ruhe liegt die Kraft" im Vorfeld der Kommunalwahlen punkten. Der Rat der Stadt beschloss deshalb, zum Schutze der Nachtruhe die zulässige Höchstgeschwindigkeit in der Ortsdurchfahrt von S zwischen 22.00 Uhr und 6.00 Uhr für alle Verkehrsteilnehmer generell auf 30 km/h zu begrenzen. Auf Anordnung des Oberbürgermeisters als zuständige Straßenverkehrsbehörde wurden die entsprechenden Verkehrsschilder (Zeichen 274 der Anlage 2 zu § 41 Abs. 1 StVO) ordnungsgemäß aufgestellt. Die Bezirksregierung als Aufsichtsbehörde forderte S daraufhin auf, die Anordnung über die Geschwindigkeitsbegrenzung aufzuheben und die Verkehrszeichen zu entfernen. Die zulässige Höchstgeschwindigkeit in Ortschaften sei von der StVO bundeseinheitlich auf 50 km/h festgelegt. Es stehe nicht im Ermessen der Straßenverkehrsbehörde, eine andere Höchstgeschwindigkeit festzusetzen. S sieht in dieser Anweisung einen Eingriff in ihr Selbstverwaltungsrecht und fragt, ob sie hiergegen eine Klagemöglichkeit hat.

256 I. Mangels auf- oder abdrängender Sonderzuweisung ist für die Klage gemäß § 40 Abs. 1 S. 1 VwGO der **Verwaltungsrechtsweg** eröffnet. S wendet sich gegen eine staatliche Weisung, sodass eine öffentlich-rechtliche Streitigkeit nichtverfassungsrechtlicher Art vorliegt.

257 II. Die statthafte **Klageart** richtet sich nach dem Klagebegehren (vgl. § 88 VwGO). Die Stadt begehrt die Aufhebung der Weisung. In Betracht kommt daher eine **Anfechtungsklage** (§ 42 Abs. 1 Fall 1 VwGO). Dann müsste die Weisung einen **Verwaltungsakt** i.S.d. § 35 VwVfG darstellen.

258 1. Das ist unproblematisch, wenn die Weisung **eindeutig** durch Verwaltungsakt erfolgt (sog. **formeller VA**). Wählt die Behörde die Handlungsform des VA, ist unabhängig vom Inhalt der Regelung stets die Anfechtungsklage statthaft.[410] Hier handelt es sich indes um eine formlose Aufforderung, die nicht eindeutig als VA qualifiziert werden kann.

259 2. **Materiell** setzt ein Verwaltungsakt nach § 35 VwVfG eine Regelung mit **Außenwirkung** voraus. Diese ist anzunehmen, wenn die beabsichtigten Rechtsfolgen gegenüber einer außerhalb der Verwaltung stehenden natürlichen oder juristischen Person eintreten sollen. Bei staatlichen Maßnahmen gegenüber der Gemeinde ist dies nur dann der Fall, wenn die Gemeinde in ihrem eigenen, vom Staat unabhängigen **Selbstverwaltungsrecht** gemäß Art. 28 Abs. 2 S. 1 GG betroffen ist. Dagegen fehlt die Außenwirkung, wenn die Gemeinde nur als nachgeordneter Träger der staatlichen Verwaltung tätig wird.[411]

a) Aufsichtsmaßnahmen haben daher unproblematisch Außenwirkung, soweit es um **Selbstverwaltungsangelegenheiten** i.S.d. Art. 28 Abs. 2 S. 1 GG geht. Weisungen in diesem Bereich sind stets als Verwaltungsakte zu qualifizieren.[412]

410 Vgl. z.B. OVG Lüneburg, Beschl. v. 10.01.2014 – 12 LA 68/13, RÜ 2014, 252; allgemein AS-Skript VwGO (2013), Rn. 142.

411 Kopp/Ramsauer VwVfG § 35 Rn. 124; allgemein AS-Skript Verwaltungsrecht AT 1 (2013), Rn. 231 ff.

412 OVG NRW NWVBl. 1995, 300, 301; Redeker/v. Oertzen VwGO § 42 Rn. 50 m.w.N.

b) Soweit die Gemeinde dagegen **staatliche Aufgaben** wahrnimmt, wird die Außenwirkung überwiegend verneint. Die Gemeinde werde hier, ähnlich einer staatlichen Behörde, praktisch nur als verlängerter Arm des Staates tätig. Weisungen hätten nur verwaltungsinterne Wirkung und seien daher grundsätzlich **keine Verwaltungsakte**.[413] Ein Teil der Literatur vertritt demgegenüber die Auffassung, dass Aufsichtsmaßnahmen auch im übertragenen Wirkungskreis stets als Verwaltungsakte zu qualifizieren seien, da sie die Gemeinden immer als selbstständige Körperschaften betreffen.[414] Dagegen spricht jedoch, dass die Gemeinde bei Fremdaufgaben nur als Glied der staatlichen Verwaltung betroffen ist. Etwas anderes gilt nur dann, wenn die Weisung nicht im staatlichen Innenbereich verbleibt, sondern sich zugleich auf einen rechtlich geschützten Bereich der Selbstverwaltung der Gemeinde auswirkt.[415] **260**

Beispiel: Weisungen, die die örtliche Verkehrsplanung und damit die durch Art. 28 Abs. 2 S. 1 GG geschützte Planungshoheit betreffen, sind ausnahmsweise als VA zu qualifizieren.[416]

c) Vorliegend besteht die Besonderheit, dass es sich beim Straßenverkehrsrecht um Sonderordnungsrecht handelt und damit gemäß § 12 i.V.m. § 3 Abs. 1 OBG um eine **Pflichtaufgabe zur Erfüllung nach Weisung**. Daher ist die Weisung der Bezirksregierung eine sonderaufsichtliche Weisung nach § 9 OBG. **261**

Früher regelte § 44 Abs. 1 S. 2 StVO a.F. das Weisungsrecht der höheren Verwaltungsbehörden selbst. Seit der Novellierung der StVO im Jahre 2013 richtet sich die Aufsicht nach Landesrecht.

Unproblematisch ist die Außenwirkung und damit die VA-Qualität der Weisung für diejenigen, die die Pflichtaufgaben nach Weisung wie Selbstverwaltungsaufgaben behandeln.[417] Aber auch bei Einordnung als Fremdaufgabe ist die Außenwirkung dann gegeben, wenn die (konkrete) Maßnahme **unmittelbar Auswirkungen** auf den gemeindlichen Selbstverwaltungsbereich haben soll (finaler Aspekt). Letzteres ist aber bereits der Fall, wenn – wie z.B. im Rahmen des § 9 OBG – das Weisungsrecht der Aufsichtsbehörde eingeschränkt ist. Durch Art. 78 Abs. 2 LVerf werden die Aufgaben grundsätzlich dem **eigenverantwortlichen Wirkungskreis** der Gemeinde zugewiesen. Das Land kann sich nach Art. 78 Abs. 4 S. 2 LVerf nur im begrenzten Umfang eine Weisungsmöglichkeit „vorbehalten". Durch diese Beschränkung wird eine eigenständige Rechtsstellung der Gemeinde begründet, die von ihrem Selbstverwaltungsrecht (Art. 28 Abs. 2 S. 1 GG) umfasst wird. Anders als bei (echten) Auftragsangelegenheiten, in denen die Gemeinde nur als nachgeordnetes Glied der staatlichen Verwaltung betroffen ist, tritt die Gemeinde bei Pflichtaufgaben zur Erfüllung nach Weisung dem Staat daher als **selbstständiger Rechtsträger** gegenüber. Damit betrifft jede Weisung bei Pflichtaufgaben zur Erfüllung nach Weisung eigene Rechte der Gemeinde und hat Außenwirkung.[418] **262**

---

413 BVerwG DVBl. 1978, 374; OVG Lüneburg NVwZ-RR 1997, 474; Maurer § 23 Rn. 23; Rennert JuS 2008, 119, 121.

414 Knemeyer JuS 2000, 521, 524 f.; Kahl Jura 2001, 505, 512; Schoch Jura 2006, 358, 363; Rennert JuS 2008, 119, 121.

415 BVerwG DVBl. 1995, 744; VGH Mannheim DVBl. 1994, 348, 349; Beljin/Micker JuS 2003, 970, 975.

416 BVerwG DVBl. 1995, 744.

417 Knemeyer JuS 2000, 521, 524; Ehlers DVBl. 2001, 1601, 1602; Müller NWVBl. 2012, 414, 415.

418 In diesem Sinne OVG NRW UPR 2006, 199; NWVBl. 1995, 300, 301; Ehlers NWVBl. 1990, 80, 86; Knemeyer JuS 2000, 521, 525; Zilkens JuS 2001, 785, 788; KV/GO-Becker § 126 Anm. 5.

Maßnahmen der Sonderaufsicht sind daher unabhängig von der rechtlichen Einordnung der Aufgabe **stets VAe** i.S.d. § 35 VwVfG. Gegen die vorliegende Weisung ist somit eine **Anfechtungsklage** statthaft.

263 III. Gemäß § 42 Abs. 2 VwGO ist die Stadt S nur dann **klagebefugt**, wenn sie geltend machen kann, durch die Weisung in ihren Rechten verletzt zu sein. In Betracht kommt hier nur eine Verletzung des Selbstverwaltungsrechts aus Art. 28 Abs. 2 S. 1 GG.

1. Die Aufgaben und Befugnisse der Straßenverkehrsbehörden zur Regelung des Straßenverkehrs gehören seit jeher zu den **staatlichen Aufgaben** und nicht zu den von Art. 28 Abs. 2 S. 1 GG geschützten Selbstverwaltungsangelegenheiten.[419] Die Gemeinde kann daher durch eine Entscheidung der höheren Verwaltungsbehörde, die von ihren Wünschen oder Vorstellungen abweicht, in der Regel nicht in ihren Rechten i.S.d. § 42 Abs. 2 VwGO verletzt sein.

264 2. Etwas anderes gilt nur dann, wenn die Gemeinde geltend machen kann, dass die Weisung im konkreten Einzelfall zugleich ihr **Selbstverwaltungsrecht** berührt (z.B. die Planungshoheit) und eine Verletzung dieses Rechts zumindest möglich ist.[420]

Während es bei der VA-Qualität darum geht, ob die Maßnahme abstrakt den Selbstverwaltungsbereich berührt, kommt es im Rahmen der Klagebefugnis darauf an, ob konkret die Möglichkeit einer Rechtsverletzung besteht. Das ist bei staatlichen Aufgaben nur der Fall, wenn z.B. die Planungshoheit, die Organisationshoheit, die Personalhoheit oder die Finanzhoheit beeinträchtigt wird oder eine Überschreitung des Weisungsrechts gerügt wird.[421]

Die Geschwindigkeitsbeschränkung war hier jedoch nicht Ausdruck einer planerischen, sondern ausschließlich einer politischen Entscheidung. Es ist daher nicht möglich, dass durch die Weisung der Bezirksregierung das Selbstverwaltungsrecht der Gemeinde verletzt wird. Mangels Klagebefugnis ist die Klage unzulässig (§ 42 Abs. 2 VwGO).

Hält sich die Weisung im Rahmen der gesetzlichen Grenzen, so kann die gemeindliche Klage keinen Erfolg haben. Ob man in diesen Fällen bereits die Klagebefugnis im Rahmen der Zulässigkeit verneint oder erst die tatsächliche Rechtsverletzung in der Begründetheit, hängt davon ab, ob und inwieweit eine Verletzung eigener Rechte nach der Konstellation des Einzelfalls zumindest möglich ist.

D. Organleihe

Fall 6: Klage überflüssig? (Ergänzung zu Fall 5)

Was kann die Bezirksregierung unternehmen, wenn die Stadt S der Weisung zur Aufhebung der straßenverkehrsrechtlichen Anordnung und zur Entfernung der Verkehrszeichen nicht nachkommt?

419 OVG Lüneburg, Beschl. v. 10.01.2014 – 12 LA 68/13, RÜ 2014, 252, 254.

420 VGH Mannheim VBlBW 2012, 339, 341; OVG Lüneburg, Beschl. v. 10.01.2014 – 12 LA 68/13, RÜ 2014, 252, 254.

421 Vgl. Röhl in Schoch Rn. 72.

I. Als **Sonderaufsichtsbehörde** hat die Bezirksregierung grundsätzlich keine Möglichkeit, die Weisung zwangsweise durchzusetzen, insbesondere kann sie im Rahmen der Sonderaufsicht nicht nach §§ 121 ff. GO NRW einschreiten. Zwangsmaßnahmen darf zum Schutz der Kommune nur die allgemeine Aufsichtsbehörde anwenden. Andere Behörden und Stellen sind zu Eingriffen in die Gemeindeverwaltung nach den §§ 121 ff. GO NRW nicht befugt (§ 127 GO NRW). **265**

II. Bei Pflichtaufgaben zur Erfüllung nach Weisung besteht jedoch neben der Sonderaufsicht auch die allgemeine Kommunalaufsicht (§ 11 OBG).[422] Da die Bezirksregierung zugleich **allgemeine Aufsichtsbehörde** über die kreisangehörige Stadt S ist (§ 120 Abs. 2 GO NRW), kann sie **in dieser Funktion** nach § 123 Abs. 1 GO NRW anordnen, dass die Verkehrszeichen beseitigt werden. Wird die Anordnung nicht befolgt, kann die Bezirksregierung im Wege der Ersatzvornahme nach § 123 Abs. 2 GO NRW anstelle der Gemeinde handeln (s.u. Rn. 322 ff.). **266**

III. Im **(Sonder-)Ordnungsrecht** besteht darüber hinaus eine weitere Möglichkeit. Die Aufsichtsbehörde kann die Weisung nicht nur an die Gemeinde als juristische Person richten, sondern gemäß § 9 Abs. 4 OBG festlegen, dass die Weisung vom Hauptverwaltungsbeamten als **staatliche Verwaltungsbehörde** durchgeführt wird. **267**

1. Da sich in diesem Fall der Staat eines kommunalen Organs bedient, um staatliche Aufgaben durchführen zu lassen, spricht man von **Organleihe**. Das kommunale Organ wird „als verlängerter Arm des Staates" tätig.[423] **268**

Wichtigster Fall der Organleihe ist der „Landrat als untere staatliche Verwaltungsbehörde" (§ 59 KrO NRW). Ein weiterer Fall findet sich in § 122 Abs. 1 S. 1 GO NRW (dazu unten Rn. 306).

Der Fall der Organleihe ist dem der Auftragsangelegenheit sehr ähnlich: Gemeinsam ist beiden Bereichen, dass **staatliche Aufgaben** ausgeführt werden. Deshalb ist auch im Fall der Organleihe eine Klage des angewiesenen Organs gegen die Weisung unzulässig.

Bei der Auftragsverwaltung wird der Verwaltungsauftrag indes der **Gemeinde** (also der Körperschaft) erteilt; Weisungen werden vom Bürgermeister „unter der Kontrolle des Rates und in der Verantwortung ihm gegenüber" durchgeführt (§ 62 Abs. 2 S. 2 GO NRW); der Bürgermeister wird also als **Gemeindeorgan** tätig. **269**

Dagegen ergeht bei der **Organleihe** der Verwaltungsauftrag unmittelbar an das ausgeliehene Organ. Der Bürgermeister wird **nicht als Gemeindeorgan**, sondern ohne Bindung an die Kommune **im Namen des Staates** tätig.[424] Er unterliegt dann keinen Vorgaben oder Kontrollen durch den Gemeinderat.

Beachte: Der Landrat kann sogar in drei Funktionen tätig werden:

- als Kommunalorgan (§ 42 KrO NRW),
- als untere staatliche Verwaltungsbehörde (§ 59 KrO NRW) und
- als (staatliche) Kreispolizeibehörde (§ 2 Abs. 1 Nr. 2 POG NRW).

---

422 Schoch Jura 2006, 358, 362.

423 BVerwG NVwZ-RR 1990, 44; OVG NRW NVwZ-RR 1990, 322, 323; VG Aachen NWVBl. 2002, 116, 118; Ehlers NWVBl. 1990, 80, 86; Zilkens JuS 2001, 785, 787; Seewald in Steiner, Rn. 117; Erichsen § 7 A 2 b, S. 129 spricht in diesem Zusammenhang von „Institutionsleihe".

424 Vgl. OVG NRW, Beschl. v. 01.03.2011 - 15 B 127/11, NWVBl. 2011, 269 f.

270 2. Die Durchsetzung von Weisungen im Fall einer Organleihe erfolgt in erster Linie im Wege der **Dienstaufsicht**, insbesondere mit Mitteln des Disziplinarrechts. Nach § 79 Abs. 1 S. 2 LDG (Landesdisziplinargesetz) übt die Aufsichtsbehörde die Disziplinarbefugnisse gegenüber dem Hauptverwaltungsbeamten der Gemeinde aus. Sie kann deshalb die Befolgung der Weisungen durch Disziplinarmaßnahmen erzwingen (§ 34 LDG).

271 3. Daneben besteht im Ordnungsrecht nach § 10 OBG für die Aufsichtsbehörde die Möglichkeit des **Selbsteintritts**.

Dies gilt allerdings nur, wenn die Weisung nach § 9 Abs. 4 OBG an den Hauptverwaltungsbeamten als staatliche Verwaltungsbehörde gerichtet ist. Ist die Weisung – wie im Normalfall – an die Gemeinde als Körperschaft gerichtet, verbleibt es bei den unter Rn. 265 f. dargestellten Möglichkeiten.

Aufgaben der Kommunalverwaltung

Aufgabentyp	**Selbstverwaltungsaufgaben (i.e.S.)** freiwillige	 pflichtige	**Pflichtaufgaben zur Erfüllung nach Weisung**	**Auftragsangelegenheiten** (kraft Bundesrechts)	**Organleihe**
Beispiele	■ öffentliche Einrichtungen ■ Wirtschaftsförderung ■ Sparkassen	■ Schulen ■ Bauleitplanung ■ Abwasserbeseitigung	■ Gefahrenabwehr ■ Bauaufsicht ■ Immissionsschutz ■ Denkmalschutz ■ Feuerwehr	■ Ausbildungsförderung ■ Wohngeld ■ Zivilschutz	■ Landrat als untere staatl. Verw.behörde, §§ 58 ff. KrO ■ Bürgermeister im Fall des § 9 IV OBG
gesetzliche Regelungen	Art. 28 II GG, Art. 78 LVerf, § 2 GO	Art. 78 III LVerf, § 3 I GO i.V.m. Spezialgesetz (z.B. § 1 III BauGB)	Art. 78 IV 2 LVerf, § 3 II GO i.V.m. Spezialgesetz (z.B. § 3 I OBG)	Art. 85 GG i.V.m. Spezialgesetz (z.B. § 39 BAföG; § 2 ZSKG); vgl. auch § 16 LOG	§ 59 KrO; § 9 IV OBG, § 122 I 1 GO
Aufsicht			**Sonderaufsicht** (§ 119 II GO): Recht- und (beschränkte) Zweckmäßigkeitsaufsicht	**Fachaufsicht** (§§ 13, 16 LOG): Recht- und (umfassende) Zweckmäßigkeitsaufsicht	**Dienst- und Fachaufsicht** (§§ 11–13 LOG): Recht-, Zweckmäßigkeit, innere Ordnung, Geschäftsführung
	Allgemeine Kommunalaufsicht (§ 119 I GO): nur Rechtsaufsicht				
Klagemöglichkeit der Gemeinde	Anfechtungsklage (+), da Aufsichtsmaßnahme stets VA (Außenwirkung, weil Gemeinde als selbstständiges Rechtssubjekt betroffen)		■ Anfechtungsklage, da VA (h.M.) ■ § 42 II VwGO nur, wenn SVR betroffen	■ Anfechtungsklage (–), kein VA, da verwaltungsintern ■ allg. Leistungsklage (+) wenn Überschreitung des Weisungsrechts möglich (§ 42 II VwGO analog)	■ Anfechtungsklage (–), kein VA, da verwaltungsintern ■ allg. Leistungsklage (–), da individuelle Rechtssphäre nicht betroffen

5. Abschnitt: Die Staatsaufsicht über die Kommunen

A. Die staatliche Aufsicht

I. Das Verhältnis der verschiedenen Aufsichtsarten

Die **allgemeine staatliche Aufsicht** erstreckt sich darauf, „dass die Gemeinden im Einklang mit den Gesetzen verwaltet werden" (§ 119 Abs. 1 GO NRW). Sie ist eine **Rechtsaufsicht** über die **gesamte Verwaltungstätigkeit** der Gemeinde, tritt also bei Auftragsangelegenheiten und Pflichtaufgaben zur Erfüllung nach Weisung **neben die Fach- bzw. Sonderaufsicht** (vgl. auch § 11 OBG). In diesen Bereichen greift daher sowohl die Sonder- bzw. Fachaufsicht als auch die allgemeine Aufsicht ein, während bei den **Selbstverwaltungsangelegenheiten nur die allgemeine Aufsicht** einschlägig ist.[425] **272**

Die Fach- bzw. Sonderaufsichtsbehörde ist jedoch auf die ihr durch Gesetz eingeräumten **Aufsichtsrechte** beschränkt, eine zwangsweise Durchsetzung (z.B. von Weisungen) ist nicht zulässig. § 127 GO NRW enthält zum Schutz der Gemeinde das **Verbot** für andere Stellen der öffentlichen Verwaltung, Eingriffe nach §§ 121 ff. GO NRW vorzunehmen. **273**

Da § 127 GO NRW nur die Maßnahmen der allgemeinen Kommunalaufsicht erfasst, bleiben die nach anderen Vorschriften zulässigen fach- oder sonderaufsichtlichen Maßnahmen (z.B. nach § 9 OBG) unberührt (s.o. Fall 6). Unberührt bleibt auch die Befugnis der (Sonder- oder Fach-)Aufsichtsbehörde, den Bürgermeister kraft besonderer Vorschrift im Wege der Organleihe in Anspruch zu nehmen, und, falls dieser die Weisung nicht durchführt, selbst das Erforderliche zu veranlassen (Selbsteintrittsrecht, z.B. nach §§ 9 Abs. 4, 10 OBG).[426]

Befolgt die Gemeinde eine Weisung nicht, muss sich die Fach-/Sonderaufsichtsbehörde – vorbehaltlich spezialgesetzlicher Sonderregelungen – an die **allgemeine Kommunalaufsicht** wenden und diese um ein Einschreiten nach den §§ 121 ff. GO NRW ersuchen. Dadurch soll gewährleistet werden, dass über eine Weisung hinausgehende Maßnahmen nicht durch kommunalferne Fachbehörden vorgenommen werden.[427] **274**

Beispiel: Erscheint ein bestimmtes Vorgehen der Stadt zur Aufgabenerfüllung bei Auftragsangelegenheiten nicht zweckmäßig, so kann nicht die allgemeine Aufsichtsbehörde (weil nach § 119 Abs. 1 GO NRW reine Rechtsaufsicht), sondern nur die Fachaufsichtsbehörde eine (Zweckmäßigkeits-)Weisung erlassen. Befolgt die Stadt diese Weisung nicht, so verhält sie sich nunmehr nicht nur unzweckmäßig, sondern rechtswidrig, da sie gemäß §§ 16, 13 LOG NRW zur Befolgung der Weisung verpflichtet ist. Dementsprechend kann jetzt (nur) die allgemeine Aufsichtsbehörde, z.B. nach § 123 GO NRW, vorgehen.[428]

In der Praxis ergeben sich hieraus jedoch in der Regel **keine Unterschiede**, da die Fach- bzw. Sonderaufsichtsbehörde zumeist auch allgemeine Aufsichtsbehörde (§ 120 Abs. 1 GO NRW) ist (s.o. Rn. 266), sodass dieselbe Behörde, wenn auch eine andere Abteilung handelt.

---

425 OVG NRW NWVBl. 1995, 304 u. 307; OVGE 25, 126, 129; KV/GO-Becker/Winkel § 123 Anm. 1.

426 Vgl. Zilkens JuS 2001, 785 ff. und oben Fall 6.

427 Schoch Jura 2006, 358, 362.

428 KV/GO-Becker/Winkel § 119 Anm. 9.

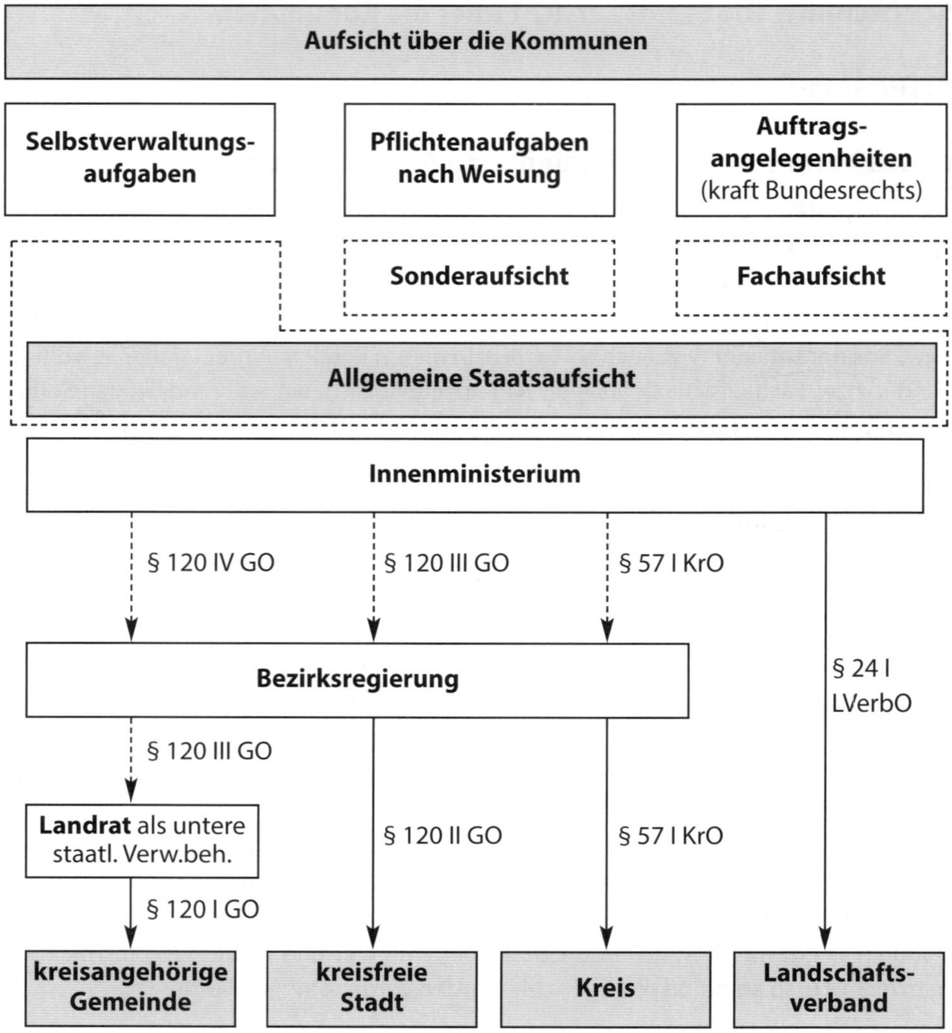

II. Aufsichtsmittel

1. Stufe

275 Die §§ 119 ff. GO NRW sehen ein gestuftes Instrumentarium an Aufsichtsmitteln vor. Auf der **ersten Stufe** wird die Gemeinde aufgefordert, **Fehler selbst zu korrigieren**. Aufsichtsmittel sind

- bei **rechtswidrigem Tun** der Gemeinde die **Beanstandung** (§ 122 Abs. 1 S. 1 u. Abs. 2 S. 1 GO NRW) und
- bei **rechtswidrigem Unterlassen** die **aufsichtsbehördliche Anordnung** (§ 123 Abs. 1 GO NRW).

In der Klausur muss an dieser Stelle jeweils **inzident** die **Rechtmäßigkeit/Rechtswidrigkeit** des Verhaltens der Gemeinde geprüft werden. Dies richtet sich dann nicht nach der GO, sondern nach dem jeweils einschlägigen Fachrecht (BauGB, BImSchG, BBodSchG, GewO, GaststG u.Ä.).

2. Stufe

Bleibt die Aufforderung zur Selbstkorrektur erfolglos, kann die Aufsichtsbehörde auf der **zweiten Stufe anstelle der Gemeinde** handeln. Aufsichtsmittel sind 276

- bei **rechtswidrigem Tun** die **Aufhebung** von Ratsbeschlüssen (§ 122 Abs. 1 S. 2 GO NRW) oder Anordnungen des Bürgermeisters (§ 122 Abs. 2 S. 4 GO NRW),
- bei **rechtswidrigem Unterlassen** die **Ersatzvornahme** durch die Aufsichtsbehörde (§ 123 Abs. 2 GO NRW).

Aufsichtsmittel nach §§ 122, 123 GO NRW	
rechtswidriges Tun	**rechtswidriges Unterlassen**
1. Stufe: ■ **Beanstandung** von rw Ratsbeschlüssen (§ 122 Abs. 1 S. 1 GO NRW) ■ **Beanstandung** von rw Anordnungen des BM (§ 122 Abs. 2 S. 1 GO NRW)	**1. Stufe:** ■ aufsichtsbehördliche **Anordnung** (§ 123 Abs. 1 GO NRW)
2. Stufe: ■ **Aufhebung** von rw Ratsbeschlüssen (§ 122 Abs. 1 S. 2 GO NRW) ■ **Aufhebung** von rw Anordnungen (§ 122 Abs. 2 S. 4 GO NRW)	**2. Stufe:** ■ kommunalaufsichtsrechtliche **Ersatzvornahme** (§ 123 Abs. 2 GO NRW)

3. Sonstige Aufsichtsmittel

Reichen die Mittel nach §§ 122, 123 GO NRW nicht aus, so kann das Innenministerium nach § 124 GO NRW einen Beauftragten bestellen, der alle oder einzelne Aufgaben der Gemeinde auf ihre Kosten wahrnimmt (sogenannter **Staatskommissar**).[429] Aus Gründen der Verhältnismäßigkeit darf die Maßnahme nur im äußersten Notfall bei Versagen der gemeindlichen Organe eingesetzt werden, und nur solange, wie es unbedingt erforderlich ist. Als ultima ratio regelt § 125 GO NRW die **Auflösung des Rates**, wenn dieser dauernd beschlussunfähig ist oder wenn eine ordnungsgemäße Erledigung der Gemeindeaufgaben aus anderen Gründen nicht gesichert ist. Praktische Bedeutung hat dieses Aufsichtsmittel in NRW bisher nicht erlangt. 277

Präventiv kann sich die Aufsichtsbehörde zudem nach § 121 GO NRW jederzeit über die Angelegenheiten der Gemeinde unterrichten **(Unterrichtungsrecht)**. Das Auskunftsverlangen ist ein belastender Verwaltungsakt, gegen den die Gemeinde Anfechtungsklage erheben kann.[430] 278

429 Vgl. z.B. VG Arnsberg, Beschl. v. 05.05.2014 - 12 L 381/14 zur Bestellung eines Beauftragten bei Haushaltsnotlage.

430 Vgl. z.B. OVG NRW NWVBl. 2013, 290, 291; NWVBl. 2011, 269 f.; Müller NWVBl. 2012, 414, 415.

B. Beanstandung und Aufhebung von Ratsbeschlüssen

I. Die gemeindeinterne Kontrolle

Fall 7: Gegen Rechts

In der kreisfreien Stadt S in NRW hat die R-Partei für den 30.05. zu einer ordnungsgemäß angemeldeten Versammlung unter dem Motto „Raus aus dem Euro – zurück zur D-Mark" aufgerufen. Aufgrund der radikalen und europafeindlichen Ausrichtung der R-Partei befürchtet der Rat der Stadt S, dass hierdurch das Ansehen der Stadt beschädigt wird. Deshalb fasst er in seiner Sitzung am 26.04. folgenden Beschluss: „S darf nicht zum Pilgerort von Radikalen werden. Der Rat der Stadt fordert daher alle Bürgerinnen und Bürger auf, am 30.05. mit auf die Straße zu gehen und ein unübersehbares Zeichen des friedlichen Gegenprotestes und des gemeinsamen bürgerschaftlichen Engagements zu setzen. Die Bundesregierung wird aufgerufen, sich umgehend für ein Verbot der R-Partei durch das BVerfG einzusetzen." Die R-Partei meint, Oberbürgermeister O müsse gegen diesen Beschluss vorgehen. Wie ist die Rechtslage?

279 A. In seiner Funktion als **Vorsitzender des Rates** (§ 40 Abs. 2 S. 3 GO NRW) kann der **Oberbürgermeister** (im Folgenden: OB) nach § 54 Abs. 1 GO NRW gegen den Beschluss **Widerspruch** erheben.[431]

Hinweis: Geht es um Maßnahmen des (Ober-)Bürgermeisters, so ist stets danach zu unterscheiden, in welcher Funktion er handelt. Zum einen ist der (Ober-)Bürgermeister Vorsitzender des Rates, zum anderen ist er Leiter der Stadtverwaltung (Hauptverwaltungsbeamter).

280 I. Voraussetzung ist nach § 54 Abs. 1 GO NRW, dass der OB der Auffassung ist, dass der Beschluss das **Wohl der Gemeinde** gefährdet. Dabei kommt es allein auf die **subjektive Überzeugung** des Bürgermeisters an. Es ist also unerheblich, ob der Ratsbeschluss tatsächlich das Wohl der Gemeinde gefährdet. Auch ist der Widerspruch **bei rechtswidrigen wie bei rechtmäßigen** Beschlüssen möglich.

Daher kann der OB vorliegend Widerspruch erheben, wenn er der Auffassung ist, dass der Beschluss das Wohl der Gemeinde gefährdet.

Entsprechendes gilt für das Widerspruchsrecht nach § 37 Abs. 6 GO NRW (bei Beschlüssen der Bezirksvertretung) und das Einspruchsrecht nach § 57 Abs. 4 S. 2 GO NRW (bei Beschlüssen eines Ausschusses mit Entscheidungsbefugnis).

II. Ob der OB Widerspruch einlegt oder nicht, ist in sein **Ermessen** gestellt.

281 III. Für das **Verfahren** legt § 54 Abs. 1 GO NRW bestimmte Regeln fest:

1. Der Widerspruch muss innerhalb einer **Frist** von drei Tagen nach der Beschlussfassung beim Rat erhoben werden, und zwar mit schriftlicher Begründung.

2. Über die Angelegenheit ist sodann in einer neuen Sitzung des Rates, die innerhalb bestimmter Fristen stattzufinden hat, **erneut zu beschließen** (§ 54 Abs. 1 S. 3 GO NRW). Bis zur Entscheidung des Rates entfaltet der Widerspruch **auf-**

431 Vgl. BGH DVBl. 1998, 523, 524; KV/GO-Kirchhof/Plückhahn § 54 Anm. 1.1; Küpper NWVBl. 2001, 209, 21.

schiebende Wirkung (§ 54 Abs. 1 S. 2 GO NRW), d.h. der Ratsbeschluss darf und muss nicht ausgeführt werden.

3. Weist der Rat den Widerspruch zurück, so hat der OB in seiner Funktion als Ratsvorsitzender keine weitere Handhabe, insbesondere ist ein erneuter Widerspruch unzulässig (§ 54 Abs. 1 S. 4 GO NRW).

B. In seiner Funktion als **Hauptverwaltungsbeamter** kann der **OB** den Beschluss gemäß § 54 Abs. 2 S. 1 GO NRW **beanstanden**. **282**

I. **Voraussetzungen**

1. Nach § 54 Abs. 2 S. 1 GO NRW muss ein das geltende Recht verletzender, d.h. **rechtswidriger Ratsbeschluss** vorliegen. Die Rechtswidrigkeit könnte hier daraus resultieren, dass der Stadt S für den vorliegenden Beschluss die **Verbandskompetenz** fehlt. Gemäß § 2 GO NRW ist die Gemeinde (nur) zuständig zur Regelung der örtlichen Angelegenheiten („in ihrem Gebiet"). Dementsprechend dürfen Ratsbeschlüsse sich grundsätzlich nicht mit überörtlichen, insbesondere allgemeinpolitischen Fragen befassen (s.o. Rn. 123). **283**

a) Der erforderliche **Ortsbezug** könnte sich hier zwar daraus ergeben, dass es um eine Versammlung in der Stadt S geht. Zu beachten ist jedoch, dass nach dem Demokratieprinzip (Art. 20 Abs. 2 GG) die Willensbildung vom Volk zu den Staatsorganen zu erfolgen hat (von unten nach oben). Daraus ergibt sich für alle Staatsorgane die **Pflicht zur parteipolitischen Neutralität**. Auch Gemeindeorgane haben **kein allgemeinpolitisches Mandat**. Deshalb sind sie grundsätzlich nicht befugt, in amtlicher Eigenschaft zu einer Gegendemonstration aufzurufen.[432] **284**

b) Ebenso ist die Forderung einer Kommune nach einem **Parteiverbot** (Art. 21 Abs. 2 S. 2 GG) mit der beschränkten Verbandskompetenz nach Art. 28 Abs. 2 GG grundsätzlich nicht vereinbar.[433] Auch für appelative Beschlüsse fehlt der Gemeinde insoweit die Zuständigkeit (s.o. Rn. 123). Etwas anderes gilt nur, soweit das Parteiverbot anlassbezogen und sachlich zur Lösung eines **konkreten kommunalen Problems** gefordert wird.[434] Dies ist hier nicht der Fall, sodass der Beschluss des Rates **rechtswidrig** ist. **285**

2. **Ungeschriebenes Tatbestandsmerkmal** des § 54 Abs. 2 GO NRW (wie auch der §§ 119 ff. GO NRW) ist, dass das Einschreiten gegen den Ratsbeschluss im **öffentlichen Interesse** (bonum commune) liegt. Die Maßnahme darf also nicht ausschließlich im Interesse eines Einzelnen erfolgen (sog. Subsidiaritätsprinzip).[435] **286**

---

432 HessVGH, Beschl. v. 03.05.2013 – 8 A 772/13, NVwZ-RR 2013, 815, VG Gera NVwZ-RR 2011, 79; abweichend OVG Bln-Bbg., Beschl. v. 14.09.2012 – OVG 1 S 127. 12, RÜ 2013, 114, 116 für die Unterstützung eines Internet-Aufrufes Dritter; vgl. auch die Klausurlösung von Bätge JuS 2014, 535, 538.

433 OVG Saarlouis, Beschl. v. 21.02.2014 – 2 B 24/14, KommJur 2014, 173 (LS 1).

434 OVG Saarlouis, Beschl. v. 21.02.2014 – 2 B 24/14, KommJur 2014, 173, 175 betr. Nutzung gemeindlicher Einrichtungen durch die NPD.

435 OVG NRW OVGE 18, 227, 229; VG Gelsenkirchen DVBl. 2007, 1507, 1508; KV/GO-Kirchhof/Plückhahn § 54 Anm. 2.1; Rehn/Cronauge § 119 Anm. III 3; kritisch Seewald in Steiner, Rn. 360; a.A. Hassel DVBl. 1985, 697, da alle gemeindlichen Rechtsverstöße von öffentlichem Interesse seien.

- Ein öffentliches Interesse liegt regelmäßig nur vor, wenn die Gemeinde gegen **öffentlich-rechtliche Vorschriften** verstößt.[436]

287 - Dagegen fehlt es in der Regel an einem öffentlichen Interesse, wenn lediglich die Verletzung von **privatrechtlichen Pflichten** der Gemeinde in Rede steht, z.B. im Bereich fiskalischen Handelns. Hier ist es in erster Linie Sache des Gläubigers, seine Rechte zivilrechtlich durchzusetzen.[437]

Beispiel: Die Gemeinde G hat mit V einen Kaufvertrag über die Lieferung einer Pumpanlage für das gemeindliche Klärwerk geschlossen. Beschließt der Rat, wegen angeblicher Mängel der Anlage den Kaufpreis nicht zu bezahlen, so mag der Beschluss zwar „rechtswidrig" sein, wenn tatsächlich keine Mängel vorliegen. Dies eröffnet jedoch nicht den Bereich der Kommunalaufsicht, vielmehr muss V seinen Kaufpreisanspruch vor dem Zivilgericht einklagen.

Ausnahmsweise kann jedoch das öffentliche mit dem privaten Interesse **zusammenfallen**, so wenn neben einer Vertragsverletzung auch gegen öffentlich-rechtliche Vorschriften verstoßen wird, z.B. gegen das Gebot der sparsamen und wirtschaftlichen Haushaltswirtschaft (§ 75 Abs. 1 S. 2 GO NRW), oder im Rahmen des Verwaltungsprivatrechts, wo die Gemeinde den öffentlich-rechtlichen Bindungen unterliegt.[438]

Vorliegend ist das öffentliche Interesse ohne Weiteres zu bejahen, da es nicht um die Begünstigung eines Einzelnen geht, sondern um die Wahrung staatlicher Kompetenzen.

288 II. Liegen die Voraussetzungen vor, so ist der Bürgermeister (als Hauptverwaltungsbeamter) nach dem eindeutigen Wortlaut des § 54 Abs. 2 S. 1 GO NRW („hat") zur Beanstandung **verpflichtet**.

Unterlässt der Bürgermeister die Beanstandung, so kann er unter den Voraussetzungen des § 48 BeamtStG zum Schadensersatz verpflichtet sein. Zur Möglichkeit der Aufsichtsbehörde, nach § 122 Abs. 1 GO NRW vorzugehen, unten Fall 8.

289 1. Die Beanstandung muss **schriftlich** in Form einer **begründeten** Darlegung dem Rat mitgeteilt werden (§ 54 Abs. 2 S. 3 GO NRW).

2. Anders als der Widerspruch nach § 54 Abs. 1 GO NRW ist die Beanstandung nach § 54 Abs. 2 GO NRW grundsätzlich an **keine Frist** gebunden. Die Beanstandung ist selbst dann noch möglich, wenn der Beschluss bereits durchgeführt ist, solange nicht vollendete, nicht mehr rückgängig zu machende Tatsachen geschaffen wurden.[439]

Wegen § 7 Abs. 6 u. § 54 Abs. 4 GO NRW dürfen die dort genannten Beschlüsse nach einem Jahr unter den dort genannten Voraussetzungen nicht mehr beanstandet werden.[440]

290 3. Die Beanstandung hat **aufschiebende Wirkung** (§ 54 Abs. 2 S. 2 GO NRW) und verpflichtet den Rat zu erneuter Beratung. Verbleibt der Rat bei seinem Beschluss, so hat der Bürgermeister unverzüglich die Entscheidung der Aufsichtsbehörde einzuholen (§ 54 Abs. 2 S. 4 GO NRW, dazu Fall 8). Die aufschiebende

436 Vgl. SächsOVG LKV 2011, 225: Kommunalaufsichtliche Anordnung zur Einstellung von Sponsoringtätigkeiten.

437 Vgl. VG Gelsenkirchen NWVBl. 2008, 204; KV/GO-Becker/Winkel § 123 Anm. 1; Müller NwVBl. 2012, 414, 416.

438 Seewald in Steiner, Rn. 360; allgemein dazu AS-Skript VerwaltungsR AT 1 (2013), Rn. 71 ff.

439 OVG NRW DVBl. 1987, 143, 144; vMutius Rn. 867; weiter VGH Mannheim NVwZ-RR 2002, 894; Franz JuS 2004, 937, 939: auch wenn die Maßnahme nicht mehr rückgängig gemacht werden kann.

440 KV/GO-Kirchhof/Plückhahn § 54 Anm. 2.4.

Wirkung bleibt bis zur Entscheidung der Aufsichtsbehörde bestehen (§ 54 Abs. 2 S. 5 GO NRW).

Entsprechendes gilt für rechtswidrige Beschlüsse von Ausschüssen oder Bezirksvertretungen, wobei hier jedoch eine Entscheidung des Rates zwischengeschaltet ist (§§ 54 Abs. 3, 37 Abs. 6 S. 5 GO NRW).

Der Oberbürgermeister **muss** daher den Ratsbeschluss gemäß § 54 Abs. 2 S. 1 GO NRW **beanstanden**, kann ihn jedoch nicht selbst aufheben.

C. Fraglich ist, ob sich daraus auch ein **Anspruch der R-Partei** auf Beanstandung ergibt. **Anspruchsgrundlage** kann nur § 54 Abs. 2 S. 1 GO NRW sein, wenn die Norm zugleich ein subjektives Recht enthält, d.h. zumindest auch dem Schutz der Rechte des Dritten zu dienen bestimmt ist (Schutznormtheorie).[441] Die §§ 54, 119 ff. GO NRW dienen indes ausschließlich dem öffentlichen Interesse an gesetzmäßigem Verhalten der Gemeinde; mit den Vorschriften ist **kein Individualschutz** bezweckt. Der Bürger hat deshalb **keinen Anspruch** auf aufsichtsbehördliches Einschreiten, nicht einmal einen Anspruch auf ermessensfehlerfreie Entscheidung. Eine **Klage** wäre mangels Klagebefugnis (§ 42 Abs. 2 VwGO) **unzulässig.**[442] Dies gilt selbst dann, wenn das Verhalten der Gemeinde Rechte des Bürgers verletzt. Darin liegt keine unzumutbare Beeinträchtigung des Bürgers, da er bei Rechtsverletzungen durch Gemeindeorgane unmittelbar gegen diese klagen kann. 291

Beispiel: Werden in einem Beschluss des Rates ehrenrührige Behauptungen über K aufgestellt, kann K vor dem Verwaltungsgericht einen öffentlich-rechtlichen Unterlassungsanspruch geltend machen.[443] Entsprechendes gilt für die **Organe der Gemeinde**; so hat z.B. auch eine Ratsfraktion keinen Anspruch auf aufsichtsbehördliches Einschreiten;[444] ebenso wenig der beanstandende Bürgermeister, wenn die Aufsichtsbehörde seine Auffassung nicht teilt.[445]

Zwar ist der OB nach § 54 Abs. 2 S. 1 GO NRW zur Beanstandung verpflichtet, die R-Partei hat jedoch keinen Anspruch darauf, dass die Beanstandung erfolgt.

II. Aufhebung von Ratsbeschlüssen durch die Aufsichtsbehörde

Fall 8: Ex und hopp (Fortführung von Fall 7)

Unterstellt der Oberbürgermeister hat den Beschluss nicht beanstandet. Da die Angelegenheit auch in der überörtlichen Presse große Aufmerksamkeit erfahren hat, will nunmehr die für S zuständige Bezirksregierung (BR) „die Angelegenheit aus der Welt schaffen". Was kann die BR unternehmen und welche Rechtsschutzmöglichkeiten stehen der Stadt S bzw. ihren Organen gegen die Maßnahmen der BR offen?

441 Vgl. z.B. OVG NRW NWVBl. 2006, 145, 146; Schoch Jura 2004, 317, 324 m.w.N.

442 OVG NRW, Urt. v. 02.05.2006 – 15 A 817/04; BayVGH DVBl. 2003, 277, 278; KV/GO-Becker/Winkel § 119 Anm. 8; Kallerhoff NWVBl. 1996, 53, 57; Bickenbach JuS 2006, 1091, 1096; Schoch Jura 2006, 188, 189 u. 196; Rennert JuS 2008, 119, 121.

443 Vgl. OVG NRW OVGE 31, 51.

444 OVG Koblenz DÖV 1986, 152; OVG NRW, Beschl. v. 19.07.2006 – 15 B 1214/06: Kein Klagerecht der Bezirksvertretung auf Beanstandung eines Ratsbeschlusses.

445 VG Saarlouis NVwZ 1988, 864, 865 m.w.N.

A. Möglichkeiten der Bezirksregierung

292 I. Kommt der Bürgermeister seiner Beanstandungspflicht nach § 54 Abs. 2 u. Abs. 3 GO NRW nicht nach, so kann er von der Aufsichtsbehörde gemäß § 122 Abs. 1 S. 1 GO NRW zur Beanstandung **angewiesen** werden. Aufsichtsbehörde über die kreisfreie Stadt S ist gemäß § 120 Abs. 2 GO NRW die Bezirksregierung.

Aufgrund der Verweisung in § 122 Abs. 1 S. 1 GO NRW auf § 54 Abs. 2 GO NRW muss auch die Weisung an den Hauptverwaltungsbeamten zur Beanstandung – ebenso wie die Beanstandung selbst – schriftlich mit Begründung erfolgen.[446]

293 II. Gesetzlich nicht geregelt ist der Fall, dass der Bürgermeister diese **Anweisung nicht befolgt**, sei es, dass er sich ausdrücklich weigert oder dass er die Beanstandung schlicht unterlässt.

1. Unproblematisch liegt ein **Dienstvergehen** des Bürgermeisters (§ 47 BeamtStG, § 119 Abs. 1 LBG NRW) vor, das disziplinarrechtlich geahndet werden kann.[447]

2. Darüber hinaus ist anerkannt, dass die **Aufsichtsbehörde** im Rahmen des § 122 Abs. 1 GO NRW die Beanstandung selbst aussprechen kann, wenn der Bürgermeister der Anweisung nicht nachkommt. Zur Begründung wird auf den Rechtsgedanken des § 123 Abs. 2 GO NRW verwiesen: Da die Aufsichtsbehörde berechtigt ist, bei einem pflichtwidrigen Unterlassen anstelle der Gemeinde zu handeln, muss es ihr auch möglich sein, anstelle des Organs Bürgermeister zu handeln, wenn dieser seiner gesetzlichen Handlungspflicht nicht nachkommt. Dafür spricht auch, dass der Bürgermeister im Rahmen des § 122 Abs. 1 S. 1 GO NRW im Wege der **Organleihe** für die Aufsichtsbehörde tätig wird. Daher ist die Aufsichtsbehörde auch berechtigt, die Beanstandung selbst auszusprechen[448] (ausdrücklich in diesem Sinne § 26 Abs. 1 S. 2 LVerbO).

294 III. Unter den Voraussetzungen des § 122 Abs. 1 S. 2 GO NRW kann die Aufsichtsbehörde den Ratsbeschluss **aufheben**.

1. Formell setzt dies eine **vorherige Beanstandung** durch den Bürgermeister, ggf. durch die Aufsichtsbehörde selbst voraus (§ 122 Abs. 1 S. 1 GO NRW).

295 2. § 122 Abs. 1 S. 2 GO NRW verlangt ferner eine **nochmalige Beratung** im Rat. Dies wird allgemein dahin verstanden, dass der Rat die **Möglichkeit** einer erneuten Beratung haben muss, ohne dass es darauf ankommt, ob der Rat hiervon auch Gebrauch macht. Denn sonst könnte der Rat durch Ablehnung einer nochmaligen Beratung die Aufhebung des Beschlusses verhindern.

Entsprechendes gilt, wenn der Rat den beanstandeten (rechtswidrigen) Beschluss formell zwar aufhebt, ihn aber durch einen sprachlich anders gefassten, inhaltlich gleichen Beschluss ersetzt. Hier bedarf der Ersetzungsbeschluss keiner erneuten Beanstandung, da der Rat sonst ein aufsichtsbehördliches Eingreifen auf Dauer unterlaufen könnte.[449]

---

446 KV/GO-Becker/Winkel § 122 Anm. 5; Kallerhoff NWVBl. 1996, 53, 54; Zilkens JuS 2001, 785, 787.

447 KV/GO-Becker/Winkel § 122 Anm. 1 u. 4 m.w.N.

448 OVG NRW OVGE 11, 201, 203; KV/GO-Becker § 122 Anm. 4 a.E.; Rehn/Cronauge § 119 Anm. II 3 c; Zilkens JuS 2001, 785, 786 f.; Kallerhoff NWVBl. 1996, 53, 54; Brüning/Suerbaum, Examensfälle (2005), S. 80.

449 OVG NRW DVBl. 1985, 172.

Weiteres Beispiel: Hat der Rat einen beanstandeten Ausschussbeschluss bestätigt (§ 54 Abs. 3 GO NRW), ist eine (erneute) Beanstandung des Ratsbeschlusses nicht erforderlich, da der Zweck der Beanstandung (Anstoßfunktion, Selbstkontrolle) bereits durch die Beanstandung des Ausschussbeschlusses erreicht ist.[450]

3. Einer zusätzlichen **Anhörung** der Gemeinde nach § 28 Abs. 1 VwVfG NRW bedarf es nach h.M. nicht. Da § 122 Abs. 1 GO NRW die Beteiligung des Rates eingehend regelt, handelt es sich um eine abschließende Sonderregelung, die nach § 1 Abs. 1 VwVfG NRW die allgemeine Bestimmung des § 28 VwVfG NRW verdrängt.[451] **296**

4. Materielle Voraussetzung ist, dass der betroffene **Ratsbeschluss** geltendes Recht verletzt, also **rechtswidrig** ist. Das ist hier mangels Zuständigkeit der Gemeinde und wegen Verstoßes gegen die Neutralitätspflicht der Fall (s.o.). **297**

Maßgebend ist, ob der Ratsbeschluss im Zeitpunkt der Beschlussfassung rechtswidrig war.[452] Soll die Gemeinde dagegen veranlasst werden, einen ursprünglich rechtmäßigen Beschluss an nachträgliche Änderungen der Sach- oder Rechtslage anzupassen, so kann dies nicht nach § 122 GO NRW, sondern nur durch Anordnung nach § 123 Abs. 1 GO NRW erreicht werden.[453]

Hat die Gemeinde Ermessen, so darf die Aufsichtsbehörde die **Zweckmäßigkeit** der Maßnahme nicht überprüfen, da die §§ 119 ff. GO NRW nur eine Rechtsaufsicht eröffnen (§ 119 Abs. 1 GO NRW).

Beispiel: Ein Einschreiten der Kommunalaufsicht zur Durchsetzung des Grundsatzes der Wirtschaftlichkeit und Sparsamkeit der Haushaltswirtschaft (§ 75 Abs. 1 S. 2 GO NRW) setzt voraus, dass die Gemeinde den ihr hierbei zustehenden Freiraum in nicht mehr vertretbarer Weise überschritten hat.[454]

5. Entsprechend dem Wortlaut des § 122 Abs. 1 S. 2 GO NRW („kann") steht das Einschreiten – anders als beim Bürgermeister nach § 54 Abs. 2 S. 1 GO NRW (s.o. Rn. 288) – im **Ermessen** der Aufsichtsbehörde.[455] **298**

Ein Teil der Lit. sieht in der Formulierung „kann" dagegen nur eine Zuständigkeitszuweisung. Grundsätzlich ergebe sich eine objektiv-rechtliche **Pflicht** der Aufsichtsbehörde zum Einschreiten, die auf das Prinzip der Gesetzmäßigkeit der Verwaltung (Art. 20 Abs. 3 GG) zurückzuführen sei.[456] Gegen die Annahme einer bloßen Zuständigkeitszuweisung spricht jedoch, dass die Zuständigkeit bereits in § 120 GO NRW geregelt ist, während die §§ 122 ff. GO NRW Eingriffsermächtigungen für die zuständige Aufsichtsbehörde darstellen. Aufgrund des eindeutigen Wortlauts steht das Einschreiten daher im **Ermessen** der Aufsichtsbehörde.

Ausnahme: Verstößt die Gemeinde gegen Unionsrecht, führt der Effektivitätsgrundsatz (Art. 4 Abs. 3 EUV) und der Anwendungsvorrang des Unionsrechts zu einer Ermessensreduzierung.[457]

---

450 Kallerhoff NWVBl. 1996, 53, 55.
451 Grawert NWVBl. 1997, 235, 237; Kallerhoff NWVBl. 1996, 53, 55.
452 OVG NRW NWVBl. 1995, 304.
453 Kallerhoff NWVBl. 1996, 53, 56.
454 OVG NRW NWVBl. 1991, 240.
455 OVG NRW NWVBl. 2000, 375, 378; KV/GO-Becker § 119 Anm. 6; Kallerhoff NWVBl. 1996, 53, 57; Schoch Jura 2006, 188, 195.
456 Schmidt-Jortzig, Kommunalrecht, Rn. 78 m.w.N.
457 Ehlers DÖV 2001, 412, 415; Schoch Jura 2006, 188, 195.

299 Im Rahmen des Ermessens muss die Aufsichtsbehörde die **allgemeinen Rechtmäßigkeitsanforderungen** beachten, die an Verwaltungsakte zu stellen sind, insbesondere muss die Aufhebungsverfügung **verhältnismäßig** sein.[458]

An der Geeignetheit der Aufhebungsverfügung fehlt es, wenn der Ratsbeschluss schon vollzogen ist und die Rückgängigmachung rechtlich und tatsächlich unmöglich ist.[459] Allein der Vollzug des Beschlusses steht, sofern er rückgängig gemacht werden kann, der Beanstandung und Aufhebung jedoch nicht entgegen.[460]

Beispiel: Die Gemeinde G hat aufgrund eines rechtswidrigen Ratsbeschlusses ein gemeindeeigenes Grundstück an X veräußert. Die Aufhebung des Ratsbeschlusses ist ungeeignet, wenn eine Rückforderung des Grundstücks von X, z.B. nach § 812 BGB, von vornherein ausscheidet.

Danach kann hier der rechtswidrige Ratsbeschluss nach §§ 54 Abs. 2 S. 1, 122 Abs. 1 S. 1 GO NRW beanstandet und nach § 122 Abs. 1 S. 2 GO NRW durch die Bezirksregierung aufgehoben werden.

Weiteres Beispiel: Die Aufsichtsbehörde kann einen Ratsbeschluss beanstanden und aufheben, durch den der Hebesatz für die Gewerbesteuer gesenkt wird, obwohl die Gemeinde seit Jahren keinen ausgeglichenen Haushalt hat (§ 75 Abs. 2 GO NRW).[461]

B. Rechtsschutzmöglichkeiten

I. Klage des Bürgermeisters gegen die Anweisung zur Beanstandung

300 1. Eine **Anfechtungsklage** des Bürgermeisters gegen die Anweisung zur Beanstandung nach § 122 Abs. 1 S. 1 GO NRW ist gemäß § 42 Abs. 1, 1. Fall VwGO nur statthaft, wenn die Anweisung ein **Verwaltungsakt** i.S.d. § 35 VwVfG ist. Bedenken bestehen nur hinsichtlich der Außenwirkung. § 122 Abs. 1 GO NRW macht deutlich, dass die Beanstandung auf den Willen der Aufsichtsbehörde zurückgeht. Der Bürgermeister wird „als verlängerter Arm" der staatlichen Kommunalaufsichtsbehörde tätig, d.h. es liegt ein Fall der **Organleihe** vor (s.o. Rn. 268). Da der Bürgermeister im Beanstandungsverfahren somit keine andere Stellung hat als die der nachgeordneten zur vorgesetzten Behörde, wirkt die Anweisung nur **verwaltungsintern**.[462] Mangels Außenwirkung liegt daher kein VA vor, die Anfechtungsklage ist unstatthaft.

301 2. Bei rein internen Maßnahmen, die wie die Anweisung gegenüber dem Bürgermeister auch nicht seine persönliche Rechtssphäre betreffen und damit keine faktische Außenwirkung entfalten, ist die allgemeine **Leistungsklage** mangels Klagebefugnis (§ 42 Abs. 2 VwGO) ebenfalls unzulässig.[463]

Der Bürgermeister hat daher **keine Klagemöglichkeit** gegen die Anweisung zur Beanstandung.

458 Kallerhoff NWVBl. 1996, 53, 57; Andrick JA 1987, 546, 552; Schoch Jura 2006, 188, 195.

459 Vgl. OVG NRW OVGE 28, 185, 194; DVBl. 1987, 143, 144: wenn „schlechthin unerreichbar"; ebenso Bay VGH NVwZ-RR 1993, 373.

460 OVG NRW DVBl. 1987, 143, 144 unter Hinweis auf § 113 Abs. 1 S. 2 VwGO; Franz JuS 2004, 937, 940.

461 BVerwG NVwZ 2011, 424, 426; RÜ 2011, 332, 334; OVG NRW DVBl. 2009, 1181, 1182; OVG Schleswig NVwZ-RR 2011, 917; a.A. VG Köln NVwZ 2005, 1341, 1343; VG Aachen, Urt. v. 28.06.2007 – 4 K 142/06; Waldhoff JuS 2006, 664, 665 f.; vgl. auch HessVGH DVBl. 2013, 655, 656 zur kommunalaufsichtlichen Anweisung zur Erhöhung einer Kreisumlage.

462 OVG NRW OVGE 10, 314, 315; KV/GO-Becker/Winkel § 122 Anm. 4; § 126 Anm. 2; Kallerhoff NWVBl. 1996, 53, 54.

463 Vgl. BVerwGE 43, 220, 222; VG Darmstadt NJW 2004, 1471, 1472; VG Lüneburg NJW 2006, 1609, 1610.

II. Klage der Stadt S gegen die Anweisung zur Beanstandung

1. Eine **Anfechtungsklage** scheidet wie beim Bürgermeister mangels Verwaltungsakts aus. Eine bloß faktische Auswirkung auf das Selbstverwaltungsrecht der Stadt reicht für die erforderliche (finale) Außenwirkung nicht aus. 302

2. Eine **allgemeine Leistungsklage** setzt analog § 42 Abs. 2 VwGO eine **Klagebefugnis** der Stadt voraus. Während teilweise pauschal angenommen wird, dass die Anweisung das Selbstverwaltungsrecht der Gemeinde verletzen kann,[464] wird die Klagebefugnis überwiegend verneint.[465] Dafür spricht insbesondere, dass es sich bei der Anweisung nach § 122 Abs. 1 S. 1 GO NRW lediglich um eine vorbereitende Maßnahme ohne Rechtswirkung gegenüber der Gemeinde handelt. 303

III. Klage der Stadt gegen die Beanstandung des Ratsbeschlusses

1. Der **Verwaltungsrechtsweg** ist gemäß § 40 Abs. 1 S. 1 VwGO eröffnet, da streitentscheidend die öffentlich-rechtliche Vorschrift des § 122 GO NRW ist. 304

   Zwar bestimmt § 126 GO NRW, dass Maßnahmen der Aufsichtsbehörden unmittelbar mit der Klage im Verwaltungsstreitverfahren angefochten werden können. Die Vorschrift hat aber nur deklaratorische Bedeutung, insbesondere kann sie wegen der vorrangigen Bundeskompetenz für das gerichtliche Verfahren (Art. 74 Abs. 1 Nr. 1, 72 GG) nicht als aufdrängende Spezialzuweisung angesehen werden.[466] § 40 Abs. 1 S. 2 VwGO lässt lediglich abdrängende Spezialzuweisungen an andere Gerichte kraft Landesrechts zu, nicht dagegen aufdrängende Spezialzuweisungen zu den Verwaltungsgerichten. Diese gibt es grundsätzlich nur kraft Bundesrechts (Ausnahmen in § 187 VwGO).

2. Statthafte Klageart ist die **Anfechtungsklage** (§ 42 Abs. 1, 1. Fall VwGO), wenn es sich bei der Beanstandung um einen Verwaltungsakt i.S.d. § 35 VwVfG handelt. 305

   a) Teilweise wird die Ansicht vertreten, die Beanstandung enthalte keine Regelung, sondern sei lediglich ein unselbstständiges, d.h. **vorbereitendes Teilstück** des aufsichtsbehördlichen Verfahrens und daher noch kein Verwaltungsakt. Anfechtbar sei erst die endgültige Entscheidung in Form der Aufhebungsverfügung.[467]

   Dagegen spricht jedoch, dass bereits die Beanstandung darauf abzielt, eine gemeindeinterne Bereinigung herbeizuführen (§ 122 Abs. 1 S. 2 GO NRW), die dann weitere aufsichtsbehördliche Maßnahmen (Aufhebung) überflüssig macht. Die Beanstandung hat zudem aufschiebende Wirkung (§ 54 Abs. 2 S. 2 GO NRW). Die h.M. geht daher zu Recht davon aus, dass bereits die Beanstandung des Ratsbeschlusses Regelungscharakter hat. Die Beanstandung beinhaltet das verbindliche Gebot, den Beschluss aufzuheben oder entsprechend der Gesetzeslage zu ändern.[468]

---

464 Schmidt-Jortzig, Kommunalrecht, Rn. 93.

465 Vgl. Ehlers Jura 1987, 480, 481; KV/GO-Becker/Winkel § 126 Anm. 2.

466 Vgl. Mann NWVBl. 2001, 412, 413; Schoch Jura 2006, 188, 195; Funke/Papp JuS 2009, 246, 247.

467 KV/GO-Becker/Winkel § 122 Anm. 5; Kallerhoff NWVBl. 1996, 53, 55 m.w.N.

468 Franz JuS 2004, 937, 939; Reimer JuS 2005, 628, 629; i.E. auch Ehlers Jura 1987, 480, 481; ebenso OVG NRW NJOZ 2013, 1306 zur Beanstandung nach § 53 Abs. 1a S. 7 LWG; offen gelassen von OVG NRW, Urt. v. 14.06.1994 – 15 A 1389/91.

Da die Beanstandung eine selbstständige Sachentscheidung enthält und nicht nur eine Verfahrenshandlung, greift auch § 44 a S. 1 VwGO nicht ein.[469]

306 b) Bei Maßnahmen der allgemeinen Kommunalaufsicht nach den §§ 122 ff. GO NRW ist schließlich auch die **Außenwirkung** zu bejahen. Die Gemeinde steht der staatlichen Aufsichtsbehörde nicht als nachgeordnete staatliche Instanz gegenüber, sondern als **selbstständiger** Träger des Selbstverwaltungsrechts.[470] Und zwar gilt dies unabhängig davon, ob der Ratsbeschluss eine Selbstverwaltungsangelegenheit, die Auftragsverwaltung (kraft Bundesrechts) oder eine Pflichtaufgabe zur Erfüllung nach Weisung betrifft. Denn die Beanstandung betrifft in jedem Fall das Recht der Gemeinde zur **eigenverantwortlichen Regelung** der ihr übertragenen Aufgabe.[471]

307 Die Beanstandung des Ratsbeschlusses ist daher – unbeschadet der noch zu erörternden Frage des Rechtsschutzbedürfnisses – ein Verwaltungsakt, gegen den die **Anfechtungsklage statthaft** ist.

Dies gilt jedenfalls dann, wenn die **Aufsichtsbehörde** die Beanstandung selbst vornimmt (s.o.). Die Außenwirkung ist aber auch dann zu bejahen, wenn die Beanstandung auf Anweisung der Aufsichtsbehörde durch den **Bürgermeister** erfolgt (§ 122 Abs. 1 S. 1 GO NRW), da der Bürgermeister hier im Wege der Organleihe für den Staat tätig wird.[472] Bei der (gemeindeinternen) Beanstandung durch den Bürgermeister nach § 54 Abs. 2 S. 1 GO NRW handelt es sich dagegen um ein bloßes Verwaltungsinternum ohne Außenwirkung.[473] In diesen Fällen scheidet eine Anfechtungsklage aus, in Betracht kommt jedoch ein Kommunalverfassungsstreitverfahren zwischen Rat und Bürgermeister (s.u. Rn. 466).

308 3. Die Stadt S ist gemäß § 42 Abs. 2 VwGO auch **klagebefugt**, da die Beanstandung im Falle ihrer Rechtswidrigkeit das Selbstverwaltungsrecht der Gemeinde (Art. 28 Abs. 2 S. 1 GG, Art. 78 Abs. 1 u. 2 LVerf) verletzt.

Kläger ist nicht der Rat als Beschlussorgan, sondern die **Stadt** als Trägerin des Selbstverwaltungsrechtes. Die dem Rat zugewiesenen Kompetenzen sind nicht organeigene subjektive Rechte, sondern lediglich Wahrnehmungszuständigkeiten.[474]

309 4. Hinsichtlich der Klage gegen die Beanstandung könnte allerdings das **Rechtsschutzbedürfnis** fehlen. Daran mangelt es u.a. dann, wenn dem Kläger das mit der Klage verfolgte Ziel letztlich keine nennenswerten Vorteile bringen würde, also nutzlos wäre.[475] Hier könnte die Klage gegen die Beanstandung überflüssig sein, wenn die **Anfechtung der späteren Aufhebung** des Ratsbeschlusses ausreichenden Rechtsschutz vermitteln würde.[476]

469 Zweifelnd Ehlers Jura 1987, 480, 481.

470 KV/GO-Becker/Winkel § 126 Anm. 2; Ehlers Jura 1987, 480, 482 f.; offen gelassen von OVG NRW NJOZ 2013, 1306 (zur Beanstandung nach § 53 Abs. 1 a S. 7 LWG).

471 OVG NRW OVGE 25, 126, 129, das jedoch darauf verweist, dass die Rechtsnatur der Aufgabe im Rahmen der Klagebefugnis Bedeutung erlangen kann; KV/GO-Becker/Winkel § 126 Anm. 5.

472 Ehlers Jura 1987, 480, 481 f.

473 Helbig NWVBl. 1999, 156, 158 f. m.w.N.

474 OVG NRW OVGE 35, 73 unter ausdrücklicher Aufgabe der gegenteiligen früheren Rspr. (vgl. OVGE 28, 185, 188); KV/GO-Becker/Winkel § 126 Anm. 3; Rehn/Cronauge § 123 Anm. I 3; Schoch Jura 2006, 188, 195; Müller NWVBl. 2012, 414, 418; Schübel-Pfister JuS 2013, 417, 419; abweichend BayVGH BayVBl. 2012, 340, wenn Organrechte betroffen sind.

475 Vgl. Kopp/Schenke VwGO Vorb § 40 Rn. 38.

476 So Ehlers Jura 1987, 480, 482.

a) Die Beanstandung schafft den **Rechtsgrund** für die sich daran anschließende Aufhebung. Würde damit bereits die Rechtswidrigkeit des zugrunde liegenden Ratsbeschlusses festgestellt, wäre es erforderlich, neben der Aufhebung auch die Beanstandung des Ratsbeschlusses anzufechten.[477] **310**

b) Überwiegend wird eine solche Tatbestandswirkung jedoch **abgelehnt**. **311** Ausreichender Rechtsschutz könne allein durch die Anfechtung der Aufhebungsverfügung erreicht werden, sodass es einer zusätzlichen Anfechtung der Beanstandung nicht bedürfe. Im Rahmen der Anfechtung der Aufhebungsverfügung erfolge stets eine Inzidentprüfung der Rechtmäßigkeit des Ratsbeschlusses.[478]

c) Beide Auffassungen sind Bedenken ausgesetzt. Soweit eine Tatbestands- **312** wirkung angenommen wird, wird der **Regelungsgegenstand** der Beanstandung zu weit gefasst. Die Beanstandung enthält **nicht** die (feststellende) Regelung, dass der beanstandete Beschluss rechtswidrig ist,[479] sondern beinhaltet lediglich das **Gebot**, den Beschluss aufzuheben oder zu ändern. Die Begründung hierfür (Ratsbeschluss rechtswidrig) ist nicht unmittelbar Gegenstand der Beanstandung und nimmt deshalb auch nicht an der Tatbestandswirkung teil.

Deshalb muss auch bei Bestandskraft der Beanstandung im Rahmen der Rechtmäßigkeit der Aufhebungsverfügung in jedem Fall die **Rechtswidrigkeit** des aufzuhebenden Ratsbeschlusses geprüft werden. Dies stellt das Rechtsschutzbedürfnis für die Anfechtung der Beanstandung jedoch nicht infrage. Zwar mag die Anfechtung der Aufhebungsverfügung ausreichen, die Beanstandung schafft jedoch die Grundlage für das weitere Vorgehen der Aufsichtsbehörde, das es möglichst frühzeitig zu verhindern gilt. Die Stadt kann daher bereits die Beanstandung anfechten, sie muss es aber nicht.

5. Das nach § 68 Abs. 1 S. 1 VwGO bei Anfechtungsklagen grundsätzlich erforder- **313** liche **Vorverfahren** entfällt sowohl nach § 110 Abs. 1 S. 1 JustG NRW als auch nach § 126 GO NRW.

   Maßnahmen der Aufsichtsbehörde können nach § 126 GO NRW „unmittelbar" mit der Klage im Verwaltungsstreitverfahren angefochten werden, sodass ein Widerspruchsverfahren generell nicht stattfindet.[480] Die Vorschrift ist neben § 110 Abs. 1 JustG NRW anwendbar. Es ist daher üblich, beide Vorschriften zu zitieren.[481]

6. Die **Klagefrist** beträgt nach § 74 Abs. 1 S. 2 VwGO ein Monat nach Bekanntgabe des Verwaltungsakts.

7. Richtiger **Beklagter** ist gemäß § 78 Abs. 1 Nr. 1 VwGO das Land NRW, vertreten **314** durch die Aufsichtsbehörde.[482]

---

477 Auf diese Konsequenzen verweisen OVG NRW, Urt. v. 14.06.1994 – 15 A 1389/91 und Kallerhoff NWVBl. 1996, 53, 55.

478 OVG NRW NVwZ 1995, 718; Ehlers Jura 1987, 480, 482; vgl. auch Kallerhoff NWVBl. 1996, 53, 55, der deshalb die VA-Qualität der Beanstandung verneint.

479 So aber Ehlers Jura 1987, 480, 481.

480 VG Köln NWVBl. 2005, 111, 112; KV/GO-Becker § 126 Anm. 1; Rehn/Cronauge § 123 Anm. I 1 m.w.N.

481 Funke/Papp JuS 2009, 246, 248.

8. Die **Beteiligtenfähigkeit** ergibt sich für die Stadt S wie für das Land als Körperschaften des öffentlichen Rechts und damit als juristische Personen aus § 61 Nr. 1 VwGO.

9. Die **Prozessfähigkeit** richtet sich nach § 62 Abs. 3 VwGO. Die Stadt S wird gemäß § 63 Abs. 1 S. 1 GO NRW durch den Bürgermeister vertreten. Die Vertretung des Landes richtet sich nach Art. 57 LVerf i.V.m. entsprechenden Ausführungsbestimmungen in RechtsVOen oder Erlassen.[483]

Eine Anfechtungsklage der Stadt vertreten durch den Bürgermeister gegen die Beanstandung des Ratsbeschlusses durch die Aufsichtsbehörde ist damit zulässig.

IV. Klage gegen die Aufhebung des Ratsbeschlusses

315 1. Gegen die Aufhebungsverfügung, die als unmittelbar gestaltender Akt unproblematisch eine Regelung mit Außenwirkung und damit einen (belastenden) Verwaltungsakt i.S.d. § 35 VwVfG darstellt, ist gemäß § 42 Abs. 1, 1. Fall VwGO die **Anfechtungsklage** statthaft, die unter denselben Voraussetzungen zulässig ist wie die Klage gegen die Beanstandung.

316 2. Da im Rahmen der Rechtmäßigkeit der Aufhebungsverfügung in jedem Fall inzident die Rechtmäßigkeit des betroffenen Ratsbeschlusses überprüft werden muss, besteht das **Rechtsschutzbedürfnis** auch dann, wenn die Beanstandung nicht angefochten worden ist (s.o. Rn. 312 f.).[484]

317 3. Die **Stadt** als Klägerin wird gemäß § 63 Abs. 1 S. 1 GO NRW **durch den Bürgermeister** vertreten, und zwar auch dann, wenn er den Ratsbeschluss selbst gemäß § 54 Abs. 2 GO NRW beanstandet hat.[485] Es bestehe keine Interessenkollision, kraft eigener Organkompetenz einen Ratsbeschluss zu beanstanden und auf Beschluss des Rates die Aufhebungsverfügung der Aufsichtsbehörde gerichtlich zu bekämpfen.

Nach der Gegenansicht erfolgt die Vertretung der Gemeinde in diesem Fall durch den allgemeinen Vertreter des Bürgermeisters, um Interessenkonflikte zu vermeiden.[486] Dagegen spricht jedoch, dass § 53 Abs. 2 GO NRW dies nur bei Maßnahmen vorsieht, die sich gegen den Bürgermeister oder seine Amtsführung richten.

---

482 OVG NRW NWVBl. 2011, 269.

483 Heusch/Schönenbroicher LVerf NRW Art. 57 Rn. 8 f.

484 Vgl. OVG NRW NVwZ 1995, 718; NWVBl. 1992, 140; OVGE 35, 73.

485 OVG NRW NWVBl. 2000, 375, 376; KV/GO-Becker/Winkel § 126 Anm. 3.

486 KV/GO-Kirchhof/Plückhahn § 63 Anm. 4.

Klage gegen die Aufhebung eines Ratsbeschlusses

A. **Zulässigkeit der Klage**

I. **Verwaltungsrechtsweg**, § 40 Abs. 1 S. 1 VwGO (+) §§ 119 ff. GO NRW

§ 126 GO NRW keine aufdrängende Spezialzuweisung

II. **Klageart: Anfechtungsklage**, wenn VA i.S.d. § 35 S. 1 VwVfG

1. Regelung: Rechtsgestaltung durch Aufhebung des Ratsbeschlusses (str. bei der Beanstandung)
2. Außenwirkung (+) ggü. Gemeinde als Trägerin des Selbstverwaltungsrechts

III. **Klagebefugnis**, Art. 28 Abs. 2 S. 1 GG, Art. 78 Abs. 1 u. 2 LVerf

IV. **Rechtsschutzbedürfnis**

nach h.M. auch, wenn vorherige Beanstandung bestandskräftig, Anfechtung der Aufhebungsverfügung ausreichend

V. kein **Vorverfahren** (§ 110 Abs. 1 S. 1 JustG NRW, § 126 GO NRW)

VI. **Klagefrist**, § 74 Abs. 1 S. 2 VwGO: ein Monat nach Bekanntgabe

VII. **Beklagter:** Land (§ 78 Abs. 1 Nr. 1 VwGO), vertreten durch die Aufsichtsbehörde

VIII. **Beteiligtenfähigkeit** (§ 61 Nr. 1 VwGO)

IX. **Prozessfähigkeit** (§ 62 Abs. 3 VwGO)

B. **Begründetheit der Klage** (§ 113 Abs. 1 S. 1 VwGO)

I. **Rechtswidrigkeit** der Aufhebungsverfügung

Ermächtigungsgrundlage: § 122 Abs. 1 S. 2 GO NRW

1. **Formelle** Rechtmäßigkeit

a) **Zuständigkeit**, § 120 Abs. 1 u. 2 GO NRW

b) **Verfahren**

aa) **vorherige Beanstandung**, § 122 Abs. 1 S. 1 GO NRW

durch BM (§ 54 Abs. 2 u. 3 GO NRW) oder durch Aufsichtsbehörde selbst (arg. e. § 123 GO, Organleihe)

bb) **nochmalige Beratung**(smöglichkeit) im Rat

cc) keine bes. Anhörung (§ 28 VwVfG NRW), § 122 GO NRW lex specialis

2. **Materielle** Rechtmäßigkeit

a) **Ratsbeschluss rechtswidrig** (–> vgl. Übersicht S. 143)

b) **Rechtsfolge: Ermessen**, insbesondere Verhältnismäßigkeit

II. **Rechtsverletzung** der Gemeinde in Art. 28 Abs. 2 S. 1 GG, Art. 78 Abs. 1 u. 2 LVerf

C. Beanstandung und Aufhebung von Anordnungen des Bürgermeisters

318 Nach § 122 Abs. 2 GO NRW kann die Aufsichtsbehörde **rechtswidrige Anordnungen des Bürgermeisters** beim Rat beanstanden. Anders als im Rahmen des § 122 Abs. 1 GO NRW steht der Aufsichtsbehörde hier das Beanstandungsrecht also originär selbst zu, ohne dass ein gemeindliches Organ zwischengeschaltet ist.

- Der Begriff **„Anordnung"** ist weit auszulegen. Darunter fällt jede Rechtshandlung, insbesondere solche, die zur Ausführung von Gemeinderatsbeschlüssen erfolgen. Erfasst werden nicht nur Verwaltungsakte, sondern auch schlichtes Verwaltungshandeln oder Erklärungen.

  Erforderlich ist aber stets ein **positives Tun**, ein bloßes Unterlassen reicht im Rahmen des § 122 Abs. 2 GO NRW nicht aus.[487] Bei einem **Unterlassen** ist vielmehr § 123 GO NRW einschlägig (dazu unten Fall 9).

- Bei diesen Anordnungen muss es sich **nicht** um solche des Bürgermeisters **persönlich** handeln; auch Anordnungen, die durch seinen Vertreter oder in seinem Auftrag erlassen werden, können durch die Aufsichtsbehörde beanstandet werden. Erfasst wird der **Bürgermeister als Behörde**, mithin die Gemeindeverwaltung schlechthin.[488]

319 Über die Beanstandung, die aufschiebende Wirkung hat (§ 122 Abs. 2 S. 3 GO NRW), hat der **Rat** zu beschließen. Als oberstes Gemeindeorgan kann er die beanstandete Anordnung des Bürgermeisters aufheben.[489]

Unproblematisch gilt dies für interne Anordnungen, die unmittelbar vom Rat aufgehoben werden können. Handelt es sich um Maßnahmen mit Außenwirkung (z.B. Verwaltungsakte des Bürgermeisters), kann der Rat lediglich beschließen, dass der Bürgermeister zur Aufhebung (z.B. nach § 48 VwVfG NRW) verpflichtet wird, da dem Rat die Außenzuständigkeit fehlt. Der Bürgermeister ist dann verpflichtet, diesen Beschluss gemäß § 62 Abs. 2 S. 2 GO NRW auszuführen.

320 Billigt der Rat die Maßnahme des Bürgermeisters, so kann die Aufsichtsbehörde die rechtswidrige Anordnung aufheben (§ 122 Abs. 2 S. 4 GO NRW). Adressat der **Aufhebungsverfügung** ist – wie bei Ratsbeschlüssen – nicht das Organ Bürgermeister, dessen Handeln gerügt wird, sondern die **Gemeinde** selbst. Diese kann – unter denselben Voraussetzungen wie im Fall 8 – gegen die Aufhebungsverfügung der Aufsichtsbehörde klagen.

Beispiel: Der Bürgermeister hat eine vermeintlich rechtswidrige Baugenehmigung erteilt. Nach vorheriger Beanstandung hat die Aufsichtsbehörde die Baugenehmigung aufgehoben. Die Stadt kann Anfechtungsklage gegen die Aufhebungsverfügung erheben (§ 42 Abs. 1, 1. Fall VwGO) und geltend machen, dass die Aufhebung sie in ihrer durch Art. 28 Abs. 2 S. 1 GG geschützten Planungshoheit verletzt (§ 42 Abs. 2 VwGO).

487 Vgl. Schnapp/Rawert JuS 1986, 631, 632; Bick Jura 1987, 659, 660; Kallerhoff NWVBl. 1996, 53, 56.

488 Rehn/Cronauge § 122 Anm. III .

489 KV/GO-Becker/Winkel § 122 Anm. 10.

D. Anordnungsrecht und Ersatzvornahme (§ 123 GO NRW)

Fall 9: Altlast

Die kreisfreie Stadt S ist Eigentümerin eines Grundstücks, das sie in der Vergangenheit als Zwischenlager für Mineralölabfälle verpachtet hatte. Bei Ausschachtungsarbeiten wurden auf dem Grundstück starke Verunreinigungen durch leicht flüchtige Kohlenwasserstoffe (Dicyclopentadien – DCPD) festgestellt. Obwohl DCPD nachweislich austrat und Gesundheitsbeschädigungen der Anwohner zu befürchten waren, unternahm die Stadt S, die selbst örtliche Ordnungsbehörde ist, zunächst nichts. Als die Bezirksregierung B hiervon erfährt, gibt sie der S durch kommunalaufsichtliche Verfügung unter Anordnung der sofortigen Vollziehung auf, binnen einer Woche die Gefahr zu beseitigen. Als auch diese Frist fruchtlos verstreicht, beauftragt die B auf Kosten der S den Unternehmer U mit der Abfuhr der verseuchten Bodenmassen. Hiergegen macht die S nunmehr klageweise geltend, Pflichten, die ihr als Grundstückseigentümerin oblägen, dürften nicht im Wege der Kommunalaufsicht durchgesetzt werden. Im Übrigen sei sie nicht Störerin, sondern selbst Opfer der Bodenverunreinigungen, für deren Beseitigung die Allgemeinheit aufkommen müsse, da ein konkret Verantwortlicher nicht festgestellt werden könne. Wie wird das Verwaltungsgericht über die ordnungsgemäß erhobene Klage der S entscheiden?

A. Zulässigkeit der Klage

I. Der **Verwaltungsrechtsweg** ist gemäß § 40 Abs. 1 S. 1 VwGO eröffnet. Streitgegenstand sind Maßnahmen der Aufsichtsbehörde nach der öffentlich-rechtlichen Vorschrift des § 123 GO NRW. **321**

II. Die **Klageart** richtet sich nach dem Klagebegehren. Die S wendet sich gegen die Anordnung der Gefahrenbeseitigung und ihre Durchführung im Wege der Ersatzvornahme.

1. Die **Anordnung** nach § 123 Abs. 1 GO NRW hat unstreitig **VA-Qualität.**[490] Die Außenwirkung ergibt sich daraus, dass sich die Maßnahme an die Gemeinde als **selbstständiges Rechtssubjekt** und nicht etwa nur als nachgeordnete staatliche Instanz richtet. Statthafte Klageart ist die **Anfechtungsklage.**[491] **322**

2. Bzgl. der **Ersatzvornahme** gemäß § 123 Abs. 2 GO NRW ist zu beachten, dass es sich dabei zwar faktisch nur um einen Vorgang handelt, der rechtliche Wirkungen aber in zweifacher Weise entfaltet (sogenannter **Doppelakt**): **323**

   - ein **VA gegenüber der Gemeinde**, der die Ausübung des Aufsichtsmittels zum Regelungsgegenstand hat,[492]
   - ein **zweiter Akt**, dessen Rechtsnatur sich nach der Regelungsmaterie richtet und VA, Realakt, Normsetzung oder auch eine privatrechtliche oder öffentlich-rechtliche Willenserklärung sein kann.[493]

---

490 Franz JuS 2004, 937, 940; Schoch Jura 2006, 188, 193; Funke/Papp JuS 2009, 246, 247.

491 Vgl. KV/GO-Becker/Winkel § 123 Anm. 2; Mann NWVBl. 2001, 412, 413.

492 Franz JuS 2004, 937, 940; Schoch Jura 2006, 188, 194; Funke/Papp JuS 2009, 246, 247.

493 OVG NRW DVBl. 1995, 1366; DVBl. 1989, 1272, 1273; Rennert JuS 2008, 119, 121; Müller NWVBl. 2012, 414, 418.

Beispiele: Erlass einer Ordnungsverfügung oder einer Satzung durch die Aufsichtsbehörde;[494] kommunalaufsichtlich angeordnete Auflösung einer Schule[495] oder Kündigung eines privatrechtlichen Vertrages.[496]

324 Ist die Ersatzvornahme gegenüber der Gemeinde somit ein VA, so ist auch dagegen eine **Anfechtungsklage** (§ 42 Abs. 1, 1. Fall VwGO) statthaft.

Beachte: Die Klage hat gemäß § 80 Abs. 1 S. 1 VwGO aufschiebende Wirkung, insbesondere ist die Ersatzvornahme keine Vollstreckungsmaßnahme, bei der die aufschiebende Wirkung gemäß § 80 Abs. 2 S. 1 Nr. 3 VwGO i.V.m. § 112 JustG NRW ausgeschlossen wäre.[497] Denn die Ersatzvornahme nach § 123 Abs. 2 GO ist nicht mit der Ersatzvornahme nach § 59 VwVG NRW vergleichbar (dazu noch unten Rn. 335).

325 3. Die Klage gegen die Anordnung könnte jedoch unstatthaft geworden sein, wenn sich die Anordnung durch die Beauftragung des U **erledigt** hätte (nach a.A. fehlt dann das Rechtsschutzbedürfnis). Die Vollziehung eines Verwaltungsakts führt jedoch i.d.R. nicht zu seiner Erledigung, da der (Grund-)VA weiterhin Grundlage der Vollstreckung bleibt, insbesondere für eine etwaige Kostenforderung.[498] Dieser im allgemeinen Vollstreckungsrecht entwickelte Grundsatz gilt auch im Rahmen des § 123 GO NRW. Nach § 123 Abs. 2 GO NRW kann die Aufsichtsbehörde die Maßnahme „auf Kosten der Gemeinde" selbst durchführen, sodass ihr unmittelbar aufgrund dieser Vorschrift ein Erstattungsanspruch gegen die Gemeinde zusteht.[499] Insoweit bestehen die belastenden Wirkungen der Anordnung nach § 123 Abs. 1 GO NRW auch nach ihrer Durchsetzung fort. Die Anfechtungsklage ist daher sowohl gegen die Anordnung als auch gegen die Ersatzvornahme statthaft.

326 III. Die **Klagebefugnis** der Stadt (§ 42 Abs. 2 VwGO) folgt aus einer möglichen Verletzung des Selbstverwaltungsrechts (Art. 28 Abs. 2 S. 1 GG, Art. 78 LVerf).

IV. Die Klage ist gemäß § 68 Abs. 1 S. 2 Hs. 1 VwGO, § 110 Abs. 1 S. 1 JustG NRW, § 126 GO NRW **ohne Vorverfahren** zulässig. Von der Einhaltung der **Klagefrist** des § 74 Abs. 1 S. 2 VwGO ist auszugehen. **Klagegegner** ist das Land (§ 78 Abs. 1 Nr. 1 VwGO), vertreten durch die Bezirksregierung als Aufsichtsbehörde (§ 120 Abs. 2 GO NRW).

Die Klage ist damit **zulässig**. Da sie sich gegen die Anordnung (§ 123 Abs. 1 GO NRW) und die Ersatzvornahme (§ 123 Abs. 2 GO NRW) richtet, liegt eine **objektive Klagehäufung** vor, die unter den Voraussetzungen des § 44 VwGO (Sachzusammenhang, dasselbe Gericht, derselbe Beklagte) ebenfalls zulässig ist.

B. Begründetheit der Klage

Die Klage ist begründet, soweit die angefochtenen Verwaltungsakte rechtswidrig sind und Rechte der Stadt S verletzen (§ 113 Abs. 1 S. 1 VwGO).

494 BVerwG NWVBl. 1993, 48; OVG NRW NWVBl. 2011, 104; NWVBl. 2008, 69; Schoch Jura 2006, 188, 194.

495 OVG NRW NWVBl. 2004, 153; NWVBl. 2010, 30; Schoch Jura 2006, 188, 194.

496 Schnapp/Mühlhoff NWVBl. 2000, 271, 273.

497 VG Düsseldorf, Beschl. v. 28.09.2001 – 1 L 2156/01; Müller NWVBl. 2012, 414, 418.

498 BVerwG RÜ 2009, 47, 48; OVG NRW NWVBl. 2007, 26, 27 f.; NWVBl. 2003, 386, 387; Kopp/Schenke VwGO § 113 Rn. 102 m.w.N.; a.A. Enders NVwZ 2009, 958, 961; allgemein AS-Skript Verwaltungsrecht AT 2 (2013), Rn. 273.

499 Vgl. OVG NRW NVwZ 1989, 987.

I. **Ermächtigungsgrundlage** für die **Anordnung** ist § 123 Abs. 1 GO NRW. 327

Anordnungsrecht (§ 123 Abs. 1 GO NRW)
■ Nichterfüllung einer gesetzlichen Pflicht oder Aufgabe
■ Fristsetzung
■ Rechtsfolge: Ermessen, insbesondere Verhältnismäßigkeit

1. Da formelle Bedenken nicht bestehen, kommt es materiell darauf an, ob die Gemeinde eine ihr **nach dem Gesetz obliegende Pflicht oder Aufgabe nicht erfüllt**. 328

   a) Gesetzliche Pflichten ergeben sich vor allem aus **öffentlich-rechtlichen** Vorschriften. Dagegen fehlt es in der Regel an dem für das Einschreiten der Aufsichtsbehörde erforderlichen öffentlichen Interesse, wenn es lediglich um die Verletzung von privatrechtlichen Pflichten geht.[500]

   Beispiel: Eine Anordnung nach § 123 Abs. 1 VwGO darf nicht allein zur Durchsetzung vermeintlicher Zahlungsansprüche des Landes gegen die Gemeinde erlassen werden. Dies gilt nicht nur für privatrechtliche Ansprüche, sondern z.B. auch für öffentlich-rechtliche Erstattungsansprüche.[501]

   Zu den **öffentlich-rechtlichen Pflichten** gehört die Sanierungspflicht nach § 4 Abs. 3 BBodSchG. Zwar knüpft die Ordnungspflicht an das Grundeigentum der Stadt an. Sie ist aber im Wesentlichen nicht durch das Privatrecht geprägt, sondern ist eine öffentlich-rechtliche Pflicht des Einzelnen gegenüber der Allgemeinheit. Auch als Hoheitsträger unterliegt die Gemeinde der materiellen Ordnungspflicht.[502] 329

   Umstritten ist dagegen die **formelle Ordnungspflicht**, also die Frage, ob andere Behörden berechtigt sind, gegen die Gemeinde zur Gefahrenabwehr mittels VA im Einzelfall vorzugehen. Früher wurde überwiegend angenommen, dass Hoheitsträger selbst für die Beseitigung einer Störung verantwortlich sind. Aufgrund der Einheit der Staatsgewalt dürfe eine Behörde nicht in den hoheitlichen Zuständigkeitsbereich einer anderen Verwaltungsbehörde eingreifen.[503] Neuerdings wird dagegen zunehmend darauf abgestellt, dass die materielle Ordnungspflicht des Hoheitsträgers auch durch die zuständige Fachbehörde durchgesetzt werden dürfe.[504]

   b) Aufgrund der Verunreinigungen bestand eine **Gefahr für die Gesundheit** der Anwohner und damit eine **schädliche Bodenveränderung** i.S.d. § 2 Abs. 3 BBodSchG.

   c) Als Eigentümerin war die Stadt S nach § 4 Abs. 3 BBodSchG **sanierungspflichtig**. Dabei ist grundsätzlich irrelevant, auf welche Weise der ordnungswidrige Zustand entstanden ist. Allerdings können sich Einschränkungen bzgl. der Pflicht zur Tragung der Sanierungskosten ergeben, wenn die Kostenlast unzumutbar ist.[505] Eine solche Einschränkung ist aber jedenfalls dann abzulehnen, 330

500 KV/GO-Becker/Winkel § 123 Anm. 1; Müller NWVBl. 2012, 414, 416 und oben Rn. 286.
501 VG Gelsenkirchen NWVBl. 2008, 192, 193; Waldhoff JuS 2008, 453 f.
502 OVG NRW NVwZ 1989, 987, 988; HessVGH NVwZ 1997, 304, 305; Schoch Jura 2005, 324, 325; Müller NWVBl. 2012, 414, 416.
503 Vgl. z.B. OVG NRW DVBl. 1989, 1009; OVG Hamburg NordÖR 1999, 36; Wallerath/Sträter JuS 1999, 127, 130.
504 BVerwG, Urt. v. 25.09.2008 - BVerwG 7 A 4.07, RÜ 2008, 801, 804; NVwZ 2003, 346, 346; Schoch Jura 2005, 324, 326 ff.

wenn der Schadenseintritt nicht völlig außerhalb der Risikosphäre des Grundstückseigentümers liegt. Hier hat die Stadt S das Grundstück durch die Verpachtung einer erkennbar gefährlichen Nutzung zugeführt. Daher muss sie sich die damit verbundenen vorhersehbaren Risiken zurechnen lassen.[506] Die Stadt war somit gemäß § 4 Abs. 3 BBodSchG zur Sanierung verpflichtet. Diese öffentlich-rechtliche Pflicht hat sie nicht erfüllt.

Problematisch ist die Nichterfüllung der gesetzlichen Pflichten in den Fällen, in denen der Gemeinde ein **Ermessensspielraum** zukommt. Da die allgemeine Aufsicht eine Rechtsaufsicht ist (§ 119 Abs. 1 GO NRW), darf die Aufsichtsbehörde ihr Ermessen nicht an die Stelle des Ermessens der Gemeinde setzen.[507] Eine Anordnung nach § 123 Abs. 1 GO NRW kommt daher nur in Betracht, wenn die Entscheidung der Gemeinde ermessensfehlerhaft ist, z.B. weil sie keine „zutreffende und hinreichende tatsächliche Grundlage in einer der Materie angemessenen und methodisch einwandfreien Weise" gefunden hat.[508] Dies ist z.B. der Fall, wenn eine Gemeinde aufgrund statistisch nicht haltbarer Prognosen eine Hauptschule trotz deutlich reduzierter Schülerzahlen weiterbetreiben möchte.[509]

Die Voraussetzungen für eine Anordnung nach § 123 Abs. 1 GO NRW lagen damit vor.

331 2. Mit der Anordnung muss eine **Fristsetzung** verbunden werden, die der Gemeinde die Möglichkeit gibt, der Anordnung selbst nachzukommen, bevor die Ersatzvornahme verfügt wird.

Anders als bei der Aufhebung von Ratsbeschlüssen (§ 122 Abs. 1 GO NRW) braucht bei der Anordnung nach § 123 Abs. 1 GO NRW **keine vorherige Beanstandung** erfolgen, selbst wenn die Pflichtverletzung auf einem Ratsbeschluss beruht. Da die Anordnung nicht nur kassatorische Wirkung hat, sondern darüber hinaus eine eigenständige Regelung enthält, hat die Aufsichtsbehörde ein Wahlrecht, ob sie sich zunächst auf die Beanstandung nach § 122 Abs. 1 S. 1 GO NRW beschränkt oder unmittelbar von ihrem Anordnungsrecht nach § 123 Abs. 1 GO NRW Gebrauch macht.[510]

332 3. Soweit der Aufsichtsbehörde im Rahmen des § 123 Abs. 1 GO NRW **Ermessen** eingeräumt ist, sind Ermessensfehler hier nicht ersichtlich.[511] Ein Verursacher, der mit Aussicht auf Erfolg vorrangig hätte herangezogen werden können, ließ sich nicht feststellen. Schließlich war die Anordnung angesichts der hohen Gefahrenintensität auch **verhältnismäßig**.

Die **Anordnung** der Bezirksregierung war damit nach § 123 Abs. 1 GO NRW **rechtmäßig**.

333 **Weiteres Beispiele:** Aus § 77 Abs. 2 GO NRW ergibt sich die Pflicht der Gemeinde, die zur Erfüllung ihrer Aufgaben erforderlichen Finanzmittel soweit vertretbar und geboten primär aus speziellen Entgelten für die von ihr erbrachten Leistungen und im Übrigen aus Steuern zu beschaffen. Deshalb müssen Kommunen mit defizitärer Haushaltslage, z.B. Finanzierungslücken bei gemeindlichen Einrichtungen vorrangig durch Benutzungsgebühren statt durch Steuern oder Kre-

---

505 Vgl. BVerfG NJW 2000, 2573 ff.; BVerwG NVwZ 1997, 577, 578; Klüppel Jura 2001, 26 ff.; Drosdowski NVwZ 2007, 789 ff.; Tollmann DVBl. 2008, 616 ff.

506 OVG NRW NVwZ 1989, 987, 988; vgl. auch BVerfG NJW 2000, 2573, 2575.

507 OVG NRW NVwZ 1990, 689; VG Köln NVwZ 2005, 1341; Schoch Jura 2006, 188, 189.

508 Vgl. z.B. OVG NRW NWVBl. 1995, 478, 479.

509 OVG NRW NWVBl. 2004, 153, 154.

510 OVG NRW NWVBl. 1995, 304.

511 Zur Ermessensreduzierung auf Null vgl. VG Gelsenkirchen DVBl. 2007, 1507, 1509; allgemein zum kommunalaufsichtlichen Ermessen OVG Lüneburg NVwZ-RR 2008, 127, 128.

dite abdecken. Die Aufsichtsbehörde kann daher nach § 123 Abs. 1 GO NRW z.B. anordnen, die Kindergartenbeiträge zu erhöhen.[512] § 77 Abs. 2 GO NRW steht indes ausschließlich im öffentlichen Interessen. Die Abgabenpflichtigen haben daher keinen Anspruch gegen die Gemeinde auf Einhaltung der dort vorgegebenen Grundsätze der Einnahmebeschaffung.[513]

II. Rechtsgrundlage für die **Ersatzvornahme** ist § 123 Abs. 2 GO NRW.

1. Danach kann die Aufsichtsbehörde die Anordnung an Stelle und auf Kosten der Gemeinde selbst durchführen oder die Durchführung einem anderen übertragen, wenn die Gemeinde – wie hier – der Anordnung nicht innerhalb der bestimmten Frist nachgekommen ist. **334**

Unzulässig ist es daher, die Ersatzvornahme zeitgleich mit der Anordnung nach § 123 Abs. 1 GO NRW zu verfügen. Erst nach Ablauf der von der Aufsichtsbehörde gesetzten Frist kann diese tätig werden und die Ersatzvornahme anordnen.[514]

2. Fraglich ist, ob die Ersatzvornahme – wie im Rahmen der §§ 55 Abs. 1, 59 VwVG NRW – erst durchgeführt werden darf, wenn die **Anordnung vollziehbar** ist. **335**

a) Teilweise wird dies generell bejaht. Die kommunalaufsichtliche Ersatzvornahme sei strukturell mit der allgemeinen Ersatzvornahme nach § 59 VwVG NRW vergleichbar. Die Ersatzvornahme nach § 123 Abs. 2 GO NRW dürfe erst verfügt werden, wenn die Anordnung nach § 123 Abs. 1 GO NRW entweder **unanfechtbar** oder **sofort vollziehbar** sei.[515]

b) Dagegen spricht jedoch, dass die §§ 55 ff. VwVG den Verwaltungszwang im Über-/Unterordnungsverhältnis zwischen Bürger und Staat regeln. Gegenüber der Gemeinde sind die allgemeinen Zwangsmittel nicht zulässig (§ 76 VwVG NRW). Die Ersatzvornahme nach dem VwVG dient der Durchsetzung einer durch einen GrundVA konkretisierten vertretbaren Handlung (§§ 55 Abs. 1, 59 Abs. 1 VwVG NRW). Die kommunalaufsichtsrechtliche Ersatzvornahme erfasst dagegen alle Handlungen der Gemeinde, auch wenn sie nicht vertretbar sind. Auf die Vorschriften des VwVG darf daher im Rahmen des § 123 GO NRW **mangels Vergleichbarkeit** grundsätzlich nicht zurückgegriffen werden.[516] **336**

Deshalb sind auch die Vorschriften über den Sofortvollzug (§ 55 Abs. 2 VwVG NRW) im Rahmen der kommunalaufsichtsrechtlichen Ersatzvornahme nicht anwendbar.[517] Ohne vorherige Anordnung nach § 123 Abs. 1 GO NRW ist die Ersatzvornahme nach § 123 Abs. 2 GO NRW daher unzulässig.

c) Unabhängig davon handelt es sich bei der Anordnung nach § 123 Abs. 1 GO NRW aber um einen ganz normalen belastenden VA. Haben Rechtsbehelfe nach § 80 Abs. 1 S. 1 VwGO **aufschiebende Wirkung**, darf der angefochtene Verwaltungsakt nicht vollzogen oder sonst verwirklicht werden (sog. Verwirklichungshemmung).[518] Besteht die aufschiebende Wirkung braucht die **337**

512 OVG NRW NWVBl. 2011, 104; NWVBl. 2008, 69; NWVBl. 2007, 347; VG Düsseldorf, Urt. v. 30.10.2009 – 1 K 3437/07.
513 BayVGH NVwZ-RR 2008, 53 zur entsprechenden Vorschrift in Art. 62 Abs. 2 BayGO; Waldhoff JuS 2008, 369 f.
514 OVG NRW NWVBl. 2010, 30.
515 Müller NWVBl. 2012, 414, 416.
516 Vgl. OVG NRW NWVBl. 2011, 104, 105; NWVBl. 2010, 30, 32; NWVBl. 2008, 69, 70.
517 OVG NRW NWVBl. 2010, 30, 32; Müller NWVBl. 2012, 414, 416.
518 Vgl. AS-Skript VwGO (2013), Rn. 660 ff.

Gemeinde der Anordnung innerhalb der gesetzten Frist noch nicht nachkommen, sodass die Ersatzvornahme (noch) nicht durchgeführt werden darf.[519]

Diese Einschränkung greift hier jedoch nicht ein, da die Aufsichtsbehörde die sofortige Vollziehung angeordnet hat, sodass die Klage der S keine aufschiebende Wirkung entfaltet (§ 80 Abs. 2 S. 1 Nr. 4 VwGO). Die Anordnung war daher auch **vollziehbar**.

338 3. Ist die Anordnung nach § 123 Abs.1 GO – wie hier – noch nicht unanfechtbar, so soll die Ersatzvornahme nach teilweise vertretener Auffassung nur rechtmäßig sein, wenn die **Anordnung ihrerseits rechtmäßig** ist.[520] Dagegen spricht jedoch, dass die Anordnung auch wenn sie rechtswidrig ist, von der Gemeinde befolgt werden muss, solange sie nicht unwirksam oder aufgehoben worden ist (§ 43 Abs. 2 u. Abs. 3 VwVfG). Die Rechtmäßigkeit der Anordnung ist daher nicht Voraussetzung für die Rechtmäßigkeit der Ersatzvornahme.[521]

Unstreitig gilt dies, wenn die Anordnung nach § 123 Abs. 1 GO NRW unanfechtbar ist. Die Gemeinde kann dann keine Einwendungen gegen die Anordnung mehr geltend machen. Sie ist auf solche Einwendungen beschränkt, die sich gegen die Ersatzvornahme selbst richten.[522]

339 4. Eine **Androhung** oder **Festsetzung** ist für die Ersatzvornahme nach § 123 Abs. 2 GO NRW – anders als im allgemeinen Vollstreckungsrecht (§§ 63, 64 VwVG NRW) – nicht erforderlich. § 123 Abs. 1 GO NRW verlangt lediglich eine Fristsetzung. Die §§ 63, 64 VwVG sind mangels Vergleichbarkeit im Rahmen des § 123 GO NRW nicht anwendbar, auch gibt es hier nicht die Wahl zwischen verschiedenen Zwangsmitteln.[523]

340 5. Die Durchführung der Ersatzvornahme steht im **Ermessen** der Aufsichtsbehörde. Da die Ersatzvornahme in erheblichem Maße in das Selbstverwaltungsrecht der Gemeinde eingreift, ist in jedem Fall der Grundsatz der **Verhältnismäßigkeit** zu beachten.[524] Insoweit bestehen hier keine Bedenken.

Damit konnte die Bezirksregierung nach Fristablauf den Unternehmer U mit der Gefahrenbeseitigung beauftragen. Auch die Ersatzvornahme ist rechtmäßig.

Die Ersatzvornahme wirkt für und gegen die Gemeinde. Die Aufsichtsbehörde wird „an Stelle" der Gemeinde tätig, sie handelt also nicht als Vertreter im fremden Namen, sondern im eigenen Namen.[525] Gegenüber der Gemeinde steht der Aufsichtsbehörde ein unmittelbar aus § 123 Abs. 2 GO NRW folgender **Kostenerstattungsanspruch** zu.[526]

Ergebnis: Da sowohl die Anordnung als auch die Ersatzvornahme rechtmäßig sind, ist die Klage der S insgesamt unbegründet.

---

519 OVG NRW NWVBl. 2010, 30, 32; Müller NWVBl. 2012, 414, 416 f.

520 Schnapp/Mühlhoff NWVBl. 2000, 271, 273 u. 276; offen gelassen von OVG NRW NWVBl. 2011, 104.

521 Müller NWVBl. 2012, 414, 418; zur ähnlichen Problematik im Verwaltungsvollstreckungsrecht vgl. AS-Skript Verwaltungsrecht AT 2 (2013), Rn. 211 ff.

522 OVG NRW NVwZ 1990, 187; NVwZ-RR 1992, 104; KV/GO-Becker/Winkel § 123 Anrm. 2.

523 Für die Androhung vgl. OVG NRW NWVBl. 2008, 69, 70; a.A. VG Düsseldorf, Beschl. v. 28.09.2001 – 1 L 2156/01; offen gelassen in OVG NRW NWVBl. 2010, 30, 32; für die Festsetzung vgl. OVG NRW NWVBl. 2011, 104, 105.

524 KV/GO-Becker/Winkel § 123 Anm. 3.

525 Rennert JuS 2008, 119, 121; Müller NWVBl. 2012, 414, 418.

526 OVG NRW DVBl. 1989, 1272, 1273; KV/GO-Becker/Winkel § 123 Anm. 3; Müller NWVBl. 2012, 414, 418.

Ersatzvornahme (§ 123 Abs. 2 GO NRW)
■ Nicht fristgerechte Erfüllung der Anordnung nach § 123 Abs. 1 GO NRW
■ Vollziehbarkeit der Anordnung str., jedenfalls darf keine aufschiebende Wirkung bestehen
■ Rechtmäßigkeit der Anordnung für Ersatzvornahme irrelevant
■ Androhung und Festsetzung nicht erforderlich
■ Rechtsfolge: Ermessen, insbesondere Verhältnismäßigkeit

E. Genehmigungsvorbehalte

In Ausnahmefällen bedarf die Gemeinde für ihre Tätigkeit einer aufsichtsbehördlichen **Genehmigung** (z.B. § 2 Abs. 2 KAG für bestimmte Steuersatzungen und nach § 10 Abs. 2 BauGB für bestimmte Bebauungspläne). Wird die Genehmigung versagt, kann die Gemeinde **Verpflichtungsklage** (§ 42 Abs. 1 Fall 2 VwGO) erheben. Für die Begründetheit der Klage (§ 113 Abs. 5 VwGO) ist vor allem von Bedeutung, ob die Genehmigung ein **gebundener VA** ist oder ob der Aufsichtsbehörde ein eigenständiger Ermessensspielraum zusteht. Im Regelfall ist ein **Ermessen zu verneinen**, weil andernfalls das Selbstverwaltungsrecht (Art. 28 Abs. 2 S. 1 GG) unangemessen eingeschränkt würde. Normalerweise dienen Genehmigungsvorbehalte nur einer **präventiven Gesetzmäßigkeitskontrolle**. Sie sind lediglich „Unbedenklichkeitsbescheinigungen". Sind die Voraussetzungen erfüllt, hat die Gemeinde einen **Anspruch auf Erteilung der Genehmigung**.[527] **341**

Hierunter fallen vor allem Genehmigungen zu Satzungen (z.B. Steuersatzungen nach § 2 Abs. 2 KAG; für Bebauungspläne ausdrücklich § 10 Abs. 2 BauGB i.V.m. § 6 Abs. 2 BauGB).

Ermessen der Aufsichtsbehörde besteht nur ausnahmsweise, wenn sich aus der die Genehmigung regelnden Vorschrift ergibt, dass die Aufsichtsbehörde bei ihrer Entscheidung auch andere, insbesondere **außergemeindliche und überörtliche Interessen** berücksichtigen darf. Da hier die Verwaltungsentscheidung letztlich von Gemeindeorganen und staatlicher Behörde zusammen getroffen wird – sie kann nur wirksam werden, wenn beide eine positive Entscheidung treffen –, bezeichnet man diese Fälle als **Kondominium**. Die Gemeinde hat dann nur einen Anspruch auf ermessensfehlerfreie Entscheidung.[528] **342**

Ein Kondominium wurde früher insbesondere für bestimmte haushaltsrechtliche Genehmigungstatbestände angenommen.[529] Da diese weitgehend abgeschafft wurden (Ausnahmen z.B. in §§ 82 Abs. 2, 86 Abs. 3 GO NRW), hat die Frage heute keine große Bedeutung mehr.

---

527 VerfGH NRW DVBl. 1997, 121, 122; OVG NRW OVGE 19, 192, 197; KV/GO-Becker/Winkel § 119 Anm. 5; Schoch Jura 2006, 188, 191 m.w.N.

528 BVerwG DVBl. 1971, 213; OVG NRW DVBl. 1988, 796; Seewald in Steiner, Rn. 364; Knemeyer JuS 2000, 521, 523; Franz JuS 2004, 937, 939; Schoch Jura 2006, 188, 191; ablehnend Ehlers NWVBl. 1990, 80, 85; Erlenkämper NVwZ 1992, 322, 323: in Selbstverwaltungsangelegenheiten nur Rechtmäßigkeitskontrolle.

529 Vgl. z.B. OVG NRW DVBl. 1988, 796 zu § 64 GO a.F.

Staatsaufsicht über die Gemeinde

Sonderaufsicht
bei Pflichtaufgaben zur Erfüllung nach Weisung (§ 119 II GO)

Allgemeine Aufsicht
(§ 119 I GO)
Rechtsaufsicht im **gesamten** Tätigkeitsbereich der Gemeinde

Fachaufsicht
bei Auftragsangelegenheiten (kraft Bundesrechts), §§ 13, 16 LOG

präventiv

Unterrichtungsrecht
(§ 121 GO)

repressiv

präventiv

- **Anzeigepflichten** (§§ 80 V, 115 GO)
- **Genehmigungsvorbehalte** (§ 7 I 2 GO, z.B. § 2 II KAG, § 10 II BauGB)

↓

- grds. nur Gesetzmäßigkeitskontrolle, **kein Ermessen**
- Ausnahme: Ermessen der Aufsichtsbehörde, wenn **Kondominium**

↑

- Bei Ablehnung: **Verpflichtungsklage**

repressiv

Beanstandung/ Aufhebung
(§ 122 GO)

- Ratsbeschlüsse (§ 122 I GO)
  - Beanstandung durch BM (§ 54 II GO), ggf. durch Aufsichtsbehörde selbst
  - nochmalige Beratung im Rat
  - Ratsbeschluss rechtswidrig
- entspr. bei rw Anordnung des BM (§ 122 II GO)

Anordnung/ Ersatzvornahme
(§ 123 GO)

- Nichterfüllung öffentlich-rechtlicher Pflichten
- Anordnung mit Fristsetzung (§ 123 I GO)
- ggf. Selbstvornahme bzw. Ersatzvornahme (§ 123 II GO)

subsidiär: Staatskommissar (§ 124 GO)

ultima ratio: Auflösung des Rates (§ 125 GO)

↓

- Einschreiten steht im **Ermessen**, aber
  - nur im öffentl. Interesse zulässig, nicht ausschließlich zum Schutz privater Rechte Dritter (Subsidiaritätsprinzip)
  - kein subjektives Recht Dritter auf Einschreiten, auch nicht auf ermessensfehlerfreie Entscheidung –> § 42 II VwGO (–)
- **Rechtsschutz: Anfechtungsklage** der Gemeinde

6. Abschnitt: Gemeindliche Satzungen

A. Satzungsautonomie

Die Gemeinden und Gemeindeverbände haben nicht nur das Recht, hoheitliche Regelungen im Einzelfall durch **Verwaltungsakt** zu treffen, sondern auch die Befugnis die eigenen Angelegenheiten durch Satzung, also durch **eigene Rechtsnormen** zu regeln. Das Recht, Satzungen zu erlassen, gehört als sogenannte **Satzungsautonomie** zum Kernbereich der Selbstverwaltung (vgl. oben Rn. 70). § 7 Abs. 1 S. 1 GO NRW bestimmt deshalb: „Die Gemeinden können ihre Angelegenheiten durch Satzung regeln, soweit Gesetze nichts anderes bestimmen." Da Art. 28 Abs. 2 S. 1 GG den Gemeinden gewährleistet, alle Angelegenheiten der örtlichen Gemeinschaft eigenverantwortlich zu „regeln", gibt er ihnen unmittelbar auch das Recht, Satzungen zu erlassen. § 7 Abs. 1 S. 1 GO NRW hat daher für die Verleihung der Satzungsautonomie nur **deklaratorische Bedeutung**.[530] 343

Der Zweck der Satzungsautonomie liegt darin, „gesellschaftliche Kräfte zu mobilisieren, den gesellschaftlichen Gruppen die Regelung solcher Angelegenheiten, die sie selbst betreffen und die sie in überschaubaren Bereichen am sachkundigsten beurteilen können, eigenverantwortlich zu überlassen und dadurch den Abstand zwischen Normgeber und Normadressat zu verringern".[531]

B. Satzungen als Rechtsnormen

I. Begriff der Satzung

Satzungen sind untergesetzliche Rechtsnormen mit grundsätzlich allgemeinem Inhalt, die von einer Selbstverwaltungskörperschaft im Bereich ihrer eigenen Angelegenheiten erlassen werden. Sie sind (wie Rechtsverordnungen) Gesetze im materiellen Sinne. 344

Ebenso wie andere Rechtsnormen haben auch Satzungen in der Regel einen abstrakt-generellen Inhalt. Zwingend notwendig ist dies jedoch nicht. Insbesondere der nach § 10 BauGB als Satzung zu erlassende Bebauungsplan kann auch konkret-individuelle Regelungen enthalten.

Im **Unterschied zu formellen Gesetzen** (Parlamentsgesetze) handelt es sich bei der Satzung nicht um parlamentarische Rechtssetzung, sondern um Rechtsnormen der Exekutive. Auch soweit der Rat als „Ortsgesetzgeber" tätig wird (§ 41 Abs. 1 S. 2 f) GO NRW), handelt er als Exekutivorgan (vgl. oben Rn. 49). Satzungsgebung ist daher als **Verwaltungstätigkeit** zu qualifizieren.[532] 345

Im **Unterschied zur RechtsVO** handelt es sich bei der Satzung aber nicht um Rechtssetzung der hierarchisch gegliederten Exekutive, sondern um Rechtssetzung einer eigenständigen, wenn auch dem Staat eingegliederten, **Selbstverwaltungskörperschaft**. Die Satzung unterscheidet sich von der **RechtsVO** dadurch, dass die RechtsVO nicht auf einer eigenen Rechtsetzungsgewalt des Verordnungsgebers beruht, sondern lediglich vom Parlamentsgesetzgeber „abgeleitet" ist. 346

530 BVerwG, Urt. v. 16.10.2013 – BVerwG 8 CN 1.12, RÜ 2014, 115, 118; Hermann Jura 2010, 149, 151.

531 BVerfGE 33, 125, 156 f.

532 Pielow/Finger Jura 2007, 189, 190.

Die „Privilegierung" der Satzung ist deshalb gerechtfertigt, weil die Selbstverwaltungsgarantie die stetige Entdeckung neuer Aufgabenbereiche umfasst, d.h. die Befugnis der Gemeinden, bislang unbesetzte Aufgaben an sich zu ziehen (s.o. Rn. 68).[533] Ist der Selbstverwaltungsbereich aber gegenständlich offen, so können Inhalt, Zweck und Ausmaß von Satzungsermächtigungen nicht von vornherein vorgegeben werden.

347 **Satzungsgeber** können insbesondere Gemeinden und Gemeindeverbände sein, aber auch andere öffentlich-rechtliche Körperschaften mit dem Recht der Selbstverwaltung (sogenannte funktionale Selbstverwaltung), wie z.B. Hochschulen, die IHK und sonstige Berufs- und Gewerbekammern (z.B. Rechtsanwaltskammern, Ärztekammern, Handwerkskammer).

Beispiele: Beitragssatzungen der IHK, Gebührensatzungen öffentlich-rechtlicher Körperschaften. Im Rahmen der sogenannten funktionalen Selbstverwaltung ist die Satzungsautonomie aber nicht verfassungsrechtlich abgesichert, sondern nur einfach-gesetzlich verankert.

348 Satzungen sind grundsätzlich nur im Bereich der **eigenen Angelegenheiten** der Selbstverwaltungskörperschaft zulässig. Es muss sich daher (in sachlicher, räumlicher und personeller Hinsicht) um eine **Selbstverwaltungsaufgabe** handeln; im Bereich staatlicher Aufgaben sind Satzungen nur zulässig, wenn hierfür eine besondere Ermächtigung besteht.

Bei Pflichtaufgaben zur Erfüllung nach Weisung ist dies aufgrund der unterschiedlichen Einordnung umstritten.[534]

II. Arten der Satzung

Satzungen der Gemeinde lassen sich in **drei Kategorien** einteilen:

349 ■ Für bestimmte Bereiche hat die Gemeinde nicht nur das Recht, sondern generell die **Pflicht**, eine Satzung zu erlassen.

Beispiele: Hauptsatzung gemäß § 7 Abs. 3 GO NRW, Haushaltssatzung gemäß § 78 Abs. 1 GO NRW.

350 ■ Hiervon zu unterscheiden sind die sogenannten **bedingten Pflichtsatzungen**. Diese müssen von der Gemeinde nicht in jedem Fall aufgestellt werden, sondern hängen von bestimmten Voraussetzungen ab.

So z.B. der Erlass eines Bebauungsplans von einem Planungsbedürfnis (§ 1 Abs. 3 BauGB); entsprechendes gilt für die Erschließungsbeitragssatzung (§ 132 BauGB), Satzungen für rechtsfähige Anstalten der Gemeinde (§ 114 a Abs. 2 GO NRW) und die Sparkassensatzung (§ 6 SpkG).

351 ■ Im Übrigen ist die Gemeinde zum Erlass von Satzungen im Rahmen ihrer eigenen Angelegenheiten berechtigt, aber nicht verpflichtet **(freiwillige Satzungen)**.

Beispiele: Abgabensatzungen nach dem KAG, Benutzungssatzungen bei öffentlichen Einrichtungen der Gemeinde (§ 8 GO NRW), Anschluss- und Benutzungszwang (§ 9 GO NRW), Sondernutzungssatzung (§ 19 StrWG), örtliche Bauvorschriften (§ 86 BauO), Innenbereichssatzung (§ 34 Abs. 4 BauGB); Außenbereichssatzung (§ 35 Abs. 6 BauGB).

---

533 BVerfGE 79, 127, 146.

534 Vgl. Maurer DÖV 1993, 184, 190 und oben Rn. 124.

C. Rechtmäßigkeit und Wirksamkeit einer Satzung

I. Umfang der Generalermächtigung

Fall 10: Die Sportparkordnung

Die Stadt S hat einen großen Sportpark mit Spielfeldern für Fußball und Handball, Leichtathletikanlagen, Tennisplätzen und Kinderspielplätzen errichtet. Nachdem der Sportpark einige Zeit unter der Leitung des städtischen Sportamtes betrieben worden ist, haben sich Probleme ergeben und auch einige Missstände gezeigt. Auf Anregung eines Ratsmitglieds hat das Rechtsamt dem Rat den Entwurf einer „Sportparkordnung" vorgelegt, u.a. mit folgenden Regelungen:

§ 1: Ein Anspruch auf Benutzung der Anlagen besteht nicht. Die Zulassung steht im Ermessen des Sportamtes.

§ 2: Ortsansässige Sportvereine haben im Rahmen der vorhandenen Kapazitäten einen Anspruch auf Zuteilung von Benutzungszeiten.

§ 3: Wer mehrfach schwerwiegend die Ordnung in den Anlagen gestört hat, kann für begrenzte Zeit oder auf Dauer von der Benutzung ausgeschlossen werden. Er darf die Anlagen nicht mehr betreten.

§ 4: Wer die Anlagen ohne ausdrückliche Genehmigung mit einem Fahrzeug befährt, kann mit einer Geldbuße zwischen 10 und 250 € belegt werden.

Im Rat wurde die Vorlage nach kurzer Diskussion an den Sportausschuss zur Beratung und Beschlussfassung überwiesen. Im Ausschuss wurden sowohl gegen das Verfahren als auch gegen den Inhalt der Vorlage Bedenken erhoben. Ausschussmitglied X erklärte, die bisherige Vergabe der Ballspielfelder und Tennisplätze durch privatrechtliche Vermietung habe sich bewährt und solle beibehalten werden. Nach diesem Vorschlag wird die Beratung vertagt. Bestehen rechtliche Bedenken gegen das Verfahren sowie die Vorschläge des Rechtsamtes und des X?

A. Die Rechtmäßigkeitsvoraussetzungen hängen von der **Rechtsnatur** der „Sportparkordnung" ab. Es könnte sich um eine **Satzung** handeln. **352**

I. Dies kann sich aus einer **Spezialregelung** (z.B. § 10 BauGB, § 2 KAG) oder aus der allgemeinen Definition ergeben. Ist die Satzung bereits erlassen, kann allein auf die **Form** abgestellt werden (Bezeichnung als Satzung).

II. Die SportparkO enthält öffentlich-rechtliche Regelungen (Ge- und Verbote, Erlass von VAen) abstrakt-genereller Art (Benutzung durch jedermann), die von der Gemeinde kraft ihrer Satzungsautonomie erlassen werden soll. **Begrifflich** handelt es sich daher um eine gemeindliche **Satzung**.

B. Da es sich bei dem Satzungserlass um **Verwaltungstätigkeit** handelt, gilt der Grundsatz vom Vorbehalt des Gesetzes (Art. 20 Abs. 3 GG), d.h. die Satzung als untergesetzliche Norm bedarf einer gesetzlichen **Ermächtigungsgrundlage**. **353**

Die Ermächtigung zur Satzungsgebung kann sich ergeben aus

- einer **Spezialnorm** (z.B. §§ 10, 132 BauGB, § 2 KAG) oder
- der **Generalklausel** des § 7 Abs. 1 S. 1 GO NRW.

354 Falls Bedenken gegen die Wirksamkeit der Satzungsermächtigung bestehen, sind sie an dieser Stelle zu prüfen. Hierbei ist jedoch zu beachten, dass die in Art. 80 GG, 70 LVerf geregelten Anforderungen an Ermächtigungen zum Erlass von **Rechtsverordnungen** hinsichtlich Inhalt, Zweck und Ausmaß für den Satzungserlass nicht, auch **nicht analog** gelten.[535] Die Ermächtigung unterliegt nur dem allgemeinen rechtsstaatlichen Bestimmtheitserfordernis.[536]

Als **Ermächtigungsgrundlage** kommt hier mangels Spezialnorm nur die Generalklausel des § 7 Abs. 1 S. 1 GO NRW in Betracht.

355 C. **Formelle Rechtmäßigkeit**

Formelle Rechtmäßigkeitsvoraussetzungen für Satzungen

I. Zuständigkeit

1. **Verbandskompetenz** der Gemeinde (§ 7 Abs. 1 S. 1 GO NRW, Art. 28 Abs. 2 GG)
2. **Organkompetenz** des Rates (§ 41 Abs. 1 S. 2 lit. f) GO NRW)

II. Verfahren

1. **ordnungsgemäßer Ratsbeschluss** nach §§ 48 ff. GO NRW
2. **spezielle Verfahrensvorschriften** (z.B. §§ 3 ff. BauGB)

III. Form

Schriftform mit schriftlicher Bestätigung durch den Bürgermeister (vgl. § 2 Abs. 3 BekanntmVO). Für bestimmte Satzungen gelten besondere Formvorschriften, z.B. Verwendung von Mustersatzungen (vgl. § 133 Abs. 3 GO NRW).

IV. ggf. **Genehmigung der Aufsichtsbehörde**

soweit dies gesetzlich ausdrücklich vorgeschrieben ist (§ 7 Abs. 1 S. 2 GO NRW), z.B. bei bestimmten Bebauungsplänen (§ 10 Abs. 2 BauGB) und Steuersatzungen (§ 2 Abs. 2 KAG).

V. ordnungsgemäße **Ausfertigung** und **Bekanntmachung** (§ 7 Abs. 4 u. 5 GO NRW)

Einzelheiten finden sich in §§ 2 ff. BekanntmVO. Für Bebauungspläne ist die besondere Regelung in § 10 Abs. 3 BauGB zu beachten.

356 I. **Zuständigkeit**

1. Die **Verbandskompetenz** der Gemeinde folgt aus § 7 Abs. 1 S. 1 GO NRW, Art. 28 Abs. 2 S. 1 GG. Bei dem Sportpark handelt es sich um eine öffentliche Einrichtung der Gemeinde, die in den Bereich der **Selbstverwaltungsangelegenheiten** fällt (Daseinsvorsorge). Für ihre öffentlichen Einrichtungen können die Gemeinden das Nähere über Zweck, Ausstattung und Benutzung etc. durch Satzung regeln.

2. Die **Organkompetenz** für den Erlass einer Satzung liegt **zwingend beim Rat** (§ 41 Abs. 1 S. 2 lit. f) GO NRW), sodass eine Übertragung auf den Ausschuss nach § 41 Abs. 2 GO NRW ausscheidet. Der Sportausschuss darf den Beschluss über die Satzung nur vorbereiten, ist aber nicht für die endgültige Beschlussfassung zuständig.

535 BVerfGE 33, 125, 158; 49, 343, 362; BVerwG NVwZ 1990, 867, 868; KV/GO-Wansleben § 7 Anm. 1.3.

536 BVerwG DVBl. 2006, 781, 782.

Wird in einer kommunalen Satzung auf die Regelungen eines anderen Normgebers „in der jeweils geltenden Fassung" verwiesen (dynamische Verweisung), verstößt dies gegen § 41 Abs. 1 S. 2 lit. f) GO NRW, wenn der Umfang von Änderungen der Bezugsnorm nicht absehbar ist.[537]

II. Weitere formelle Erfordernisse können hier nicht geprüft werden, da sich die Vorlage noch im Stadium vorbereitender Beratungen befindet. **357**

Besondere Bedeutung in formeller Hinsicht hat die **Bekanntmachung** (§ 7 Abs. 4 GO NRW), deren rechtsstaatliche Funktion darin besteht, der Öffentlichkeit die verlässliche Kenntnisnahme vom geltenden Recht zu ermöglichen. Die Bekanntmachung von Satzungen richtet sich nach der BekanntmachungsVO (§ 7 Abs. 5 GO NRW). Für sonstige öffentliche Bekanntmachungen gilt § 7 Abs. 7 GO NRW.[538]

D. Materielle Rechtmäßigkeit **358**

Materielle Rechtmäßigkeitsvoraussetzungen für Satzungen
I. Tatbestandliche Voraussetzungen der Ermächtigungsgrundlage Für Satzungen, die die Benutzung öffentlicher Einrichtungen regeln, ist die Ermächtigung insbesondere durch den **Einrichtungszweck** begrenzt.
II. Kein Verstoß gegen höherrangiges (Bundes- oder Landes-)Recht, insbesondere kein Verstoß gegen Grundrechte oder den Grundsatz der Verhältnismäßigkeit.
III. bei Ermessen: keine Ermessensfehler

I. **Generelle Bedenken** gegen die Satzung könnten sich hier daraus ergeben, dass die Benutzung des Sportparks bisher zumindest teilweise privatrechtlich erfolgte. Dadurch wird ein Übergang zu einer öffentlich-rechtlichen Benutzung jedoch nicht ausgeschlossen. Da die öffentliche Hand bei der rechtlichen Ausgestaltung des Leistungsverhältnisses ein Wahlrecht hat, kann sie ein bislang privatrechtliches Benutzungsverhältnis durch eine öffentlich-rechtliche Regelung, insbesondere in der Form einer Satzung, ersetzen.[539] **359**

II. **Rechtmäßigkeit der in § 1 getroffenen Benutzungsregelung** **360**

1. Ermächtigungsgrundlage ist § 7 Abs. 1 S. 1 GO NRW, der typischerweise **Benutzungsregelungen** für öffentliche Einrichtungen der Gemeinde erfasst.

2. Jedoch räumt § 8 Abs. 2 GO NRW einen **Benutzungsanspruch** ein (s.o. Rn. 189). § 1 der Satzung schließt diesen Anspruch generell aus, verstößt also gegen die höherrangige Vorschrift des § 8 Abs. 2 GO NRW und ist damit **nichtig**.

Von dem generellen Ausschluss des Benutzungsanspruchs durch die Satzung ist der **Ausschluss im Einzelfall**, z.B. aufgrund des Hausrechts, zu unterscheiden. Aus § 8 GO NRW „folgt als Annex das Recht der Gemeinde den Betrieb einer von ihr geschaffenen Einrichtung aufrechtzuerhalten und Störungen abzuwehren. Die Abwehr einer Störung kann auch darin liegen, dass ein Benutzer ausgeschlossen wird, der den Betrieb der Einrichtung gefährdet."[540]

537 OVG NRW NVwZ 2005, 606; vgl. auch OVG NRW NWVBl. 2006, 461 zum Verweis auf private Regelwerke.

538 § 7 Abs. 7 GO NRW i.d.F. des Gesetzes vom 19.12.2013 (GVBl. 2013, 878).

539 Zum Wahlrecht zwischen öffentlich-rechtlicher und privatrechtlicher Benutzung Bay VerfGH NVwZ 1998, 727, 728; Erlenkämper NVwZ 1999, 1295, 1308; Becker/Sichert JuS 2000, 144, 145; Ehlers Jura 2012, 692, 695.

540 OVG NRW NVwZ 1995, 814 (zum Ausschluss aus einem Gemeindechor).

361 III. **Rechtmäßigkeit der in § 2 getroffenen Benutzungsregelung**

1. Unbedenklich ist es, dass § 2 den sich bereits aus § 8 Abs. 4 i.V.m. Abs. 2 GO NRW ergebenden Anspruch für Vereine klarstellend regelt. Die Nichtausdehnung des Benutzungsrechts auf auswärtige Sportvereine ist nicht zu beanstanden (arg. e. § 8 Abs. 3 GO NRW).

362 2. Steht, wie zumeist, der Erlass (das „Ob") und der Inhalt der Satzung im Ermessen der Gemeinde, so darf die Entscheidung **nicht ermessensfehlerhaft** sein.[541] Soweit der Normgeber zur Regelung einer Frage befugt ist, ist seine Entscheidungsfreiheit eine Ausprägung des auch mit Rechtssetzungsakten der Exekutive typischerweise verbundenen **normativen Ermessens**. Das normative Ermessen ist allerdings weiter als das exekutivische Ermessen (§ 40 VwVfG, § 114 VwGO).

„Es wird erst dann rechtswidrig ausgeübt, wenn die getroffene Entscheidung in Anbetracht des Zweckes der Ermächtigung schlechterdings unvertretbar oder unverhältnismäßig ist. Demgemäß beschränkt sich die verwaltungsgerichtliche Kontrolle darauf, ob diese äußersten rechtlichen Grenzen der Rechtssetzungsbefugnis überschritten sind."[542]

Auch diesbezüglich sind hier keine Bedenken ersichtlich. § 2 des Satzungsentwurfs ist daher rechtmäßig.

Für die Gültigkeit untergesetzlicher Normen ist grundsätzlich nur das **Ergebnis des Rechtssetzungsaktes** maßgeblich.[543] Auf die Erwägungen und Beweggründe des Satzungsgebers kommt es bei der Beurteilung der Rechtmäßigkeit grds. nicht an. Etwas anderes gilt nur, wenn eine besonders ausgestaltete Bindung des Normgebers an gesetzlich formulierte Abwägungsdirektiven besteht, z.B. beim Erlass von Bebauungsplänen (vgl. insbes. §§ 214 Abs. 1 S. 1 Nr. 1, 214 Abs. 3 S. 2 BauGB).

363 IV. **Rechtmäßigkeit der in § 3 vorgesehenen Ausschlussmöglichkeit**

1. Ermächtigungsgrundlage könnte auch insoweit die **Generalklausel** des § 7 Abs. 1 S. 1 GO NRW sein. Voraussetzung ist, dass es sich in sachlicher, personeller und räumlicher Hinsicht um eine **eigene Angelegenheit** handelt. Wie bereits festgestellt, geht es sachlich um eine eigene Angelegenheit, da aus dem Selbstverwaltungsrecht der Gemeinde die Befugnis resultiert, die Benutzung ihrer öffentlichen Einrichtungen zu regeln.

„Die Befugnis zum Betrieb der öffentlichen Einrichtung ... umfasst die Ermächtigung, das Benutzungsverhältnis generell durch Satzung ... und im Einzelfall durch Verwaltungsakt zu regeln (Anstaltsgewalt)."[544]

Auch im Hinblick auf die räumliche und persönliche Anknüpfung bestehen keine Bedenken. Bei öffentlichen Einrichtungen unterliegen auch Nicht-Einwohner der Benutzungsregelung. Denn räumlicher Anknüpfungspunkt ist hier die Belegenheit in der Gemeinde, persönlich wird an die Benutzung angeknüpft.[545]

541 Zum Satzungsermessen BVerwG NVwZ 2006, 1068, 1069; NVwZ 2002, 1123, 1124; Maurer DÖV 1993, 184, 192; Oebbecke NVwZ 2003, 1313, 1315; Hermann Jura 2010, 149, 152.

542 BVerwG NVwZ 2006, 1068, 1069.

543 BVerwG NVwZ 2007, 958, 959; OVG RP, Urt. v. 14.05.2013 – 6 C 11221/12, NVwZ-RR 2013, 898, 899; OVG NRW, Beschl. v. 16.07.2013 - 14 A 464/13; VG Arnsberg, Urt. v. 14.09.2013 - 5 K 2417/12.

544 OVG NRW NWVBl. 2003, 104, 105.

545 Schmidt-Jortzig DVBl. 1990, 920, 922.

2. § 7 Abs. 1 S. 1 GO NRW ermächtigt allerdings nicht zu **besonderen Belastungen**, insbesondere sind aufgrund der Generalermächtigung **keine Eingriffe in Grundrechte** (z.B. Eigentum und Freiheit) zulässig.[546] Dies folgt aus dem Prinzip der Gesetzmäßigkeit der Verwaltung (Art. 20 Abs. 3 GG) in der Ausprägung des Grundsatzes vom Vorbehalt des Gesetzes. **364**

   a) Zwar stellt § 7 Abs. 1 S. 1 GO NRW eine gesetzliche Grundlage dar, der Grundsatz vom Vorbehalt des Gesetzes betrifft aber alle **wesentlichen** Entscheidungen, wobei das Grundlegende vom Gesetzgeber selbst geregelt werden muss (sogenannter **Parlamentsvorbehalt**). Wesentlich sind hierbei alle grundrechtsrelevanten und sonstigen Fragen, die so bedeutsam sind, dass sie einer parlamentarischen Absicherung bedürfen und nicht allein der Verwaltung überlassen bleiben dürfen. Insoweit ist die Generalklausel des § 7 Abs. 1 S. 1 GO NRW aber zu unbestimmt, als dass sie eine hinreichende Ermächtigungsgrundlage für Grundrechtseingriffe darstellen könnte. Vielmehr sind hier spezielle Ermächtigungen erforderlich.[547]

   Beispiele: Die Gemeinde ist nicht befugt, durch Satzung in das Grundrecht der Berufsfreiheit aus Art. 12 GG einzugreifen.[548] Wegen Art. 13 GG darf in einer Satzung kein Betretungsrecht für Grundstücke geregelt werden.[549]

   b) Ein derartiger nicht von § 7 Abs. 1 S. 1 GO NRW gedeckter **Grundrechtseingriff** könnte hier in der **Ausschlussregelung** des § 3 gesehen werden. Gegen die Annahme eines Grundrechtseingriffs spricht jedoch, dass es sich bei der Regelung lediglich um die **Modifizierung einer Leistung** handelt. Nach § 8 Abs. 2 GO NRW haben zwar alle Einwohner der Gemeinde das Recht, die öffentlichen Einrichtungen der Gemeinde zu benutzen. Dies gilt jedoch nur **„im Rahmen des geltenden Rechts"**. Zu dem den Benutzungsanspruch einschränkenden Recht gehört auch eine die Benutzung näher regelnde Satzung. Solange daher auf die Leistung – hier die Einrichtung eines Sportparks – kein grundrechtlicher Anspruch besteht, kann die Ausgestaltung des Benutzungsverhältnisses, d.h. die Modifizierung der Leistung, ihrerseits nicht grundrechtsrelevant sein. Dementsprechend handelt es sich bei derartigen Regelungen nicht um selbstständige Grundrechtseingriffe, sondern um einen notwendigen **Annex** zur Ausgestaltung der Benutzung. **365**

   Da § 3 der Satzung somit **keine „wesentlichen Fragen"** regelt, sondern lediglich eine Leistung modifiziert, bedarf sie keiner besonderen Ermächtigungsgrundlage. Mangels Grundrechtsrelevanz reicht als Rechtsgrundlage vielmehr die Generalklausel des § 7 Abs. 1 S. 1 GO NRW aus.[550]

   Hiervon geht auch § 7 Abs. 2 GO NRW aus, wenn dort vorausgesetzt wird, dass Satzungen „Gebote und Verbote" enthalten.[551]

---

546 BVerwG, Urt. v. 16.10.2013 – BVerwG 8 CN 1.12, RÜ 2014, 115, 118 f.

547 BVerwG, Urt. v. 16.10.2013 – BVerwG 8 CN 1.12, RÜ 2014, 115, 118 f.; DVBl. 2006, 781, 782; Isensee/Jakobs NWVBl. 2001, 323, 325; Funke/Papp JuS 2010, 395, 398; Hermann Jura 2010, 149, 151.

548 BVerwG, Urt. v. 16.10.2013 – BVerwG 8 CN 1.12, RÜ 2014, 115, 118 f.; OVG Schleswig NVwZ 1996, 1034, 1035; a.A. OVG NRW, Beschl. v. 21.02.2011 – 19 A 2437/08; GewArch 2011, 355; VGH Mannheim DVBl. 2003, 287 für Zulassungsbeschränkungen für Bestattungsunternehmer bzw. Friedhofsgärtner in gemeindlicher Friedhofssatzung.

549 BayVGH NVwZ 1998, 540; VGH Mannheim NVwZ 1993, 388; Lübbe-Wolff DVBl. 1993, 762; vgl. allgemein Becker/Sichert JuS 2000, 144, 147; Pielow/Finger Jura 2007, 189, 198; v.Ungern-Sternberg Jura 2007, 256, 257.

550 Vgl. OVG NRW NWVBl. 2003, 104, 105; Bleckmann DVBl. 1987, 1085 ff.

366 Derartige Regelungen werden allerdings begrenzt durch den **Einrichtungszweck** und unterliegen dem Grundsatz der **Verhältnismäßigkeit**.

Beispiele: Gestaltungsvorschriften in einer Friedhofssatzung „müssen dem Grundsatz der Verhältnismäßigkeit genügen, müssen also durch einen legitimen Zweck gedeckt sein und dürfen die Rechte der Friedhofsbenutzer nicht in einem Maße beschränken, das außer Verhältnis zu Gewicht und Bedeutung des verfolgten Zweckes steht."[552] Die Regelungen müssen insbesondere im Hinblick auf das durch Art. 2 Abs. 1 GG geschützte Grabnutzungsrecht der Betroffenen verhältnismäßig sein.

Zulässig sind danach z.B. Bestimmungen über die Art und Größe der Grabmale[553] und sonstige Bestimmungen, mit denen eine würdige Gestaltung des Friedhofs sichergestellt werden soll.[554] Nicht mehr von der allgemeinen Satzungsermächtigung gedeckt ist dagegen eine Regelung über die Herkunft der Grabsteine, da die allgemeine Satzungsermächtigung einen mittelbaren Eingriff in die Berufsausübungsfreiheit nicht rechtfertigen kann und auch im Übrigen unverhältnismäßig ist.[555] Einige Länder (Baden-Württemberg, Bremen und das Saarland) haben hierzu zwischenzeitlich spezielle Ermächtigungen geschaffen.[556]

Nach der Rspr. soll es dagegen zulässig sein, durch eine gemeindliche Friedhofssatzung die Tätigkeit von Bestattungsunternehmern und Friedhofsgärtnern auf einem Friedhof von einer vorherigen Zulassung durch die Gemeinde abhängig zu machen. Zwar berühre eine solche Beschränkung den Bestattungsunternehmer in seinem Grundrecht aus Art. 12 Abs. 1 GG, jedoch sei diese Beschränkung als Berufsausübungsregelung nach Art. 12 Abs. 1 S. 2 GG durch gewichtige Gründe des Allgemeininteresses gedeckt.[557] Diese Auffassung ist indes bedenklich, da die Generalklausel des § 7 Abs. 1 S. 1 GG grundsätzlich keinen Eingriff in Art. 12 Abs. 1 GG rechtfertigen kann (s.o. Rn. 364).

§ 3 dient dem Zweck, den ordnungsgemäßen Gebrauch der Sportanlagen sicherzustellen. Ein Ausschluss ist nur bei mehrfachen schwerwiegenden Verstößen vorgesehen, sodass die Regelung auch verhältnismäßig ist. § 3 des Satzungsentwurfs ist damit rechtmäßig.

V. Rechtmäßigkeit der Verbots- und Bußgeldregelung in § 4

367 1. § 4 enthält zunächst das **Verbot**, die Anlagen mit Fahrzeugen zu befahren. Auch hierbei handelt es sich nicht um eine selbstständige Belastung, sondern um eine nach § 7 Abs. 1 S. 1 GO NRW zulässige **Benutzungsregelung** (s.o. Rn. 360). Diese Regelung wird vom Zweck des Sportparks gedeckt, die Anlagen den Sporttreibenden und Fußgängern zur Verfügung zu stellen und Gefährdungen von ihnen abzuwenden, und ist auch im Übrigen verhältnismäßig.[558]

---

551 Zur Abwehr bei Gefährdungen des Widmungszweckes im Einzelfall vgl. OVG NRW NVwZ 1995, 814: Ausschluss von der Benutzung kraft Annexkompetenz (s.o.).

552 BVerwG DVBl. 2004, 1495, 1496 f.; ebenso OVG Lüneburg NdsVBl. 2005, 221; VGH Mannheim DVBl. 2003, 287; DVBl. 1997, 1278; Isensee/Jakobs NWVBl. 2001, 323, 326 f.

553 BVerwG DVBl. 2004, 1495, 1496 f.; BayVGH BayVBl. 2013, 280; OVG Lüneburg NdsVBl. 2010, 300; NdsVBl. 2005, 221.

554 VGH Mannheim DVBl. 2003, 287 (Dekoration der Trauerhalle); OVG Lüneburg, Beschl. v. 17.11.2011 – 8 LA 54/11 (Grababdeckung); allgemein Jochum JuS 2009, 733, 737.

555 BVerwG, Urt. v. 16.10.2013 – BVerwG 8 CN 1.12, RÜ 2014, 115, 118 f.; OVG Koblenz, Urt. v. 06.11.2008 – 7 C 10771/08.OVG, RÜ 2009, 122, 125; BayVGH BayVBl. 2009, 367; abweichend BayVerfGH NVwZ-RR 2012, 50 = RÜ 2012, 195; a.A. Kaltenborn/Reit NVwZ 2012, 925, 927 f.

556 Vgl. VGH Mannheim, Urt. v. 29.04.2014 - 1 S 1458/12; Kaltenborn/Reit NVwZ 2012, 925, 928.

557 OVG NRW, Beschl. v. 21.02.2011 – 19 A 2437/08; GewArch 2011, 355; VGH Mannheim, Urt. v. 29.04.2014 - 1 S 1458/12; BayVGH, Urt. v. 26.03.2009 - 4 N 07.1763, BayVBl. 2010, 23, 24.

558 Zur Abgrenzung einer Benutzungsregelung durch Satzung gegenüber einer Verbotsregelung durch ordnungsbehördliche Verordnung (§ 27 OBG) vgl. VGH Mannheim NVwZ 2000, 457.

2. Dass ein solches Verbot mit einem **Bußgeld** bewehrt werden kann, ist in § 7 Abs. 2 S. 1 GO NRW ausdrücklich bestimmt. **368**

Da die Bußgeldregelung über eine bloße Leistungsmodifizierung hinausgeht und einen selbstständigen grundrechtsrelevanten Eingriff darstellt, kann nach dem Grundsatz vom Vorbehalt des Gesetzes die Generalklausel des § 7 Abs. 1 S. 1 GO NRW hierfür keine ausreichende Satzungsbefugnis darstellen. Deshalb bedurfte es der Sonderregelung in § 7 Abs. 2 GO NRW.

a) Bedenken gegen die **Wirksamkeit** der Ermächtigungsgrundlage in § 7 Abs. 2 GO NRW könnten sich aus dem rechtsstaatlichen **Bestimmtheitsgebot** ergeben. Dieses findet im vorliegenden Fall seine Grundlage in Art. 103 Abs. 2 GG, der nicht nur auf Strafbestimmungen, sondern auch auf Bußgeldvorschriften Anwendung findet.[559] **369**

aa) Dem in Art. 103 Abs. 2 GG enthaltenen Gebot der **Gesetzesbestimmtheit** ist nur Genüge getan, wenn der Einzelne der Norm entnehmen kann, was konkret verboten ist und welche Strafe ihm für den Fall eines Verstoßes gegen jenes Verbot droht. Beruht, wie im vorliegenden Fall, die Satzungsgewalt der Gemeinde auf einer Ermächtigung des Landesgesetzgebers, so muss **nicht nur die Satzung**, die das eigentliche Verbot enthält, sondern bereits die **gesetzliche Ermächtigung** diesen Anforderungen Rechnung tragen. Schon aus der Ermächtigung und nicht erst aus der auf sie gestützten Satzung müssen die Grenzen der Strafbarkeit und die Art der Strafe für den Bürger erkennbar sein. Andernfalls könnten weder der Bürger noch der Richter im konkreten Fall feststellen, ob der Satzungsgeber zum Erlass einer bestimmten straf- bzw. bußgeldbewehrten Satzung überhaupt befugt war. **370**

Um den verfassungsrechtlichen Bestimmtheitsanforderungen zu genügen, reicht es allerdings aus, dass sich die möglichen Bewehrungstatbestände einschließlich Art und Höchstmaß der Geldbuße nach den Regeln juristischer Auslegung bestimmen lassen.[560]

bb) Dadurch, dass § 7 Abs. 2 GO NRW unmittelbar an den durch § 7 Abs. 1 GO NRW festgelegten gegenständlichen Bereich der Satzungshoheit anknüpft, werden die bewehrbaren Regelungen im **Gesetz hinreichend bestimmt**. Es handelt sich nämlich um die eigenen Angelegenheiten der Gemeinde und dies sind grundsätzlich alle Angelegenheiten der örtlichen Gemeinschaft i.S.d. Art. 28 Abs. 2 S. 1 GG. Zwar bestimmt § 7 Abs. 2 GO NRW nicht die Höhe des Bußgeldes. Hierfür gilt dann jedoch ergänzend der Rahmen der allgemeinen Regelung des § 17 OWiG. Demnach wird § 7 Abs. 2 GO NRW den verfassungsrechtlichen Bestimmtheitsanforderungen (noch) gerecht.[561] **371**

559 BVerfGE 71, 108, 114; BVerfG NVwZ 1990, 751; OLG Köln NVwZ 1994, 935.

560 Vgl. BVerfGE 32, 346, 363 zu Art. 103 Abs. 2 GG bei satzungsmäßigen Straftatbeständen; vgl. auch BVerfG NJW 1987, 3175.

561 Vgl. OVG Lüneburg DÖV 1986, 341, 342 zur entsprechenden Regelung in § 6 Abs. 2 Nds GO.

372 b) Die Gemeinde müsste von dieser Ermächtigung zum Erlass von Bußgeldvorschriften **ordnungsgemäß** Gebrauch gemacht haben. Die **Satzung** darf vor allem nicht gegen höherrangiges Recht verstoßen, insbesondere muss sie **selbst hinreichend bestimmt** sein.

„Die ahndungsfähigen Tatbestände müssen eine derartige Verdichtung und gedankliche Greifbarkeit erfahren, dass der einzelne Adressat die von ihm unter Bußgeldandrohung verlangten Handlungen oder Unterlassungen unzweifelhaft erkennen kann. Insoweit kann es nicht auf die bloße Bestimmbarkeit nach den anerkannten Regeln juristischer Auslegung ankommen. Die Satzungsvorschriften müssen vielmehr als gewissermaßen letztes Glied in der Normierungs- und Bewehrungskette präzise auf das Erkenntnisvermögen der angesprochenen Adressaten abgestellt werden."[562]

Hier ist der bußgeldbewehrte Tatbestand, das Befahren der Anlage mit Fahrzeugen, konkret beschrieben. Das Verbot ist für jeden Benutzer aus sich selbst heraus verständlich und damit bestimmt genug. Somit ist auch § 4 des Satzungsentwurfs wirksam.

Ergebnis: Die Regelung in § 1 (Einschränkung des Benutzungsanspruchs) wäre unzulässig. Im Übrigen könnte die Satzung wirksam vom Gemeinderat beschlossen werden.

II. Rechtsfolgen fehlerhafter Satzungen

1. Nichtigkeit außer bei Unbeachtlichkeit

373 Ist eine Satzung fehlerhaft, so ist sie – anders als ein VA (§§ 43, 44 VwVfG) – nicht nur rechtswidrig, sondern grundsätzlich **nichtig**.

- Allerdings können formelle Fehler **unbeachtlich** sein, wenn nur gegen unwesentliche Verfahrensvorschriften verstoßen wurde (vgl. z.B. § 214 Abs. 1 BauGB), oder sie können aufgrund Zeitablaufs unbeachtlich werden (§ 215 Abs. 1 Nr. 1 BauGB, § 7 Abs. 6 GO NRW). Auch materielle Fehler können ausnahmsweise unbeachtlich sein (vgl. § 214 Abs. 2 u. Abs. 3 S. 2 Hs. 2, § 215 Abs. 1 Nr. 2 u. Nr. 3 BauGB).
- Kraft gesetzlicher Regelung kann in bestimmten Fällen außerdem eine **Heilung** erfolgen (vgl. z.B. § 214 Abs. 4 BauGB).

374 Erhebliche, nicht behebbare Mängel führen zur **Unwirksamkeit** (Nichtigkeit) der Satzung. Auf diese Nichtigkeit kann sich grundsätzlich jedermann jederzeit berufen, insbesondere können **Gerichte** bei einer Entscheidung von der Nichtigkeit der Satzung ausgehen (Inzidentverwerfung).[563]

Beispiel: Dem Bauherrn B ist die von ihm beantragte Baugenehmigung versagt worden, weil das Vorhaben dem einschlägigen Bebauungsplan widerspricht. Im Verpflichtungsprozess gelangt das VG zu dem Ergebnis, dass der Bebauungsplan nichtig und das Vorhaben nach § 34 BauGB zulässig ist. Die Verpflichtungsklage des B hat dann Erfolg.

---

562 OVG Lüneburg DÖV 1986, 341, 342.

563 Vgl. nur OVG NRW NWVBl. 2007, 278, 279.

2. Normprüfungs- und Normverwerfungskompetenz

Von der materiell-rechtlichen Folge der Nichtigkeit zu unterscheiden ist die verfahrensrechtliche Frage, wie **Behörden** vorzugehen haben, wenn sie Bedenken gegen die Wirksamkeit einer Satzung haben. 375

Beispiel: Die Baubehörde kommt bei der Überprüfung eines Baugenehmigungsantrages zu dem Ergebnis, dass der zugrunde liegende Bebauungsplan der Gemeinde unwirksam ist, und hält das Bauvorhaben nach § 34 BauGB für zulässig. Darf die Baugenehmigung erteilt werden, obwohl der Bebauungsplan formell noch in Kraft ist?

Unstreitig folgt aus Art. 20 Abs. 3 GG die **Normprüfungskompetenz** der Verwaltung.[564] Aus der Bindung der Verwaltung an Gesetz **und Recht** folgt die Befugnis und die Pflicht, die Gültigkeit einer Rechtsnorm zu überprüfen. Denn nur wenn die zugrunde liegende Norm wirksam ist, kann das darauf gestützte Verwaltungshandeln rechtmäßig sein.

Umstritten ist dagegen, ob die Verwaltung auch eine **Normverwerfungskompetenz** 376
hat, wenn sie der Auffassung ist, die anzuwendende Norm sei unwirksam. Teilweise wird aus der Rechtsbindung der Exekutive (Art. 20 Abs. 3 GG) auf eine generelle Prüfungs- und Verwerfungskompetenz der Verwaltung geschlossen.[565] Dafür spricht, dass rechtswidrige Satzungen „eo ipso" unwirksam sind.

Nach h.M. hat die Verwaltung bei Einzelfallentscheidungen zwar eine Prüfungskompetenz, nicht aber die Befugnis, sich über (vermeintlich) nichtige Satzungen hinwegzusetzen. Aus der „Gerichtsgeprägtheit der Gewaltenteilung" und dem im Rechtsstaatsgebot verankerten Grundsatz der Rechtssicherheit folge ein **gerichtliches Verwerfungsmonopol**.[566] Behörden bleiben daher verpflichtet, Rechtsvorschriften und damit auch Satzungen zu beachten, solange diese nicht durch den Gemeinderat oder die Aufsichtsbehörde aufgehoben oder vom Gericht (z.B. im Verfahren nach § 47 VwGO) für nichtig erklärt worden sind. Hält die Verwaltung eine Satzung für nichtig, so muss sie das Verfahren bis zu einer solchen Entscheidung aussetzen.

---

564 OVG Lüneburg NVwZ 2000, 1061, 1062; Battis/Krautzberger/Löhr BauGB § 10 Rn. 10; Engel NVwZ 2000, 1258; Gril JuS 2000, 1080, 1084.

565 OVG Lüneburg NVwZ 2000, 1061, 1062; VGH Kassel NVwZ 1990, 885 f.; Diedrich BauR 2000, 819, 825 ff.; Rabe ZfBR 2003, 329 ff.; wohl auch Maurer § 4 Rn. 57; differenzierend Schröer NZBau 2007, 630, 631: Verwerfung nur in eindeutigen gerichtlich bereits geklärten Fällen.

566 OVG NRW NuR 2006, 191, 192; NWVBl. 1998, 60; OVG Saarlouis NVwZ 1993, 396; DÖV 1990, 152 ff.; Gril JuS 2000, 1080, 1084 f.; Engel NVwZ 2000, 1258, 1260; in der Tendenz auch BVerwG DVBl. 2001, 931, 934.

Rechtmäßigkeit einer Satzung

Falls zweifelhaft: Liegt **begrifflich Satzung** vor?

Spezialregelung

z.B. §§ 9, 114, 114 a II GO, §§ 10, 34 IV, 35 VI, 132 BauGB, § 86 BauO, § 2 KAG, § 19 StrWG, § 9 LAbfG

allgemeiner Begriff

- öffentl.-rechtl. Regelung
- mit grds. allgem. Inhalt
- einer Selbstverwaltungskörperschaft
- in eigenen Angelegenheiten

bei **erlassenen Satzungen**:

formell Bezeichnung als Satzung, Satzungsverfahren

I. **Ermächtigungsgrundlage** (Satzungsbefugnis): vorhanden und wirksam (Art. 80 GG, Art. 70 LVerf gelten nicht!)
- **Spezialregelung** (s.o.)
- **Generalklausel** (§ 7 Abs. 1 S. 1 GO)

II. **Formelle Rechtmäßigkeit**
1. **Zuständigkeit**
   - **Verbandskompetenz** der Gemeinde folgt aus Satzungsautonomie – Regelung eigener Angelegenheiten (gewährleistet durch Art. 28 Abs. 2 GG)
   - **Organkompetenz:** Rat gemäß § 41 Abs. 1 S. 2 lit. f) GO
2. **Verfahren:** ordnungsgemäßer Ratsbeschluss (§§ 48 ff. GO)
3. **Form:** Schriftform, Unterschrift des Bürgermeisters (vgl. auch § 133 Abs. 3 GO)
4. **Genehmigung**, nur soweit besonders vorgeschrieben (§ 7 Abs. 1 S. 2 GO, § 2 Abs. 2 KAG, § 10 Abs. 2 BauGB)
5. **Ausfertigung** und **Verkündung** (§ 7 Abs. 4 u. 5 GO i.V.m. BekanntmVO)

III. **Materielle Rechtmäßigkeit**
1. tatbestandliche **Voraussetzungen** der **Ermächtigungsgrundlage**
   - aus Spezialvorschrift (z.B. §§ 1 ff. BauGB, §§ 3 ff. KAG, § 9 GO)
   - bei § 7 Abs. 1 GO:
     - **eigene Angelegenheiten** (sachlich, räumlich, personell), nicht Auftragsangelegenheiten
     - **besondere Belastungen** nur aufgrund besonderer Ermächtigung (z.B. § 7 Abs. 2 GO, § 9 GO)
2. kein Verstoß gegen **höherrangiges** (Bundes-/Landes-) **Recht**, insbes. Grundrechte
3. **Allgemeine Rechtmäßigkeitsanforderungen**
   a) **Bestimmtheit**
   b) **Verhältnismäßigkeit**
   c) ordnungsgemäße Ausübung des **Satzungsermessens**

Rechtsfolgen bei Fehlerhaftigkeit:
- **unbeachtlich** bei unwesentlichen Verfahrensverstößen (z.B. § 214 Abs. 1 BauGB) oder durch Zeitablauf (§ 215 Abs. 1 BauGB, § 7 Abs. 6 GO)
- **Heilung** gemäß gesetzlicher Vorschrift (z.B. § 214 Abs. 4 BauGB)
- im Übrigen bei Rechtswidrigkeit Satzung **nichtig**

7. Abschnitt: Die Gemeindeorgane

A. Die Zuständigkeiten der Gemeindeorgane

Die Gemeinde ist als Körperschaft des öffentlichen Rechts eine juristische Person. Sie handelt durch ihre **Organe**. Organe der Gemeinde sind insbesondere 377

- der **Rat**,
- die **Ausschüsse** des Rates,
- die **Bezirksvertretung** (in kreisfreien Städten) und
- der **Bürgermeister**.

Rat, Ausschüsse und Bezirksvertretungen obliegt dabei grundsätzlich nur die **Willensbildung** der Gemeinde im **Innenverhältnis**. Ihre Beschlüsse sind mangels Außenwirkung keine Verwaltungsakte i.S.d. § 35 VwVfG NRW. 378

Im **Außenverhältnis** zum Bürger wird dagegen in der Regel der **Bürgermeister** tätig. Dieser ist **gesetzlicher Vertreter der Gemeinde** (§ 63 Abs. 1 GO NRW) und als Leiter der Gemeindeverwaltung **Behörde der Gemeinde** (§ 62 Abs. 1 GO NRW). 379

Beispiel: Der Bürgermeister möchte namens der Stadt eine Bürgschaft (§ 765 BGB) für Verbindlichkeiten eines ortsansässigen Unternehmens übernehmen, um die dortigen Arbeitsplätze zu sichern. Im Innenverhältnis hat hierüber nach § 41 Abs. 1 S. 2 p) GO NRW der Rat zu entscheiden. Der Bürgermeister hat den Ratsbeschluss nach § 62 Abs. 2 S. 1 GO NRW vorzubereiten. Hat der Rat die Grundsatzentscheidung über das „Ob" und „Wie" getroffen, muss der Bürgermeister den Beschluss nach § 62 Abs. 2 S. 2 GO NRW ausführen, d.h. die Bürgschaftserklärung nach §§ 765, 766 BGB i.V.m. §§ 63, 64 GO NRW im Außenverhältnis abgeben.

I. Der Rat

Der **Rat** ist das **Hauptorgan der Gemeinde** (§§ 40 Abs. 1 u. 2, 41 Abs. 1 GO NRW). Er ist für **alle Angelegenheiten** der Gemeindeverwaltung zuständig, soweit die Gemeindeordnung nichts anderes bestimmt (§ 41 Abs. 1 S. 1 GO NRW). Es gilt der Grundsatz der **Allzuständigkeit des Rates**. 380

Die **Zuständigkeiten des Rates** ergeben sich: 381

- in erster Linie aus dem **Spezialkatalog** des § 41 Abs. 1 S. 2 GO NRW;
- ferner aus **anderen Spezialvorschriften** (z.B. § 113 Abs. 4 GO NRW) oder
- aufgrund der **Generalklausel** des § 41 Abs. 1 S. 1 GO NRW.

Von der Allzuständigkeit des Rates gibt es zahlreiche **Ausnahmen**, denn selbstverständlich kann der – vielleicht einmal im Monat tagende – Rat nicht alle Verwaltungsangelegenheiten der Gemeinde entscheiden. Der Rat kann daher Aufgaben, die ihm nicht durch Spezialvorschrift zugewiesen sind, auf einen **Ausschuss** und vor allem auf den **Bürgermeister übertragen** (§ 41 Abs. 2 S. 1 GO NRW). 382

Beachte: *Die Übertragungsmöglichkeit gilt nur für Aufgaben, die unter die Generalklausel des § 41 Abs. 1 S. 1 GO NRW fallen, nicht dagegen z.B. für den Spezialkatalog des § 41 Abs. 1 S. 2 GO NRW. Die dort genannten Gegenstände muss der Rat zwingend selbst entscheiden.*

II. Die Ausschüsse des Rates

383 Die Ausschüsse des Rates haben grundsätzlich **keine Entscheidungsbefugnisse**, sondern nur die Aufgabe, die Ratsbeschlüsse **vorzubereiten**. Nur ausnahmsweise obliegt einem Ausschuss die Befugnis, selbst **Entscheidungen** zu treffen:

- kraft **Spezialvorschrift**, insbesondere für **Dringlichkeitsentscheidungen** nach § 60 Abs. 1 GO NRW

  Nach § 60 Abs. 1 S. 1 GO NRW entscheidet der **Hauptausschuss** in Angelegenheiten, die der Beschlussfassung des Rates unterliegen, falls eine Einberufung des Rates nicht rechtzeitig möglich ist. Ist auch die Einberufung des Hauptausschusses nicht möglich und kann die Entscheidung nicht aufgeschoben werden, weil sonst erhebliche Nachteile oder Gefahren entstehen können, so kann der Bürgermeister mit einem Ratsmitglied entscheiden (§ 60 Abs. 1 S. 2 GO NRW). Die Dringlichkeitsentscheidungen sind dem Rat in der nächsten Sitzung zur Genehmigung vorzulegen.

- Außerdem kann der Rat einem Ausschuss **Entscheidungsbefugnisse** übertragen (§ 41 Abs. 2 GO NRW) bzw. vorbehalten (§ 41 Abs. 3 GO NRW).

  Beispiel: Der Rat hat in der Hauptsatzung (§ 7 Abs. 3 GO NRW) dem Liegenschaftsausschuss die Entscheidung über den Ankauf von Grundstücken bis zu einem Kaufpreis von 150.000 € übertragen (§ 41 Abs. 2 GO NRW) oder Kreditgeschäfte des Bürgermeisters von der Zustimmung des Hauptausschusses abhängig gemacht (§ 41 Abs. 3 Hs. 2 GO NRW).

III. Die Bezirksvertretung

384 In kreisfreien Städten ist in bestimmten Fällen die Bezirksvertretung für die interne Willensbildung zuständig, und zwar nach:

- dem **Spezialkatalog** des § 37 Abs. 1 S. 1 Hs. 2 GO NRW, z.B. für öffentliche Einrichtungen, Grün- und Parkanlagen im Stadtbezirk, kulturelle Angelegenheiten des Stadtbezirks etc.;
- der (beschränkten) **Generalklausel** des § 37 Abs. 1 S. 1 Hs. 1 GO NRW: in allen Angelegenheiten, deren Bedeutung nicht wesentlich über den Stadtbezirk hinausgeht.
- Im Übrigen besteht ein **Anhörungsrecht** nach § 37 Abs. 5 GO NRW.

IV. Der Bürgermeister

385 In die Zuständigkeit des Bürgermeisters fallen insbesondere:

- **Vorbereitung und Durchführung der Beschlüsse** des Rates, der Bezirksvertretungen und der Ausschüsse, § 62 Abs. 2 S. 1 u. 2 GO NRW;
- Erledigung von **staatlichen Weisungen**, § 62 Abs. 2 S. 2 Hs. 2 GO NRW;
- Leitung/Verteilung der **Verwaltungsgeschäfte**, § 62 Abs. 1 S. 3 GO NRW;
- Angelegenheiten, die ihm vom Rat oder von einem Ausschuss **übertragen** wurden, § 41 Abs. 2 i.V.m. § 62 Abs. 2 S. 3 GO NRW;
- **Geschäfte der laufenden Verwaltung**, § 41 Abs. 3 GO NRW
- **Personalentscheidungen** (§ 73 Abs. 2 u. 3 GO NRW) und
- die **gesetzliche Vertretung** der Gemeinde, § 63 Abs. 1 GO NRW.

Fall 11: Ausübung eines Vorkaufsrechts

Im Nordwesten der Stadt S hat sich in den vergangenen 10 Jahren ein Baugebiet entwickelt, wobei die Bebauung ziemlich ungeordnet verlaufen ist. Im mittleren Bereich herrschen Wohnhäuser vor. Neben der Wohnbebauung befindet sich ein größeres, unbebautes Areal, darunter auch das Grundstück des E. Im Jahre 2010 ist ein (rechtmäßiger) Bebauungsplan der Stadt in Kraft getreten, der für das unbebaute Areal eine Grünfläche (Parkanlage) vorsieht. Als bekannt wird, dass E das Grundstück an K zu einem Preis von 140.000 € verkauft hat, überlegt die Stadt, ob sie das Grundstück selbst erwerben soll. Der Liegenschaftsausschuss der Stadt, der nach der Hauptsatzung bei einem Kaufpreis bis zu 150.000 € selbst entscheiden kann, bittet um Auskunft, in welcher Weise der Erwerb des Grundstücks durch die Stadt S erfolgen kann.

In Betracht kommt ein Erwerb des Grundstücks durch **Ausübung eines gesetzlichen Vorkaufsrechts** durch die Stadt S.

A. Der Stadt S steht gemäß § 24 Abs. 1 Nr. 1 BauGB ein **Vorkaufsrecht** zu. Die Nutzung **386**
von Grünflächen dient grundsätzlich öffentlichen Zwecken i.S. dieser Vorschrift.[567] Das Vorkaufsrecht kann nur binnen **zwei Monaten** nach Mitteilung des Kaufvertrags **durch Verwaltungsakt** gegenüber dem Verkäufer E ausgeübt werden (§ 28 Abs. 2 S. 1 BauGB). Dadurch kommt gemäß § 28 Abs. 2 S. 2 BauGB i.V.m. § 464 Abs. 2 BGB der Kaufvertrag zwischen der Gemeinde und dem Verkäufer zustande, sodass die Gemeinde dann gemäß § 433 Abs. 1 S. 1 BGB von E die Übereignung des Grundstücks verlangen kann.

Auf das Rechtsverhältnis zwischen Verkäufer und ursprünglichem Käufer (sogenannter Drittkäufer) hat die Ausübung des Vorkaufsrechts unmittelbar keinen Einfluss. Gegen den Verkäufer bestehen bei Ausübung des Vorkaufsrechts zwei Erfüllungsansprüche (einerseits der Gemeinde und andererseits des Drittkäufers).[568] Der Verkäufer sollte daher den Kaufvertrag mit dem Drittkäufer so gestalten, dass er keinen Schadensersatz- und Erfüllungsansprüchen ausgesetzt ist, wenn die Gemeinde von ihrem Vorkaufsrecht Gebrauch macht (z.B. durch Vereinbarung eines Rücktrittsrechts).

B. Für die **praktische Verwirklichung** stellt sich die Frage, wer **intern** über die Aus- **387**
übung des Vorkaufsrechts **entscheidet** und wer die Ausübung **nach Außen erklärt**.[569]

Prüfung der gemeindeinternen Zuständigkeit

- **zwingende Zuständigkeit des Rates,** insbesondere § 41 Abs. 1 S. 2 GO NRW
- **Zuständigkeit des Bürgermeisters** nach § 41 Abs. 3 GO NRW
  - grundsätzlich für Geschäfte der laufenden Verwaltung
  - Ausnahme kraft Rückholrecht des Rates
- **dispositive Zuständigkeit des Rates** nach § 41 Abs. 1 S. 1 GO NRW
  - grundsätzlich Allzuständigkeit des Rates
  - Ausnahme: Übertragung auf Ausschuss oder Bürgermeister (§ 41 Abs. 2 GO NRW)

567 Vgl. Battis/Krautzberger/Löhr BauGB § 24 Rn. 2; Ernst/Zinkahn/Bielenberg BauGB § 24 Rn. 20 m.w.N.

568 Palandt/Weidenkaff BGB Vorb. v. § 463 Rn. 8.

569 Vgl. allgemein Oebbecke NWVBl. 2013, 469, insbesondere zur Verteilung der Zuständigkeiten zwischen Rat und Bürgermeister.

388 I. Die Entscheidung über die Ausübung des Vorkaufsrechts fällt **nicht** in den Katalog der **ausschließlichen Zuständigkeit** des Rates nach § 41 Abs. 1 S. 2 GO NRW.

389 II. Nach § 41 Abs. 3 GO NRW ist der **Bürgermeister** zur Entscheidung befugt, wenn ein **Geschäft der laufenden Verwaltung** vorliegt (ebenso § 42 lit. a) KrO NRW für den Landrat). Darunter versteht man die **regelmäßig wiederkehrenden Geschäfte, die nach feststehenden Grundsätzen entschieden** werden.[570]

Ein Geschäft der laufenden Verwaltung liegt vor „wenn die Sache nach Regelmäßigkeit und Häufigkeit zu den üblichen Geschäften gehört, ohne dass bejahendenfalls noch auf Umfang und Schwierigkeit in rechtlicher und tatsächlicher Hinsicht und auf die finanziellen Auswirkungen abzustellen wäre; wesentliches Merkmal ist die Erledigung nach feststehenden Grundsätzen auf eingefahrenen Geleisen."[571]

390 Dass es sich um ein **regelmäßig wiederkehrendes Geschäft** handelt, lässt sich hier nicht feststellen. Auch dürfte es kaum feste Grundsätze geben, nach denen über die Ausübung des Vorkaufsrechts nach §§ 24 ff. BauGB entschieden wird, da die einzelnen Fälle unterschiedlich liegen können. Außerdem ist eine politische Entscheidung erforderlich, ob ein derartig teures Grundstück zu dem Zweck erworben werden soll, dort eine Grünfläche anzulegen. Somit handelt es sich **nicht um ein Geschäft der laufenden Verwaltung** i.S.d. § 41 Abs. 3 GO NRW. Dementsprechend ist nach der Generalklausel des § 41 Abs. 1 S. 1 GO NRW intern **grundsätzlich der Rat** für die Entscheidung zuständig.[572]

Der Rat kann sich im Übrigen auch bei Geschäften der laufenden Verwaltung die Entscheidung vorbehalten (§ 41 Abs. 3 GO NRW: „soweit nicht..."). Der Rat hat also ein **Rückholrecht** (von dem er auch zugunsten der Bezirksvertretung oder eines Ausschusses Gebrauch machen kann). Vom Rückholrecht kann für einen bestimmten Kreis von Geschäften oder für den Einzelfall Gebrauch gemacht werden. Das Rückholrecht erstreckt sich **nur auf die Geschäfte der laufenden Verwaltung** i.S.d. § 41 Abs. 3 GO NRW. Die dem Bürgermeister gesetzlich besonders zugewiesenen Aufgaben (z.B. §§ 62, 63, 73 Abs. 3 GO NRW) unterfallen nicht dem Rückholrecht.[573]

391 III. Da kein Fall der ausschließlichen Zuständigkeit des Rates nach § 41 Abs. 1 S. 2 GO NRW vorliegt, ist eine **Übertragung** gemäß § 41 Abs. 2 GO NRW auf den Bürgermeister oder einen Ausschuss zulässig. Entsprechend den Bestimmungen in der Hauptsatzung kann daher der **Liegenschaftsausschuss** abschließend über die Angelegenheit entscheiden.

Hat der Rat die Angelegenheit übertragen, steht ihm im Rahmen des § 41 Abs. 2 GO NRW anders als nach § 41 Abs. 3 GO NRW grundsätzlich kein „Rückholrecht" zu.[574] Etwas anderes gilt nur dann, wenn sich der Rat ein solches Recht in der Hauptsatzung vorbehalten hat.[575]

392 IV. Die Entscheidung des Liegenschaftsausschusses bedarf ihrerseits einer eingehenden **Vorbereitung**. Beispielsweise muss geklärt werden, ob die Voraussetzungen für die Ausübung des Vorkaufsrechts wirklich gegeben sind. Hierfür ist nach § 62 Abs. 2 S. 1 GO NRW der Bürgermeister zuständig, für den das Liegenschaftsamt (eine Abteilung der Stadtverwaltung) tätig wird.

570 Vgl. BGH NJW 2009, 289, 292; OVG NRW NWVBl. 2002, 275, 276; Rehn/Cronauge § 41 Anm. 2; vgl. auch OLG Saarbrücken NJW-RR 2011, 1455.

571 OVG NRW OVGE 25, 186, 193.

572 So auch OVG Lüneburg NdsVBl. 2005, 264 zum niedersächsischen Landesrecht.

573 VG Aachen NWVBl. 2001, 482, 483; Rehn/Cronauge § 41 Anm. IV 1.

574 OVG NRW, Beschl. v. 22.04.2010 – 2 B 293/10.

575 Rehn/Cronauge GO § 41 Anm. III 2; KV/GO-Wansleben § 41 Anm. 3.2.

V. Falls eine positive Entscheidung des Liegenschaftsausschusses aufgrund von § 41 Abs. 2 S. 1 GO NRW ergangen ist, muss gemäß § 28 Abs. 2 BauGB die Ausübung des Vorkaufsrechts durch Erlass eines VA erklärt werden. Hierbei handelt es sich um die **Durchführung** eines Beschlusses i.S.d. § 62 Abs. 2 S. 2 GO NRW, die wiederum dem **Bürgermeister als gesetzlichem Vertreter** der Gemeinde (§ 63 Abs. 1 GO NRW) obliegt. Der VA ergeht daher durch den **Bürgermeister als Behörde**. **393**

B. Der Bürgermeister

394 Früher hatte der Bürgermeister als Vorsitzender des Rates lediglich eine repräsentative Funktion. Er wurde vom Rat gewählt und vertrat den Rat und damit die Gemeinde nach außen. Seit Abschaffung der Doppelspitze (1994) nimmt der Bürgermeister auch die Aufgaben wahr, die früher dem Gemeindedirektor zugewiesen waren, er ist insbesondere **Hauptverwaltungsbeamter** der Gemeinde, also Leiter der Gemeindeverwaltung.[576]

I. Wahl und Abwahl des Bürgermeisters

395 Seit 1999 wird der Bürgermeister nach § 65 Abs. 1 GO NRW **unmittelbar von den Bürgern** gewählt (vgl. die Einzelheiten in §§ 46 b ff. KWahlG).

Gewählt ist, wer mehr als die Hälfte der gültigen Stimmen erhalten hat (§ 46 c Abs. 1 S. 2 KWahlG). Wird die **absolute Mehrheit** von keinem Bewerber erreicht, findet eine **Stichwahl** statt, bei der gewählt ist, wer die meisten Stimmen erhält (§ 46 c Abs. 2 KWahlG).[577]

396 Nach § 62 Abs. 1 S. 1 GO NRW ist der Bürgermeister **kommunaler Wahlbeamter**. Daher finden auf ihn grundsätzlich die Vorschriften des Landesbeamtenrechts Anwendung (§ 119 Abs. 1 LBG NRW). Bürgermeister werden in ein Beamtenverhältnis auf Zeit berufen (§ 119 Abs. 2 S. 1 LBG NRW). Die Amtszeit beträgt **fünf Jahre** und ist mit der Wahlperiode des Rates identisch (§ 65 Abs. 1 GO NRW; ebenso für den Landrat § 44 Abs. 1 KrO NRW).

Durch das GO-Reformgesetz 2007 war die Amtszeit des Bürgermeisters zwischenzeitlich auf sechs Jahre verlängert und dadurch von der Wahl des Rates abgekoppelt worden. Diese Änderung ist 2013 mit umfangreichen Übergangsregelungen wieder rückgängig gemacht worden.[578] Bei Ausscheiden vor Ablauf der Amtszeit gelten die Sonderregelungen in § 65 Abs. 5 u. 6 GO NRW.

Eine **Abwahl** des Bürgermeisters vor Ablauf seiner Amtszeit durch die Bürger der Gemeinde ist nach § 66 GO NRW auf Initiative des Rates oder der Bürgerschaft möglich.

II. Die Zuständigkeiten des Bürgermeisters

1. Zuständigkeiten als Ratsvorsitzender

397 In seiner Funktion als **Vorsitzender des Rates** (§ 40 Abs. 2 S. 4 GO NRW) obliegt dem Bürgermeister die Vertretung und Repräsentation des Rates (§ 40 Abs. 2 S. 3 GO NRW). Er ist kraft Gesetzes Mitglied des Rates (§ 40 Abs. 2 S. 2 GO NRW).

576 Allgemein zur Rechtsstellung des hauptamtlichen Bürgermeisters Küpper NWVBl. 2001, 209, 210 ff.

577 Vgl. das Gesetz zur Wiedereinführung der 2007 abgeschafften Stichwahl vom 03.05.2011 (GVBl. 2011, 238).

578 Gesetz zur Stärkung der kommunalen Demokratie vom 09.04.2013 (GVBl. 2013, 194); dazu Thormann NWVBl. 2014, 50.

398 ■ Der Bürgermeister leitet die Ratssitzungen, handhabt die Ordnung und übt das **Hausrecht** aus (§ 51 Abs. 1 GO NRW).

Die Ordnungsgewalt betrifft ratsinterne Maßnahmen (z.B. Ausschluss eines Ratsmitgliedes bei Verstoß gegen die Ordnung, § 51 Abs. 3 GO NRW),[579] die Ausübung des Hausrechts richtet sich an externe Dritte (z.B. Hausverbot gegen einen Zuhörer).[580]

■ Der Bürgermeister hat das Recht und die Pflicht, den **Rat einzuberufen** (§ 47 Abs. 1 GO). Er setzt die **Tagesordnung** fest und gibt sie öffentlich bekannt (§ 48 Abs. 1 GO).

■ Der Bürgermeister kann einem **Ratsbeschluss widersprechen**, wenn er der Auffassung ist, dass der Beschluss das Wohl der Gemeinde gefährdet (§ 54 Abs. 1 GO NRW).

399 Für den **Bürgermeister als Vorsitzenden** des Rates wählt der Rat aus seiner Mitte **ehrenamtliche Stellvertreter** des Bürgermeisters (§ 67 GO NRW). Sie vertreten den Bürgermeister bei der Leitung der Ratssitzungen und bei der Repräsentation.

2. Zuständigkeiten als Hauptverwaltungsbeamter

400 Als **Hauptverwaltungsbeamter** nimmt der Bürgermeister insbesondere folgende Aufgaben wahr:

- **Vorbereitung** und **Durchführung** der **Ratsbeschlüsse** (§ 62 Abs. 2 S. 1 u. 2 GO NRW);
- **Entscheidung in Angelegenheiten**, die ihm vom Rat oder von den Ausschüssen zur Entscheidung **übertragen** wurden (§§ 41 Abs. 2, 62 Abs. 2 S. 3 GO NRW);
- Erledigung der **Geschäfte der laufenden Verwaltung** (§ 41 Abs. 3 GO NRW), allerdings unter dem Vorbehalt des Rückholrechtes des Rates;
- Der Bürgermeister entscheidet in Fällen **äußerster Dringlichkeit** zusammen mit einem Ratsmitglied (§ 60 Abs. 1 S. 2 GO NRW);
- **Geschäftsverteilung** (§ 62 Abs. 1 S. 3 GO NRW) und **Personalentscheidungen** (§ 73 Abs. 2 u. Abs. 3 GO NRW);
- **Beanstandung von rechtswidrigen Ratsbeschlüssen** (§ 54 Abs. 2 GO NRW);
- **gesetzliche Vertretung der Gemeinde** (§ 63 Abs. 1 GO NRW).

Die dem Bürgermeister gesetzlich besonders zugewiesenen Aufgaben unterfallen nicht dem Rückholrecht des Rates nach § 41 Abs. 3 GO NRW.[581] Lediglich beim Verwaltungspersonal in leitender Funktion hat der Rat bei Entscheidungen, die das beamtenrechtliche Grundverhältnis oder das Arbeitsverhältnis betreffen (z.B. Ernennung, Entlassung), gewisse Mitbestimmungsmöglichkeiten (§ 73 Abs. 3 S. 2 ff. GO NRW).[582]

401 Für den **Bürgermeister als Hauptverwaltungsbeamten** bestellt der Rat gemäß § 68 Abs. 1 S. 1 GO NRW einen Beigeordneten als **allgemeinen Vertreter**.[583] Dieser vertritt den Bürgermeister als Leiter der Verwaltung (vgl. z.B. §§ 60 Abs. 1 u. 2, 64 Abs. 1 S. 2 GO NRW).

---

579 Vgl. auch OVG NRW, Beschl. v. 16.05.2013 – 15 A 785/12, RÜ 2013, 663.

580 KV/GO-Kirchhof/Plückhahn § 51 Anm. 4; Tettinger/Ennuschat NWVBl. 2002, 244, 245.

581 Rehn/Cronauge GO § 41 Anm. IV 1.

582 Vgl. dazu Smith NWVBl 2012, 6.

583 Zur Unterscheidung zwischen den ehrenamtlichen Stellvertretern (§ 67 GO) und dem allgemeinen Vertreter nach § 68 GO vgl. Jordans KommJur 2004, 49, 50; Küpper NWVBl. 2001, 209 ff.; Müller NWVBl. 1999, 405 ff.

Zuständigkeitsverteilung (innere Gemeindeverfassung)

Organ	gesetzliche Regelung	abweichende Bestimmung durch Rat
Rat	– **Spezialkatalog** des § 41 I 2 lit. a–t – sonstige Spezialvorschriften (z.B. §§ 73 I, 113 IV GO) – Kontrolle der Verwaltung (§ 55 GO) – **Allzuständigkeit** nach § 41 I 1 GO	– Geschäfte der laufenden Verwaltung kraft **Rückholrecht** (§ 41 III GO)
Ausschüsse	– Entscheidungskompetenz kraft Spezialvorschrift, insbesondere § 60 I 1 GO – Vorbereitung der Ratsbeschlüsse	– übertragene Aufgaben (§ 41 II GO) – Geschäfte der laufenden Verwaltung kraft Rückholrecht des Rates (§ 41 III GO)
Bezirksvertretung (in kreisfreien Städten)	– Katalog des § 37 I 1 Hs. 2 GO (z.B. öffentl. Einrichtungen) – (beschränkte) Generalklausel des § 37 I 1 Hs. 1 GO – Anhörungsrecht nach § 37 V GO	– Geschäfte der laufenden Verwaltung kraft Rückholrecht des Rates (§ 41 III GO)
Bürgermeister	**als Vorsitzender des Rates:** – Vorsitz im Rat u. Repräsentation (§§ 40 II, 47, 48, 51 GO) – Ausführung der Beschlüsse nach § 53 I GO – Widerspruch gegen Ratsbeschluss, § 54 I GO **als Hauptverwaltungsbeamter:** – Information des Rates, § 55 I GO – Vorbereitung u. Durchführung der Beschlüsse, § 62 II 1 u. 2 GO – Durchführung von Weisungen, § 62 II 2 Hs. 2 GO – Geschäftsverteilung, § 62 I 3 GO – Dringlichkeitsentscheidungen, § 60 I 2 GO – Beanstandung, § 54 II u. III GO – Vertretung der Gemeinde, §§ 63, 64 GO – Vorsitz im Verwaltungsvorstand, § 70 I GO – Personalentscheidungen, § 73 III GO – alle sonstigen gesetzl. übertragenen Aufgaben, § 62 III GO – **Geschäfte der laufenden Verwaltung**, § 41 III GO	– übertragene Aufgaben (§§ 41 II, 62 II 3 GO)

C. Rat und Ratsmitglieder

I. Wahl des Rates

402 Die Ratsmitglieder werden „von den Bürgern in allgemeiner, unmittelbarer, freier, gleicher und geheimer Wahl" **gewählt** (§ 42 Abs. 1 GO NRW). Das Nähere regelt das KWahlG. Die **Wahlperiode** des Rates beträgt fünf Jahre (§ 42 Abs. 1 GO NRW, ebenso § 27 Abs. 1 KrO NRW für den Kreistag und wie beim Landtag nach Art. 34 LVerf).

Um die Wahlperiode des Rates und die Amtszeit des Bürgermeisters wieder anzugleichen (s.o. Rn. 396), sieht das Gesetz zur Stärkung der kommunalen Demokratie vom 09.04.2013 (GVBl. S. 194) für die in 2014 gewählten Vertretungen eine einmalige Verlängerung der Wahlperiode bis 2020 vor.

403 **Wahlvorschläge** können von politischen Parteien, aber auch von Wählergruppen und von Einzelbewerbern eingereicht werden (§ 15 KWahlG). **Wahlberechtigt** (aktives Wahlrecht) sind gemäß § 7 KWahlG alle Deutschen oder Staatsangehörigen eines EU-Mitgliedstaates, die das 16. Lebensjahr vollendet haben und mindestens seit 16 Tagen in der Gemeinde ihre (Haupt-)Wohnung haben. **Wählbar** (passives Wahlrecht) ist gemäß § 12 Abs. 1 KWahlG grundsätzlich jede wahlberechtigte Person, die das 18. Lebensjahr vollendet hat.

404 Wie viele **Mitglieder** der Rat hat, richtet sich gemäß § 3 KWahlG nach der Bevölkerungszahl (mindestens 20, höchstens 90, wovon jeweils die Hälfte in Wahlbezirken gewählt wird). Jeder Wähler hat **eine Stimme**. Mit ihr wählt er den Vertreter im Wahlbezirk (§§ 31, 32 KWahlG). Die Verteilung der Sitze erfolgt gemäß § 33 Abs. 2 KWahlG nach dem Divisorverfahren mit Standardrundung von **Sainte Lague/Schepers**, da das früher angewandte Verfahren der mathematischen Proportion nach Hare/Niemeyer in Grenzfällen zu ungerechten Ergebnissen führte.[584]

Die früher geltende **5%-Sperrklausel** ist vom Landesgesetzgeber für Kommunalwahlen 1999 abgeschafft worden. Denn heute wird überwiegend davon ausgegangen, dass eine Sperrklausel bei Kommunalwahlen gegen den Grundsatz der Wahlrechtsgleichheit und die Chancengleichheit der Parteien verstößt.[585] Anders als beim Bundestag und Landtag, wo die Sperrklausel der Sicherung einer politisch funktionsfähigen Regierung dient, üben Gemeinderäte und Kreistage keine Gesetzgebungs-, sondern Verwaltungstätigkeit aus. Eine funktionierende Verwaltung ist hier unabhängig von der Sitzverteilung in der Vertretung bereits durch die Direktwahl des Bürgermeisters bzw. des Landrats sichergestellt.

Im Fall von **Überhangmandaten** gewährt § 33 Abs. 3 KWahlG **Ausgleichsmandate**.[586] Hat eine Partei die absolute Mehrheit der Stimmen, nicht aber die absolute Mehrheit der Sitze erreicht, so erhält sie nach § 33 Abs. 4 KWahlG ein **Zusatzmandat**.

405 Gegen die Gültigkeit der Wahl kann nach § 39 KWahlG Einspruch beim Wahlleiter erhoben werden, über den nach Vorprüfung durch einen **Wahlprüfungsausschuss** der neue Rat beschließt (§ 40 KWahlG). Gegen dessen Beschluss kann Klage beim Verwaltungsgericht erhoben werden (§ 41 KWahlG).[587]

---

584 Zur Änderung des Verteilungssystems VerfGH NRW, Urt. v. 16.12.2008 – VerfGH 12/08, RÜ 2009, 320, 322.

585 Vgl. BVerfG NVwZ 2008, 407, 409; VerfGH NRW, Urt. v. 16.12.2008 – VerfGH 12/08, RÜ 2009, 320, 322; ebenso HbgVerfG NordÖR 2013, 156 (zur Hamburger Bezirksversammlung); Hillgruber JA 2013, 717; anders BerlVerfGH DVBl. 2013, 848 (zur Bezirksverordnetenversammlung in Berlin); Wolf LKV 2013, 300; vgl. auch BVerfG NVwZ 2014, 439 zur Verfassungswidrigkeit der Drei-Prozentklausel im Europawahlrecht.

586 Vgl. OVG NRW, Beschl. v. 25.03.2011 – 15 A 1515/10, NWVBl. 2011, 318.

587 Vgl. dazu BVerwG, Urt. v. 07.03.2012 – BVerwG 8 C 7.11, NVwZ 2012, 969.

Neben den Ratsmitgliedern ist der **Bürgermeister** nach § 40 Abs. 2 S. 2 GO NRW **gesetzliches Mitglied des Rates**. Er hat daher grundsätzlich das gleiche **Stimmrecht** wie die gewählten Ratsmitglieder (§ 40 Abs. 2 S. 5 GO NRW). In bestimmten Fällen hat der Bürgermeister allerdings kein Stimmrecht (§ 40 Abs. 2 S. 6 GO NRW), z.B. bei der Besetzung der Ausschüsse (§§ 50 Abs. 3, 58 Abs. 1, 3 u. 5 GO NRW). **406**

II. Fraktionen

1. Voraussetzungen für die Fraktionsbildung

Die Mitglieder im Rat (sowie in der Bezirksvertretung) können sich zu einer **Fraktion** zusammenschließen. Fraktionen sind freiwillige Vereinigungen von Ratsmitgliedern (oder von Mitgliedern einer Bezirksvertretung), die sich auf der Grundlage grundsätzlich politischer Übereinstimmung zu möglichst gleichgerichtetem Wirken zusammengeschlossen haben (so die Legaldefinition in § 56 Abs. 1 S. 1 GO NRW).[588] **407**

In Abhängigkeit vom Status als kreisangehörige oder kreisfreie Stadt muss eine Fraktion im Rat aus mindestens zwei bzw. drei Mitgliedern bestehen (§ 56 Abs. 1 S. 2 GO NRW). Umstritten ist, ob abweichend von der gesetzlichen Regelung durch die Geschäftsordnung eine erhöhte Mindestgröße festgelegt werden kann. Teilweise wird dies unter Hinweis auf den Wortlaut der Regelung („mindestens") für zulässig erachtet.[589] Gegen eine solche Interpretation sprechen indes Gründe des Minderheitenschutzes und der Chancengleichheit der Ratsmitglieder.[590]

Soweit die notwendige Mindeststärke nicht erreicht ist, können sich Ratsmitglieder als **Gruppe** zusammenschließen. Fraktion wie Gruppe definieren sich inhaltlich über die grundsätzliche politische Übereinstimmung ihrer Mitglieder.[591] **408**

Eigene Verfahrensrechte verleiht das Gesetz der Gruppe lediglich in § 50 Abs. 3 S. 3 GO NRW (Besetzung der Ausschüsse). Der Rat ist jedoch nicht daran gehindert, durch Regelung in der Geschäftsordnung z.B. das Initiativrecht nach § 48 Abs. 1 S. 2 GO NRW auch auf Gruppen zu erweitern. Auch darf der Rat über die Minderheitenschutzregelung des § 58 Abs. 1 S. 7 bis 10 GO NRW hinaus weitere beratende Ausschussmitglieder wählen.[592]

2. Fraktionsstatus und Fraktionsausschluss

Die Fraktionen wirken bei der Willensbildung und Entscheidungsfindung im Rat mit. Ihre innere Ordnung muss demokratischen und rechtsstaatlichen Grundsätzen entsprechen. Sie geben sich ein Statut, in dem das Abstimmungsverfahren, die Aufnahme und der Ausschluss aus der Fraktion geregelt werden (§ 56 Abs. 2 GO NRW). Durch diese **Fraktionsstatuten** dürfen jedoch die Rechte der Ratsmitglieder nach der GO sowie die Freiheit des Mandats (§ 43 Abs. 1 GO NRW) nicht beeinträchtigt werden, insbesondere wäre die Einführung eines Fraktionszwangs unzulässig.[593] **409**

---

588 Vgl. dazu OVG NRW, Beschl. v. 19.06.2013 - 15 B 279/13, NWVBl. 2013, 447.

589 Vgl. z.B. VGH Mannheim NVwZ-RR 2003, 56 zur GO BW; VGH Kassel NVwZ 2007, 107 zur Hess GO; SächsOVG NVwZ-RR 2011, 701 zur SächsGO.

590 Rehn/Cronauge GO § 56 Anm. II 2; Schoch Jura 2003 JK 4/03, GO BW § 36/2.

591 OVG NRW NWVBl. 2009, 28; HessVGH DVBl. 2012, 919.

592 OVG NRW NVwZ-RR 2004, 674.

593 Vgl. Rehn/Cronauge GO § 56 Anm. III 4.

410 Unter welchen Voraussetzungen ein Ratsmitglied aus seiner **Fraktion ausgeschlossen** werden kann und welche Rechtsschutzmöglichkeiten bestehen, ist gesetzlich nicht geregelt und im Einzelnen sehr umstritten. Nach h.M. ist für entsprechende Streitigkeiten der **Verwaltungsrechtsweg** gemäß § 40 Abs. 1 S. 1 VwGO eröffnet, da die fraktionsinternen Beziehungen im engen Sachzusammenhang mit den öffentlich-rechtlichen Kompetenzen der Fraktion stehen.[594] Der Klageart nach handelt es sich um eine Kommunalverfassungsstreitigkeit in Form der **allgemeinen Feststellungsklage** nach § 43 Abs. 1 VwGO.[595]

411 **Materiell-rechtlich** ist der Fraktionsausschluss nur aus **wichtigem Grund** und als letztes Mittel (ultima ratio) zulässig. Ein solcher Grund ist in der Regel dann gegeben, wenn Umstände vorliegen, die das Vertrauensverhältnis nachhaltig und derart stören, dass den übrigen Fraktionsmitgliedern eine weitere Zusammenarbeit nicht mehr zugemutet werden kann.[596]

Vgl. auch § 56 Abs. 2 S. 3 GO NRW, wonach im Fraktionsstatut auch der Ausschluss aus der Fraktion geregelt werden soll.

3. Zuwendungen an Fraktionen und Gruppen

412 Nach § 56 Abs. 3 S. 1 GO NRW gewährt die Gemeinde den Fraktionen und Gruppen aus Haushaltsmitteln **finanzielle Zuwendungen** zu den sächlichen und personellen Aufwendungen für die Geschäftsführung. Diese Regelung stellt nicht nur einen unverbindlichen Programmsatz dar, sondern beinhaltet einen **einklagbaren Anspruch** auf entsprechende Haushaltsmittel, der im Wege eines **Kommunalverfassungsstreitverfahrens** mit der Leistungsklage geltend gemacht werden kann.[597]

413 Die **Höhe** der Zuwendungen steht im **Ermessen** des Rates.[598] Bei der Verteilung der Mittel unter den Fraktionen muss der allgemeine **Gleichheitssatz** und der Grundsatz der Chancengleichheit beachtet werden.[599]

Deshalb ist eine rein proportionale Verteilung nur nach der Fraktionsstärke unzulässig, da ein Sockelbetrag an Kosten für alle Fraktionen unabhängig von ihrer Größe entsteht.[600]

414 Im Übrigen ist der (kommunal-)verfassungsrechtliche Status der Fraktionen zu berücksichtigen, die zwar **Teil eines Staatsorgans** sind,[601] aber gleichzeitig eine deutliche **Nähe zu den Parteien** aufweisen, die wiederum einen Teil der Gesellschaft bilden (Art. 21

---

594 OVG NRW NVwZ 1993, 399; NJW 1989, 1105; HessVGH DVBl. 1990, 830, 831; OVG Saarland, Beschl. v. 20.04.2012 – 2 B 105/12, RÜ 2012, 396, 397; Franz Jura 2005, 156, 157; Füßer/Buchen LKV 2010, 495; a.A. BayVGH NJW 1988, 2754; NVwZ 1989, 494, da es um die Zugehörigkeit zur Fraktion als nichtrechtsfähigem Verein des Privatrechts gehe.

595 Lange JuS 1994, 296, 297; Schmidt-Jortzig/Hansen NVwZ 1994, 116, 118; s.u. Rn. 466 ff.

596 Vgl. OVG Saarland, Beschl. v. 20.04.2012 – 2 B 105/12, RÜ 2012, 396, 397; HessVGH NVwZ 1999, 1369, 1370; OVG Lüneburg NVwZ 1994, 506, 507; OVG NRW NJW 1989, 1105, 1106; Schmidt-Jortzig/Hansen NVwZ 1994, 116 ff.; Ziekow NWVBl. 1998, 297 ff.; zum Ausschluss aus einer Parlamentsfraktion vgl. Ipsen NVwZ 2005, 361 ff.; Lenz NVwZ 2005, 364 ff.

597 OVG NRW NWVBl. 2003, 309, 310; NWVBl. 2002, 384, 368, VG Münster NWVBl. 2012, 367, 368; Brockmann NWVBl. 2004, 449, 450; vgl. auch Bertrams NWVBl. 2005, 10 ff. zur Finanzierung von Landtagsfraktionen.

598 OVG NRW NWVBl. 2003, 309, 310; VG Münster NWVBl. 2012, 367, 368.

599 Nach BVerwG NVwZ 2013, 442 gilt Art. 3 Abs. 1 GG unmittelbar, nach richtiger Ansicht als Ausprägung eines objektivrechtlichen Rechtsprinzip, vgl. OVG NRW NwVBl. 2012, 152, 153; VG Münster NWVBl. 2012, 367, 368.

600 BVerwG NVwZ 2013, 442, 443; Rehn/Cronauge GO § 56 Anm. IV 4; a.A. VG Münster NWVBl. 2012, 367, 368; Kleerbaum/Palmen GO § 56 Anm. V 3 b); abweichend auch OVG NRW, Beschl. v. 08.02.2012 – 15 A 2256/11 für eine nicht streng proportionale Staffelung.

601 VerfGH RP DÖV 2002, 992, 995.

Abs. 1 S. 1 GG). Diese Einbettung zwingt dazu, Zuweisungen aus gemeindlichen Haushaltsmitteln nur für solche **Aufgaben der Fraktion** zu gewähren, die ihnen nach der Verfassung und der Geschäftsordnung obliegen.[602] Unzulässig ist z.B. die Finanzierung der allgemeinen Parteiarbeit. Außerdem dürfen Zuwendungen nur zur Erfüllung solcher Aufgaben geleistet werden, die sich als örtliche Angelegenheiten darstellen.[603]

Einen Streitpunkt bildet vor allem die **Öffentlichkeitsarbeit** der Fraktion. Zuwendungsfähig sind nur solche Informationen, die sich auf die eigentlichen Fraktionsaufgaben beziehen. Unzulässig ist es dagegen, allgemeine Parteierklärungen aus den Fraktionszuschüssen zu finanzieren.[604]

Durch § 56 Abs. 3 S. 1 GO NRW ist der Zuwendungsanspruch 2007 ausdrücklich auf **Gruppen** erweitert worden. Damit hat sich die Streitfrage erledigt, ob Gruppen überhaupt gefördert werden dürfen.[605] Nach § 56 Abs. 3 S. 4 GO NRW hat die Gruppe im Rat einen Anspruch auf eine **finanzielle Mindestausstattung**. Dieser orientiert sich an den Zuwendungen, die die kleinste Fraktion erhält oder erhalten würde. **415**

Für **einzelne Ratsmitglieder**, die keiner Fraktion oder Gruppe angehören, begründet § 56 Abs. 3 S. 5 GO NRW nur einen Anspruch auf angemessene Sach- und Kommunikationsmittel zum Zweck der Vorbereitung auf die Ratssitzungen.[606] Der Rat kann stattdessen beschließen, dass ein Ratsmitglied aus Haushaltsmitteln pauschal **finanzielle Zuwendungen** erhält (§ 56 Abs. 3 S. 6 GO NRW).[607] Daraus ergibt sich aber weder ein Anspruch auf Vollkostenerstattung noch auf Gewährleistung eines „Existenzminimums".[608] **416**

III. Ratsbeschlüsse – Mitwirkungsverbot wegen Befangenheit

Fall 12: Diesseits und jenseits des Baugebiets

Der Rat der Gemeinde G hatte beschlossen, einen Bebauungsplan aufzustellen. Sowohl die Lage des Baugebietes als auch einige Festsetzungen im mittleren Bereich waren umstritten. Nach Durchführung des im BauGB vorgeschriebenen Verfahrens sollte der Rat über die Annahme oder Ablehnung des Planes entscheiden. Ort und Zeit der Ratssitzung waren öffentlich bekannt gemacht worden; die Tagesordnung war vom Bürgermeister allerdings nur den Ratsmitgliedern übersandt worden. Von den 32 Ratsmitgliedern waren 2 nicht erschienen. Die Abstimmung ergab 16 Stimmen für den vorgelegten Bebauungsplanentwurf, 14 Stimmen dagegen, der Bürgermeister enthielt sich der Stimme. Mit „Ja" stimmten auch die Ratsmitglieder X und Y. X ist Eigentümer eines im geplanten Baugebiet gelegenen Grundstücks. Y ist Eigentümer eines außerhalb des Baugebietes liegenden, aber unmittelbar angrenzenden Grundstücks. Wie ist die Rechtslage?

Der Bebauungsplan müsste **wirksam zustande gekommen** sein. Anlass zur Prüfung besteht nur in formeller Hinsicht.

602 BVerfGE 80, 188, 231; Bertrams NWVBl. 2005, 10, 13.
603 Brockmann NWVBl. 2004, 449, 450 m.w.N.
604 Vgl. VG Gelsenkirchen NWVBl. 1987, 53, 57; Meyer VBlBW 1994, 337, 341; KV/GO-Wansleben, § 56 Anm. 1.
605 Vgl. Brockmann NWVBl. 2004, 449, 454.
606 Vgl. OVG NRW, Beschl. v. 10.02.2012 – 15 B 212/12: kein Anspruch auf Raumzuteilung für eine Bürgersprechstunde.
607 Dazu OVG NRW, Beschl. v. 18.03.2011 – 15 A 307/11, NWVBl. 2011, 344.
608 OVG NRW, Beschl. v. 22.01.2010 – 15 B 1797/09, NVwZ-RR 2010, 534 f.; Waldhoff JuS 2010, 943, 944.

417 Die formellen **Anforderungen** ergeben sich

- zunächst aus den **Spezialvorschriften des BauGB** (§§ 1 ff. BauGB, insbesondere Beteiligung der Öffentlichkeit nach § 3 BauGB), die hier offenbar eingehalten worden sind;
- im Übrigen aus der **GO NRW**, da § 10 Abs. 1 BauGB bestimmt, dass der Bebauungsplan als **Satzung** beschlossen wird. Darin liegt eine Verweisung auf die für Satzungsbeschlüsse und andere Beschlüsse geltenden Vorschriften der Gemeindeordnung.

I. Die **Zuständigkeit** der Gemeinde (**Verbandskompetenz**) ergibt sich aus §§ 1 Abs. 3, 2 Abs. 1 BauGB. Die **Organkompetenz** des Rates für den Satzungserlass folgt aus § 41 Abs. 1 S. 2 lit. f) GO NRW.

II. Für ein **ordnungsgemäßes Verfahren** müssen zunächst folgende (positive) Verfahrensvoraussetzungen erfüllt sein (§§ 47–50 GO NRW):

418 1. Es muss eine **ordnungsgemäße Einberufung** des Rates erfolgt sein (§§ 47, 48 Abs. 1 GO NRW). Der Rat wird vom Bürgermeister einberufen (§ 47 Abs. 1 S. 1 GO NRW),[609] der auch die Tagesordnung festsetzt (§ 48 Abs. 1 S. 1 GO NRW). Nach § 48 Abs. 1 S. 4 GO NRW sind Zeit und Ort der Sitzung sowie die Tagesordnung öffentlich bekannt zu machen.[610] Die öffentliche Bekanntmachung richtet sich gemäß § 7 Abs. 7 GO NRW nach der Hauptsatzung und der BekanntmachungsVO.

Im vorliegenden Fall ist diese Vorschrift verletzt, weil die Tagesordnung nur den Ratsmitgliedern mitgeteilt, aber nicht öffentlich bekannt gemacht worden ist. Allerdings führt nicht jede Verletzung einer Verfahrensvorschrift zur Rechtswidrigkeit oder gar Nichtigkeit des gefassten Beschlusses. Vielmehr ist ein Verstoß gegen eine **wesentliche Verfahrensvorschrift** erforderlich in Abgrenzung zu bloßen Ordnungsvorschriften.[611]

419 a) Teilweise wird angenommen, die Regelung über die öffentliche Bekanntmachung der Tagesordnung sei eine **bloße Ordnungsvorschrift**, da sie keine wesentlichen Interessen schütze: Für die Ratsmitglieder genüge es, dass sie selbst die Tagesordnung erfahren. Für Außenstehende reiche die Kenntnis aus, dass überhaupt eine Ratssitzung stattfinde. Erfolge die Ladung der Ratsmitglieder ordnungsgemäß, führe das bloße Fehlen der öffentlichen Bekanntmachung der Tagesordnung nicht zur Unwirksamkeit des Beschlusses.[612]

420 b) Dagegen spricht jedoch die der Sitzungsöffentlichkeit zukommende Funktion, den Ablauf der Sitzungen zu kontrollieren. Diese Kontrolle ist nur unvollkommen, wenn das Publikum nur aus Personen besteht, die der Sitzung mehr oder weniger zufällig beiwohnen. Eine **wirksame Kontrolle** des Sitzungsablaufs ist erst dann gegeben, wenn auch solche Personen anwesend sind, deren Belange durch den Tagesordnungspunkt berührt werden und die mit dem Thema genauer vertraut sind. Um dies zu erreichen, genügt es nicht, allein die Tatsache öffentlich bekannt zu machen, dass überhaupt eine Ratssitzung stattfindet.

---

609 Zur Einberufungspflicht vgl. OVG NRW, Beschl. v. 09.05.2014 - 15 B 521/14.

610 Zur unzureichenden Bekanntmachung der Tagesordnung vgl. SächsOVG, Urt. v. 28.05.2013 - 4 A 536/12, NVwZ-RR 2014, 66.

611 Allgemein zu verfahrensfehlerhaften Ratsbeschlüssen vgl. Schneider NWVBl. 1996, 89 ff.

612 Vgl. Hess VGH VerwRspr. 30, 819, 820; wohl auch OVG NRW OVGE 44, 250, 252.

Die fehlende Bekanntmachung der Tagesordnung stellt daher einen **wesentlichen Verfahrensfehler** dar, der regelmäßig zur Unwirksamkeit der in der Sitzung gefassten Beschlüsse führt.[613] Schon aus diesem Grunde ist der Ratsbeschluss daher formell rechtswidrig. 421

Gegenbeispiel: Bloße Verstöße gegen die Geschäftsordnung (z.B. Nichteinhaltung der Ladungsfrist, § 47 Abs. 2 S. 1 GO NRW) sind dagegen nach h.M. unbeachtlich. Zur Rechtswidrigkeit eines Ratsbeschlusses können nur Verstöße gegen das Gesetz führen. Die Geschäftsordnung enthält zwar intern verbindliche Regelungen, ist aber keine Satzung i.S.d. § 7 GO NRW. Ein Verstoß gegen die Geschäftsordnung führt daher grundsätzlich nicht zur Unwirksamkeit des Ratsbeschlusses. Etwas anderes gilt nur, wenn zugleich gegen zwingende gesetzliche Vorschriften verstoßen wird.[614]

2. Die Vorschriften über die **Öffentlichkeit** der Sitzung (§ 48 Abs. 2 GO NRW) sind eingehalten. 422

   Die Sitzungen des Rates sind grundsätzlich öffentlich. Durch die Geschäftsordnung kann die Öffentlichkeit für Angelegenheiten einer bestimmten Art ausgeschlossen werden. Auf Antrag des Bürgermeisters oder eines Ratsmitglieds kann darüber hinaus für einzelne Angelegenheiten die Öffentlichkeit ausgeschlossen werden (§ 48 Abs. 2 S. 2 u. 3 GO NRW). Wegen der besonderen Bedeutung der Sitzungsöffentlichkeit ist ein Ausschluss nur zulässig, wenn sonst das Gemeinwohl oder berechtigte Interessen Dritter beeinträchtigt würden (z.B. bei Personal- und Grundstücksangelegenheiten, Vergabe von Aufträgen).[615]

   Ein Verstoß gegen den Grundsatz der Öffentlichkeit hat die Nichtigkeit der in der Sitzung gefassten Beschlüsse zur Folge, ohne dass es darauf ankommt, ob die Beschlüsse bei öffentlicher Sitzung anders ausgefallen wären.[616] Wird dagegen eine Angelegenheit in öffentlicher statt in nichtöffentlicher Sitzung behandelt und entschieden, so ist der Beschluss gleichwohl wirksam. Es können aber Schadensersatzansprüche eines Dritten (z.B. aus Art. 34 GG, § 839 BGB) bestehen, wenn dadurch dessen schutzwürdige Interessen verletzt werden.[617]

3. Die **Beschlussfähigkeit** des Rates ist gemäß § 49 GO NRW gegeben, da mehr als die Hälfte der gesetzlichen Mitglieder anwesend war (dazu näher im Fall 14). 423

4. Weiterhin müssen die Vorschriften über die **Abstimmung** beachtet sein (§ 50 GO NRW), wovon hier mangels abweichender Anhaltspunkte auszugehen ist.

   Abgestimmt wird grundsätzlich offen (durch Handzeichen). Auf Antrag einer qualifizierten Minderheit ist namentlich bzw. geheim (durch Stimmzettel) abzustimmen. Bei Wahlen wird offen nur abgestimmt, wenn niemand widerspricht (vgl. im Einzelnen § 50 Abs. 1 u. 2 GO NRW).

5. Wesentlich ist für jeden Beschluss, dass die erforderliche **Mehrheit** erreicht wird.[618] Grundsätzlich reicht einfache Mehrheit aus (§ 50 Abs. 1 S. 1 GO NRW), die bei dem Beschluss über den B-Plan mit 16 zu 14 Stimmen vorlag.

III. Ferner darf kein (sonstiger) **Verfahrensfehler** vorliegen.

Hier könnte gegen das **Mitwirkungsverbot wegen Befangenheit** verstoßen worden sein (§§ 50 Abs. 6, 43 Abs. 2, 31 Abs. 1 GO NRW). 424

---

613 KV/GO-Plückhahn/Faber § 48 Anm. 8; Rehn/Cronauge § 48 Anm. II; Günther NWVBl. 2007, 33, 35 m.w.N.

614 OVG NRW, Beschl. v. 22.04.2010 – 2 B 293/10; OVG NRW NWVBl. 1997, 69 f.; KV/GO-Plückhahn/Faber § 47 Anm. 6.4; Günther NWVBl. 2007, 33, 34; abweichend Rehn/Cronauge § 47 Anm. II 2.

615 Vgl. OVG NRW NWVBl. 2009, 221, 222; allgemein Rabeling NVwZ 2010, 411, 412; Burgi NVwZ 2014, 609, 611.

616 BayVGH BayVBl. 2009, 344; Rehn/Cronauge § 48 Anm. IV 1; Rabeling NVwZ 2010, 411, 412.

617 Rabeling NVwZ 2010, 411, 412; KV/GO-Plückhahn/Faber § 48 Anm. 10.5; zur Unzulässigkeit des Mitschnitts einer Ratssitzung auf Tonband vgl. BVerwG NJW 1991, 118; dazu Rothe NVwZ 1992, 529, 534.

618 Zur Abstimmung vgl. OVG NRW NVwZ 1993, 1229; VGH Mannheim DÖV 1993, 1096.

Die Rechtsstellung der Ratsmitglieder ist in § 43 GO NRW geregelt. Nach § 43 Abs. 1 S. 1 GO NRW sind die Ratsmitglieder verpflichtet, ausschließlich nach dem Gesetz und ihrer freien, nur durch Rücksicht auf das öffentliche Wohl bestimmten Überzeugung zu handeln. In Ausführung dieses Grundsatzes verweist bereits § 43 Abs. 2 GO NRW u.a. auf § 31 GO NRW. Gleichwohl hat der Gesetzgeber in § 50 Abs. 6 GO NRW eine eigenständige Befangenheitsregelung für Ratsmitglieder eingeführt. Soweit § 50 Abs. 6 GO NRW eine Doppelregelung zu § 43 Abs. 2 S. 1 GO NRW enthält, hat dies der Gesetzgeber bewusst in Kauf genommen.[619]

§ 31 GO NRW soll **Interessenkollisionen** vermeiden, die **Integrität der Verwaltung** gewährleisten und **Korruptionsfälle** verhindern.[620]

425 1. Das Mitwirkungsverbot wegen Befangenheit setzt gemäß § 31 Abs. 1 GO NRW voraus, dass **bestimmte Personen betroffen** sind:

- das **Ratsmitglied** selbst,
- ein **Angehöriger** (dazu § 31 Abs. 5 GO NRW) oder
- eine von ihm **vertretene** natürliche oder juristische **Person**.

Ferner kann einer der speziellen Fälle des § 31 Abs. 2 GO NRW vorliegen, z.B. wenn eine natürliche oder juristische Person betroffen ist, bei der das Ratsmitglied gegen Entgelt beschäftigt ist (§ 31 Abs. 2 Nr. 1 GO NRW). Dies gilt auch für Angehörige des öffentlichen Dienstes.[621]

Hier sind die Ratsmitglieder X und Y möglicherweise **selbst betroffen**; es greift also § 31 Abs. 1 S. 1 Nr. 1 GO NRW ein.

Aufgrund der Regelung in § 50 Abs. 6 GO NRW gilt der Ausschluss bei Befangenheit auch für den **Bürgermeister** als gesetzliches Mitglied des Rates (§ 40 Abs. 2 S. 2 GO NRW). Daher ist ein Rückgriff auf Befangenheitsvorschriften des LBG und des VwVfG nicht mehr erforderlich.

426 2. Wesentliche Voraussetzung ist, dass die **Entscheidung** der betroffenen Person **„einen unmittelbaren Vorteil oder Nachteil** bringen kann". Unter Vor- oder Nachteil sind sowohl wirtschaftliche als auch ideelle oder persönliche Interessen zu verstehen.[622]

a) Beim Betroffenen muss ein Vor- oder Nachteil eintreten **„können"**, es reicht daher die bloße Möglichkeit aus. Dadurch soll bereits der „böse Schein" verhindert werden, kommunale Entscheidungsträger ließen sich von eigennützigen und/oder sachfremden Motiven leiten. Ob eine Interessenkollision tatsächlich besteht, ist unerheblich.[623]

427 aa) Da das Grundstück des X durch den Bebauungsplan Bauland wird, wird es baulich besser ausnutzbar und steigt erheblich im Wert; darin liegt ein **Vorteil**.[624]

bb) Auf Y lässt sich diese Überlegung zwar nicht übertragen, weil sein Grundstück gerade **nicht im Plangebiet** liegt. Das Grundstück bleibt vom Bebauungsplan unberührt, da es seinen bisherigen Charakter behält. Der Be-

619 Gesetzesbegründung in LT-Drs. 14/3979, S. 138.

620 Vgl. Röhl Jura 2006, 725, 726 „Distanzsicherung".

621 KV/GO-Wansleben § 31 Anm. 4.3.1 m.N. auf die Gegenansicht.

622 OVG NRW, Beschl. v. 09.12.2011 – 15 B 1459/11; KV/GO-Wansleben § 31 Anm. 3.1; Rehn/Cronauge GO § 31 Anm. II 1.

623 Vgl. beispielhaft OVG RP DVBl. 2011, 696, 696 f.

624 Vgl. OVG RP DVBl. 2011, 696, 697; Röhl Jura 2006, 725, 730; Waldhoff JuS 2011, 1143, 1144; vgl. auch OVG RP KommJur 2014, 58: Grundstückseigentümer ist von Mitwirkung an Verschonungsregelung in einer Satzung über Ausbaubeiträge ausgeschlossen.

griff des Vorteils oder Nachteils ist aber weit auszulegen und umfasst z.B. auch immaterielle Auswirkungen.[625] Dafür spricht zunächst der Wortlaut des Gesetzes, wonach es ausreicht, dass ein Vorteil oder Nachteil eintreten „kann"; ferner spricht hierfür, dass die Vorschrift schon den bösen Schein einer Befangenheit vermeiden will. Deshalb muss es für einen Vor- oder Nachteil ausreichen, wenn durch den Bebauungsplan auch die angrenzenden Grundstücke in ihrer Ausnutzbarkeit berührt werden können.[626]

Bei dem Beschluss über den Bebauungsplan geht es außerdem auch um die richtige Grenzziehung. Von dieser Frage hängt ein möglicher Vorteil des Y ab. Des Weiteren kann die Nachbarschaft zum Baugebiet sowohl zu einer Wertsteigerung führen als auch zu einer Wertminderung (z.B. wegen drohender Immissionen). Somit „kann" die Entscheidung auch dem Y einen Vorteil oder Nachteil bringen.

Entsprechendes gilt für Änderungen des Flächennutzungsplans (§ 5 BauGB), die die Nutzbarkeit der (angrenzenden) Grundstücke verändern.[627]

b) Der mögliche Vor- oder Nachteil muss **unmittelbar** aus der Entscheidung folgen. **428**

aa) Hierbei handelte es sich nach **früherer Rspr.** nicht um eine reine Kausalitätsfrage, sondern um einen **wertenden Begriff**. Die Unmittelbarkeit wurde immer dann bejaht, wenn ein **individuelles Sonderinteresse** vorlag, das aus der Sicht des Bürgers den Anschein einer Interessenkollision begründen und damit das Vertrauen in die Unvoreingenommenheit und Integrität der Kommunalverwaltung untergraben konnte.[628]

bb) Mit der Regelung des § 31 Abs. 1 S. 2 GO NRW ist der Gesetzgeber dieser weiten Interpretation entgegengetreten und hat sich für eine formal-kausale Betrachtungsweise entschieden. Nach der Legaldefinition ist der Vor- oder Nachteil nur dann unmittelbar, wenn die Entscheidung eine natürliche oder juristische Person **direkt berührt**. Das ist der Fall, wenn **keine weitere Entscheidung**, vor allem nicht das Dazwischentreten eines Dritten, erforderlich ist. Für eine wertende Betrachtungsweise ist nach § 31 Abs. 1 S. 2 GO NRW kein Raum mehr, erforderlich ist stets eine Unmittelbarkeit im Sinne einer **direkten Kausalität**.[629] **429**

Beispiele: Ein Bauunternehmer ist nicht deshalb von der Abstimmung über einen Bebauungsplan ausgeschlossen, weil er später möglicherweise den Auftrag bekommt, eines der vom Baugebiet erfassten Grundstücke zu bebauen. Dieser Vorteil folgt noch nicht aus dem Ratsbeschluss, sondern erst aus der notwendig werdenden Entscheidung eines Grundstückseigentümers.[630]

625 Wilrich JuS 2003, 587, 589.

626 OVG NRW OVGE 44, 242, 245; OVG RP NVwZ-RR 2013, 994; VG Münster, Urt. v. 29.01.2010 – 1 K 1807/08; KV/GO-Wansleben § 31 Anm. 3.1; Wilrich JuS 2003, 587, 589.

627 OVG NRW NJW 1979, 2632; OVG Lünebug BauR 1970, 89; differenzierend Frey/Stiefvater NVwZ 2014, 249, 251 ff.; a.A. Ernst/Zinkahn/Bielenberg/Krautzberger BauGB § 2 Rn. 83; Waldhoff JuS 2011, 1143, 1144.

628 OVG NRW NVwZ 1984, 667; Suerbaum JuS 1994, 324, 325 m.w.N.; in diesem Sinne auch HessVGH, Urt. v. 28.11.2013 – 8 A 865/12; OVG RP DVBl. 2011, 696, 697.

629 OVG NRW, Beschl. v. 09.12.2011 – 15 B 1459/11; Rehn/Cronauge § 31 Anm. II 2; KV/GO-Wansleben § 31 Anm. 3.2; Wilrich JuS 2003, 587, 588; a.A. Suerbaum JuS 1994, 324, 325, der auch nach der Neuregelung eine normativ-teleologische Auslegung der Direktheit für möglich hält.

Ein Ratsmitglied ist bei der Beschlussfassung über eine Abgabensatzung nicht deshalb befangen, weil er später selbst Abgabenschuldner ist. Denn die Beitragspflicht wird erst durch den Erlass eines Heranziehungsbescheides aktualisiert und nicht schon unmittelbar durch die Satzung.[631]

Will die Gemeinde in einem Gewerbegebiet Einzelhandel mit innenstadtrelevantem Sortiment ausschließen (§ 1 Abs. 5 u. 9 BauNVO), so ist ein Ratsmitglied, das ein Einzelhandelsgeschäft in der Innenstadt betreibt, nicht befangen, da die Verhinderung eines Konkurrenzbetriebes nicht zwangsläufig zu einer Verbesserung der Erwerbschancen eines an anderer Stelle bestehenden Betriebs führt.[632]

Hier sind die Vorteile und Nachteile für X und Y **unmittelbare Folgen** des Ratsbeschlusses. Zwar bedarf der B-Plan noch des Vollzugs durch eine Baugenehmigung, die Festsetzungen des B-Plans haben jedoch unmittelbar rechtsgestaltende Wirkung.[633]

430 3. Verletzt ist § 31 GO NRW, wenn das Ratsmitglied in der Angelegenheit **beratend** oder **entscheidend** mitgewirkt hat (§ 50 Abs. 6 GO NRW). Auch dieses Merkmal ist weit zu fassen. Das folgt vor allem aus § 31 Abs. 4 S. 1 GO NRW, wonach der von der Mitwirkung Ausgeschlossene den Sitzungsraum zu verlassen hat (bei einer öffentlichen Sitzung darf er allerdings im Zuhörerraum bleiben).[634]

Das Mitwirkungsverbot bezieht sich beim **Bebauungsplan** auf das gesamte Planverfahren. Daher werden auch Beratungen in vorbereitenden Ausschüssen erfasst, denn deren Empfehlungen kommt eine weitgehend vorentscheidende Funktion zu.[635] Zwar geht das BVerwG davon aus, dass nicht jeder Verstoß gegen die Befangenheitsvorschriften vor dem Satzungsbeschluss nach § 10 BauGB macht den B-Plan **kraft Bundesrechts** nichtig. Eine unzulässige Mitwirkung befangener Rats- bzw. Ausschussmitglieder in einem früheren Verfahrensabschnitt führe nach dem BauGB nur dann zur Nichtigkeit, wenn sich der Fehler konkret auf den Abwägungsvorgang auswirkt.[636] Diese Einschränkung für das Bundesrecht ändert jedoch nichts an einer etwaigen Unwirksamkeit dieser Beschlüsse nach Landesrecht.[637]

X und Y haben sowohl beratend als auch entscheidend durch ihre Beteiligung an der Abstimmung mitgewirkt.

431 4. Einer der in § 31 Abs. 3 GO NRW aufgeführten **Ausnahmefälle** liegt nicht vor.

Die Mitwirkungsverbote nach § 31 Abs. 1 u. 2 GO NRW gelten z.B. nicht, wenn der Vorteil oder Nachteil nur darauf beruht, dass jemand einer Berufs- oder Bevölkerungsgruppe angehört, deren Interessen durch die Angelegenheit berührt werden (§ 31 Abs. 3 Nr. 1 GO NRW). Ein bloßes Gruppeninteresse führt daher nicht zum Ausschluss.[638]

X und Y haben damit das Mitwirkungsverbot wegen Befangenheit verletzt.

630 So schon zur früheren Rechtslage OVG NRW OVGE 27, 60 f.; DVBl. 1980, 68, 69; Röhl Jura 2006, 725, 730; a.A. Weides NWVBl. 1989, 452, 454.

631 OVG NRW KStZ 1981, 14; Hess VGH NVwZ 1982, 44, 45; BayVGH BayVBl. 1987, 49, 50; Röhl Jura 2006, 725, 731; a.A. OVG Lüneburg NVwZ 1982, 44: da die Beitragserhebung zwangsläufige Folge der Satzung sei; vgl. auch OVG RP KommJur 2014, 58 für die Verschonungsregelung in einer Abgabensatzung.

632 VGH Mannheim VBlBW 2006, 390.

633 Röhl Jura 2006, 725, 730 m.w.N.

634 Vgl. VGH Mannheim NVwZ-RR 1995, 154, 155.

635 OVG NRW NVwZ 1984, 667, 668; KV/GO-Wansleben § 31 Anm. 3.1 m.w.N., Pfab Jura 1999, 625, 627.

636 BVerwG DVBl. 1988, 958, 960; OVG Koblenz NVwZ 1989, 674; Röhl Jura 2006, 725, 732.

637 OVG NRW OVGE 44, 242, 248; Pfab Jura 1999, 625, 629 ff.; ebenso im Ergebnis OVG RP, Urt. v. 08.05.2013 – 8 C 10635/12, NVwZ-RR 2013, 994 (nur LS).

638 Vgl. dazu OVG RP DVBl. 2011, 696, 697; KommJur 2014, 58, 59; VGH Mannheim VBlBW 2013, 183, 184.

IV. Rechtsfolge

1. Es liegen Verfahrensfehler vor, die zur **Rechtswidrigkeit** und damit grundsätzlich zur **Unwirksamkeit** des Beschlusses führen.

   a) Der Verstoß gegen die Befangenheitsvorschriften kann nach § 31 Abs. 6 GO NRW **nach Beendigung** der Abstimmung nur geltend gemacht werden, wenn er **für das Abstimmungsergebnis entscheidend** war. Das ist jedenfalls dann der Fall, wenn die Stimme des Befangenen **zahlenmäßig** für das Ergebnis ausschlaggebend war. **432**

   b) Umstritten ist, ob auch die bloße Möglichkeit ausreicht, dass die Mitwirkung des betroffenen Ratsmitglieds in der Beratung Einfluss auf das **Abstimmungsverhalten anderer Ratsmitglieder** gehabt haben kann. **433**

      aa) Teilweise wird dies bejaht, da § 31 Abs. 6 GO NRW die Erheblichkeit der „Mitwirkung" nicht auf die Stimmabgabe beschränkt. Der unerlaubt Mitwirkende könne allein durch seine Anwesenheit andere Ratsmitglieder beeinflusst haben.[639]

      bb) Dagegen spricht jedoch, dass § 31 Abs. 6 GO NRW ausdrücklich auf das „Abstimmungs**ergebnis**" abstellt. Aufgrund der Intention des Gesetzgebers, der die Nichtigkeitsfolge einschränken wollte, ist dies nur der Fall, wenn die Stimme des befangenen Ratsmitgliedes bei der Beschlussfassung von ausschlaggebender Bedeutung gewesen ist.[640]

      Da ohne die Stimmen der Ratsmitglieder X und Y die nach § 50 Abs. 1 S. 1 GO NRW erforderliche Mehrheit nicht zustande gekommen wäre, ist eine **Kausalität** des Fehlers i.S.d. § 31 Abs. 6 GO NRW gegeben.

      Ist das konkrete Abstimmungsverhalten nicht feststellbar (z.B. bei geheimer Abstimmung), muss eine **hypothetische Abstimmungsberechnung** erfolgen. Entscheidend ist die Stimme des Befangenen dann, wenn abstrakt die Möglichkeit besteht, dass sich hierdurch das Abstimmungsergebnis verändert hätte.[641]

      Umstritten ist, ob eine **Beanstandung** des Ratsbeschlusses (§§ 54 Abs. 2, 122 Abs. 1 S. 1 GO NRW) erfolgen darf, wenn die (mögliche) Kausalität i.S.d. § 31 Abs. 6 GO NRW nicht nachweisbar ist. Teilweise wird angenommen, dass kommunalaufsichtliche Maßnahmen nicht ausgeschlossen werden, da § 31 Abs. 6 GO NRW sich nur auf Rechtsschutzmöglichkeiten Dritter beziehe, aber die Rechtsaufsicht unberührt lasse.[642] Der Sinn des § 31 Abs. 6 GO NRW ist es hingegen, dass die Mitwirkung eines wegen Befangenheit Betroffenen überhaupt nur dann relevant werden soll, wenn die Mitwirkung für das Abstimmungsergebnis entscheidend war. Fehlt es an dieser Kausalität, so kann eine Beanstandung nicht erfolgen.[643]

2. Somit ist der Ratsbeschluss nicht nur wegen der nicht ordnungsgemäßen Bekanntgabe der Tagesordnung, sondern auch wegen Verstoßes gegen §§ 50 Abs. 6, 31 Abs. 1 GO NRW rechtswidrig und damit – anders als ein VA – grds. **nichtig**.[644] **434**

---

639 KV/GO-Wansleben § 31 Anm. 8.1; Suerbaum JuS 1994, 324, 327; ders. NWVBl. 1992, 189, 194 f.; ebenso OVG NRW NVwZ 1984, 667 m.w.N. zur Rechtslage vor Einfügung des § 31 Abs. 6 GO NRW.

640 OVG NRW DVBl. 1992, 448, 449; Rehn/Cronauge § 31 Anm. VII 1; Röhl Jura 2006, 725, 732.

641 Rehn/Cronauge § 31 Anm. VII 1.

642 Goos NWVBl. 2006, 113, 118.

643 KV/GO-Wansleben § 31 Anm. 8.1.

Umgekehrt ist der Beschluss auch nichtig, wenn ein Ratsmitglied vom Gemeinderat zu Unrecht wegen Befangenheit ausgeschlossen wird.[645] Verlässt dagegen ein Ratsmitglied von sich aus die Sitzung freiwillig in der irrigen Annahme, befangen zu sein, so führt dies allein nicht zur Rechtswidrigkeit eines in seiner Abwesenheit gefassten Beschlusses.[646]

435 V. **Verfahrensfehler** können **unbeachtlich** werden, wenn sie nicht fristgemäß gerügt werden (s.o. Rn. 373).

1. Die **Spezialvorschriften** der §§ 214 Abs. 1, 215 Abs. 1 Nr. 1 BauGB greifen hier nicht ein, weil sie eine Verletzung von Verfahrens- oder Formvorschriften „dieses Gesetzbuchs", also des BauGB, voraussetzen.[647]
2. Einschlägig ist vielmehr **§ 7 Abs. 6 GO NRW**, der für Satzungen lex specialis zu § 54 Abs. 4 GO NRW ist.[648] Einer der dort aufgeführten Ausnahmefälle (fehlende Genehmigung, nicht ordnungsgemäße Bekanntmachung, vorherige Beanstandung) liegt nicht vor. Also müssen die Verfahrensfehler innerhalb eines Jahres gegenüber der Gemeinde gerügt werden; andernfalls sind sie unbeachtlich.

Rechtmäßigkeit eines Ratsbeschlusses

formell	materiell
1. **Zuständigkeit** ■ **Verbandskompetenz** der Gemeinde, § 2 GO ■ **Organkompetenz** des Rates, § 41 GO u.a. 2. **Verfahren** a) nach Spezialgesetz (z.B. §§ 3, 4 BauGB) b) nach GO – ordnungsgemäße Einberufung, §§ 47, 48 I GO i.V.m. GeschO – Öffentlichkeit, § 48 II GO – Beschlussfähigkeit, § 49 GO – ordnungsgemäße Abstimmung und erforderliche Mehrheit, § 50 GO – Mitwirkungsverbote, §§ 50 VI, 31 GO	■ Voraussetzungen nach **Spezialgesetz** ■ kein Verstoß gegen **höherrangiges Recht** (insbes. GG, LVerf, einfache Gesetze) ■ allg. Rechtmäßigkeitsvoraussetzungen, insbes. – Bestimmtheit – Verhältnismäßigkeit ■ bei Ermessen: kein Ermessensfehler

Rechtsfolge fehlerhafter Beschlüsse

- grds. rechtswidrige Beschlüsse **nichtig**
- **Ausnahmen:**
  - bloßer GeschO-Verstoß (es sei denn gleichzeitiger Verstoß gegen GO)
  - mangelnde Entscheidungserheblichkeit im Fall des § 31 Abs. 6 GO
  - Unbeachtlichkeit kraft Spezialnorm (z.B. § 214 BauGB)
  - Unbeachtlichkeit nach Fristablauf (z.B. § 7 Abs. 6, § 54 Abs. 4 GO, § 215 BauGB)

---

644 Rehn/Cronauge § 31 Anm. VII 1; KV/GO-Wansleben § 31 Anm. 8.1 m.w.N.

645 OVG NRW DÖV 1988, 647, 648; Ehlers Jura 1988, 337, 339; nach Erichsen § 7 A 1 b, S. 106 f. analog § 31 Abs. 6 GO nur, wenn die Nichtbeteiligung für das Ergebnis kausal war, dagegen ausführlich Suerbaum/Brüning JuS 2001, 992, 998.

646 VGH Mannheim NVwZ 1987, 1103; Suerbaum JuS 1994, 324, 328; Suerbaum/Brüning JuS 2001, 992, 997.

647 Ernst/Zinkhahn/Bielenberg, BauGB § 214 Rn. 13.

648 KV/GO-Kirchhof/Plückhahn/Faber § 54 Anm. 5; a.A. Wilrich JuS 2003, 587, 591 nebeneinander anwendbar.

IV. Ausschüsse des Rates

1. Bildung der Ausschüsse

Die Ausschüsse unterstützen den Rat bei der Willensbildung und Entscheidung. Gemäß §§ 57 Abs. 2, 59 GO NRW muss jede Gemeinde drei **Pflichtausschüsse** bilden: 436

- **Hauptausschuss** (§ 59 Abs. 1 GO NRW),

  der z.B. zuständig ist für Dringlichkeitsentscheidungen (§ 60 GO NRW), Planung der Verwaltungsaufgaben von besonderer Bedeutung (§ 61 GO NRW) und für die Abstimmung der Arbeiten aller Ausschüsse untereinander;

- **Finanzausschuss** (§ 59 Abs. 2 GO NRW),

  insbesondere zur Vorbereitung der Haushaltssatzung und Ausführung des Haushaltsplanes;

- **Rechnungsprüfungsausschuss** (§ 59 Abs. 3 GO NRW)

  zur Prüfung des Jahresabschlusses (§ 95 GO NRW) und des Gesamtabschlusses der Gemeinde (§ 116 GO NRW).

Diesen Ausschüssen dürfen **weitere Aufgaben** übertragen werden (§ 41 Abs. 2 GO NRW). Auch können sie Angelegenheiten aller Art, über die der Rat entscheidet, vorbereitend beraten.

Im Übrigen kann der Rat weitere **(freiwillige) Ausschüsse** bilden, z.B. Planungsausschuss, Bauausschuss, Beschwerdeausschuss (§ 24 Abs. 1 S. 3 GO NRW). Diese Ausschüsse haben grundsätzlich nur **beratende Funktion**, es sei denn, der Rat hat dem Ausschuss Entscheidungsbefugnisse gemäß § 41 Abs. 2 GO NRW übertragen. 437

Freiwillige Ausschüsse (nicht Pflichtausschüsse) können neben Ratsmitgliedern mit **sachkundigen Bürgern** besetzt werden (§ 58 Abs. 3 GO NRW). Als Mitglieder mit beratender Stimme können diesen Ausschüssen auch **sachkundige Einwohner** (also auch Ausländer) angehören (§ 58 Abs. 4 GO NRW).

Außerdem gibt es zahlreiche Ausschüsse aufgrund **spezialgesetzlicher Vorschriften**, z.B. der Schulausschuss (§ 85 SchulG), der Betriebsausschuss bei Eigenbetrieben (§ 114 GO NRW, § 5 EigVO NRW) und der Jugendhilfeausschuss (§ 71 SGB VIII). 438

2. Besetzung der Ausschüsse

Nach § 58 Abs. 1 S. 1 GO NRW kann der Rat die **Zahl der Ausschussmitglieder** grundsätzlich nach freiem Ermessen festlegen. Er ist verfassungsrechtlich nicht verpflichtet, die Zahl der Ausschussmitglieder so festzulegen, dass alle Fraktionen oder Gruppen in den Ausschüssen vertreten sind.[649] Nach § 58 Abs. 1 S. 7–10 GO NRW haben Fraktionen in jedem Fall aber einen Anspruch auf **beratende Mitwirkung**.[650] Dasselbe gilt für (insbesondere fraktionslose) Ratsmitglieder, die einen Anspruch auf Mitwirkung in mindestens einem der Ausschüsse haben (§ 58 Abs. 1 S. 11 GO NRW).[651] 439

Die Regelungen sind allerdings nicht abschließend. Der Rat darf über § 58 Abs. 1 S. 7–10 GO NRW hinaus weitere beratende Ausschussmitglieder wählen.[652]

649 BVerwG DVBl. 1993, 890; OVG NRW NWVBl. 2005, 135, 137; KV/GO-Kirchhof/Plückhahn § 58 Anm. 4.

650 Zur Verfassungsmäßigkeit OVG NRW NWVBl. 2005, 347, 348.

651 Vgl. ausführlich Kim DVBl. 2011, 734 ff.

652 OVG NRW NWVBl. 2004, 378, 381; anders OVG NRW NWVBl. 2005, 135, 138 für den Kreisausschuss.

440 Die **Wahl der Mitglieder der Ausschüsse** richtet sich nach § 50 Abs. 3 GO NRW. Haben sich die Ratsmitglieder zur Besetzung der Ausschüsse auf einen **einheitlichen Wahlvorschlag** geeinigt, ist der einstimmige Beschluss der Ratsmitglieder über die Annahme dieses Wahlvorschlages ausreichend (§ 50 Abs. 3 S. 1 GO NRW). Kommt ein einheitlicher Wahlvorschlag nicht zustande, wird gemäß § 50 Abs. 3 S. 2 GO NRW nach den Grundsätzen der **Verhältniswahl** in einem Wahlgang abgestimmt und die Sitze nach dem Verfahren Hare/Niemeyer verteilt.

441 Scheidet ein Mitglied vorzeitig aus einem Ausschuss aus (z.B. durch Rücktritt oder Tod), so wählen die Ratsmitglieder auf Vorschlag der entsendenden Fraktion oder Gruppe gemäß § 50 Abs. 3 S. 7 GO NRW einen Nachfolger. Eine Abberufung durch einen Mehrheitsbeschluss ist dagegen nicht möglich, da es gegen die Grundsätze der Verhältniswahl verstoßen würde, wenn die Kräfteverhältnisse in einem zunächst demokratisch besetzten Ausschuss nachträglich verändert würden. Zulässig ist indessen die **Abberufung** durch einen einstimmigen Ratsbeschluss.[653]

Umstritten ist, ob ein Ausschussmitglied, welches aus der **Fraktion ausgeschlossen** wurde, auch aus dem Ausschuss abberufen werden kann. Während ein solches Abberufungsrecht teilweise für zulässig erachtet wird, da der Ausschuss Abbild der politischen Kräfteverhältnisse im Rat sein soll,[654] lehnt die h.M. eine solche Möglichkeit wegen fehlender gesetzlicher Regelung ab.[655]

3. Ausschussbeschlüsse

442 Für Beschlüsse der Ausschüsse gelten die Regeln für Ratsbeschlüsse entsprechend (§ 58 Abs. 2 S. 1 GO NRW). **Rechtswidrige Ausschussbeschlüsse** müssen vom Bürgermeister nach § 54 Abs. 3 GO NRW beanstandet werden. Verbleibt der Ausschuss bei seinem Beschluss, so hat der Rat über die Angelegenheit zu beschließen (§ 54 Abs. 3 S. 2 GO NRW). Bei Beschlüssen von Ausschüssen mit Entscheidungsbefugnissen kann darüber hinaus der Bürgermeister oder 1/5 der Ausschussmitglieder – und zwar auch bei rechtmäßigen Beschlüssen – Einspruch erheben (§ 57 Abs. 4 GO NRW). Über den Einspruch entscheidet der Rat. Der Beschluss darf deshalb erst durchgeführt werden, wenn innerhalb einer in der Geschäftsordnung zu bestimmenden Frist kein Einspruch eingelegt worden ist (§ 57 Abs. 4 S. 2 GO NRW).

V. Die Rechtsstellung der Ratsmitglieder

1. Rechte der Ratsmitglieder

443 Für Ratsmitglieder gilt nach § 43 Abs. 1 GO NRW der Grundsatz des **freien Mandats**. Ihre **Statusrechte** sind aber – anders als bei Bundestagsabgeordneten (Art. 38 Abs. 1 S. 2 GG) und bei Landtagsabgeordneten (Art. 30 Abs. 2 LVerf NRW) – **nicht verfassungsrechtlich abgesichert**. Die Mitglieder des Rates sind lediglich Inhaber eines einfachgesetzlich durch die GO konstituierten mitgliedschaftsrechtlichen Status.[656] Demgemäß werden die Statusrechte nur in den Grenzen der Bestimmungen der GO NRW gewährt.

653 Vgl. OVG NRW NWVBl. 2003, 101 f.

654 Erdmann DÖV 1988, 907, 914.

655 Rehn/Cronauge GO § 50 Anm. IV 5.

656 OVG NRW, Beschl. v. 18.08.2011 – 15 A 1574/11, NWVBl. 2012, 152.

Anders als Bundestags- und Landtagsabgeordnete (Art. 46 GG, Art. 47, 48 LVerf) genießen Ratsmitglieder auch **keine Immunität** und **keine Indemnität**, da sie nicht Mitglieder eines Legislativ-, sondern eines Verwaltungsorgans sind.[657]

Zu den aus § 43 Abs. 1 GO NRW abzuleitenden Statusrechten gehört insbesondere **444**

- das **Teilnahmerecht** an den Ratssitzungen,
- das **Rederecht**
- das **Abstimmungsrecht** sowie
- ein **Informationsrecht**, um diese Mandatsrechte effektiv wahrnehmen zu können:
  - Nach § 55 Abs. 1 S. 2 GO NRW ist der Bürgermeister verpflichtet, einem Ratsmitglied auf Verlangen **Auskunft** zu erteilen oder zu einem Tagesordnungspunkt Stellung zu nehmen.[658]

    Das einzelne Ratsmitglied hat jedoch keinen Anspruch auf Aufnahme eines Tagesordnungspunktes, soweit sein Antrag nicht von dem in § 48 Abs. 1 S. 2 GO NRW vorgeschriebenen Quorum von einem Fünftel unterstützt wird.[659] Etwas anderes gilt nur dann, wenn der Rat durch Regelung in der Geschäftsordnung das Initiativrecht nach § 48 Abs. 1 S. 2 GO NRW erweitert hat.[660] Die durch § 48 Abs. 1 S. 2 GO NRW bewirkte Beschränkung der demokratischen Repräsentation ist im Hinblick auf die Arbeitsfähigkeit des Rates gerechtfertigt.[661]

  - Nach § 55 Abs. 5 S. 1 GO NRW kann jedes Ratsmitglied vom Bürgermeister **Akteneinsicht** verlangen, soweit die Akten der **Vorbereitung** oder der **Kontrolle** von Beschlüssen des Rates dienen.[662] Die Akteneinsicht darf nur verweigert werden, soweit ihr schutzwürdige Belange Betroffener oder Dritter entgegenstehen (§ 55 Abs. 5 S. 3 GO NRW). Ebenso darf Akteneinsicht nicht gewährt werden, wenn der Betroffene wegen Interessenwiderstreits von der Beratung und Entscheidung der Angelegenheit ausgeschlossen ist (§ 55 Abs. 5 S. 5 GO NRW).

    Das Recht, Akteneinsicht verlangen zu können, verschafft dem Ratsmitglied keine darüber hinausgehende Rechte. Insbesondere vermittelt es nicht das Recht, den Zeitpunkt der Entscheidung des Gremiums deshalb vertagen zu lassen, weil die Akteneinsicht noch nicht abgeschlossen ist, oder sich für das Ratsmitglied daraus Fragen ergeben haben.[663]

    Neben dem Akteneinsichtsrecht des einzelnen Ratsmitglieds bestehen weitergehende **Einsichtsrechte des Rates** nach § 55 Abs. 3 S. 2 u. Abs. 4 GO NRW.[664]

Nach § 45 Abs. 1 S. 1 GO NRW haben Ratsmitglieder, Mitglieder einer Bezirksvertretung oder eines Ausschusses einen Anspruch auf Ersatz des **Verdienstausfalls**, der ihnen durch die Mandatsausübung entsteht. Unabhängig davon besteht nach § 45 Abs. 5 GO NRW ein Anspruch auf angemessene **Aufwandsentschädigung** nach den dort im Einzelnen genannten Maßgaben. **445**

657 Vgl. OVG Koblenz NVwZ 1996, 1133, 1134; Waldhoff JuS 2010, 943; ausführlich Nolte DVBl. 2005, 870, 876.

658 Zum Auskunftsanspruch im Kommunalrecht vgl. OVG Lüneburg, Urt. v. 04.03.2014 - 10 LB 93/13, DVBl. 2014, 595

659 OVG NRW, Beschl. v. 18.08.2011 – 15 A 1574/11, NWVBl. 2012, 152.

660 OVG NRW, Beschl. v. 29.11.2012 – 15 B 1308/12, NVwZ-RR 2013, 239.

661 OVG NRW NWVBl. 2007, 25 unter Verweis auf BVerwG NVwZ-RR 1993, 210, das sogar ein Quorum von 25 % für zulässig hält.

662 Vgl. OVG NRW NVwZ-RR 2013, 730 und die Gesetzesbegründung in LT-Drs. 14/3979, S. 140.

663 Gesetzesbegründung in LT-Drs. 14/3939, S. 140.

664 Zum Einsichtsrecht einer Fraktion vgl. OVG RP, Beschl. v. 04.10.2013 – 10 A 10631/13.OVG, KommJur 2014, 13.

446 Für **fraktionslose Ratsmitglieder** besteht unter den Voraussetzungen des § 56 Abs. 3 S. 5 bis 7 GO NRW darüber hinaus ein Anspruch auf (finanzielle) Mindestausstattung.[665]

2. Pflichten der Ratsmitglieder

a) Verschwiegenheitspflicht

447 Wichtigste Pflicht der Ratsmitglieder ist – abgesehen von der selbstverständlichen Pflicht zur Mitarbeit – die **Verschwiegenheitspflicht** (§ 43 Abs. 2 i.V.m. § 30 GO NRW) in Angelegenheiten, deren Geheimhaltung ihrer Natur nach erforderlich, besonders vorgeschrieben oder vom Rat beschlossen ist.

- Ihrer **Natur nach geheimhaltungsbedürftig** sind alle Angelegenheiten, deren Mitteilung an andere dem Gemeinwohl oder dem berechtigten Interesse einzelner Personen zuwiderlaufen würde (vgl. die Legaldefinition in § 30 Abs. 1 S. 2 GO NRW), z.B. Personalangelegenheiten, Planungsabsichten der Gemeinde, Abgabenangelegenheiten, Vergabe von Aufträgen, Ankauf von Grundstücken.
- Zu den **„besonderen Vorschriften"** zur Geheimhaltung gehören z.B. die Angelegenheiten nach § 6 GO NRW und die datenschutzrechtlichen Bestimmungen.
- Als Angelegenheiten, deren Geheimhaltung **vom Rat beschlossen** wurde, gelten auch diejenigen Angelegenheiten, die ohne ausdrücklichen Ratsbeschluss in nichtöffentlicher Sitzung beraten werden.[666]

Bei Verletzung der Verschwiegenheitspflicht kann der Rat nach §§ 30 Abs. 6 S. 2 i.V.m. 29 Abs. 3 GO NRW ein Ordnungsgeld festsetzen. Außerdem kommt eine Haftung des Ratsmitglieds auf Schadensersatz gemäß § 823 Abs. 2 BGB i.V.m. § 30 GO NRW in Betracht.[667]

b) Treuepflicht der Ratsmitglieder

Fall 13: Vertretungsverbot

Rechtsanwalt R will sich bei den Kommunalwahlen als Kandidat für den Rat der Gemeinde G bewerben. R hat gute Chancen, den Ratssitz zu gewinnen, da er sich als Fachanwalt für Verwaltungsrecht eine hohe Popularität u.a. dadurch verschafft hat, dass er eine Vielzahl von Prozessen gegen die Gemeinde G gewonnen hat. Von seinem politischen Gegner wird er darauf hingewiesen, dass mit dieser verkappten Wahlwerbung jedenfalls Schluss sei, wenn R Ratsmitglied wird. Ist der Hinweis zutreffend?

448 I. Nach §§ 43 Abs. 2, 32 Abs. 1 GO NRW haben die Ratsmitglieder eine besondere **Treuepflicht** gegenüber der Gemeinde. Als deren Ausprägung normiert § 32 Abs. 1 S. 2 GO NRW ein **Vertretungsverbot**, wonach Ratsmitglieder Ansprüche anderer gegen die Gemeinde nicht geltend machen dürfen, es sei denn, dass sie als gesetzliche Vertreter handeln.

665 Dazu OVG NRW NVwZ 2010, 534 und oben Rn. 416.

666 OVG NRW, Beschl. v. 07.04.2011 – 15 A 441/11, NWVBl. 2011, 346; Beschl. v. 23.12.2009 - 15 A 2126/09, NWVBl. 2010, 237; Burgi NVwZ 2014, 609, 611.

667 KV/GO-Wansleben § 30 Anm. 7.

Nach ihrer Zweckbestimmung soll die Vorschrift – ähnlich wie der Ausschluss wegen Befangenheit (oben Rn. 424) – die Gemeindeverwaltung von allen Einflüssen freihalten, die eine objektive und unparteiische Führung der Gemeindegeschäfte gefährden könnten. Es soll verhindert werden, dass Ratsmitglieder, die beruflich die Interessen Dritter vertreten, ihre berufliche Tätigkeit und ihre Ratsgeschäfte miteinander verquicken und dadurch in einen Interessenkonflikt geraten, ferner dass sie die Kenntnisse, die sie als Ratsmitglied erlangt haben, bei ihrer Berufsausübung zum Vorteil ihrer Mandanten und eigener beruflicher Interessen und zum Nachteil der Gemeinde ausnutzen.[668]

1. Von dem Vertretungsverbot nach § 32 Abs. 1 S. 2 GO NRW wird **jede gerichtliche** und **außergerichtliche Geltendmachung** von (öffentlich-rechtlichen oder zivilrechtlichen) Ansprüchen Dritter gegen die Gemeinde erfasst. Der Begriff „Geltendmachen" ist weit auszulegen, darunter fällt auch die bloße Beratung.[669] **449**

   Im öffentlich-rechtlichen Bereich gilt das Vertretungsverbot nicht nur bei Selbstverwaltungsaufgaben, sondern auch bei Pflichtaufgaben zur Erfüllung nach Weisung sowie in Auftragsangelegenheiten. Für Kreistagsmitglieder gilt das entsprechende Verbot (§ 28 Abs. 2 KrO) nach h.M. jedoch nicht, wenn der Landrat als untere staatliche Verwaltungsbehörde tätig wird, da hier Ansprüche gegen das Land (Organleihe!) und nicht gegen den Kreis geltend gemacht werden.[670]

2. Nach h.Rspr. hat ein Verstoß gegen das kommunale Vertretungsverbot nicht nur Wirkungen im Innenverhältnis des Ratsmitgliedes zur Gemeinde, sondern auch im **Außenverhältnis** zum Gericht, d.h. das Gericht darf den Vertreter analog § 67 Abs. 3 VwGO zurückweisen, wenn er das Mandat nicht freiwillig niederlegt.[671] Dagegen geht die Lit. überwiegend davon aus, dass die Treuepflicht nur ein intrapersonales Verhaltensgebot begründet. Ein Verstoß könne nur zu **internen Sanktionen** führen (z.B. § 43 Abs. 4 a GO NRW), habe aber im Außenverhältnis zum Gericht keine Auswirkungen. Das Recht des Anwalts, vor Gericht aufzutreten, könne nach § 3 Abs. 2 BRAO nur durch Bundesgesetz eingeschränkt werden.[672] **450**

II. Problematisch ist die h.M. vor allem, wenn man an die **praktischen Konsequenzen** denkt, die sie für Rechtsanwälte hat, die Ratsmitglieder sind. Für diese bedeutet das Vertretungsverbot, dass sie praktisch keine Prozesse mehr gegen die Gemeinde führen dürfen, und zwar nicht nur zivilrechtliche, sondern vor allem auch verwaltungsrechtliche. Ein auf Verwaltungsrecht spezialisierter Anwalt in einer Großstadt ist dadurch von einem Großteil seiner möglichen Anwaltsmandate ausgeschlossen, z.B. von Klagen wegen Ablehnung einer Baugenehmigung, gegen Erschließungsbeitragsbescheide o.Ä. Praktisch bedeutet das, dass er sich die Übernahme eines Ratsmandats beruflich nicht leisten kann. **451**

Das Vertretungsverbot gilt aber nur für die Ratsmitglieder persönlich, bei Anwaltssozietäten also nicht für die Sozien, die nicht Ratsmitglied sind.[673] Dies gilt erst recht bei einer bloßen Bürogemeinschaft.[674] Denn Normadressat ist allein das Ratsmitglied; der Anwalt, der nicht Ratsmitglied ist, kann keinen direkten Einfluss auf die Gemeindeverwaltung ausüben oder in einen Interessenwiderstreit geraten.[675]

---

668 BVerfGE 56, 99, 108; 61, 68, 74; BVerfG DVBl. 1988, 54, 55; Bay VerfGH BayVBl. 2013, 45, 47; BGH NJW 2012, 61, 62; OVG NRW NWVBl. 2002, 264, 265; KV/GO-Wansleben § 32 Anm. 1; vgl. auch VG Karlsruhe, Urt. v. 07.04.2011 – 6 K 2400/10.

669 BVerfG DVBl. 1988, 54, 55; einschränkend BGH NJW 2012, 61, 62 bei bloß interner Mitwirkung.

670 Vgl. KV/GO-Wansleben § 32 Anm. 3; Schoch NVwZ 1984, 626, 629. Die abweichende Entscheidung des BVerwG (NJW 1984, 377) zum Landesrecht Schleswig-Holstein ist auf NRW nicht übertragbar (vgl. Wansleben a.a.O.).

671 BVerfGE 52, 42, 55 ff.; BVerfG NJW 1988, 694; OVG NRW NJW 1981, 2210; KV/GO-Wansleben § 32 Anm. 5; Rehn/Cronauge § 32 Anm. II 5; Kopp/Schenke VwGO § 67 Rn. 22; offengelassen von BVerfG DVBl. 1988, 54, 56.

672 Rottmann Sondervotum BVerfGE 52, 58, 59; Meissner/Schenk in Schoch u.a. VwGO § 67 Rn. 108; Schoch NVwZ 1984, 626, 627; ders. JuS 1989, 531, 536; Ehlers Jura 1988, 337, 339; NVwZ 1990, 44, 49; Mückl Jura 2002, 627, 628.

673 BVerfG NJW 1982, 2177; OVG NRW DVBl. 1981, 693; BayVGH NJW 1981, 2210; a.A. noch OVG NRW NJW 1975, 2086.

674 BVerfG NJW 1981, 1599.

1. Wegen dieser schwerwiegenden Folgen sind Bedenken gegen die **Verfassungsmäßigkeit** der Regelung erhoben worden, die allerdings vom BVerfG nicht geteilt werden.

452 a) Das kommunale Vertretungsverbot gehöre traditionell zum landesrechtlichen **Gemeindeverfassungsrecht** und deshalb weder zum Prozessrecht noch zum Recht der Rechtsanwaltschaft i.S.d. Art. 74 Abs. 1 Nr. 1 GG.[676]

Die Gegenansicht verweist darauf, dass sich die Rechtsfolgen nicht auf den kommunalrechtlichen Bereich beschränken, sondern in den Bereich anwaltlicher Berufspflichten übergreifen, die nach Art. 74 Abs. 1 Nr. 1 GG nur vom Bund geregelt werden dürften.[677]

453 b) Ebenso hat das BVerfG in seiner früheren Rspr. einen Verstoß gegen Art. 12 GG generell verneint. Da das Vertretungsverbot nicht auf die Einschränkung der Berufsfreiheit gerichtet sei, handele es sich lediglich um faktische mittelbare Auswirkungen auf das Grundrecht. Zwar gewähren Grundrechte Schutz unabhängig von der Qualität des Eingriffs, also auch bei bloß mittelbaren Nachteilen, aber nicht in gleicher Intensität. Ein mittelbarer Eingriff in die Berufsfreiheit sei nur dann an Art. 12 GG zu messen, wenn er **„objektiv eine berufsregelnde Tendenz deutlich erkennen lasse"**. Dies sei beim kommunalen Vertretungsverbot nicht der Fall. § 32 Abs. 1 S. 2 GO NRW betreffe alle kommunalpolitisch (ehrenamtlich) Tätigen unabhängig von ihrem Beruf. Da die Vorschrift mithin nur darauf abziele, die Integrität der öffentlichen Verwaltung zu gewährleisten, lasse sie auch keine berufsregelnde Tendenz erkennen.[678]

2. In der Lit. ist diese Rspr. überwiegend auf Ablehnung gestoßen. Kritisiert wurde vor allem, dass das BVerfG nicht hinreichend zwischen der generellen Anordnung des Vertretungsverbotes im Gesetz und der konkreten Zurückweisung als Prozessvertreter durch das Gericht differenziere.[679]

454 3. Das BVerfG hat die Frage zuletzt **offengelassen**.[680] Selbst wenn das kommunale Vertretungsverbot als **Berufsausübungsregelung** anzusehen und deshalb an Art. 12 Abs. 1 GG zu messen sein sollte, wäre es durch hinreichende Gründe des Allgemeinwohls gerechtfertigt und auch mit dem Grundsatz der Verhältnismäßigkeit vereinbar. Das kommunale Vertretungsverbot diene der Wahrung vernünftiger Belange des allgemeinen Wohls. Es wolle verhindern, dass Ratsmitglieder ihren Einfluss für ihre persönlichen Interessen ausnutzen oder in einen Interessenwiderstreit geraten. Zur Erreichung dieses Zwecks sei die gesetzliche Regelung geeignet, erforderlich und angemessen.

455 4. Der früheren Rspr. ist zu Recht entgegengehalten worden, dass das BVerfG nicht zwischen der **Verfassungsmäßigkeit des § 32 GO NRW** und des darauf beruhenden **Einzelaktes** (Zurückweisung durch das Gericht) unterscheidet.

---

675 Vgl. auch Schoch NVwZ 1984, 626, 627.

676 BVerfGE 41, 231, 241 f.; 52, 42, 55 f.; BVerfG DVBl. 1988, 54 f.

677 Rottmann/Hirsch Sondervotum BVerfGE 52, 58, 61; Pfeifer JuS 1993, 750, 752; Menger NJW 1980, 1827, 1829.

678 BVerfGE 41, 231, 241; 52, 42, 54; 56, 99, 107; 61, 68, 72 m.w.N.; a.A. BbgVerfG, Beschl. v. 19.10.2012 – VfGBbg 31/11, KommJur 2013, 25, 27 ff. zum weitergehenden § 23 Abs. 1 BbgKVerf.

679 Meissner/Schenk in Schoch u.a. VwGO § 67 Rn. 107; Schoch, NVwZ 1984, 626, 627; ders. JuS 1989, 531, 534 m.w.N.

680 BVerfG DVBl. 1988, 54, 55; im Ergebnis ebenso BVerwG NJW 1988, 1994.

a) Soweit die gesetzliche Regelung in **§ 32 GO NRW** betroffen ist, erscheint es zutreffend, mit der Rspr. des BVerfG eine objektiv berufsregelnde Tendenz und damit einen Eingriff in Art. 12 GG abzulehnen. Zwar betrifft das Vertretungsverbot in erster Linie die Angehörigen solcher Berufe, die die Vertretung fremder Interessen vor Behörden und Gerichten berufsmäßig betreiben. Das Verbot gilt aber generell auch in den Fällen, in denen die Vertretung nicht in Ausübung des Berufes, sondern nur gelegentlich erfolgt,[681] sodass das Gesetz nicht berufsregelnd wirkt. Prüfungsmaßstab ist insoweit nur Art. 2 Abs. 1 GG.

b) Etwas anderes muss jedoch gelten, wenn das Ratsmitglied im Prozess als Anwalt **konkret zurückgewiesen** und damit objektiv erkennbar seine **Berufsausübung** dadurch geregelt wird, dass er an der Wahrnehmung eines bestimmten Mandats gehindert wird. Insoweit ist dann auf Art. 12 Abs. 1 GG abzustellen.[682] Da das Vertretungsverbot aus Gründen des Gemeinwohls als Berufsausübungsregelung aber verhältnismäßig ist (s.o.),[683] ist die eigentlich entscheidende Frage, ob man der Regelung in § 32 Abs. 1 S. 2 GO NRW Außenwirkung zuerkennt und damit dem Gericht eine Zurückweisungsmöglichkeit analog § 67 Abs. 3 VwGO eröffnet. 456

D. Bezirksverfassung und Bezirksvertretung

Die **kreisfreien Städte** sind verpflichtet, das gesamte Stadtgebiet in **Stadtbezirke** einzuteilen (§ 35 Abs. 1–3 GO NRW). Die Bezirke sind als bloße Untergliederungen der Gemeinde keine eigenständigen Gebietskörperschaften.[684] 457

In **kreisangehörigen** Gemeinden **kann** das Gemeindegebiet in Bezirke (Ortschaften) eingeteilt werden (§ 39 Abs. 1 GO NRW).

Wichtigstes Organ des Bezirks ist die **Bezirksvertretung** (§ 36 GO NRW). Ihre Mitglieder werden im Rahmen der Kommunalwahl gewählt (§ 46 a KWahlG). Die Wahl ist ausschließlich eine Verhältniswahl nach Listen. 458

Der Vorsitzende der Bezirksvertretung führt die Bezeichnung Bezirksvorsteher. Der Rat kann beschließen, dass der Bezirksvorsteher die Bezeichnung „Bezirksbürgermeister" führt (§ 36 Abs. 2 S. 2 u. 3 GO NRW). Entsprechendes gilt für den Ortsvorsteher („Ortsbürgermeister") in kreisangehörigen Gemeinden (§ 39 Abs. 2 S. 3 GO NRW).

Auf die **Mitglieder der Bezirksvertretungen** und das Verfahren in den Bezirksvertretungen finden die für den Rat geltenden Vorschriften (§§ 30 ff. u. 43 ff. GO NRW) entsprechende Anwendung (§ 36 Abs. 5 S. 2 GO NRW, der aber gewisse Abweichungen regelt). 459

Die **Zuständigkeiten** der Bezirksvertretung folgen aus § 37 GO NRW. Der Katalog in § 37 Abs. 1 S. 1 Hs. 2 NRW enthält Aufgaben, die – auch seitens des Rates – nicht entzogen werden können. Auffangfunktion hat die **(beschränkte) Generalklausel** des § 37 460

681 Rehn/Cronauge § 32 Anm. II 2.

682 So zutreffend v. Mutius VerwArch 71 (1980), 191, 193 f. m.w.N.; Menger NJW 1980, 1827, 1828; Schoch JuS 1989, 531, 536; Pfeifer JuS 1993, 750 f. m.w.N.

683 BVerfG DVBl. 1988, 54, 55.

684 BVerfG DVBl. 1990, 1401, 1402.

Abs. 1 S. 1 Hs. 1 GO NRW für alle Angelegenheiten, deren Bedeutung nicht wesentlich über den Stadtbezirk hinausgeht.[685] Von erheblicher praktischer Bedeutung ist, dass die Bezirksvertretung zu allen wichtigen Angelegenheiten, die den Stadtbezirk berühren, **anzuhören** ist (§ 37 Abs. 5 S. 1 GO NRW). Insbesondere ist ihr vor der Beschlussfassung des Rates über Planungs- und Investitionsvorhaben im Bezirk und über Bebauungspläne für den Bezirk Gelegenheit zur Stellungnahme zu geben (§ 37 Abs. 5 GO NRW).

461 Ist in **kreisangehörigen Gemeinden** das Gemeindegebiet in Bezirke (Ortschaften) eingeteilt, so sind für jeden Bezirk vom Rat entweder Bezirksausschüsse zu bilden oder Ortsvorsteher zu wählen (§ 39 Abs. 2 S. 1 GO NRW). Den Bezirksausschüssen sollen im Rahmen des § 41 Abs. 2 GO NRW Aufgaben zur Entscheidung übertragen werden, die sich ohne Beeinträchtigung der einheitlichen Entwicklung der gesamten Gemeinde innerhalb eines Gemeindebezirks erledigen lassen (§ 39 Abs. 3 GO NRW).

E. Die Kreisverfassung

I. Kreistag

462 Wichtigstes Organ des Kreises ist der **Kreistag**. Für ihn gilt allerdings anders als beim Gemeinderat **nicht das Prinzip der Allzuständigkeit**, jedoch eine ähnliche Regelung in § 26 Abs. 1 S. 1 KrO NRW. Danach beschließt der Kreistag über die Angelegenheiten des Kreises, die ihrer Bedeutung nach einer solchen Entscheidung bedürfen oder die er sich vorbehält. § 26 Abs. 1 S. 2 KrO NRW enthält einen Katalog von Aufgaben, für die der Kreistag **ausschließlich** zuständig ist (vergleichbar § 41 Abs. 1 S. 2 GO NRW für den Rat).

II. Kreisausschuss

463 Der **Kreisausschuss** hat Ähnlichkeit mit dem Hauptausschuss der Gemeinde; seine Aufgaben sind jedoch **umfassender**.[686] Nach § 50 Abs. 1 S. 1 KrO NRW beschließt der Kreisausschuss über alle Angelegenheiten, soweit sie nicht dem Kreistag vorbehalten sind oder soweit es sich nicht um Geschäfte der laufenden Verwaltung handelt (für die der Landrat zuständig ist, § 42 lit. a) KrO). Der Kreisausschuss bereitet außerdem die Beschlüsse des Kreistages vor und überwacht die Geschäftsführung des Landrates (§ 50 Abs. 1 S. 2 KrO NRW).

Ferner entscheidet der Kreisausschuss in allen Angelegenheiten, die der Beschlussfassung des Kreistages unterliegen, falls die Entscheidung nicht aufgeschoben werden kann. In Fällen äußerster Dringlichkeit kann der Landrat gemeinsam mit einem Kreisausschussmitglied entscheiden (§ 50 Abs. 3 KrO NRW).

III. Landrat

464 Leiter der Kreisverwaltung ist der **Landrat**, der zugleich Vorsitzender des Kreistages ist (§ 25 Abs. 2 KrO NRW). In Angelegenheiten der **Kreisverwaltung** hat der Landrat gemäß § 42 KrO NRW vergleichbare Aufgaben wie der Bürgermeister in der Gemeinde:

- Führung der **Geschäfte der laufenden Verwaltung** (wobei der Kreistag anders als der Gemeinderat kein Rückholrecht hat),
- Erledigung der ihm vom Kreisausschuss **übertragenen Angelegenheiten**,

685 Zur Kompetenzverteilung zwischen Rat und Bezirksvertretung vgl. Pabst NWVBl. 1998, 223 ff.
686 Vgl. OVG NRW NWVBl. 2005, 135, 137.

- **Vorbereitung und Durchführung der Beschlüsse** des Kreistages und Kreisausschusses,
- **Ausführung von staatlichen Weisungen**,
- **gesetzliche Vertretung** des Kreises in Rechts- und Verwaltungsgeschäften.

Der Landrat ist außerdem gemäß §§ 58, 59 KreisO **untere staatliche Verwaltungsbehörde**. Als solche führt er insbesondere die allgemeine Aufsicht und die Sonderaufsicht über die kreisangehörigen Gemeinden und nimmt alle Aufgaben wahr, die der unteren staatlichen Verwaltungsbehörde durch Gesetz zugewiesen sind. In bestimmten Fällen bedarf der Landrat der Zustimmung des Kreisausschusses (§ 59 Abs. 1 S. 2 KrO NRW). **465**

F. Das Kommunalverfassungsstreitverfahren

In der Praxis der Kommunalverwaltung führen die vielfältigen Beziehungen zwischen den Organen bzw. innerhalb der Organe nicht selten zu Konflikten. Solche Streitigkeiten werden als **Kommunalverfassungsstreitigkeiten** bezeichnet. Darunter versteht man Streitigkeiten zwischen Organen oder Organteilen einer kommunalen Gebietskörperschaft über die Rechtmäßigkeit einer Maßnahme, deren Rechtswirkungen sich auf die Beziehungen innerhalb der Körperschaft beschränken.[687] **466**

Beispiele: Streitigkeiten zwischen Rat und Fraktionen, zwischen einzelnen Ratsmitgliedern und dem Rat, zwischen dem Bürgermeister und dem Rat oder einzelnen Ratsmitgliedern. Auch die Streitigkeit um die Rechtmäßigkeit eines Fraktionsausschlusses stellt einen Kommunalverfassungsstreit dar.[688]

Begrifflich lassen sich hierbei unterscheiden: **interorganschaftliche Streitigkeiten** (zwischen verschiedenen Organen, z.B. zwischen Rat und Bürgermeister) und **intraorganschaftliche Streitigkeiten** (zwischen einem Organ und seinen Organteilen, z.B. zwischen Rat und einer Fraktion).[689]

Kein Kommunalverfassungsstreit ist dagegen die Streitigkeit zwischen der **Gemeinde** selbst und einem **ihrer Organe** (z.B. Streit zwischen der Gemeinde und dem Bürgermeister).[690] Da der Kommunalverfassungsstreit der Sicherstellung der kommunalrechtlichen Funktionsabläufe sowie der Klärung von Kompetenzfragen dient, werden Streitigkeiten um **persönliche Rechte** eines Organteiles ebenfalls nicht erfasst (z.B. Abwehransprüche aus Grundrechten).[691] **467**

Die nachfolgenden Grundsätze zum Kommunalverfassungsstreitverfahren lassen sich auch auf andere innerorganschaftliche Streitigkeiten übertragen. Dies gilt z.B. für Hochschulen, Rundfunkanstalten, berufsständische Körperschaften (Ärztekammer, Rechtsanwaltskammer, Industrie- und Handelskammer, Handwerkskammer u.Ä.).[692]

687 Meister JA 2004, 414, 414.

688 Vgl. OVG Saarland, Beschl. v. 20.04.2012 – 2 B 105/12, RÜ 2012, 396, 397; Schmidt-Jortzig/Hansen NVwZ 1994, 116, 118; Franz Jura 2005, 156, 156; Füßer/Buchen LKV 2010, 495.

689 Schoch Jura 2008, 826, 829.

690 OVG Saarlouis NVwZ 1990, 174.

691 SächsOVG NVwZ-RR 2009, 774, 775.

692 Vgl. OVG NRW, Beschl. v. 19.08.2011 – 15 A 1555/11, NWVBl. 2012, 116; Kopp/Schenke VwGO Vorb. § 40 Rn. 6; Gründer JA-Übbl. 1986, 85, 87; Erichsen/Biermann Jura 1997, 157, 158; Schoch Jura 2008, 826, 827.

Fall 14: Beschlussunfähiger Gemeinderat

Im Rat der Stadt S hat die C-Fraktion 26 und die S-Fraktion 24 Sitze. Ehrenamtliche Stellvertreter des Bürgermeisters nach § 67 GO NRW waren bislang X von der C-Fraktion und Y von der S-Fraktion. X ist verstorben. In der Ratssitzung am 29.06., in der die Wahl eines neuen stellvertretenden Bürgermeisters auf der Tagesordnung stand, fehlten drei Mitglieder der C-Fraktion. Da die S-Fraktion angekündigt hatte, den von der C-Fraktion vorgeschlagenen Kandidaten K nicht zu unterstützen, sondern ihr eigenes Mitglied M zu wählen, versuchte die C-Fraktion, eine Verschiebung der Wahl zu erreichen. Als dies nicht gelang, verließen sämtliche Mitglieder der C-Fraktion den Sitzungssaal. Die verbliebenen Ratsmitglieder wählten daraufhin M zum stellvertretenden Bürgermeister. Die C-Fraktion hält die Wahl für unwirksam und möchte eine verwaltungsgerichtliche Überprüfung erreichen.

A. **Zulässigkeit** einer verwaltungsgerichtlichen Klage

I. Der **Verwaltungsrechtsweg** könnte gemäß § 40 Abs. 1 S. 1 VwGO eröffnet sein.

1. Streitentscheidend sind die öffentlich-rechtlichen Vorschriften der §§ 49, 67 GO NRW, sodass eine **öffentlich-rechtliche Streitigkeit** vorliegt.

468 2. Hier besteht allerdings die Besonderheit, dass es sich um eine interne Streitigkeit innerhalb eines Gemeindeorgans handelt. Die VwGO ist ursprünglich für Streitigkeiten des Außenrechts konzipiert worden. Auch ist die **Justiziabilität** von Innenrechtsbeziehungen zuweilen deshalb infrage gestellt worden, weil den Organen bzw. Organteilen keine Individualrechte zustehen, sondern nur „Funktionen", die sie im Interesse der (Gesamt-)Organisation (hier der Gemeinde) wahrnehmen. Entgegen dieser früheren „Impermeabilitätstheorie" ist heute jedoch anerkannt, dass es auch innerhalb einer juristischen Person Rechtsbeziehungen und damit klärungsbedürftige **„Rechts"**-streitigkeiten geben kann. Wegen der generalklauselartigen Fassung des § 40 Abs. 1 S. 1 VwGO sind daher auch Innenrechtsbeziehungen als Streitigkeiten i.S.d. § 40 Abs. 1 S. 1 VwGO anzusehen.[693]

3. Die Streitigkeit ist auch **nichtverfassungsrechtlicher Art**. Zwar gehören die streitentscheidenden Vorschriften zum Kommunalverfassungsrecht, jedoch ist „Verfassungsrecht" i.S.d. § 40 Abs. 1 S. 1 VwGO nur das Staatsverfassungsrecht.[694] Da auch keine anderweitige Zuweisung eingreift, ist gemäß § 40 Abs. 1 S. 1 VwGO der Verwaltungsrechtsweg eröffnet.

II. **Klageart**

1. Statthaft könnte eine **Anfechtungsklage** (§ 42 Abs. 1 Fall 1 VwGO) sein. Dann müsste das Klagebegehren auf Aufhebung eines VA gerichtet sein.

469 a) Dabei ist schon fraglich, ob der Rat überhaupt **Behörde** i.S.d. § 35 VwVfG ist. Nach § 1 Abs. 2 VwVfG NRW ist Behörde jede Stelle, die Aufgaben der

693 Suerbaum/Brüning JuS 2001, 992, 993; Tettinger/Ennuschat NWVBl. 2002, 244, 245; Rennert JuS 2008, 119, 123; Schoch Jura 2008, 826, 831; Mückl Jura 2008, 863, 863; v. Coelln JuS 2008, 351, 352; Ogorek JuS 2009, 511, 512.

694 BVerwGE 3, 30, 33; Ennuschat/Siegel NWVBl. 2008, 119, 120; Schoch Jura 2008, 826, 831; Mückl Jura 2008, 863, 864.

öffentlichen Verwaltung wahrnimmt. Dies ist beim Rat in der Regel nicht der Fall, weil er grundsätzlich nur die **interne Willensbildung** vornimmt. Organe eines Verwaltungsträgers mit ausschließlich interner Zuständigkeit sind nach h.M. keine Behörden i.S.d. VwVfG.[695] Ausnahmsweise kann der Rat jedoch auch öffentliche Aufgaben unmittelbar gegenüber Dritten wahrnehmen (vgl. unten Rn. 502 f.), sodass er – abstrakt gesehen – Behörde sein kann, was für den Behördenbegriff des § 35 VwVfG ausreicht.[696]

b) Problematisch ist jedoch, ob die Wahl des M **Außenwirkung** hat. Außenwirkung kommt einer Maßnahme nur zu, wenn die angeordneten Rechtsfolgen gegenüber einer außerhalb der Verwaltung stehenden natürlichen oder juristischen Person eintreten sollen, indem insbesondere deren Rechtsposition erweitert, eingeschränkt oder sonst regelnd in sie eingegriffen wird. An der Außenwirkung fehlt es, wenn die Maßnahme nur Rechtswirkungen innerhalb der Verwaltung hat.[697] **470**

Zwar wird durch die Wahl die Rechtsstellung des Gewählten verbessert; dieser wird jedoch nicht als ein der Verwaltung gegenüberstehender Bürger gewählt, sondern als Mitglied des Gemeinderates. Die unmittelbaren Rechtswirkungen der Maßnahme beschränken sich daher auf die Beziehungen innerhalb der Gemeinde. Es handelt sich um einen Selbstgestaltungsakt des kommunalen Vertretungsorgans. Wahlen und Beschlüssen des Rates fehlt es daher grundsätzlich an der Außenwirkung.[698]

Weitere Beispiele: Keine Außenwirkung entfalten z.B. der Ausschluss von Ratsmitgliedern (z.B. wegen angeblicher Befangenheit);[699] Besetzung der Ausschüsse durch den Rat;[700] Ordnungsrufe;[701] Nichtaufnahme eines Punktes auf die Tagesordnung;[702] Saalverweis eines Ratsmitgliedes[703] oder die Gewährung von finanziellen Zuwendungen nach § 56 GO NRW.[704] Dagegen wird die Verhängung eines Ordnungsgeldes (§§ 30 Abs. 6, 29 Abs. 3 GO NRW) überwiegend als VA qualifiziert, da hierdurch in die persönliche Rechtsstellung des Ratsmitgliedes eingegriffen wird.[705]

Da sich die Wahl des M auf den **organinternen** Bereich beschränkte und mithin kein außerhalb der Verwaltung stehendes Rechtssubjekt betroffen wurde, ist sie mangels Außenwirkung kein VA. Eine Anfechtungsklage ist somit nicht statthaft.

Konsequenterweise ist dann bei erledigten Beschlüssen auch die Fortsetzungsfeststellungsklage (§ 113 Abs. 1 S. 4 VwGO) unstatthaft.[706]

---

695 BayVGH BayVBl. 2007, 274; Kopp/Ramsauer VwVfG § 1 Rn. 52 m.w.N.

696 Martensen JuS 1995, 1077, 1077 f.; Burbaum JuS 2001, L 68, 69; Kopp/Schenke VwGO Anh. § 42 Rn. 86 m.w.N.; vgl. auch OVG NRW DVBl. 1983, 53, 54.

697 Kopp/Ramsauer VwVfG § 35 Rn. 128; Stelkens/Bonk/Sachs VwVfG § 35 Rn. 146; Maurer § 9 Rn. 23 ff.

698 VG Aachen NWVBl. 2001, 482, 483; Kopp/Ramsauer VwVfG § 35 Rn. 144 ff.; Meister JA 2004, 414, 414 f.; Franz Jura 2005, 156, 157; a.A. Kopp/Schenke VwGO Anh. § 42 Rn. 87 u. 88: Außenwirkung, wenn Eingriff in Organrechte erfolgt.

699 OVG NRW NWVBl. 2009, 265, 266; HessVGH, Urt. v. 28.11.2013 – 8 A 865/12; a.A. Kopp/Schenke VwGO Anh § 42 Rn. 88.

700 OVG NRW DVBl. 1983, 53.

701 OVG NRW, Beschl. v. 16.05.2013 – 15 A 785/12, RÜ 2013, 663, 664; Rennert JuS 2008, 119, 123.

702 Sächs OVG DVBl. 1997, 1287, 1288.

703 BayVGH BayVBl. 1988, 16.

704 OVG NRW NVwZ-RR 2010, 534.

705 Rennert JuS 2008, 119, 123; Schoch Jura 2008, 826, 829.

471 2. Zuweilen wird in diesem Zusammenhang unter Hinweis auf den Wortlaut des § 43 Abs. 2 VwGO eine **allgemeine Gestaltungsklage** anerkannt (sogenannte Aufhebungsklage, „Quasi-Anfechtungsklage"; kassatorische Leistungsklage), d.h. eine Klage auf Aufhebung von Maßnahmen, die keine Verwaltungsakte sind.[707] Gegen die Annahme einer solchen Aufhebungsklage bestehen jedoch schon aus formellen Gründen Bedenken. Aufgehoben werden kann nur, was an sich Bestand hat. Beschlüsse des Rates sind jedoch – anders als z.B. VAe – im Falle ihrer Rechtswidrigkeit ohne Weiteres nichtig. Eine „Aufhebung" ist daher aus Rechtsgründen ausgeschlossen.[708] Außerdem bedarf eine Kassation wegen des damit verbundenen Eingriffs in den verfassungsrechtlich geschützten Funktionsbereich der Exekutive einer gesetzlichen Grundlage (wie z.B. § 113 Abs. 1 S. 1 VwGO), die hier fehlt.[709]

472 3. Eine **Leistungsklage**, gerichtet auf die Verpflichtung des Rates zur Aufhebung der Wahl, scheidet ebenfalls aus, da das Klagebegehren nicht auf ein Tun, Dulden oder Unterlassen gerichtet ist. Eine Verpflichtung zur Aufhebung der Wahl ist begrifflich ausgeschlossen, da eine „Aufhebung" des – im Falle seiner Rechtswidrigkeit – wirkungslosen Beschlusses von vornherein ausscheidet (s.o.).[710]

473 4. Die allgemeine **Feststellungsklage** gemäß § 43 Abs. 1 VwGO setzt ein Rechtsverhältnis voraus, also Rechtsbeziehungen zwischen **verschiedenen Personen**.[711] Dies ist bei organschaftlichen Streitigkeiten an sich nicht der Fall.

a) Deshalb hat die Rspr. früher die Feststellungsklage abgelehnt und im Kommunalverfassungsstreitverfahren eine **Klage eigener Art** gesehen.[712]

b) Die heute h.M. geht dahin, vorrangig auf die in der VwGO geregelten Klagearten abzustellen. Auf eine richterrechtlich entwickelte Klageart sui generis dürfe nicht zurückgegriffen werden, wenn und soweit eine der in der VwGO geregelten Verfahrensarten ausreichenden Rechtsschutz bietet. Als Klagearten für den kommunalverfassungsrechtlichen Organstreit kommen – je nach dem konkreten Klageziel – vor allem die **Feststellungsklage** und die **allgemeine Leistungsklage** in Betracht. Denn ein Rechtsverhältnis kann nicht nur zwischen verschiedenen (natürlichen oder juristischen) Personen bestehen, sondern auch zwischen Organen und Organteilen ein und derselben juristischen Person. Für ein Rechtsverhältnis ist danach ausreichend, dass sich aus einem konkreten Sachverhalt aufgrund einer öffentlich-rechtlichen Rechtsnorm rechtliche Beziehungen zwischen Organen und/oder Organteilen ergeben **(organschaftliches Rechtsverhältnis)**.[713]

---

706 Rennert JuS 2008, 119, 124; Schoch Jura 2008, 826, 834; a.A. Ehlers NVwZ 1990, 105, 107 u. 109.

707 Pietzner/Ronellenfitsch, Das Assessorexamen, § 9 II 2 Rn. 2 ff.

708 Ehlers NVwZ 1990, 105, 106; Schoch Jura 2008, 826, 835; Ogorek JuS 2009, 511, 513; Peuker JA 2009, 518, 520.

709 Ehlers NVwZ 1990, 105, 106 m.w.N.

710 Schoch Jura 2008, 826, 834.

711 Vgl. Kopp/Schenke VwGO § 43 Rn. 11.

712 OVG NRW OVGE 17, 261, 265; 27, 258, 259; 28, 208, 210 m.w.N.

713 OVG NRW DVBl. 2007, 454; OVG NRW NWVBl. 2004, 309; VG Düsseldorf NWVBl. 2006, 152; Kopp/Schenke VwGO § 43 Rn. 10; Tettinger/Ennuschat NWVBl. 2002, 244, 245; Rennert JuS 2008, 119, 124; Schoch Jura 2008, 826, 834.

- Ist Streitgegenstand ein **Ratsbeschluss**, so ist eine **Feststellungsklage** auf Feststellung der Rechtswidrigkeit des Beschlusses statthaft.[714] 474

- Die **Feststellungsklage** ist ebenfalls richtige Klageart, wenn es um eine **erledigte** Maßnahme eines anderen Organs geht.

  Beispiel: Ordnungsruf oder Verweis eines Ratsmitgliedes aus dem Sitzungssaal durch den Bürgermeister.[715]

- Die **Leistungsklage** kommt dagegen in Betracht, wenn der Kläger eine konkrete Handlung, Duldung oder ein Unterlassen begehrt.[716]

  Beispiel: Anordnung eines Rauchverbotes in einer Ratssitzung;[717] Anspruch des Rates gegen den Bürgermeister auf Akteneinsicht;[718] Anspruch einer Fraktion gegen den Bürgermeister auf Aufnahme eines bestimmten Tagesordnungspunktes;[719] Entfernung eines Kreuzes aus dem Sitzungssaal.[720]

5. Danach liegt hier eine allgemeine **Feststellungsklage** gemäß § 43 Abs. 1 VwGO vor: Die C-Fraktion beantragt Feststellung der Ungültigkeit der Wahl des M. Diesbezüglich bestehen zwischen der C-Fraktion und dem Rat konkrete Rechtsbeziehungen, insofern als die C-Fraktion geltend macht, dass ohne ihre Mitwirkung kein stellvertretender Bürgermeister gewählt werden durfte. Bezüglich der **Subsidiarität** gemäß § 43 Abs. 2 VwGO bestehen keine Bedenken, da die Fraktion ihre Rechte weder durch Gestaltungs- noch durch Leistungsklage verfolgen kann (s.o.). 475

   Vorläufiger Rechtsschutz im Kommunalverfassungsstreitverfahren richtet sich mangels Vorliegens eines VA in jedem Fall nach § 123 VwGO.[721]

III. Des Weiteren müssen die für die Feststellungsklage erforderlichen **besonderen Sachurteilsvoraussetzungen** erfüllt sein.

1. Zunächst müsste die C-Fraktion gemäß § 43 Abs. 1 VwGO ein **Feststellungsinteresse** haben, wobei grundsätzlich jedes nach der Sachlage anzuerkennende schutzwürdige Interesse wirtschaftlicher oder ideeller Art ausreichend ist.[722] Ein solches ergibt sich vorliegend daraus, dass die C-Fraktion ein rechtliches wie politisches Interesse an der Klärung der Gültigkeit der Wahl des M hat. 476

2. Außerdem muss im Kommunalverfassungsstreitverfahren – unabhängig von der Klageart – eine **Klagebefugnis** analog § 42 Abs. 2 VwGO gegeben sein.[723] 477

---

714 OVG NRW NWVBl. 2009, 221; NWVBl. 2004, 309; NWVBl. 2002, 381; VG Düsseldorf NWVBl. 2005, 143; Franz Jura 2005, 156, 157; Schoch Jura 2008, 826, 834; ebenso HessVGH, Urt. v. 28.11.2013 – 8 A 865/12; VGH Mannheim, Urt. v. 09.03.2012 – 1 S 3326/11, VBlBW 2012, 339; OVG Lüneburg, Urt. v. 31.10.2013 – 10 LC 72/12, RÜ 2014, 127, 128.

715 Vgl. OVG NRW, Beschl. v. 16.05.2013 – 15 A 785/12, RÜ 2013, 663, 664; OVG NRW OVGE 32, 192, 194, a.A. Ehlers NVwZ 1990, 107, der eine Fortsetzungsfeststellungsklage analog § 113 Abs. 1 S. 4 VwGO befürwortet.

716 Schoch Jura 2008, 826, 834; Ogorek JuS 2009, 511, 513.

717 Dazu OVG Koblenz NVwZ-RR 1990, 98; OVG NRW NVwZ 1990, 791, 792; Franz Jura 2005, 156, 157.

718 OVG NRW NWVBl. 1998, 110, 111.

719 VGH Mannheim NVwZ 1984, 664; Suerbaum/Brüning JuS 2001, 992, 993.

720 VGH Kassel NJW 2006, 1227; NJW 2003, 2471; VG Darmstadt NJW 2003, 455.

721 Vgl. VG Düsseldorf NWVBl. 2009, 73; Schoch Jura 2008, 826, 835; Mückl Jura 2008, 863, 864 f.

722 Zum Feststellungsinteresse bei Organklagen vgl. OVG NRW, Beschl. v. 16.05.2013 – 15 A 785/12, RÜ 2013, 663, 664; OVG RP, Urt. v. 28.10.2011 – 2 A 10685/11, DVBl. 2012, 55.

723 OVG NRW RÜ 2013, 663, 665; NWVBl. 2004, 309, 310; Ogorek JuS 2009, 511, 514; ebenso VGH Mannheim, Urt. v. 09.03.2012 – 1 S 3326/11, VBlBW 2012, 339; OVG Lüneburg, Urt. v. 31.10.2013 – 10 LC 72/12, RÜ 2014, 127, 128; a.A. Schoch Jura 2008, 826, 832, der die Frage des Rechts im Rahmen der Beteiligtenfähigkeit erörtert.

Denn gerade bei innerorganschaftlichen Streitigkeiten besteht die Gefahr, dass ein Organ bzw. Organteil sich zum „Wächter" der Allgemeinheit macht, was auf eine der VwGO fremde Popularklage hinausliefe.

478 a) Geltend zu machen ist in diesem Zusammenhang aber nicht das typisch subjektiv-öffentliche Recht, wie es (nur) im Verhältnis Bürger – Staat besteht und deshalb im Rahmen von Innenrechtsbeziehungen gar nicht zur Anwendung gelangen kann. Denn Organe und Organteile haben im Verhältnis zueinander **keine Rechte** in dem Sinne, dass sie davon im individuellen Interesse Gebrauch machen können, sondern ihnen kommen nur Zuständigkeiten und organisatorische Befugnisse zu, deren Wahrnehmung sich an dem übergeordneten Gemeinwohl zu orientieren hat. Das bedeutet insbesondere, dass im Kommunalverfassungsstreitverfahren für die Geltendmachung von **Grundrechten**, die dem Kläger nur als Individualperson, nicht aber in seiner Eigenschaft als Organ bzw. Organteil zustehen können, kein Raum ist.[724]

479 b) Erforderlich und ausreichend zur Annahme eines „subjektiven Rechts" im Rahmen des Kommunalverfassungsstreitverfahrens ist vielmehr, dass sich der Kläger auf eigene, rechtlich besonders geschützte **Mitgliedschaftsrechte** aus seiner Organ- oder Organteilstellung beruft (**„wehrfähige Innenrechtspositionen"**).[725] Dazu genügt nicht schon jede organisationsinterne Wahrnehmungszuständigkeit. Entscheidend ist, dass die Kompetenz auch die Funktion hat, durch gegenseitige Kontrolle der Gemeindeorgane innergemeindliche „Machtbalance" herzustellen.[726]

480
- Individuelle **Mitwirkungsrechte** in diesem Sinne sind insbesondere das Recht auf Teilnahme an den Beratungen und Abstimmungen sowie das Rederecht.[727]

  Beispiele: Redezeitbeschränkungen,[728] unberechtigte Ordnungsrufe,[729] Ausschluss wegen angeblicher Befangenheit.[730]

481
- Die Fraktion hat z.B. ein Organrecht auf Aufnahme von Vorschlägen zur **Tagesordnung**, sofern die formalen Voraussetzungen des § 48 Abs. 1 S. 2 GO NRW erfüllt sind.[731]

  Bei der Festsetzung der Tagesordnung kommt dem Bürgermeister **kein materielles Prüfungsrecht** zu. Nach § 48 Abs. 1 S. 2 GO NRW „hat" er formgerecht eingereichte Vorschläge aufzunehmen, eine präventive Kontrolle findet nicht statt (arg. e § 54 GO NRW: nur nachträgliches Widerspruchs- bzw. Beanstandungsrecht). Der Bürgermeister muss daher auch Vorschläge in die Tagesordnung aufnehmen, für die es offensicht-

---

724 OVG NRW, Beschl. v. 16.05.2013 – 15 A 785/12, RÜ 2013, 663, 665; Beljin/Micker JuS 2003, 970, 974; kritisch Martensen JuS 1995, 1077, 1079; vgl. auch BVerfG NVwZ 1994, 56: keine Individual-Verfassungsbeschwerde von Ratsmitgliedern gegen Maßnahmen, die sie als Mandatsträger betreffen.

725 OVG NRW NWVBl. 2009, 271; NWVBl. 2004, 309, 310; VG Düsseldorf NWVBl. 2009, 73; Rennert JuS 2008, 119, 124; ebenso Schoch Jura 2008, 826, 832 unter dem Gesichtspunkt des § 61 Nr. 2 VwGO.

726 Vgl. Schoch Jura 2008, 826, 832; Greim/Michl NVwZ 2013, 775, 777.

727 OVG NRW DÖV 1992, 170, 171; SächsOVG NVwZ-RR 2009, 774, 775; Erichsen/Biermann Jura 1997, 157, 160 m.w.N.

728 OVG Lüneburg, Urt. v. 04.12.2013 – 10 LC 64/12.

729 OVG NRW, Beschl. v. 16.05.2013 – 15 A 785/12, RÜ 2013, 663.

730 OVG Lüneburg, Urt. v. 31.10.2013 – 10 LC 72/12, RÜ 2014, 127.

731 OVG NRW DVBl. 2001, 1281, 1283; Suerbaum/Brüning JuS 2001, 992, 994 m.w.N.

lich an der Zuständigkeit der Gemeinde fehlt (z.B. „atomwaffenfreie Zone"). Die Entscheidung, ob sich der Rat mit einer Angelegenheit befassen darf, trifft allein er selbst.[732]

- Nach der Rspr. des OVG NRW besteht für Ratsmitglieder und Ratsfraktionen ein subjektives Organrecht auf Wahrung der **Öffentlichkeit** (§ 48 Abs. 2 GO NRW).[733] Bei nichtöffentlicher Sitzung werde die Pflicht zur Geheimhaltung (§ 30 GO NRW) begründet (s.o. Rn. 447). Darin liege eine Einschränkung des Rechts auf freie Mandatsausübung (§ 43 Abs. 1 GO NRW). Auch für Fraktionen ergebe sich aus § 56 Abs. 2 S. 1 GO NRW ein Recht darauf, ihre Auffassung öffentlich darzustellen. Die Gegenansicht, nach der die Vorschriften über die Öffentlichkeit nur den Kontrollinteressen der Allgemeinheit dienen,[734] kann daher nicht überzeugen. **482**

  Die Einhaltung der Sitzungsöffentlichkeit kann nach der Rspr. des OVG NRW aber nur von den Mitgliedern des Organs verlangt und gerichtlich durchgesetzt werden. Zuhörer haben zwar ein einklagbares Recht auf Teilnahme an öffentlichen Sitzungen, sie haben aber kein unmittelbar wehrfähiges (subjektives) Recht darauf, dass die Sitzungen öffentlich sind.[735]

- Aus den Mitgliedschaftsrechten folgt ein Recht der Ratsmitglieder auf **ungestörte Mandatsausübung**. Bei rechtswidrigen Beeinträchtigungen erwächst dem Einzelnen ein körperschaftsinterner **Störungsbeseitigungsanspruch**, der mit dem allgemeinen Folgenbeseitigungsanspruch des Bürgers vergleichbar ist. **483**

  Beispiel: Anspruch auf Anordnung eines Rauchverbots zur Gewährleistung eines störungsfreien Ablaufs der Willensbildung;[736] Anspruch auf Ordnungsmaßnahmen nach § 51 Abs. 1 GO NRW gegen störende Zuhörer;[737] Anspruch auf Entfernung eines Kreuzes aus dem Sitzungssaal.[738]

- Die Mitwirkung eines möglicherweise **befangenen** Mitgliedes begründet für die anderen Ratsmitglieder dagegen kein Abwehrrecht, da die Vorschriften über das Mitwirkungsverbot (§§ 50 Abs. 6, 43 Abs. 2, 31 GO NRW) allein öffentliche Interessen verfolgen.[739] **484**

- Ebenso ist es dem Kläger verwehrt, die Rechte **anderer Organe** oder Organteile geltend zu machen, z.B. kann ein Ratsmitglied sich nicht auf Rechte berufen, die nur dem Rat in seiner Gesamtheit zustehen. Die Fraktion kann nicht die Rechte ihrer Mitglieder geltend machen.[740] **485**

---

732 OVG NRW NWVBl. 2004, 378, 381; Ehlers Jura 1988, 337, 340; Rothe NVwZ 1992, 529, 531; Suerbaum/Brüning JuS 2001, 992, 995 m.w.N.; ebenso OVG NRW, Beschl. v. 09.05.2014 - 15 B 521/14 zur Einberufungspflicht des Bürgermeisters.

733 OVG NRW, Urt. v. 25.03.2014 - 15 A 1651/12; OVG NRW, Beschl. v. 28.10.2010 – 15 A 3225/08, NWVBl. 2011, 182; ebenso VGH Kassel NVwZ-RR 2009, 531; ausführlich Rabeling NVwZ 2010, 411, 413 f.

734 VGH Mannheim DVBl. 1992, 981, 982; BayVGH BayVBl. 1992, 375, 375; Erichsen/Biermann Jura 1997, 157, 160; Martensen JuS 1995, 1077, 1078; kritisch Schröder NVwZ 1985, 246, 247 m.w.N.

735 OVG NRW, Beschl. v. 28.10.2010 – 15 A 3225/08; a.A. VG Münster NWVBl. 2009, 163.

736 Vgl. OVG Koblenz NVwZ-RR 1990, 98; OVG NRW NVwZ 1990, 791, 792; DVBl. 1991, 498; vgl. auch OVG Lüneburg DVBl. 1989, 935, bestätigt durch BVerwG NVwZ 1990, 165, wonach ein Zuhörer – im Gegensatz zu den Sitzungsteilnehmern – grundsätzlich keinen Anspruch auf Verhängung eines Rauchverbots hat.

737 VG Arnsberg NWVBl. 2008, 113, 114.

738 VGH Kassel NJW 2006, 1227; NJW 2003, 2471; VG Darmstadt NJW 2003, 455.

739 OVG NRW NWVBl. 1998, 110; VG Oldenburg, Urt. v. 18.03.2014 - 1 A 6502/13; OVG Koblenz NVwZ 1985, 283; Schröder NVwZ 1985, 246, 247; a.A. Suerbaum JuS 1994, 324, 330; Erichsen/Biermann Jura 1997, 157, 160.

Beispiel: Die Pflicht des Bürgermeisters zur Vorbereitung von Ratsbeschlüssen gemäß § 62 Abs. 2 S. 1 GO NRW besteht nur gegenüber dem Rat, sodass Fraktionen oder Ratsmitglieder daraus keine organschaftlichen Rechte ableiten können.[741]

486 ■ Nicht ausreichend ist ferner die Berufung auf Normen des **materiellen Rechts**, denen keine organschaftliche Bedeutung zukommt, wie z.B. die Rüge der Rechtswidrigkeit eines Beschlusses über einen Bebauungsplan wegen Verstoßes gegen das BauGB.

487 ■ Auch ist im Kommunalverfassungsstreitverfahren die Berufung auf **Grundrechte** ausgeschlossen. Denn das Ratsmitglied ist nur in seiner Eigenschaft als Teil eines Verwaltungsorgans betroffen, nicht dagegen als Grundrechtsträger.[742]

Will sich das Ratsmitglied auf Grundrechte berufen, kann er nicht in seiner Funktion als Organteil, sondern allenfalls als normaler Bürger klagen.[743] Die Rspr. hat gleichwohl vereinzelt die Berufung des Ratsmitgliedes auf Art. 5 GG zugelassen.[744] Zur Begründung wird darauf verwiesen, dass ein Ratsmitglied seine ihm als Privatperson zustehenden Grundrechte auch während der Ratssitzung nicht verliere. Es gehe nicht um Grundrechtsausübung bei der Mandatswahrnehmung, sondern gelegentlich der Mandatswahrnehmung, sodass Mandatswahrnehmung und Grundrechtsausübung nebeneinander erfolgen.[745]

Diese Auffassung ist jedoch grundrechtsdogmatisch bedenklich. Auch die Redefreiheit von Bundestagsabgeordneten ist nicht durch Art. 5 Abs. 1 S. 1 GG geschützt, sondern folgt aus Art. 38 Abs. 1 S. 2 GG.[746] Deshalb resultiert z.B. auch der Anspruch auf Entfernung eines Kreuzes aus dem Sitzungssaal nicht aus der negativen Glaubensfreiheit gemäß Art. 4 GG,[747] sondern aus dem an alle staatlichen Organe gerichteten Gebot der Neutralität in Glaubensfragen.[748]

488 c) Im vorliegenden Fall geht es um die **Teilnahme** an der Wahl des stellvertretenden Bürgermeisters.

aa) Zwar haben die Mitglieder der C-Fraktion den Sitzungssaal **freiwillig** verlassen. Eine mögliche Verletzung ihrer Mitgliedschaftsrechte ergibt sich aber daraus, dass die Wahl ohne ihre Teilnahme erfolgte.[749]

bb) Eine Fraktion kann zwar nicht die Rechte ihrer Mitglieder geltend machen. Nach § 56 Abs. 2 S. 1 GO NRW wirken aber auch die Fraktionen bei der Willensbildung und Entscheidungsfindung im Rat mit. Damit kann auch die Fraktion **selbst** geltend machen, in ihrem Recht auf Mitwirkung an der Entscheidung verletzt zu sein.

---

740 BVerwG DVBl. 1994, 866, 867; SächsOVG SächsVBl. 1997, 120, 121; VGH Kassel DVBl. 1995, 931, 932.

741 OVG NRW, Urt. v. 25.03.2014 - 15 A 1651/12; OVG NRW, Beschl. v. 25.05.2007 - 15 B 634/07, NWVBl. 2008, 65.

742 OVG NRW OVGE 36, 154, 160; SächsOVG NVwZ-RR 2009, 774, 775; OVG Koblenz DÖV 1988, 40, 41; Geis BayVBl. 1992, 41 ff.; Erichsen/Biermann Jura 1997, 157, 160 m.w.N.

743 Erichsen/Biermann Jura 1997, 157, 160; Beljin/Micker JuS 2003, 970, 974.

744 Vgl. BVerwG NVwZ 1988, 837; VGH Mannheim VBlBW 2001, 179; OVG Koblenz NVwZ 1985, 673; BayVerfGH NVwZ 1985, 823.

745 Tettinger/Ennuschat NWVBl. 2002, 244, 247; Renner JuS 2008, 119, 124.

746 BVerfGE 60, 374, 380.

747 So aber VG Darmstadt NJW 2003, 455, 456.

748 Vgl. dazu BVerfGE 93, 1, 16 f. (Kruzifix); BVerfG NJW 2003, 3111 (Kopftuch).

749 Vgl. VGH Kassel, Urt. v. 27.05.2010 – 8 A 1079/09, NVwZ-RR 2010, 696.

IV. Das **allgemeine Rechtsschutzbedürfnis** fehlt bei einem Verstoß gegen den **Grundsatz der Organtreue.**[750] Dieser wurzelt in dem verfassungsrechtlichen Gebot der gegenseitigen Rücksichtnahme sowie im Grundsatz von Treu und Glauben. Hieraus folgt namentlich die Unzulässigkeit **rechtsmissbräuchlichen Verhaltens**. Die gezielte Herbeiführung der Beschlussunfähigkeit ist jedoch als solche nicht rechtsmissbräuchlich. Da es in der GO NRW kein ausdrückliches Verbot gibt, handelt es sich grundsätzlich um ein zulässiges Verhalten, um aus Gründen der politischen Opportunität einen Beschluss zu bestimmten Tagesordnungspunkten hinauszuzögern (vgl. § 49 Abs. 2 GO NRW).[751] 489

Bei Verfahrensfehlern verlangt der Grundsatz der Organtreue die rechtzeitige Rüge des beabsichtigten, für rechtswidrig gehaltenen Verfahrens gegenüber dem Organ selbst. Unterbleibt die rechtzeitige Rüge, kann die vermeintliche Rechtswidrigkeit der fraglichen Verfahrensweise später im Rahmen einer Feststellungsklage nicht mehr mit Erfolg geltend gemacht werden.[752]

V. Der **Klagegegner** bestimmt sich im Rahmen des Kommunalverfassungsstreitverfahrens nicht nach § 78 VwGO, der nur für Anfechtungs- und Verpflichtungsklagen gilt. Bei Leistungs- und Feststellungsklagen ist zwar üblicherweise der Rechtsträger zu verklagen.[753] Beim Kommunalverfassungsstreit geht es indes nicht um Rechtsbeziehungen zur Gemeinde als Verwaltungsträger, sondern um Kompetenzen der Organe und Organteile. Klagegegner ist daher nicht die Gemeinde, sondern der **sachliche Streitgegner**, also das Organ bzw. Organteil, dem gegenüber die beanspruchte Innenrechtsposition bestehen soll.[754] Dies ist hier der Rat, der den Wahlakt vorgenommen hat. 490

Davon zu unterscheiden sind die **kostenrechtlichen Konsequenzen**: Die durch ein Kommunalverfassungsstreitverfahren entstandenen Kosten sind grundsätzlich von der Gemeinde zu tragen.[755] Die Begründung ist umstritten. Teils wird darauf abgestellt, dass der kommunale Funktionsträger mit der Prozessführung eine Aufgabe der Gemeinde wahrnimmt, die deshalb die Kosten zu tragen hat. Die Rspr. hat zuweilen auf den allgemeinen öffentlich-rechtlichen Erstattungsanspruch abgestellt, während der Anspruch heute überwiegend unmittelbar aus der Organstellung hergeleitet wird.[756] 491

VI. Die **Beteiligtenfähigkeit** richtet sich nach § 61 VwGO. Kollegialorgane wie der Rat oder die Fraktion sind nach § 61 Nr. 2 VwGO beteiligtenfähig, soweit ihnen ein Recht zustehen kann.[757] 492

Auch bei **einzelnen Ratsmitgliedern** und dem **Bürgermeister** bestimmt sich die Beteiligtenfähigkeit nicht nach § 61 Nr. 1 VwGO, sondern analog § 61 Nr. 2 VwGO.[758] Denn es geht nicht um deren Rechtsstellung als natürliche Personen, sondern als Organ oder Organteil.

750 OVG NRW, Urt. v. 25.03.2014 - 15 A 1651/12; OVG NRW, Beschl. v. 16.05.2013 – 15 A 785/12, RÜ 2013, 663, 665.

751 KV/GO-Plückhahn/Faber § 49 Anm. 2.3 unter Hinweis auf VG Düsseldorf NWVB. 1998, 202, 203; ebenso VGH Kassel, Urt. v. 27.05.2010 – 8 A 1079/09, NVwZ-RR 2010, 696 zur HessGO.

752 OVG NRW, Urt. v. 25.03.2014 - 15 A 1651/12 m.w.N.

753 Vgl. AS-Skript VwGO (2013), Rn. 259 u. 313.

754 BVerwG DVBl. 2012, 916; OVG NRW NWVBl. 2009, 221; Schoch Jura 2008, 826, 838; Proppe JA 2010, 141, 145; ebenso HessVGH, Urt. v. 28.11.2013 – 8 A 865/12; VGH Mannheim, Urt. v. 09.03.2012 – 1 S 3326/11, VBlBW 2012, 339.

755 OVG NRW NVwZ-RR 2010, 534; RÜ 2008, 604, 607; NWVBl. 1992, 163 u. 167; VGH Mannheim NVwZ 1985, 284; Füßer/Buchen LKV 2010, 495.

756 OVG NRW RÜ 2008, 604, 608 unter Aufgabe der früheren Rspr.

757 Kopp/Schenke VwGO § 61 Rn. 11.

758 OVG NRW NVwZ 1983, 485, 486; NWVBl. 1998, 149, 150; Rennert JuS 2008, 119, 124; Schoch Jura 2008, 826, 832; Mückl Jura 2008, 863, 864; Proppe JA 2010, 141, 145; a.A. Rausch JZ 1994, 696, 699: § 61 Nr. 1 VwGO.

493 1. Dabei reicht es nicht aus, dass der Vereinigung überhaupt irgendwelche Rechte zustehen können. Erforderlich ist vielmehr, dass ihr ein Recht im Hinblick auf den konkreten Streitgegenstand zustehen kann.[759]

Hier ist die C-Fraktion wegen ihres Mitwirkungsrechtes nach § 56 Abs. 2 S. 1 GO NRW gerade in Bezug auf die Streitfrage Träger eines Rechts und deshalb gemäß § 61 Nr. 2 VwGO beteiligtenfähig. Vertreten wird die Fraktion durch ihren Vorsitzenden.

2. Der beklagte Rat ist ebenfalls nach § 61 Nr. 2 VwGO beteiligtenfähig.[760] Ihm steht das Recht auf Beschlussfassung zu, das ihm streitig gemacht wird. Der Rat wird durch den Bürgermeister vertreten (§ 40 Abs. 2 S. 3 GO NRW).

Somit ist die Klage der C-Fraktion als Feststellungsklage gegen den Rat zulässig.

B. Die Klage ist **begründet**, wenn die Wahl des M rechtswidrig ist und dadurch das Mitwirkungsrecht der C-Fraktion verletzt wird.

494 I. Die **Zuständigkeit** des Rates zur Wahl ergibt sich aus § 67 GO NRW. Die ehrenamtlichen Stellvertreter des Bürgermeisters werden nach § 67 Abs. 2 S. 1 GO NRW nach den Grundsätzen der Verhältniswahl gewählt. Scheidet ein stellvertretender Bürgermeister vorzeitig aus, erfolgt die Bestimmung des Nachfolgers dagegen im Wege der Mehrheitswahl nach § 67 Abs. 2 S. 7 GO NRW. Die erforderliche **Mehrheit** nach § 50 Abs. 2 S. 2 GO NRW wurde hier erreicht.

495 II. Der Ratsbeschluss ist aber nur rechtmäßig, wenn der Rat beschlussfähig war. Das gilt auch für Wahlen. Die **Beschlussfähigkeit** beurteilt sich nach § 49 GO NRW.

1. Nach § 49 Abs. 1 S. 1 GO NRW ist der Rat beschlussfähig, wenn **mehr als die Hälfte** der gesetzlichen Mitgliederzahl anwesend ist. Bei Beginn der Bürgermeisterwahl waren nur noch die 24 Mitglieder der S-Fraktion anwesend, also nicht mehr als die Hälfte von 51 Gesamtmitgliedern (einschl. dem Bürgermeister). Danach war der Rat nicht beschlussfähig.

496 2. Nach § 49 Abs. 1 S. 2 GO NRW **gilt** der Rat jedoch „als beschlussfähig, solange seine Beschlussunfähigkeit nicht festgestellt ist". Dadurch sollen Beweisschwierigkeiten für den Fall vermieden werden, dass später die Beschlussfähigkeit angezweifelt wird.

a) Im vorliegenden Fall ist die Beschlussunfähigkeit nicht festgestellt worden. Ihrem **Wortlaut** nach greift die Vorschrift somit ein.

497 b) Nach h.M. ist § 49 Abs. 1 S. 2 GO NRW jedoch entsprechend seinem Sinn und Zweck **einschränkend auszulegen**. Dabei ist vor allem zu beachten, dass das Vorliegen der Beschlussfähigkeit eine wesentliche Voraussetzung für eine **demokratisch legitimierte Mehrheitsentscheidung** ist. Von ihr darf nur abgesehen werden, wenn zwingende Gründe es erfordern. Ein solcher zwingender Grund ist nicht gegeben, wenn es eine Minderheit lediglich un-

759 HessVGH, Beschl. v. 13.03.2012 – 8 B 1928/11, DVBl. 2012, 919; Suerbaum/Brüning JuS 2001, 992, 994.

760 Kopp/Schenke VwGO § 61 Rn. 11; a.A. Ogorek JuS 2009, 511, 516; § 61 Nr. 2 VwGO analog.

terlässt, die Beschlussunfähigkeit festzustellen. Würde man § 49 Abs. 1 S. 2 GO NRW wörtlich nehmen, dann könnten einige wenige Ratsmitglieder bei Abwesenheit der überwiegenden Mehrheit Beschlüsse fassen, nur weil davon abgesehen wird, die Beschlussunfähigkeit festzustellen. Es ist auch zu bedenken, dass die Regeln über die Beschlussfähigkeit einen gewissen Schutz der abwesenden Ratsmitglieder bewirken sollen. Eine Schutzvorschrift darf aber nicht so ausgelegt werden, dass ihr Eingreifen in das Belieben derjenigen Personen gestellt wird, vor deren Verhalten die Vorschrift gerade schützen will. Deshalb gilt die gesetzliche Vermutung des § 49 Abs. 1 S. 2 GO NRW nach h.M. nicht, wenn für alle Anwesenden einschließlich dem Vorsitzenden **evident** ist, dass die vorgeschriebene Mitgliederzahl nach § 49 Abs. 1 S. 1 GO NRW unterschritten ist.[761]

Da hier kein Zweifel bestand, dass die in der Ratssitzung verbliebenen Mitglieder nach dem Auszug der C-Fraktion wussten, dass nur noch 24 Mitglieder und damit weniger als die Hälfte anwesend waren, war der Rat nicht mehr beschlussfähig. Mangels Beschlussfähigkeit ist die Wahl des M zum stellvertretenden Bürgermeister rechtswidrig und damit unwirksam.

Ergebnis: Die Feststellungsklage der C-Fraktion ist begründet.

Weiteres Beispiel: Wendet sich ein Ratsmitglied gegen eine Beschränkung seiner Mitgliedschaftsrechte (z.B. des Antragsrechts oder Rederechts), so ist zu berücksichtigen, dass diese Rechte Einschränkungen im Hinblick auf die Funktionsfähigkeit der Ratsarbeit unterliegen, soweit sie verhältnismäßig sind. Deshalb ist z.B. die Bindung des Antragsrechts an ein Quorum oder eine Beschränkung der Redezeit zulässig, soweit sie auf einer ordnungsgemäßen Abwägung zwischen den Mandatsinteressen des Ratsmitglieds und dem Funktionsinteresse des Rates beruhen.[762] **498**

761 OVG NRW OVGE 17, 261, 270; KV/GO-Plückhahn/Faber § 49 Anm. 2.3; Erlenkämper NVwZ 1999, 1295, 1304; a.A. VG Düsseldorf NVwZ-RR 1998, 669; anders auch VGH Kassel, Urt. v. 27.05.2010 – 8 A 1079/09, NVwZ-RR 2010, 696 zur HessGO.

762 OVG Lüneburg, Urt. v. 04.12.2013 – 10 LC 64/12, NordÖR 2014, 236; Rennert JuS 2008, 119, 125.

Aufbauschema: Kommunalverfassungsstreitverfahren

A. Zulässigkeit der Klage

I. Verwaltungsrechtsweg (§ 40 Abs. 1 S. 1 VwGO)

1. wenn ör Norm streitentscheidend, auch bei Innenrechtsbeziehungen
2. Kommunalverfassungsrecht = nichtverfassungsrechtlicher Art

II. Klageart

1. Anfechtungsklage grundsätzlich (–), mangels Außenwirkung kein VA
2. Leistungsklage nur (+), wenn auf Tun, Dulden oder Unterlassung gerichtet

   z.B. Anordnung eines Rauchverbots, nicht dagegen „Aufhebung" eines Ratsbeschlusses
3. frühere Rspr.: Klageart sui generis
4. heute h.M.: in der Regel **Feststellungsklage**: für Rechtsverhältnis Innenrechtsverhältnis ausreichend, keine Subsidiarität (§ 43 Abs. 2 VwGO)

III. Besondere Sachurteilsvoraussetzungen

1. Klagebefugnis analog § 42 Abs. 2 VwGO

   erforderlich Mitgliedschaftsrechte: Teilnahme, Beratung, Abstimmung, Redezeit, **nicht** Befangenheit, Grundrechte, materielles Recht
2. bei Feststellungsklage zusätzlich: Feststellungsinteresse

IV. Allgemeines Rechtsschutzbedürfnis
insbesondere kein Verstoß gegen Grundsatz der Organtreue

V. Klagegegner: nicht Gemeinde, sondern Organ(teil) als sachlicher Streitgegner

VI. Beteiligtenfähigkeit

1. Kollegialorgane § 61 Nr. 2 VwGO
2. Einzelorgane/Organteile: nicht § 61 Nr. 1 VwGO, da nicht als natürliche Person, sondern als Organ(teil) betroffen, daher § 61 Nr. 2 VwGO analog

B. Begründetheit der Klage (+), wenn Maßnahme organschaftliche Rechte des Klägers verletzt

8. Abschnitt: Rechtsbeziehungen der Gemeinde zu Dritten

Während im 7. Abschnitt die Frage behandelt wurde, welches Organ im **Innenverhältnis** der Gemeinde zur Entscheidung befugt ist, geht es im Folgenden um das **Außenverhältnis** der Gemeinde zum Bürger.

A. Der Erlass von Verwaltungsakten

I. Grundsatz: Der Bürgermeister als Behörde der Gemeinde

Die Gemeinde ist als Körperschaft eine **juristische Person des öffentlichen Rechts**. Als **499** juristische Person ist sie nicht handlungsfähig. Für sie handeln ihre **Organe**. Die Organe, die Verwaltungsaufgaben gegenüber dem Bürger wahrnehmen, nennt man **Behörden** (§ 1 Abs. 2 VwVfG NRW).

1. Willensbildung im Innenverhältnis

Der **Rat** ist nach § 41 GO NRW zwar häufig für die „Entscheidung" zuständig, ob und wie **500** eine Verwaltungsmaßnahme getroffen wird. Darin liegt jedoch lediglich die – in der Sache zwar wesentliche, aber nur das **Innenverhältnis** der Gemeinde betreffende – **Willensbildung**. Damit die Entscheidung des Rates Außenwirkung erlangt, bedarf sie der Durchführung durch den Bürgermeister (§ 62 Abs. 2 S. 2 GO NRW). Somit liegt in der Willensbildung noch kein Handeln dem Bürger gegenüber (mit Außenwirkung). Daraus folgt weiter, dass der Rat grundsätzlich nicht die Stellung einer Behörde hat.

Das gilt erst recht für den Normalfall der **Geschäfte der laufenden Verwaltung**, bei denen gemäß § 41 Abs. 3 GO NRW nicht einmal die Willensbildung beim Rat, sondern beim Bürgermeister liegt.

2. Maßnahme im Außenverhältnis

Aus § 62 Abs. 2 S. 2 GO NRW sowie aus § 63 Abs. 1 S. 1 GO NRW ergibt sich vielmehr, dass **501** der **Bürgermeister** als Hauptverwaltungsbeamter die allgemeine **Behörde der Gemeinde** ist.[763] Daraus folgt:

- Hat irgendeine Stelle der Gemeindeverwaltung (z.B. das Ordnungsamt, das Straßenverkehrsamt o.Ä.) einen VA erlassen, so ist der „Bürgermeister" die erlassende Behörde **(monokratische Behörde)**.
- Soll die Gemeinde einen VA erlassen, so ist grundsätzlich der „Bürgermeister" die hierfür zuständige Behörde. Das gilt auch dann, wenn es sich um kein Geschäft der laufenden Verwaltung i.S.d. § 41 Abs. 3 GO NRW handelt. Hier muss zwar der Rat die interne Entscheidung treffen, nach außen umgesetzt wird diese Entscheidung aber durch den Bürgermeister gemäß § 62 Abs. 2 S. 2 GO NRW.

Beachte: *Der Bürgermeister ist als Organ und nicht etwa als Person Behörde. Als Organ wird ihm das Handeln aller Amtswalter (Beamten, Angestellten, Arbeiter) zugerechnet. Gegenüber dem Bürger liegt immer eine* ***einheitliche Maßnahme*** *vor, unabhängig davon, wer für die Willensbildung zuständig ist. Für das Außenverhältnis kommt es grundsätzlich nur auf das Handeln des Bürgermeisters als (monokratische) Behörde an.*

763 Vgl. KV/GO-Kirchhof/Plückhahn § 63 Anm. 2.1; Rehn/Cronauge § 1 Anm. V 3.

II. Ausnahme: Der Rat als Behörde

502 In einigen, allerdings wichtigen Ausnahmefällen ist der **Rat** die für die Gemeinde handelnde Behörde. Das gilt dann, wenn die Beschlussfassung bereits **Außenwirkung** und damit VA-Qualität hat, sodass sich die Ausführung auf die bloße Bekanntmachung der Maßnahme i.S.v. § 41 VwVfG reduziert. Anerkannt ist dies in folgenden Fällen:

- Die Feststellungsentscheidung über die Zulässigkeit eines **Bürgerbegehrens** (§ 26 Abs. 6 S. 1 GO NRW) wird überwiegend als VA des Rates angesehen.[764]

- VAe sind auch die **Festsetzung von Ordnungsgeldern** durch den Rat,[765]

  z.B. bei Verletzung der Verschwiegenheitspflicht durch ein Ratsmitglied (§§ 43 Abs. 2, 30 Abs. 6 S. 2 GO NRW i.V.m. § 29 Abs. 3 GO NRW).

- Anerkannt ist, dass der Rat Behörde ist bei **Wahl** und **Abberufung** der Beigeordneten und des Leiters des Rechnungsprüfungsamtes. Der gesetzlichen Regelung der §§ 71, 104 Abs. 2 GO NRW wird eine ausschließliche Zuständigkeit des Rates entnommen, wonach er selbst die unmittelbare Regelung trifft.[766]

  Die Wahlhandlung (Stimmabgabe) ist allerdings nur interner Akt der Willensbildung des Rates. Die rechtliche Außenwirkung entsteht erst mit der Mitteilung an den Betroffenen.[767]

503 - Außerdem kann sich aus der **Natur der Sache** die Behördeneigenschaft des Rates ergeben:

  - Anerkannt ist dies z.B. bei der **Umbenennung einer Straße**: Da allein mit der Entscheidung des Rates über die Umbenennung die eigentliche Regelung bereits getroffen ist, bedarf es keiner gesonderten Durchführung durch Erlass eines VA seitens des Bürgermeisters mehr. Erfolgen muss nur noch die Bekanntgabe des Ratsbeschlusses nach § 52 Abs. 2 GO NRW und die faktische Ausführung durch Auswechseln der Straßenschilder.[768]

    Fällt die Maßnahme gemäß § 37 GO NRW in die Zuständigkeit der Bezirksvertretung, so ist diese die erlassende Behörde.[769]

  - Entsprechendes gilt für grundlegende **schulorganisatorische Maßnahmen**, bei denen die eigentliche Regelung (z.B. Schließung einer Schule, Errichtung einer Gesamtschule) bereits durch den Rat getroffen wird und lediglich der tatsächlichen Verwirklichung durch die Verwaltung bedarf.[770]

504 **III.** Kraft **spezialgesetzlicher Regelungen** können ausnahmsweise auch andere Stellen der gemeindlichen Verwaltung Behörde sein, so der **Standesbeamte** nach dem Personenstandsgesetz und die **Betriebsleitung** des Eigenbetriebs (§§ 2, 3 EigVO NRW).

---

764 Vgl. oben Rn. 145.

765 Rehn/Cronauge § 29 Anm. III 2.

766 Vgl. OVG NRW NWVBl. 2002, 266, 267.

767 Vgl. KV/GO-Kirchhof/Plückhahn § 71 Anm. 8.3 u. Anm. 11.4.

768 Vgl. BayVGH RÜ 2010, 460, 461; VGH Mannheim NVwZ 1992, 196 ff.; Ehlers NWVBl. 1990, 80 f.; Suerbaum JuS 1994, 324, 327; Zilkens NWVBl. 2001, 369, 370 m.w.N.

769 OVG NRW NVwZ-RR 2008, 487 f.; NJW 1987, 2695 f.

770 Vgl. OVG NRW DVBl. 1992, 448: Aussetzungsantrag nach § 80 Abs. 5 VwGO unmittelbar gegen einen Zusammenlegungsbeschluss des Rates zulässig; Suerbaum JuS 1994, 324, 327 m.w.N.

IV. Organzuständigkeiten beim Erlass von Verwaltungsakten

Fall 15: Organverstöße

K beantragte im Dezember 2013 bei der kreisfreien Stadt S die Zulassung zum Oktoberfest 2014, das von der Stadt S als festgesetztes Volksfest gemäß §§ 60 b, 69 GewO veranstaltet wird. Mit Bescheid vom 30.04.2014 lehnte der Oberbürgermeister der Stadt S die Zulassung ab. Aufgrund zahlreicher Bewerbungen und nur begrenzt zur Verfügung stehender Flächen habe dem Antrag nicht entsprochen werden können. Die von K betriebene Achterbahn passe aufgrund der räumlichen Ausdehnung nicht in das von der Verwaltung aufgestellte Veranstaltungskonzept. Hiergegen hat K am 23.05.2014 Verpflichtungsklage erhoben, in der er u.a. darauf hinweist, dass dem Veranstaltungskonzept kein entsprechender Ratsbeschluss zugrunde liege. Wie ist über die Klage des K zu entscheiden, wenn die Auswahlentscheidung ansonsten keine Fehler aufweist?

Die gemäß §§ 40 Abs. 1 S. 1, 42 Abs. 1, 2. Fall, 42 Abs. 2, 68 Abs. 1 S. 2 VwGO, § 110 Abs. 1 S. 2 JustG, 74 Abs. 1 S. 2 u. Abs. 2 VwGO zulässige **Verpflichtungsklage** ist begründet, wenn K einen **Anspruch auf Zulassung** zum Volksfest hat (§ 113 Abs. 5 S. 1 VwGO).

I. Nach **§ 70 Abs. 1 i.V.m. § 60 b Abs. 2 GewO** ist jeder, der dem Teilnehmerkreis des festgesetzten Volksfestes angehört, nach Maßgabe der für alle Veranstaltungsteilnehmer geltenden Bestimmungen zur Teilnahme an der Veranstaltung berechtigt, hat also einen **Anspruch auf Zulassung**. 505

Bei Kapazitätserschöpfung modifiziert § 70 Abs. 3 GewO den Anspruch dahingehend, dass der Veranstalter aus sachlich gerechtfertigten Gründen einzelne Bewerber ausschließen darf. Der Anspruch auf Zulassung wandelt sich dann in einen **Anspruch auf ermessensfehlerfreie Entscheidung**.[771] Hierbei ist anerkannt, dass die räumliche Ausdehnung eines Fahrgeschäfts ein sachlicher Grund für die Ablehnung eines Bewerbers sein kann, wenn dies dem Veranstaltungskonzept widerspricht.[772]

II. Die Auswahlentscheidung könnte jedoch gleichwohl rechtswidrig sein, weil das Veranstaltungskonzept **nicht vom Rat**, sondern lediglich von der Verwaltung aufgestellt worden ist. 506

1. Dies betrifft zunächst die **interne Willensbildung** der Gemeinde. Hierfür ist gemäß § 41 Abs. 1 S. 1 GO NRW der Rat zuständig, es sei denn es handelt sich um ein **Geschäft der laufenden Verwaltung**, das gemäß § 41 Abs. 3 GO NRW grundsätzlich in die Organzuständigkeit des Bürgermeisters fällt. Bei der Zulassung von Schaustellern zu einem Volksfest lassen sich in diesem Zusammenhang folgende Entscheidungsebenen unterscheiden:[773]

   - Die **Widmung** des Volksfestes als kommunale Einrichtung ist als Grundentscheidung gemäß § 41 Abs. 1 S. 1 GO NRW dem Gemeinderat vorbehalten.

771 Dietlein Jura 2002, 445, 451; Guckelberger Jura 2007, 598, 606.

772 OVG NRW NVwZ-RR 1992, 477; Beljin/Micker JuS 2003, 660, 664.

773 BayVGH NVwZ-RR 2003, 771.

- Auch die Festlegung der (abstrakten) **Vergaberichtlinien** bedarf als wesentliche Entscheidung nach § 41 Abs. 1 S. 1 GO NRW ebenfalls der Billigung des Gemeinderates.[774]

- Die (konkrete) **Auswahlentscheidung** im Einzelfall fällt dagegen als Geschäft der laufenden Verwaltung gemäß § 41 Abs. 3 GO NRW grundsätzlich in die Zuständigkeit des Bürgermeisters (Gemeindeverwaltung).

Letzteres gilt allerdings nur, wenn der Rat bzw. ein beschließender Ausschuss zumindest Vorgaben in Form von Auswahlkriterien beschlossen hat. Ist dies, wie hier, nicht der Fall, kann die Auswahlentscheidung nicht als Geschäft der laufenden Verwaltung angesehen werden.[775] Der Oberbürgermeister hätte daher die Auswahlentscheidung **ohne entsprechenden Ratsbeschluss** gemäß § 41 Abs. 1 S. 1 GO NRW nicht treffen dürfen.

2. Fraglich ist, welche **Auswirkungen** dieser interne Organverstoß auf das **Außenverhältnis** zum Bürger hat.

507 a) Handelt im Verhältnis zum Bürger das **falsche Organ**, so ist die Maßnahme mangels Organkompetenz **rechtswidrig**.

Beispiel: Der Rat der kreisfreien Stadt S erlässt eine Ordnungsverfügung an den Bürger. Da der Oberbürgermeister die allgemeine Behörde der Stadt ist, ist er, und nicht der Rat, nach § 60 Abs. 1 Nr. 3 a BauO NRW auch untere Bauaufsichtsbehörde. Die Ordnungsverfügung ist deshalb rechtswidrig.

Entsprechendes gilt in den Fällen, in denen der **Rat ausnahmsweise als Behörde** fungiert.

Beispiel: Bei der Straßenumbenennung handelt der Rat als Behörde. Deshalb kann z.B. nur der Rat als Erlassbehörde und nicht der Bürgermeister die sofortige Vollziehung nach § 80 Abs. 2 S. 1 Nr. 4 VwGO anordnen.[776]

§ 63 Abs. 1 S. 1 GO NRW stellt klar, dass die Organkompetenz des Bürgermeisters im Außenverhältnis zum Bürger „unbeschadet der dem Rat und seinen Ausschüssen zustehenden Entscheidungsbefugnisse" besteht. **Zuständige Behörde** bleibt daher der Bürgermeister, auch wenn der Rat intern für die Beschlussfassung zuständig ist.

508 b) Handelt im Verhältnis zum Bürger das **richtige Organ**, aber ohne ordnungsgemäße Willensbildung im Innenverhältnis, so sind die sich daraus ergebenden Rechtsfolgen umstritten.

aa) Überwiegend wird angenommen, dass die fehlende Mitwirkung des Rates für die Rechtmäßigkeit der Entscheidung im Außenverhältnis **unerheblich** sei.[777] Ein im Innenverhältnis fehlender Ratsbeschluss berühre lediglich die **interne Willensbildung**, entfalte aber **keine Rechtswirkungen im Außenverhältnis**.

774 OVG Lüneburg NVwZ-RR 2006, 117, 118; BayVGH NVwZ-RR 2004, 599; NVwZ-RR 2003, 771 772; Sauer JuS 2004, 1081, 1089; Ehlers Jura 2012, 692, 696; zur Festlegung der Vergaberichtlinien vgl. OVG Lüneburg, Beschl. v. 09.09.2013 – 7 ME 56/13.

775 BayVGH NVwZ-RR 2003, 771; OVG Saarlouis NVwZ-RR 2010, 972; Sauer JuS 2004, 1081, 1089.

776 Vgl. OVG NRW VerwRspr. 25, Nr. 141, S. 596 f.; OVG NRW DVBl. 1981, 879; Lichtenfeld DVBl. 1982, 1021, 1025.

777 OVG Lüneburg NVwZ-RR 2006, 177, 178; OVG NRW NVwZ-RR 1994, 157; Warg NWVBl. 2011, 214, 215; Ehlers Jura 2012, 692, 697; vgl. auch OVG Koblenz DVBl. 1973, 319, 320; NVwZ 1983, 484; VGH Mannheim NVwZ 1990, 892, 893.

bb) Nach der Gegenansicht ist der vom Bürgermeister ohne Ratsbeschluss erlassene VA wegen eines Verfahrensfehlers **rechtswidrig** (aber gemäß § 45 Abs. 1 Nr. 4 VwVfG NRW heilbar). Die Außenvertretungsmacht des Bürgermeisters stehe unter dem Vorbehalt der ordnungsgemäßen Willensbildung durch das intern zuständige Organ.[778] **509**

Dagegen spricht jedoch, dass der Bürgermeister gemäß § 63 Abs. 1 S. 1 GO NRW der gesetzliche Vertreter in Rechts- **und** Verwaltungsgeschäften ist. Typisches Verwaltungsgeschäft ist gerade der Erlass von VAen. Auch hier besteht die Vertretungsmacht des Bürgermeisters unbeschadet der internen Willensbildung. Als **rein interner Verstoß** führt das Fehlen des Beschlusses des Rates nicht zur Rechtswidrigkeit des VA, wenn, wie hier, keine sonstigen Rechtsfehler vorliegen.

Die Klage des K ist deshalb unbegründet.

B. Die Vertretung der Gemeinde bei Rechtsgeschäften

I. Vertretung bei fehlerhafter Willensbildung

Fall 16: Grundstückskauf ohne Ratsbeschluss

In der Verkehrsplanung der Stadt S war vorgesehen, eine große Kreuzung unter Inanspruchnahme eines Grundstücks des E auszubauen. E ist bereit, das Grundstück für 450.000 € zu verkaufen. Er unterbreitet der Stadt ein entsprechendes Angebot und setzt für die Annahme eine Frist von einer Woche, andernfalls werde er das Grundstück an den Interessenten I veräußern. Der Bürgermeister hielt die Gelegenheit für günstig und bat den Hauptausschuss, der einige Tage später zu einer Sitzung zusammentrat, um Zustimmung. In der Debatte wurde deutlich, dass einige Ausschussmitglieder die ganze Verkehrsplanung der Stadt für überholt ansahen; andere hielten den Preis für zu hoch. Deshalb wurde beschlossen, über den Ankauf erst in der drei Wochen später stattfindenden Ratssitzung zu entscheiden. Gleichwohl wurde einige Tage danach zwischen E und der Stadt, vertreten durch den Bürgermeister, ein notarieller Kaufvertrag geschlossen. In der Ratssitzung setzten sich die Gegner des Kreuzungsausbaus durch. Der Rat beschloss, den Ankauf des Grundstücks zu missbilligen und wies den Bürgermeister an, den Kaufvertrag rückgängig zu machen sowie keine Zahlungen zu leisten. Im Haushaltsplan seien im Übrigen keine Mittel für Grundstücksankäufe mehr vorgesehen. Diesen Beschluss teilte der Bürgermeister dem E mit. E besteht auf Durchführung des Vertrags und fragt, ob er von der Stadt S Zahlung des Kaufpreises verlangen kann.

---

778 Vgl. OVG Saarlouis NVwZ-RR 2010, 972, 973 f.; BayVGH NVwZ-RR 2003, 771; VG Chemnitz LKV 1996, 301, 302; OVG MV, Urt. v. 21.03.2007 - 3 L 159/03; Dietlein/Burgi/Hellermann § 2 Rdnr. 261; Rennert JuS 2008, 119, 122; in diesem Sinne auch Schübel-Pfister JuS 2013, 417, 418 zur BayGO.

Ein Anspruch des E gegen die Stadt S auf Zahlung des Kaufpreises könnte sich aus **§ 433 Abs. 2 BGB** ergeben.

510 I. Dann müsste zwischen E und der Stadt S ein **wirksamer Kaufvertrag** zustande gekommen sein.

1. Zwischen E und dem für die Stadt handelnden Bürgermeister ist eine **Einigung** mit dem Inhalt eines Grundstückskaufvertrags erzielt worden.

2. Dabei müsste die Stadt ordnungsgemäß **vertreten** worden sein.

511 a) Nach § 63 Abs. 1 S. 1 GO NRW ist der **Bürgermeister** der gesetzliche (genauer: organschaftliche) **Vertreter der Gemeinde**. Dies gilt nicht nur im öffentlichen, sondern **auch im privatrechtlichen Bereich** („in Rechts- und Verwaltungsgeschäften"). Dabei ist unerheblich, wer im Innenverhältnis für die Willensbildung zuständig ist. Im Außenverhältnis handelt stets der Bürgermeister.

512 b) Bei **Verpflichtungsgeschäften** sind die besonderen Voraussetzungen des § 64 GO NRW zu beachten.

aa) Nach § 64 Abs. 1 GO NRW bedürfen Verpflichtungsgeschäfte grundsätzlich

- der **Schriftform** (Satz 1) und
- sind vom **Bürgermeister** (oder seinem allgemeinen Vertreter, § 68 GO NRW) zu unterzeichnen (Satz 2).

Diese Förmlichkeiten gelten **nicht für Geschäfte der laufenden Verwaltung** (§ 64 Abs. 2 GO NRW). In diesem Fall bleibt es bei der allgemeinen Regelung des § 63 Abs. 1 S. 1 GO NRW.

513 bb) Vorliegend handelt es sich um ein einmaliges Verpflichtungsgeschäft, das wegen der erheblichen finanziellen Auswirkungen **kein Geschäft der laufenden Verwaltung** ist. Somit richtet sich die Vertretung nach §§ 63 Abs. 1, 64 Abs. 1 GO NRW. Entsprechend diesen Vorschriften hat der **Bürgermeister** für die Stadt die erforderlichen Erklärungen abgegeben. Durch die notarielle Beurkundung des Kaufvertrages nach § 311 b Abs. 1 BGB ist zugleich die **Schriftform** des § 64 Abs. 1 S. 1 GO NRW gewahrt (dazu Fall 17).

Die früher in § 64 Abs. 1 S. 2 GO NRW geregelte Gesamtvertretung, wonach Verpflichtungserklärungen vom Bürgermeister (oder seinem allgemeinen Vertreter) **und einem weiteren** vertretungsberechtigten Bediensteten zu unterzeichnen waren, ist 2012 abgeschafft worden.[779]

3. Der Wirksamkeit des Kaufvertrages könnte entgegenstehen, dass über den Ankauf des Grundstücks kein entsprechender **Ratsbeschluss** gefasst wurde.

514 a) Aufgrund der erheblichen finanziellen Auswirkungen handelte es sich nicht um ein Geschäft der laufenden Verwaltung i.S.d. § 41 Abs. 3 GO NRW. Daher war für die interne Willensbildung der Rat nach § 41 Abs. 1 S. 1 GO NRW zuständig, da auch eine Übertragung auf den Bürgermeister nach § 41 Abs. 2 GO

779 Gesetz vom 18.09.2012 (GVBl. S. 436); zur früheren Rechtslage vgl. BGH NJW 2009, 289, 292; Pottmeyer DVBl. 2013, 747 ff.

NRW nicht stattgefunden hat. Der danach erforderliche **Ratsbeschluss** hätte ggf. durch einen Dringlichkeitsbeschluss nach § 60 Abs. 1 GO NRW ersetzt werden können; jedoch ist ein solcher Beschluss gleichfalls nicht ergangen. Es kann daher dahinstehen, ob dessen Voraussetzungen überhaupt vorlagen.

b) Das Fehlen des nach § 41 GO NRW erforderlichen Ratsbeschlusses führt jedoch nach h.M. nicht zur Unwirksamkeit oder Nichtigkeit des Vertrages. Ob ein Rechtsgeschäft für und gegen die Gemeinde wirkt, richte sich ausschließlich danach, ob die im **Außenverhältnis** erforderlichen Voraussetzungen gegeben sind, insbesondere ob eine wirksame Vertretung erfolgte. Ob der Rat (oder ein Ausschuss) die im **Innenverhältnis** erforderliche Willensbildung ordnungsgemäß vorgenommen hat, ist für die Wirksamkeit des Rechtsgeschäfts unerheblich **(Abstraktionsprinzip)**.[780] Es gelten danach für Rechtsgeschäfte dieselben Grundsätze wie beim Erlass von Verwaltungsakten (s.o. Fall 15). **515**

c) Nach der Gegenansicht regelt § 63 Abs. 1 GO NRW nur das (formelle) **Vertretungsrecht** des Bürgermeisters, während sich die (materielle) **Vertretungsmacht** aus den Vorschriften über die kommunalinterne Zuständigkeitsverteilung ergebe.[781] Fehle der nach § 41 GO NRW erforderliche Ratsbeschluss, wirke das Rechtsgeschäft grds. nicht für und gegen die Gemeinde. **516**

Gegen diese Differenzierung spricht jedoch der Wortlaut des § 63 Abs. 1 S. 1 GO NRW, wonach der Bürgermeister der gesetzliche Vertreter der Gemeinde ist „unbeschadet der dem Rat und seinen Ausschüssen zustehenden **Entscheidungsbefugnisse**". Es wird also deutlich zwischen (Außen-) Vertretung und (interner) Entscheidung unterschieden. Da dem Rat nur die (interne) Entscheidung zugewiesen ist, die Vertretung dagegen beim Bürgermeister liegt, kann es für die Wirksamkeit nur auf die Vertretung ankommen.

d) Entsprechend der Lehre vom Missbrauch der Vertretungsmacht gilt etwas anderes nur im Fall der **Kollusion** (§ 138 Abs. 1 BGB) oder bei einem **erkennbaren Vollmachtsmissbrauch** (§ 242 BGB).[782] **517**

Beispiel: Bei einem Vertrag zwischen der Gemeinde und dem Bürgermeister handelt der Vertreter der Gemeinde Beschlüssen des Rates zuwider. Der Vertrag ist unwirksam, da dem Bürgermeister als Vertragspartner die Bindungen aus dem Innenverhältnis bekannt sind und sich gegenüber einer formal bestehenden Vertretungsmacht des Vertreters durchsetzen.[783]

Da einer dieser Ausnahmefälle hier nicht vorliegt, ist der Kaufvertrag wirksam und die Stadt zur Zahlung des Kaufpreises verpflichtet.

II. Der Anspruch des E könnte mangels bereitgestellter **Haushaltsmittel** nicht **durchsetzbar** sein. § 79 Abs. 3 S. 3 GO NRW bestimmt, dass durch den Haushaltsplan „Ansprüche und Verbindlichkeiten Dritter weder begründet noch aufgehoben" werden. Hierin kommt ein allgemeiner Grundsatz des Haushaltsrechts zum Ausdruck: **518**

---

780 BGH NJW 2001, 2626, 2628; OVG NRW NWVBl. 2006, 426, 427; OLG Saarbrücken NJW-RR 2011, 1455; Palandt/Ellenberger BGB Einf. v. § 164 Rn. 5a; abweichend Wolff NJW 2012, 812, 815 für die Vertretungsmacht der Landesregierung.

781 Vgl. Schübel-Pfister JuS 2013, 417, 418 unter Hinweis auf die Rspr. des BayFGH zu Art. 38 Abs. 1 BayGO.

782 Vgl. HessStGH NVwZ-RR 2002, 64, 65; allgemein AS-Skript BGB AT 1 (2014), Rn. 273 ff.

783 BGH NVwZ 1986, 594.

519 Haushaltsrechtliche Vorschriften und Grundsätze haben nur Rechtswirkungen innerhalb der öffentlich-rechtlichen Körperschaft, dagegen **keine Außenwirkung**. Sie begründen insbesondere keine „Einrede der leeren Kasse" gegenüber Dritten. Somit berühren diese Erwägungen nicht das Rechtsverhältnis der Stadt S zu E.

Da die Stadt zur Zahlung verpflichtet ist, muss der Rat das erforderliche Geld bewilligen (ggf. als außerplanmäßige Ausgabe nach § 83 GO NRW) und den Bürgermeister zur Kaufpreiszahlung ermächtigen. Soweit das nicht erfolgt, kann E die Stadt verklagen und ggf. die Zwangsvollstreckung betreiben (dazu § 128 GO NRW).

II. Verpflichtungsgeschäfte ohne Beachtung des § 64 Abs. 1 GO NRW

Fall 17: Pumpanlage

Die Gemeinde G wollte die gesamte technische Anlage ihres Wasserwerks, insbesondere die Pumpanlage, erneuern. Auf Vorschlag des Bürgermeisters M, der mehrere Angebote eingeholt und sich für das Angebot der Firma V entschieden hatte, erläuterte V persönlich dem Gemeinderat sein Angebot. Anschließend beschloss der Rat einstimmig, das Angebot des V zu einem Kaufpreis von 750.000 € anzunehmen. Dies teilte der Bürgermeister der Firma V telefonisch mit und bat um baldige Lieferung. Kurz danach wurde bekannt, dass V für die benachbarte Stadt S eine Anlage geliefert hat, die nicht funktioniert. Ist die Gemeinde G gleichwohl zur Abnahme der Anlage und Zahlung verpflichtet?

Die Abnahme- und Zahlungspflicht könnte sich aus § 433 Abs. 2 BGB ergeben.

I. Dann müsste ein **wirksamer Kaufvertrag** bestehen.

520 1. Eine **Einigung** zwischen V und dem für die Gemeinde G handelnden Bürgermeister M über die zu kaufende Anlage und ihren Preis ist erfolgt.

2. Die Verpflichtungserklärung des M ist aber nur telefonisch und damit nicht in der gemäß § 64 Abs. 1 S. 1 GO NRW vorgeschriebenen **„Schriftform"** erfolgt. Die Ausnahme nach § 64 Abs. 2 GO NRW greift nicht ein, da es sich nicht um ein Geschäft der laufenden Verwaltung handelte.

521 a) **Rechtsfolge** ist nach § 64 Abs. 4 GO NRW, dass die Gemeinde durch die Erklärung **„nicht gebunden"** wird. Das ist zunächst eine selbstverständliche Folgerung aus der Nichtbeachtung des § 64 Abs. 1 GO NRW. Die weiteren Rechtsfolgen werden in der GO NRW indes nicht behandelt.

b) Folgt man dem Wortlaut des § 64 Abs. 1 S. 1 und 4 GO NRW, wo von „Schriftform" die Rede ist, so müsste § 125 S. 1 BGB eingreifen. Dann wäre **Nichtigkeit** wegen eines **Formmangels** gegeben.

522 c) Der Landesgesetzgeber ist jedoch nicht befugt, Formvorschriften für **privatrechtliche Rechtsgeschäfte** einzuführen. Das Zivilrecht gehört zur konkurrierenden Gesetzgebungskompetenz des Bundes (Art. 74 Abs. 1 Nr. 1 GG) und ist abschließend im BGB kodifiziert (vgl. Art. 55 EGBGB). Daher fehlt es den Län-

dern für **privatrechtliche** (Form-)Vorschriften an der Gesetzgebungskompetenz (Art. 72 Abs. 1 GG). Das Land darf kraft öffentlichen Rechts lediglich die **Vertretungsmacht** seiner Organe regeln.

aa) § 64 Abs. 1 S. 1 GO NRW enthält deshalb **keine privatrechtliche Formvorschrift**, sondern eine **öffentlich-rechtliche Beschränkung der Vertretungsmacht**, also eine Regelung in welcher Weise von der Vertretungsmacht Gebrauch gemacht werden darf. Bei einem Verstoß gegen § 64 Abs. 1 S. 1 GO NRW handelt der Bürgermeister ohne Vertretungsmacht.[784] Es ist dann nicht § 125 BGB, sondern § 177 BGB anwendbar. 523

bb) Die Gegenmeinung sieht in § 64 Abs. 1 S. 1 GO NRW eine **„echte" Formvorschrift**. Die Regelungen im BGB stünden nicht entgegen, da die Vorschrift dem landesrechtlichen Kommunalrecht und nicht dem bundesrechtlichen Zivilrecht zuzuordnen seien. Ein Verstoß führt danach unmittelbar zur Nichtigkeitsfolge des § 125 S. 1 BGB.[785] 524

Dagegen spricht jedoch, dass es sich um **privatrechtliche Erklärungen** handelt, für die das **BGB abschließend** ist. Die „Schriftform" des § 64 Abs. 1 GO NRW ist daher verfassungskonform als Einschränkung der Vertretung zu verstehen. Das Geschäft ist daher nicht gemäß § 125 S. 1 BGB nichtig, sondern gemäß § 177 Abs. 1 BGB zunächst schwebend unwirksam und genehmigungsfähig.[786]

Da die Gemeinde G die Anlage aber nicht mehr abnehmen will, wird sie die Genehmigung verweigern, sodass der Kaufvertrag dann endgültig unwirksam ist.

Beachte: *Die einschränkende Interpretation des § 64 Abs. 1 S. 1 GO NRW gilt* ***nicht bei öffentlich-rechtlichen Erklärungen****. Hier wird die Vorschrift als* ***echte Formvorschrift*** *verstanden, da der Vorrang des BGB nicht eingreift. Im öffentlichen Recht sind die Länder grundsätzlich auch für Formvorschriften gesetzgebungsbefugt (wie die Regelungen in §§ 38 Abs. 1 S. 1, 57 VwVfG NRW zeigen). Bei öffentlich-rechtlichen Erklärungen führt der Verstoß gegen § 64 Abs. 1 S. 1 GO NRW somit* ***analog § 125 S. 1 BGB*** *zur Unwirksamkeit.*[787]

3. Der Verstoß gegen § 64 Abs. 1 S. 1 GO NRW könnte jedoch gemäß **§ 242 BGB** unbeachtlich sein. Zwar ist § 64 Abs. 1 S. 1 GO NRW nicht als Formvorschrift im eigentlichen Sinne aufzufassen, wegen der gleichartigen Interessenlage ist es jedoch geboten, dem Grundsatz von Treu und Glauben im gleichen Umfang wie bei der Formnichtigkeit eines Rechtsgeschäfts Rechnung zu tragen.[788] 525

784 BGH NJW-RR 2002, 1176; NJW 2001, 2626; OLG Celle NJW 2001, 607, 608; OLG Saarbrücken NJW-RR 1455; Winkler JA 2007, 405, 410; Kleerbaum/Palmen GO § 64 Anm. 3; Palandt/Ellenberger BGB § 125 Rn. 14.

785 Burgi § 13 Rn. 37; Ludwig/Lange NVwZ 1999, 136, 138; Püttner JZ 2002, 197, 198; Pottmeyer DVBl. 2013, 747, 751.

786 BGHZ 32, 375, 380; BGH NJW 1998, 3058; NJW 2001, 2626 ff.; Palandt/Ellenberger BGB § 125 Rn. 15 m.w.N.; wobei der BGH neuerdings offenlässt, ob sich dies aus einer entsprechenden Anwendung des § 177 BGB oder unmittelbar aus den kommunalrechtlichen Vorschriften ergibt.

787 OVG Lüneburg NdsVBl. 2005, 264; Winkler JA 2007, 405, 410; a.A. VGH Kassel NVwZ 1997, 618, 619; Vogel JuS 1996, 964, 967: auch im öffentlichen Recht Vertretungsregelung.

788 BGH NJW-RR 2002, 1176; NJW 2001, 2626, 2628; DVBl. 1996, 371, 372; NJW 1984, 606, 607; NJW 1980, 117, 119; OLG Frankfurt NVwZ 2001, 958; Palandt/Ellenberger BGB § 125 Rn. 16 m.w.N.

526 a) Grundsätzlich ist anerkannt, dass ein „Formmangel" ausnahmsweise über § 242 BGB überwunden werden kann, mit der Folge, dass das Rechtsgeschäft **als wirksam behandelt** wird, wenn nach den gesamten Umständen die Nichtigkeitsfolge schlechthin unvereinbar wäre mit Treu und Glauben.[789] Das ist grundsätzlich nur der Fall, wenn die Nichtigkeit geradezu **unerträgliche Folgen** nach sich ziehen würde (Existenzgefährdung) oder sich das Verhalten der Gemeinde als **besonders schwerer Treueverstoß** darstellen würde und ein anderer Ausgleich nicht möglich erscheint.[790]

527 b) Unter dem Gesichtspunkt von **Treu und Glauben** ist im vorliegenden Fall Folgendes zu beachten: Mit dem Bürgermeister hat nicht etwa ein gänzlich Nichtberechtigter gehandelt, sondern eine Person, die gemäß § 63 Abs. 1 GO NRW grundsätzlich zur Vertretung der Gemeinde befugt ist. Besonderes Gewicht im Rahmen des § 242 BGB erlangt der Umstand, dass auch der nach § 41 Abs. 1 GO NRW für die Willensbildung zuständige Rat zugestimmt hat. Angesichts der Stellung des Rates als oberstes Gemeindeorgan muss dessen Entscheidung im Rahmen von Treu und Glauben auch für das Außenverhältnis Bedeutung haben. Denn damit entfällt der Schutzzweck des § 64 Abs. 1 S. 1 GO NRW, die Gemeinde vor den nachteiligen Folgen unbedachter und übereilt abgegebener Verpflichtungserklärungen zu bewahren.[791]

Die Berufung auf die Unwirksamkeit kann insbesondere in folgenden Fällen treuwidrig sein: „Alle zuständigen Organe der Körperschaft waren mit der betreffenden Verpflichtungserklärung in der Sache einverstanden. Die Körperschaft hat das betreffende Rechtsverhältnis über einen längeren Zeitraum hinweg als gültig behandelt und hieraus auch Vorteile gezogen. Der andere Beteiligte hat im Hinblick auf die Wirksamkeit der Erklärung Zahlungen geleistet. Die Verpflichtung wurde von der Körperschaft mehrfach in anderer Weise schriftlich oder mündlich anerkannt."[792]

Dementsprechend ist es vorliegend gerechtfertigt, die Berufung auf den Vertretungsmangel ausnahmsweise als **Verstoß gegen Treu und Glauben** zu werten. Somit müssen sich die Vertragsparteien so behandeln lassen, als sei ein wirksamer Kaufvertrag geschlossen worden.

528 II. Ein **Rücktrittsrecht** gemäß §§ 437 Nr. 2, 440, 323 Abs. 1 BGB besteht, wenn die Anlage mangelhaft ist. Das lässt sich jedoch dem Sachverhalt nicht entnehmen. Allein der Umstand, dass eine gleiche Anlage bei einem anderen Abnehmer nicht funktioniert, lässt nicht den Schluss zu, dass auch die Anlage fehlerhaft ist, die V an die Gemeinde G zu liefern beabsichtigt.

Ergebnis: Die Gemeinde G ist gemäß § 433 Abs. 2 BGB zur Abnahme und Bezahlung der Anlage verpflichtet.

---

789 Vgl. i.E. AS-Skript BGB AT 2 (2013), Rn. 141 ff.

790 BGH NJW 2001, 2626, 2628; NJW 1995, 3389, 3390; NJW 1984, 606, 607; OLG Celle NJW 2001, 607, 608; OLG Frankfurt NVwZ 2001, 958, 958 f. m.w.N.; kritisch Vogel JuS 1996, 964, 967.

791 BGH NJW-RR 2002, 1176; NJW 2001, 2626, 2628; OLG Saarbrücken NJW-RR 2011, 1455.

792 Vgl. OVG Koblenz NVwZ 1988, 947, 948.

Behörden der Gemeinde

- **Bürgermeister** grds. **allgemeine Behörde** der Gemeinde (arg. e §§ 62 II 2, 63 I 1 GO)
- ausnahmsweise **Rat** Behörde
  - kraft besonderer gesetzlicher Regelung (z.B. § 29 III GO, § 26 VI 1 GO, str.)
  - Wahl/Abberufung der Beigeordneten (§ 71 GO)
  - kraft Natur der Sache, soweit keine Durchführung i.S.d. § 62 II 2 GO mehr erforderlich ist (z.B. Straßenumbenennung, Schulschließung)
- **andere Stellen** nach Spezialgesetz (z.B. Standesbeamter, Betriebsleitung beim Eigenbetrieb)

Vertretung der Gemeinde

	Vertretungsorgan	**besond. Erfordernisse**
■ Grundsatz (§ 63 I 1 GO)	Bürgermeister	keine
■ Verpflichtungsgeschäfte (§ 64 GO) – Geschäfte der lfd. Verwaltung (§ 64 II GO)	Bürgermeister	keine
– wichtige Geschäfte (§ 64 I GO)	Bürgermeister/ allgemeiner Vertreter persönlich	**„Schriftform"** (§ 64 I 1 GO)

Sonderfälle:
- Bevollmächtigte (§ 64 III GO)
- Anstellungsverträge (§ 74 III GO)
- Vertreter in Gesellschaftsorganen (§ 113 GO)

Privatrecht
- keine Form-, sondern Vertretungsregelung

↓

- § 177 BGB
- ggf. § 242 BGB

Öffentl. Recht
- echte Formvorschrift

↓

- § 125 BGB analog
- ggf. § 242 BGB analog

Verhältnis Vertretung – Innenverhältnis

rechtsgeschäftliches Handeln

Abstraktionsprinzip

- grds. **Außenverhältnis** entscheidend, intern erforderlicher Ratsbeschluss für Wirksamkeit irrelevant
- **Ausn.:** Kollusion (§ 138 I BGB) oder erkennbarer Missbrauch der Vertretungsmacht (§ 242 BGB)

Erlass von VAen

- Handeln des BM **ohne erforderlichen Ratsbeschluss** (→ siehe rechtsgeschäftliches Handeln)
- Handeln des **falschen Organs** (z.B. Rat statt BM)
  - VA mangels Organkompetenz **rechtswidrig**

9. Abschnitt: Beteiligung der Gemeinde am Wirtschaftsleben

A. Die wirtschaftliche Betätigung der Gemeinde

I. Wirtschaftliche Unternehmen und nichtwirtschaftliche Einrichtungen

529 Die Gemeinde wird nicht nur hoheitlich tätig, sondern beteiligt sich in zunehmendem Maße auch am allgemeinen Wirtschaftsleben. Damit sind Gefahren für das Gemeinwohl (z.B. Verlust öffentlicher Gelder bei wirtschaftlichem Misserfolg) und ggf. Nachteile für konkurrierende private Anbieter verbunden. Um diese Risiken zu vermeiden, ist die Gemeinde bei wirtschaftlicher Betätigung **öffentlich-rechtlichen Bindungen** unterworfen, die sich insbesondere aus §§ 107 ff. GO NRW (für Kreise i.V.m. § 53 KrO NRW) ergeben.

Vor allem die mit dem Drittschutz zusammenhängenden Fragen machen das Kommunalwirtschaftsrecht besonders „klausuranfällig".[793] Auch die praktische Bedeutung ist bei rund 2.500 kommunalen Unternehmen in NRW mit ca. 530.000 Beschäftigten nicht zu unterschätzen.[794]

530 Hierbei unterscheidet das Gesetz zwischen

- **wirtschaftlichen Unternehmen** (§ 107 Abs. 1 GO NRW) und
- **nichtwirtschaftlichen Einrichtungen** (§ 107 Abs. 2 GO NRW).

Die wirtschaftlichen Unternehmen sind nur unter den engen Voraussetzungen des § 107 Abs. 1 GO NRW zulässig, insbesondere muss ein öffentlicher Zweck die Betätigung erfordern. Für nichtwirtschaftliche Einrichtungen i.S.d. § 107 Abs. 2 GO NRW gelten die Beschränkungen des § 107 Abs. 1 GO NRW grundsätzlich nicht.[795] Das Kommunalrecht reglementiert die nichtwirtschaftliche Betätigung nur, wenn sie außerhalb des Gemeindegebiets oder auf ausländischen Märkten stattfinden soll (§ 107 Abs. 4 GO NRW).

Für die wirtschaftliche Betätigung auf dem Gebiet der **Energiewirtschaft** existiert seit Ende 2010 die Sonderregelung in § 107 a GO NRW. Die Versorgung mit Strom, Gas und Wärme dient kraft Gesetzes stets einem öffentlichen Zweck und ist zulässig, wenn sie nach Art und Umfang in einem angemessenen Verhältnis zu der Leistungsfähigkeit der Gemeinde steht (§ 107 a Abs. 1 GO NRW).[796]

II. Organisationsformen

531 Wirtschaftliche Unternehmen und nichtwirtschaftliche Einrichtungen können von der Gemeinde in öffentlich-rechtlichen oder privatrechtlichen **Organisationsformen** betrieben werden. Zwischen beiden Bereichen und den jeweils möglichen Organisationsformen im Einzelnen hat die Kommune ein **Wahlrecht**.[797] Zu beachten ist stets, dass mit solchen Ausgliederungen der Einfluss des Rates auf die Verwaltungstätigkeit schwindet. Das Demokratieprinzip verlangt, diese Ausdünnung möglichst gering zu halten.[798]

793 Franzius Jura 2009, 677; Burgi, § 17 Rn. 57.
794 Vgl. Burgi, § 17 Rdn. 7.
795 OVG NRW NWVBl. 2005, 133, 135.
796 Vgl. das Gesetz zur Revitalisierung des Gemeindewirtschaftsrechts vom 21.12.2010 (GVBl. 2010, 688).
797 Vgl. BVerwG NVwZ 1999, 653; OVG NRW NVwZ 1995, 1238, 1240; Schoch DÖV 1993, 377, 380 ff.; Wiesemann NVwZ 2005, 391, 393; Geis/Madeja JA 2013, 248, 252 f.; Ehlers Jura 2012, 692, 694.
798 Vgl. OVG NRW DVBl. 2011, 45, 46.

1. Öffentlich-rechtliche Organisationsformen

Als **öffentlich-rechtliche Organisationsformen** kommen vor allem der Regiebetrieb, der Eigenbetrieb, die (rechtsfähige) Anstalt und der Zweckverband[799] in Betracht. 532

- Als **Regiebetrieb** bezeichnet man die wirtschaftliche Betätigung, die ohne organisatorische Selbstständigkeit von einer Abteilung der Kommunalverwaltung miterledigt wird (z.B. städtischer Bauhof).

- **Eigenbetriebe** sind nach § 114 GO NRW i.V.m. § 1 EigVO NRW „die wirtschaftlichen Unternehmen der Gemeinde ohne Rechtspersönlichkeit". Sie sind zwar keine selbstständigen juristischen Personen, aber wirtschaftlich und organisatorisch verselbstständigt.

  Zu den Besonderheiten des Eigenbetriebes gehören die von der Gemeinde unabhängige Haushaltsführung sowie die Betriebssatzung, der Betriebsausschuss und die **Betriebsleitung**, die als **selbstständige Behörde** die Gemeinde in Angelegenheiten des Eigenbetriebes gegenüber Dritten vertritt (§ 3 EigVO NRW).

- Rechtlich selbstständige Organisationen sind vor allem die **rechtsfähigen Anstalten.**[800] Neben Sparkassen nach § 1 SpkG kann die Gemeinde unter den Voraussetzungen des § 114 a GO NRW eine rechtsfähige Anstalt des öffentlichen Rechts errichten oder bestehende Unternehmen oder Einrichtungen in Anstalten umwandeln (sogenannte **„Kommunalunternehmen"**).[801]

  Die Gemeinde regelt die Rechtsverhältnisse der Anstalt durch eine Satzung (§ 114 a Abs. 2 GO NRW). Anders als beim Eigenbetrieb kann die Gemeinde der Anstalt nach § 114 a Abs. 3 GO NRW die mit dem übertragenen Aufgabengebiet verbundene Satzungsbefugnis einräumen. Die Übertragung der Satzungsbefugnis versetzt die Anstalt auch in die Lage, anstelle der Gemeinde Verwaltungsakte zu erlassen und diese mit Mitteln des Verwaltungszwangs durchzusetzen.[802]

- Schließlich kann die Gemeinde mit anderen Kommunen einen **Zweckverband** bilden, soweit die Errichtung eines wirtschaftlichen Unternehmens ihre eigene Leistungsfähigkeit überschreiten würde. Der Zweckverband nimmt die Aufgaben eines wirtschaftlichen Unternehmens als Körperschaft des öffentlichen Rechts wahr (§ 5 Abs. 1 S. 1 GKG).[803]

2. Privatrechtliche Organisationsformen

Eine **privatrechtliche Organisationsform** wird in der Praxis vor allem für Verkehrs- und Versorgungsbetriebe gewählt. Wegen § 108 Abs. 1 S. 1 Nr. 3 GO NRW darf sich die Gemeinde nur an einer Gesellschaft beteiligen, bei der die **Haftung der Gemeinde** auf einen bestimmten Betrag **begrenzt** ist. Deswegen kommt hier insbesondere die Rechtsform der GmbH in Betracht (z.B. Stadtwerke GmbH). Eine Aktiengesellschaft ist nur erlaubt, wenn sie den öffentlichen Zweck besser erfüllt (§ 108 Abs. 4 GO NRW). 533

799 Vgl. Teuber KommJur 2008, 444 zu den verschiedenen interkommunalen Kooperationsformen und Stork DVBl. 2011, 69 zur Beteiligung Privater an Zweckverbänden.

800 Beschreibend Bamberger NWVBl. 2009, 93.

801 Vgl. Waldmann NVwZ 2008, 284; Lux NWVBl. 2000, 7, 11 ff.; Geis/Madeja JA 2013, 248, 252.

802 Vgl. dazu OVG NRW NWVBl. 2005, 66; Rehn/Cronauge § 114 a Anm. III 3.

803 Hippel-Rehborn 22.

534 Soweit die Gemeinde an diesen Gesellschaften die Anteilsmehrheit besitzt, spricht man von kommunalen **Eigengesellschaften**. Der gemeindliche Einfluss ist auf die Gemeindevertreter in den Organen der Gesellschaft (insbesondere der Gesellschafterversammlung) beschränkt (§ 113 GO NRW). Sind auch Privatpersonen an diesen Gesellschaften beteiligt, liegt ein sogenanntes **gemischtwirtschaftliches Unternehmen** vor.

Solche übergreifenden Unternehmen, an denen auch Private beteiligt sind, sind vor allem die großen Energieversorgungsunternehmen wie die RWE AG. Bedeutung hat dies u.a. für die Frage, ob diese Unternehmen grundrechtsfähig sind (vgl. oben Rn. 95 ff.). Nach der Rspr. ist die Grundrechtsfähigkeit gemischt-wirtschaftlicher Unternehmen jedenfalls dann abzulehnen, wenn der beteiligte Hoheitsträger die Möglichkeit hat, entscheidenden Einfluss auf die Geschäftsführung zu nehmen.[804] Denn ein solches Unternehmen ist ein bloßes „Werkzeug des Staates", durch das öffentliche Aufgaben erfüllt werden.[805]

B. Zulässigkeit wirtschaftlicher Betätigung

Fall 18: Das Stadthotel

Die mittelalterliche kreisfreie Stadt S verfügt in unmittelbarer Nähe zur Altstadt über ein größeres unbebautes Grundstück, das bislang als öffentlicher Parkplatz genutzt wurde. Da diese Fläche überwiegend als „Schandfleck" der Stadt insbesondere in Bezug auf den historischen Stadtkern gewertet wurde, hat sich der Rat der Stadt entschlossen, das Grundstück nunmehr städtebaulich zu nutzen. Um die touristische Attraktivität der Innenstadt zu steigern, versuchte man zunächst einen Investor zur Errichtung eines Tagungshotels zu bewegen. Als dies misslang, entschied der Rat, dass die Stadt selbst das Hotel errichten und als Eigenbetrieb führen sollte. Begründet wurde dies damit, dass hierdurch die Versorgung des Fremdenverkehrs verbessert werden könne. Außerdem sei davon auszugehen, dass das Hotel einen nicht unerheblichen Gewinn erwirtschaften werde, was dem Gemeindehaushalt zugute komme. Die Bezirksregierung hält dies für unzulässig und überlegt, welche rechtlichen Möglichkeiten sie hat, das Vorhaben zu verhindern.

Die Bezirksregierung ist die **allgemeine Kommunalaufsichtsbehörde** über die kreisfreie Stadt S (§ 120 Abs. 2 GO NRW). Gemäß § 122 Abs. 1 S. 1 GO NRW kann sie den Oberbürgermeister anweisen, den zugrunde liegenden Ratsbeschluss zu beanstanden, wenn der Beschluss rechtswidrig ist. In Betracht kommt ein Verstoß gegen §§ 114, 107 Abs. 1 GO NRW.

535 Nach § 107 Abs. 1 S. 1 GO NRW darf sich die Gemeinde zur Erfüllung ihrer Aufgaben wirtschaftlich nur betätigen, wenn

- ein **öffentlicher Zweck** die Betätigung erfordert,
- die Betätigung nach Art und Umfang in einem **angemessenen Verhältnis zur Leistungsfähigkeit** der Gemeinde steht und
- bei einem Tätigwerden außerhalb bestimmter Bereiche der Daseinsvorsorge der öffentliche Zweck durch andere Unternehmen nicht besser und wirtschaftlicher erfüllt werden kann **(Subsidiaritätsklausel)**.

---

804 Vgl. BVerfG, Urt. v. 22.02.2011 – 1 BvR 699/06, RÜ 2011, 243; BVerfG NVwZ 2009, 1282; NJW 1990, 1783; allgemein Geis/Madeja JA 2013, 248, 253.

805 Muckel JA 2010, 837, 838 f.; a.A. Jarass/Pieroth GG Art. 19 Rn. 15.

So die seit Ende Dezember 2010 geltende Fassung aufgrund des Gesetzes zur Revitalisierung des Gemeindewirtschaftsrechts v. 21.12.2010 (GVBl. S. 688). Hierdurch wurden die Änderungen durch das GO-Reformgesetz vom 09.10.2007 (GVBl. S. 374) im Wesentlichen wieder rückgängig gemacht. Vor allem ist kein „dringender" öffentlicher Zweck mehr erforderlich. Die seit 2007 geltenden Regelungen waren vor allem wegen der damit verbundenen Einschränkung der wirtschaftlichen Betätigung der Stadtwerke im Bereich der Energie- und Wasserversorgung kritisiert worden.[806] Hierfür enthält § 107 a GO NRW nunmehr eine spezielle Regelung zur Zulässigkeit energiewirtschaftlicher Betätigung.

Aufbauschema: Zulässigkeit wirtschaftlicher Unternehmen der Gemeinde

1. Vorliegen einer wirtschaftlichen Betätigung

- **Negativkatalog** des § 107 Abs. 2 GO NRW
  - Nr. 1: Pflichteinrichtungen
  - Nr. 2: soziale und kulturelle Einrichtungen
  - Nr. 3: Straßenreinigung, Wirtschafts- u. Fremdenverkehrsförderung, Wohnraumversorgung
  - Nr. 4: Einrichtungen des Umweltschutzes (insbesondere Abfall und Abwasser)
  - Nr. 5: Einrichtungen zur Deckung des Eigenbedarfs der Gemeinde
- **wirtschaftliche Betätigung** i.S.d. § 107 Abs. 1 S. 3 GO NRW

2. Voraussetzungen des § 107 Abs. 1 GO NRW

- öffentlicher Zweck
- angemessenes Verhältnis zur Leistungsfähigkeit der Gemeinde
- in bestimmten Bereichen Subsidiaritätsklausel (§ 107 Abs. 1 S. 1 Nr. 3 GO NRW): nicht besser und wirtschaftlicher durch Private

I. Dann müsste der Betrieb des Hotels eine **„wirtschaftliche Betätigung"** i.S.d. § 107 Abs. 1 S. 1 GO NRW darstellen. **536**

1. Das ist nicht der Fall, wenn einer der Ausnahmefälle des § 107 Abs. 2 GO NRW gegeben ist (sogenannter **Negativkatalog**).

Beispiele: Pflichteinrichtungen, soziale und kulturelle Einrichtungen, Einrichtungen des Umweltschutzes, insbesondere der Abfallentsorgung und Abwasserbeseitigung, Einrichtungen zur Deckung des Eigenbedarfs u.a.

Problematisch ist die Reichweite des Negativkatalogs. Die Rspr. wertet z.B. die Abfallentsorgung generell als nichtwirtschaftliche Tätigkeit nach § 107 Abs. 2 S. 1 Nr. 1 und Nr. 4 GO NRW[807] und hat deshalb auch das Betreiben von Altauto-Recyclinghöfen durch die Kommune als zulässig angesehen.[808] Die Lit. verweist demgegenüber darauf, dass das KrWG die Abfallverwertung als wirtschaftliche Betätigung einordne. Auch wenn die GO NRW eine nichtwirtschaftliche Betätigung fingiere, setze sich bei widersprüchlichen Konzeptionen das Bundesrecht durch. Art. 31 GG verbiete daher die Subsumtion z.B. der Verwertung von Altfahrzeugen unter den Negativkatalog des § 107 Abs. 2 S. 1 Nr. 4 GO NRW.[809]

806 Hamacher NWVBl. 2008, 81, 86 ff.; Geerlings NWVBl. 2008, 90, 91 ff.

807 OVG NRW NWVBl. 2005, 133, 134; OLG Düsseldorf DVBl. 2000, 284; NVwZ 2000, 714, 715.

808 OLG Düsseldorf DVBl. 2000, 284; NVwZ 2000, 714, 715; dazu David NVwZ 2000, 738, 742; Britz NVwZ 2001, 380, 383 ff.; Müller DVBl. 2002, 1014 ff.; vgl. auch RhPf VerfGH NVwZ 2000, 801, 802.

809 Cosson DVBl. 2000, 891, 894; Weidemann DVBl. 2000, 1571 ff.; Otting NWVBl. 2000, 206 ff.; Müller NVwZ 2000, 769 ff.; vgl. auch LG Wuppertal NWVBl. 1999, 275.

537 a) Nach § 107 Abs. 2 S. 1 Nr. 2 GO NRW zulässig ist der Betrieb von öffentlichen Einrichtungen, die für die **soziale und kulturelle Betreuung** der Einwohner erforderlich sind, u.a. die Errichtung von „Herbergen“ (2. Spiegelstrich). Ein Hotel dient jedoch nicht der Betreuung der Einwohner, sondern vor allem von Gästen. Außerdem umfasst eine Herberge nur die Schaffung einfacher Übernachtungsmöglichkeiten, nicht dagegen den Betrieb eines Hotels.

b) Ebenso stellt das Hotel keine Einrichtung der Fremdenverkehrsförderung i.S.d. § 107 Abs. 2 S. 1 Nr. 3 GO NRW dar. Dieser umfasst z.B. den Betrieb eines Verkehrsvereins oder einer Touristikzentrale. Auch wenn das Hotel das allgemeine Interesse des Fremdenverkehrs fördert, ist der Betrieb nicht mehr mit den in § 107 Abs. 2 GO NRW genannten **Einrichtungen** vergleichbar.

538 2. Greift der Negativkatalog des § 107 Abs. 2 GO NRW nicht ein, ist auf die **Legaldefinition** in § 107 Abs. 1 S. 3 GO NRW abzustellen. Danach ist als wirtschaftliche Betätigung der Betrieb von Unternehmen zu verstehen, die als Hersteller, Anbieter oder Verteiler von Gütern oder Dienstleistungen am Markt tätig werden, sofern die Leistung ihrer Art nach **auch von einem Privaten mit der Absicht der Gewinnerzielung** erbracht werden könnte.[810] Da ein Hotel von Privaten mit der Absicht der Gewinnerzielung betrieben werden kann, handelt es sich um eine **wirtschaftliche Betätigung**, deren Zulässigkeit sich nach § 107 Abs. 1 GO NRW beurteilt.

II. **Voraussetzungen des § 107 Abs. 1 GO NRW**

539 1. Die Gemeinde darf sich wirtschaftlich nur **„zur Erfüllung ihrer Aufgaben“** betätigen, sie muss also gemeindliche Aufgaben erledigen. Selbst wenn das Hotel einen überregionalen Einzugsbereich hat, lässt sich diese Voraussetzung hier noch bejahen. Denn es soll ein gemeindeeigenes Grundstück genutzt und dadurch auch die touristische Attraktivität der Stadt gesteigert werden.

Die Beschränkung auf gemeindliche Aufgaben bedeutet nicht, dass die Gemeinde bei der Betätigung räumlich auf ihr Gemeindegebiet beschränkt ist. Nach § 107 Abs. 3 S. 1 GO NRW ist eine wirtschaftliche Betätigung **außerhalb des Gemeindegebiets** zulässig, wenn die Voraussetzungen des § 107 Abs. 1 GO NRW vorliegen und die berechtigten Interessen der betroffenen kommunalen Gebietskörperschaft gewahrt sind.[811]

Bei einer Betätigung außerhalb des Gemeindegebiets gelten nach § 107 Abs. 4 S. 1 GO NRW auch für den **nichtwirtschaftlichen Bereich** die Voraussetzungen des § 107 Abs. 1 S. 1 Nr. 1 u. 2 GO NRW. Auch eine Betätigung auf **ausländischen Märkten** ist unter diesen Voraussetzungen (§ 107 Abs. 3 S. 2, Abs. 4 S. 3 GO NRW) zulässig, bedarf aber der Genehmigung der Aufsichtsbehörde (§ 107 Abs. 3 S. 3, Abs. 4 S. 4 GO NRW).

Gegen diese Regelungen wurden zwar aufgrund des in Art. 28 Abs. 2 GG verankerten Territorialitätsprinzips verfassungsrechtliche Bedenken erhoben.[812] Zu den kommunalen Aufgaben gehören aber nicht nur die der Kommune gemäß Art. 28 Abs. 2 GG zugewiesenen Aufgaben, sondern auch die ihr durch Gesetz anderweitig übertragenen Aufgaben (z.B. durch § 107 Abs. 3 u. 4 GO NRW).[813] Im Übrigen wird die europarechtliche Vereinbarkeit des Örtlichkeitsprinzips mit dem freien Wettbewerb im gemeinsamen Markt ohnehin angezweifelt.[814]

810 Vgl. auch Geis/Madeja JA 2013, 248, 249.

811 Vgl. Held NWVBl. 2000, 201, 202.

812 Löwer NWVBl. 2000, 241, 244; Ehlers NWVBl. 2000, 1, 5 ff.; Lux NWVBl. 2000, 7, 9 f.; Held NWVBl. 2000, 201, 206.

813 OLG Düsseldorf NVwZ 2000, 714, 715; Pieroth/Hartmann NWVBl. 2003, 322, 327; Papier DVBl. 2003, 686, 688; Jarass/Micker NWVBl. 2004, 160, 161; Pünder/Dittmar Jura 2005, 760, 762; Geiger/Aßmann DVBl. 2012, 1276, 1281.

2. Gemäß § 107 Abs. 1 S. 1 Nr. 1 GO NRW muss ein **öffentlicher Zweck** die Betätigung erfordern. **540**

§ 107 GO NRW hat diesbezüglich eine wechselvolle Geschichte. Bis 1999 wurde ein „dringender" öffentlicher Zweck verlangt. Von 1999 bis 2007 ließ das Gesetz jeden öffentlichen Zweck ausreichen. Durch das GO-Reformgesetz 2007 wurde das Tatbestandsmerkmal „dringend" erneut eingeführt, was 2010 durch das Gesetz zur Revitalisierung des Gemeindewirtschaftsrechts wieder rückgängig gemacht wurde.

a) Der Begriff des **öffentlichen Zwecks** ist weit gefasst. Er umfasst jede gemeinwohlorientierte, im Interesse der Einwohner liegende Zielsetzung, also die Wahrnehmung jeder einwohnernützigen Aufgabe (vor allem im Bereich der Daseinsvorsorge).[815] Ob ein öffentlicher Zweck vorliegt, unterliegt der uneingeschränkten gerichtlichen Kontrolle.[816]

Durch § 107 a Abs. 1 GO NRW wird klargestellt, dass bei der **Energieversorgung** (Strom, Gas, Wärme) stets ein öffentlicher Zweck vorliegt. Sie ist zulässig, wenn sie nach Art und Umfang in einem angemessenen Verhältnis zu der Leistungsfähigkeit der Gemeinde steht. Damit unmittelbar verbundene Dienstleistungen (z.B. Energieberatung) sind zulässig, wenn sie den Hauptzweck fördern (§ 107 a Abs. 2 S. 1 GO NRW).

Nicht ausreichend für die Annahme eines öffentlichen Zwecks ist es, wenn die Tätigkeit **ausschließlich auf Gewinnerzielung** ausgerichtet ist, auch wenn wirtschaftliche Unternehmen einen Ertrag für den Haushalt der Gemeinde abwerfen sollen (§ 109 Abs. 1 S. 2 u. Abs. 2 GO NRW).[817] **541**

Umstritten ist, ob der Gesichtspunkt der Wettbewerbs- oder Arbeitsplatzsicherung allgemein als öffentlicher Zweck ausreicht.[818]

Auch wenn der Betrieb des Hotels letztlich Gewinne abwerfen soll, so soll hierdurch auch die **Attraktivität der Stadt** für Besucher gesteigert werden. Da dieser Nutzen dem Gemeinwohl zugute kommt, lässt sich ein öffentlicher Zweck bejahen.

Nach der Rspr. ist der Begriff der wirtschaftlichen Betätigung i.S.d. § 107 Abs. 1 GO NRW nicht handlungsbezogen, sondern betriebsbezogen zu verstehen. Das bedeutet, dass es für die Zulässigkeitsschranke des § 107 Abs. 1 S. 1 GO NRW nur auf den Unternehmensgegenstand, nicht auf jede einzelne unternehmerische Handlung ankommt.[819]

Beispiel: Die Stadt S ist Alleingesellschafterin der P-GmbH, die in der Stadt Parkhäuser betreibt. Mit Zustimmung und Unterstützung der Stadt errichtete die P-GmbH auf einem Parkhaus ein weiteres Stockwerk mit Räumlichkeiten, die P an den Betreiber eines Fitnessstudios vermietet.

---

814 Wenzl, Das Örtlichkeitsprinzip im europäischen Binnenmarkt (2007); Ehricke, Die Vereinbarkeit des kommunalen Örtlichkeitsprinzips mit dem EG-Recht (2009); Reck DVBl. 2009, 1546, 1552 ff.; dagegen: Burgi, Neuer Ordnungsrahmen für die energiewirtschaftliche Betätigung der Kommunen (2010).

815 OVG NRW NVwZ 2008, 1031, 1035; NVwZ 2003, 1520, 1523; OLG Düsseldorf DVBl. 2001, 1283, 1286; KV/GO-Held § 107 Anm. 3.1.2.1; Rehn/Cronauge § 107 Anm. III 2; Geiger/Apmann DVBl. 2012, 1276, 1277; Lange NVwZ 2014, 616 ff.

816 OVG NRW NVwZ 2008, 1031, 1035; OVG Schleswig NVwZ-RR 2014, 323; einschränkend Bickenbach JuS 2006, 1091, 1095; Geis/Madeja JA 2013, 248, 249.

817 Vgl. BVerwGE 39, 329, 333 f.; OVG NRW NVwZ 2008, 1031, 1035; Püttner DVBl. 2010, 1189, 1190; Geis/Madeja JA 2013, 248, 250; Lange NVwZ 2014, 616, 617.

818 Bejahend Rehn/Cronauge GO § 107 Anm. III 1; Pagenkopf GewArch 2000, 177, 185; verneinend OLG Düsseldorf DVBl. 2001, 1283, 1286.

819 OVG NRW DVBl. 2004, 133, 135 f.; zustimmend Antweiler NVwZ 2003, 1466, 1468; kritisch Schliesky DVBl. 2004, 138, 139; Micker NWVBl. 2004, 181, 182; Grooterhorst/Törnig DÖV 2004, 685, 689; ablehnend KV/GO-Held § 107 Anm. 3.1.1.2.

Für die Zulässigkeit nach § 107 Abs. 1 GO NRW reicht es aus, dass mit der Parkraumbewirtschaftung ein öffentlicher Zweck verfolgt wird. Die Vermietung ist keine eigenständige wirtschaftliche Betätigung, sondern zulässiges Nebengeschäft mit dem Ziel, die Ausnutzung des Parkhauses zu verbessern.

542 b) Der öffentliche Zweck muss die Betätigung der Gemeinde **„erfordern"**, d.h. sie muss vernünftigerweise geboten sein.[820] Insoweit beinhaltet § 107 Abs. 1 S. 1 Nr. 1 GO NRW eine Ausprägung des **Subsidiaritätsgrundsatzes**, wie er auch in § 107 Abs. 1 S. 1 Nr. 3 GO NRW konkretisiert wird.[821] Die wirtschaftliche Betätigung durch die Gemeinde ist nur dann erforderlich, wenn das sonstige (privatwirtschaftliche) Waren- und Dienstleistungsangebot nicht ausreicht, also ohne Tätigwerden der Gemeinde eine Mangelsituation entstünde. Eine solche Versorgungslücke ist bei Hotels nicht feststellbar. Damit verstößt die Errichtung und der Betrieb des Hotels bereits gegen § 107 Abs. 1 S. 1 Nr. 1 GO NRW.[822]

Bei der Frage, ob ein öffentlicher Zweck die Betätigung „erfordert", kommt der Gemeinde ein gerichtlich nur eingeschränkt überprüfbarer **Beurteilungsspielraum** (Einschätzungsprärogative) zu. Die wertenden und prognostischen Elemente dieser Entscheidung stehen einer uneingeschränkten gerichtlichen Kontrolle entgegen.[823]

3. In Bezug auf § 107 Abs. 1 S. 1 **Nr. 2** GO NRW bestehen dagegen keine Bedenken. Bei einer kreisfreien Stadt dürfte der Betrieb eines Hotels durchaus im Rahmen ihrer **Leistungsfähigkeit** liegen.

543 4. Bei einem Tätigwerden außerhalb der Wasserversorgung, des öffentlichen Verkehrs und der Telekommunikation ist eine wirtschaftliche Betätigung der Gemeinde nach § 107 Abs. 1 S. 1 **Nr. 3** GO NRW nur zulässig, wenn der öffentliche Zweck durch andere Unternehmen nicht besser und wirtschaftlicher erfüllt werden kann **(Subsidiaritätsklausel)**. Bei Leistungsparität zwischen Gemeinde und privaten Marktteilnehmern ist die kommunalwirtschaftliche Betätigung daher zulässig.

Ein Teil der Lit. hält die Beschränkung der Subsidiaritätsklausel auf die genannten Bereiche für verfassungswidrig, weil widersprüchlich: „Wenn § 107 Abs. 1 S. 1 Nr. 1 GO für die gesamte Kommunalwirtschaft bestimmt, dass ein öffentlicher Zweck die wirtschaftliche Betätigung ‚erfordern' muss, § 107 Abs. 1 S. 1 Nr. 3 GO NRW dagegen eine schlechtere Erfüllung des öffentlichen Zwecks in bestimmten Teilbereichen für unerheblich erklärt, kann dies kaum auf einen logischen Nenner gebracht werden."[824] Dagegen spricht jedoch, dass es der Entscheidung des Gesetzgebers obliegt, in welchem Rahmen er eine erwerbswirtschaftliche Betätigung der Gemeinde zulassen will (vgl. Art. 28 Abs. 2 GG „im Rahmen der Gesetze").

Die Subsidiaritätsklausel hat in den vergangenen Jahren ebenfalls ein wechselhaftes Schicksal gehabt. Bis 1994 enthielt die Vorgängerregelung in § 88 GO a.F. eine uneingeschränkte Subsidiaritätsklausel für jede wirtschaftliche Betätigung der Gemeinde. Im Zuge der Kommunalverfassungsreform 1994 wurde die Subsidiaritätsklausel vollständig gestrichen, um dann 1999 in bestimmten Bereichen wieder eingeführt zu werden. Durch das GO-Reformgesetz 2007 wurde die Subsidiaritätsklausel verschärft, was allerdings durch Gesetz vom 21.12.2010 (GVBl. S. 688) wieder rückgängig gemacht wurde.[825]

820 OVG NRW NVwZ 2008, 1031, 1035; NWVBl. 2005, 68; NVwZ 2003, 1520.

821 KV-GO/Held § 107 Anm. 3.1.2.2; Ehlers NWVBl. 2000, 1, 3; Pünder/Dittmar Jura 2005, 760, 764.

822 Vgl. auch LT-Drs 12/3161.

823 OVG NRW NVwZ 2008, 1031, 1035; OLG Düsseldorf NJOZ 2013, 2096, 2099; Jarass DVBl. 2006, 1, 10 f.

824 Ehlers NWVBl. 2000, 1, 4; Pünder/Dittmar Jura 2005, 760, 764.

825 Zur Rechtslage in den Ländern vgl. Berghäuser/Gelbe KommJur 2012, 47 ff.; Lange NVwZ 2014, 616, 618 f.

Die Gemeinde muss den öffentlichen Zweck daher **zumindest ebenso gut** wie ein Privatunternehmer erfüllen. Bedeutung hierfür hat vor allem die von § 107 Abs. 5 GO NRW geforderte **Marktanalyse**. Da sich hier eine Versorgungslücke bei Hotels nicht feststellen lässt, steht auch die Subsidiaritätsklausel des § 107 Abs. 1 S. 1 Nr. 3 GO NRW der wirtschaftlichen Betätigung der Stadt entgegen.

III. **Rechtsfolge:** Die Aufsichtsbehörde kann gemäß § 122 Abs. 1 S. 1 GO NRW den Bürgermeister anweisen, den zugrunde liegenden Ratsbeschluss nach § 54 Abs. 2 S. 1 GO NRW zu beanstanden und danach erforderlichenfalls den Beschluss aufheben (§ 122 Abs. 1 S. 2 GO NRW). 544

Fall 19: Unerwünschte Konkurrenz (Abwandlung zu Fall 18)

Die Bezirksregierung hat sich aus strukturpolitischen Gründen entschlossen, nicht aufsichtsbehördlich gegen die Stadt S einzuschreiten. H, der in S das Hotel „Reichsgraf" betreibt, befürchtet, dass bei Errichtung eines städtischen Hotels seine Belegungszahlen zurückgehen, zumal er selbst eine Erweiterung seines Betriebs plant. Außerdem hat H erfahren, dass die Stadt beabsichtigt, die ortsüblichen Zimmerpreise erheblich zu unterbieten. H hat daher vor dem Verwaltungsgericht Klage gegen die Stadt erhoben, mit der er die Errichtung des Hotels verhindern will. Er macht geltend, der Betrieb verstoße gegen § 107 GO NRW. Außerdem verhalte sich die Stadt wettbewerbswidrig, wenn sie versuche, mit Dumpingpreisen die Konkurrenz zu verdrängen. Wie wird das VG entscheiden?

A. **Zulässigkeit der Klage**

I. Der **Verwaltungsrechtsweg** ist mangels Spezialzuweisung gemäß § 40 Abs. 1 S. 1 VwGO eröffnet, wenn eine **öffentlich-rechtliche Streitigkeit** vorliegt. 545

1. Wirtschaftliche Betätigung, auch wenn sie durch einen Hoheitsträger erfolgt, stellt grundsätzlich ein zivilrechtliches Verhalten dar. Allerdings richtet sich die Zulässigkeit wirtschaftlicher Betätigung der Gemeinde auch nach den §§ 107 ff. GO NRW, somit nach **öffentlich-rechtlichen Vorschriften**. Deshalb ist bzgl. des Rechtswegs grundsätzlich zu differenzieren:

a) Bezieht sich die Streitigkeit auf die Zulässigkeit der **Betätigung** als **solche** (also das **„Ob"**), so handelt es sich um eine öffentlich-rechtliche Streitigkeit, für die nach § 40 Abs. 1 S. 1 VwGO der Verwaltungsrechtsweg eröffnet ist.[826] Hier geht es um die nach den §§ 107 ff. GO NRW zu beurteilende öffentlich-rechtliche Organisationsmaßnahme.

b) Dagegen sind Streitigkeiten über die **Art und Weise** des konkreten Wettbewerbsverhaltens (also über das **„Wie"** der erwerbswirtschaftlichen Betätigung) privatrechtlich und deswegen nach § 13 GVG vor den Zivilgerichten auszutragen.[827]

---

826 OVG NRW NVwZ 2008, 1031, 1033; Bickenbach JuS 2006, 1091, 1093; Geis/Madeja JA 2013, 248, 250.

827 OVG NRW NVwZ 2008, 1031, 1033; Püttner JuS 1995, 1069, 1070; Geis/Madeja JA 2013, 248, 249; kritisch Schliesky DÖV 1994, 114, 117; JA 1997, 902, 909: einheitlich Verwaltungsrechtsweg.

546 2. Nach § 17 Abs. 2 GVG entscheidet das Gericht den Rechtsstreit grundsätzlich unter allen in Betracht kommenden rechtlichen Gesichtspunkten. Ist das VG für einen Anspruch zuständig, prüft es auch andere rechtswegfremde Ansprüche (mit Ausnahme von Art. 14 Abs. 3 GG und Art. 34 GG). Für Streitigkeiten der vorliegenden Art heißt das, dass es – entgegen der früheren Rspr. – **keine Rechtswegspaltung** mehr zwischen „Ob" und „Wie" gibt, sondern das VG muss den vom Kläger erhobenen Anspruch sowohl unter kommunalrechtlichen als auch wettbewerbsrechtlichen Gesichtspunkten prüfen.[828]

Der Verwaltungsrechtsweg ist daher nach § 40 Abs. 1 S. 1 VwGO und § 173 S. 1 VwGO, § 17 Abs. 2 S. 1 GVG **für beide Gesichtspunkte** eröffnet, da sich jedenfalls die Frage der Zulässigkeit von Errichtung und Betrieb des Hotels nach den öffentlich-rechtlichen Vorschriften der §§ 107 ff. GO NRW richtet.

II. **Klageart**

547 1. Eine **Anfechtungsklage** gegen den zugrunde liegenden **Organisationsakt** scheidet aus, da die verwaltungsinterne Entscheidung der Gemeinde mangels Außenwirkung **keinen VA** darstellt.

548 2. Statthaft ist vielmehr eine **allgemeine Leistungsklage** in Form der **Unterlassungsklage**. H begehrt die Unterlassung der Errichtung und des Betriebes des Hotels und damit ein schlichtes Verwaltungshandeln.[829]

Problematisch ist die Klageart, wenn die Gemeinde das Unternehmen nicht selbst betreibt, sondern durch einen selbstständigen Rechtsträger (z.B. eine GmbH). Hier kann von der Gemeinde nicht unmittelbar Unterlassen verlangt werden, da dies nur der Handelnde, also z.B. die GmbH, kann. Das Begehren gegen die Gemeinde ist dann so auszulegen, dass es auf ein positives Tun gerichtet ist, nämlich die **Einwirkung der Gemeinde auf die GmbH**, den Betrieb zu unterlassen.[830] Auch dieser Einwirkungsanspruch gegen die Gemeinde ist im Wege der Leistungsklage durchzusetzen.

549 III. Nach h.M. ist bei der allgemeinen Leistungsklage, zumindest im Fall der Abwehrklage zur Verhinderung einer Popularklage, als weitere Zulässigkeitsvoraussetzung eine **Klagebefugnis** analog § 42 Abs. 2 VwGO zu fordern. Voraussetzung ist also, dass der Kläger eine Verletzung seiner subjektiven Rechte geltend machen kann.[831]

Fraglich ist, ob dieses subjektive öffentliche Recht aus § 107 GO NRW hergeleitet werden kann, was höchst umstritten ist (dazu unten Rn. 551 ff.). Diese Frage kann hier jedoch noch offen bleiben, da H zumindest die Möglichkeit einer Verletzung seiner Grundrechte aus Art. 12, 14 und Art. 2 Abs. 1 GG geltend machen kann. H ist damit klagebefugt.

Anm. zum Aufbau: *Da der subjektiv-rechtliche Charakter der §§ 107 ff. GO NRW zweifelhaft ist, sollte die Problematik erst in der Begründetheit angesprochen werden, da ansonsten die Prüfung zu „kopflastig" wird. Da eine Grundrechtsverletzung jedenfalls nicht offensichtlich ausscheidet, kann damit kurzer Hand die Klagebefugnis bejaht werden.*[832]

---

828 BVerwG DVBl. 1996, 152, 153; OVG NRW NWVBl. 2005, 343; NWVBl. 2005, 68, 71; VGH Mannheim, Beschl. v. 29.11.2012 – 1 S 1258/12, DVBl. 2013, 182, 184; Jarass/Micker NWVBl. 2004, 160, 163.

829 BVerwGE 34, 69, 78; 39, 329, 332; Bickenbach JuS 2006, 1091, 1093; Geis/Madeja JA 2013, 248, 250 f.

830 Detterbeck JuS 2001, 1199, 1201; Jarass/Micker NWVBl. 2004, 160; Pünder/Dittmar Jura 2005, 760, 765.

831 BVerwGE 100, 262; Kopp/Schenke VwGO § 42 Rn. 62; allgemein AS-Skript VwGO (2013) Rn. 254.

IV. Ein **Vorverfahren** (§§ 68 ff. VwGO) ist bei der Leistungsklage grundsätzlich nicht erforderlich, ebenso gilt **keine Klagefrist**. Die Klage ist damit zulässig. **550**

B. **Begründet** ist die Klage, wenn H einen **Unterlassungsanspruch** gegen die Stadt hat.

I. Ein derartiger Anspruch könnte sich in erster Linie aus § 107 GO NRW ergeben. **551**
Diese Vorschrift hat jedoch nur dann Anspruchsqualität, wenn sie für H ein **subjektives Recht** beinhaltet.

1. Aus dem **Wortlaut** der Vorschrift lässt sich ein subjektiv-rechtlicher Charakter nicht ableiten. Vielmehr stellt sie lediglich Verhaltensregeln für die Gemeinde auf. Der Wortlaut deutet nicht darauf hin, dass ein **Dritter** aufgrund dieser Vorschrift etwas von der Gemeinde verlangen kann.

2. Nach **Sinn und Zweck** beinhaltet die Norm jedoch dann ein subjektives Recht, **552**
wenn sich durch Auslegung ergibt, dass sie nicht nur öffentlichen Interessen, sondern zumindest auch dem Schutz bestimmter Dritter, insbesondere der örtlichen Unternehmer, zu dienen bestimmt ist (sog. **Schutznormtheorie**).

a) **Primärer** Schutzzweck des § 107 GO NRW ist der **Schutz der Gemeinde** vor den wirtschaftlichen Risiken der erwerbswirtschaftlichen Betätigung (vgl. insbesondere § 107 Abs. 6 GO NRW, wonach die Gemeinde Bankunternehmen nicht errichten, übernehmen oder betreiben darf). Dieser Zweck besteht allein im **öffentlichen Interesse** und rechtfertigt nicht die Annahme eines subjektiv öffentlichen Rechts für den Bürger.

b) Ob § 107 GO NRW darüber hinaus **auch den Zweck** verfolgt, die Privatwirtschaft vor einer Beeinträchtigung durch den Wettbewerb erwerbswirtschaftlicher Unternehmen der öffentlichen Hand zu schützen, ist umstritten.

aa) Die Lit. bejaht einen Drittschutz insbesondere im Hinblick auf die **Subsidiaritätsklausel** in § 107 Abs. 1 S. 1 Nr. 3 GO NRW. Wenn die Vorschrift der wirtschaftlichen Betätigung der Gemeinde gerade im Hinblick auf private Unternehmen Grenzen setze, so ziele die Regelung im Lichte des Art. 12 GG zumindest auch auf den Schutz des privaten Konkurrenten.[833] **553**

bb) Dagegen wird eingewandt, dass die Subsidiaritätsklausel die **gewerbliche Wirtschaft nur als Gruppe** schütze, nicht dagegen den einzelnen Gewerbetreibenden. Dem Gesetzgeber sei es darum gegangen, die Spielräume kommunaler wirtschaftlicher Betätigung zu erweitern. Er verstehe die Subsidiaritätsklausel daher nicht zugunsten der Wirtschaft, sondern als Klarstellung zugunsten der Gemeinde.[834] Zwar habe die **554**

832 Vgl. Schlacke JA 2002, 48; anders Geis/Madeja JA 2013, 248, 251.

833 Jungkamp NVwZ 2010, 546, 547 f.; Mann DVBl. 2009, 817, 822; Pape/Holz NVwZ 2007, 636, 639; Micker NWVBl. 2004, 181, 182; Schink NVwZ 2002, 129, 138; ebenso VerfGH RhPf NVwZ 2000, 801, 804 zu § 85 Abs. 1 S. 1 Nr. 3 GemO RP; VGH Mannheim, Beschl. v. 29.11.2012 – 1 S 1258/12, DVBl. 2013, 182, 184 zu § 102 Abs. 1 Nr. 3 GemO BW.

834 Lux NWVBl. 2000, 7, 9; Jarass/Micker NWVBl. 2004, 160, 163; Antweiler NVwZ 2003, 1466, 1467; Faßbender DÖV 2005, 89, 97; Löwer VVDStRL 60 (2001), 416, 418 ff.

Vorschrift eine allgemeine wirtschaftspolitische Zwecksetzung, dies genüge jedoch nicht für einen Individualschutz. Die systematische Stellung des § 107 GO NRW im Rahmen der organisationsrechtlichen Vorschriften lasse keine Anhaltspunkte für einen individualschützenden Charakter erkennen. Ein etwaiger Individualschutz sei nicht Zweck, sondern allenfalls (faktischer) Reflex der Vorschrift, was für die Annahme eines subjektiven Rechts nicht ausreiche.[835]

555 cc) Dieser Auffassung hat das OVG NRW ausdrücklich widersprochen, den Drittschutz aber nicht aus der Subsidiaritätsklausel des § 107 Abs. 1 S. 1 Nr. 3 GO NRW, sondern unmittelbar aus § 107 Abs. 1 S. 1 **Nr. 1** GO NRW hergeleitet.[836] Die Beschränkung auf den „öffentlichen Zweck" diene auch dem Schutz der privaten Konkurrenten, weil das Gesetz die Zulässigkeit gemeindlicher wirtschaftlicher Betätigung gemäß § 107 Abs. 5 GO NRW an eine Marktanalyse u.a. über die Auswirkungen auf das Handwerk und die mittelständische Wirtschaft knüpft. Im Rahmen des § 107 GO NRW gehe es daher nicht allein darum, die wirtschaftliche Betätigung zum Schutze der Gemeinden oder im öffentlichen Interesse zu reglementieren, sondern um einen Ausgleich in einem teils widerstreitenden Interessengeflecht, zu dem auch die Interessen der örtlichen Wirtschaftsteilnehmer zählen. Danach dient das Erfordernis eines **öffentlichen Zwecks** in § 107 Abs. 1 S. 1 Nr. 1 GO NRW zumindest auch dem Schutz der privaten Konkurrenz.[837]

Der Vorteil der Rspr. des OVG ist, dass nicht nur im Rahmen der (eingeschränkten) Subsidiaritätsklausel, sondern generell bei wirtschaftlicher Betätigung der Gemeinde ein subjektives Abwehrrecht des Konkurrenten angenommen werden kann, wenn ein öffentlicher Zweck die wirtschaftliche Betätigung der Gemeinde nicht erfordert (§ 107 Abs. 1 S. 1 Nr. 1 GO NRW). Die Lit. kritisiert hieran, dass die Bezugnahme auf den „öffentlichen" Zweck eher dafür spricht, dass die Norm in Nr. 1 allein dem Allgemeinwohl dient.[838] Deshalb lehnen auch die Obergerichte anderer Länder einen Drittschutz für ihr Landesrecht ausdrücklich ab.[839]

556 3. Wie oben festgestellt, ist die Betätigung der Gemeinde hier **nicht erforderlich** und verstößt deshalb gegen § 107 Abs. 1 S. 1 Nr. 1 und Nr. 3 GO NRW. Bejaht man deren subjektive Rechtsqualität, hat H einen Abwehranspruch gegen den Betrieb des Hotels.

Unklar ist, ob sich der Unterlassungsanspruch in diesen Fällen unmittelbar aus § 107 Abs. 1 GO NRW ergibt[840] oder ob auf den allgemeinen öffentlich-rechtlichen Abwehr- und Beseitigungsanspruch zurückzugreifen ist.[841] Für Letzteres spricht, dass § 107 GO NRW nicht als Anspruchsnorm konzipiert ist.

---

835 Vgl. LT-Drs. 12/3730, wo lediglich auf die „Wahrung der Interessen der privaten Wirtschaft" abgestellt wird.

836 OVG NRW NVwZ 2008, 1031, 1032; NWVBl. 2005, 68; NWVBl. 2005, 343; DVBl. 2004, 133 ff.

837 OVG NRW NVwZ 2008, 1031, 1032; NVwZ 2003, 1520, 1521; Faber DVBl. 2003, 761, 764; Grooterhorst/Törnig DÖV 2004, 685, 687; Geis/Madeja JA 2013, 248, 251.

838 Jarass/Micker NWVBl. 2004, 160, 162; Micker NWVBl. 2004, 181, 182; Faßbender DÖV 2005, 89, 93.

839 OVG Nds NVwZ 2009, 258; OVG LSA NVwZ-RR 2009, 347; HessVGH NVwZ-RR 2005, 425, 427; OLG München NVwZ 2000, 835 zu Art. 87 BayGO; OLG Karlsruhe DVBl. 2001, 832 zu § 102 GO BW; Pogoda LKV 2012, 159, 161 ff.; vgl. zusammenfassend Mann DVBl. 2009, 817 ff.; Jungkamp NVwZ 2010, 546 ff.; Geis/Madeja JA 2013, 248, 251.

840 So OVG NRW NWVBl. 2005, 133, 134; NWVBl. 2005, 68.

841 So OVG NRW NVwZ 2003, 1520, 1521; zur Alternativität der Ansätze Jarass/Micker NWVBl. 2004, 160, 161.

II. Es könnte überdies ein **Unterlassungsanspruch** aus **Grundrechten** bestehen, insbesondere aus Art. 14, 12, 2 Abs. 1 und Art. 3 Abs. 1 GG.

1. **Art. 14 GG** schützt nur die **Eigentumssubstanz** und gewährt grundsätzlich **keinen Konkurrentenschutz**. Auch der Schutz des eingerichteten und ausgeübten Gewerbebetriebs bezieht sich nur auf den gegenständlichen Bereich des Betriebs, bloße **Erwerbschancen** werden dagegen nicht geschützt. Der in der Rspr. als Ausnahme anerkannte Fall, dass ein Konkurrent durch die hoheitliche Tätigkeit eine Monopolstellung erlangt,[842] ist hier nicht gegeben. **557**

2. Das Verhalten des Unternehmers im Wettbewerb ist jedoch Bestandteil seiner Berufsausübung und daher durch **Art. 12 Abs. 1 GG** geschützt.[843] **558**

a) Wettbewerb durch die öffentliche Hand stellt jedoch **keinen unmittelbaren Eingriff** in die Grundrechte des Konkurrenten dar. Art. 12 GG **schützt den Wettbewerb**, aber schützt **nicht vor** Wettbewerb.[844]

b) Durch staatlichen Wettbewerb werden indes die Rahmenbedingungen für die Grundrechtsausübung verändert, sodass ein **mittelbarer Eingriff** vorliegen könnte. Grundrechte schützen zwar nicht nur vor unmittelbaren, sondern auch vor mittelbaren Beeinträchtigungen, jedoch nicht in gleicher Intensität. Ein (rechtswidriger) Eingriff in die Wettbewerbsfreiheit liegt nach h.M. erst vor, wenn durch die hoheitliche Maßnahme die Fähigkeit des Gewerbetreibenden zur Teilnahme am Wettbewerb so eingeschränkt wird, dass seine Möglichkeit beeinträchtigt wird, sich als verantwortlicher Unternehmer wirtschaftlich zu betätigen. Eine Grundrechtsverletzung kommt danach nur dann in Betracht, wenn die private wirtschaftliche Betätigung unmöglich gemacht oder unzumutbar eingeschränkt wird oder eine unerlaubte Monopolstellung entsteht (sogenannter **Verdrängungs- bzw. Auszehrungswettbewerb**).[845] **559**

Generell **kein Abwehrrecht** besteht, wenn der Hoheitsträger **gesetzlich verpflichtet** ist, bestimmte Aufgaben wahrzunehmen: „Denn in einem Bereich, in dem die Kommune kraft gesetzlichen Auftrags ausdrücklich zum Tätigwerden verpflichtet ist, befindet sie sich gegenüber privaten Anbietern nicht in einer marktwirtschaftlich geprägten Konkurrenzsituation. Vielmehr hat sie aufgrund gesetzlichen Auftrags von vornherein einen Handlungsvorrang, hinter dem die Geschäftstätigkeit des privaten Anbieters als rechtlich grundsätzlich nicht geschützte Chance zurückzutreten hat." Ein Grundrechtsverstoß kann hier nur dann vorliegen, wenn einzelnen Anbietern unter Verstoß gegen Art. 3 Abs. 1 GG gezielt Nachteile zugefügt werden.[846]

Da für einen verdrängenden bzw. auszehrenden Wettbewerb trotz der befürchteten niedrigeren Preise vorliegend keine Anhaltspunkte bestehen, ergibt sich ein Anspruch weder aus Art. 12 GG noch aus Art. 2 Abs. 1 GG.

---

842 Vgl. BVerwG DVBl. 1996, 152, 153; Pieroth/Hartmann NWVBl. 2003, 322, 328; Geis/Madeja JA 2013, 248, 251.

843 BVerfGE 32, 311, 317; 46, 120, 137; BVerwG DVBl. 1996, 152, 153; NJW 1992, 2496; Micker NWVBl. 2004, 181, 183 m.w.N.

844 BVerfGE 55, 261, 269; Papier DVBl. 2003, 686, 689; Geis/Madeja JA 2013, 248, 251.

845 Vgl. BVerwG DVBl. 1996, 152, 153; RhPf VerfGH NVwZ 2000, 801, 802; OVG NRW NWVBl. 2005, 343, 344; NWVBl. 2005, 68, 70; DVBl. 2004, 133, 137; Papier DVBl. 2003, 686, 689; Doerfert JA 2006, 316, 318; Bickenbach JuS 2006, 1091, 1093 m.w.N.; kritisch Brüning JZ 2009, 29, 30; Suerbaum, Verw 40 (2007), 29, 46 ff.

846 OVG NRW NWVBl. 2005, 343, 344.

Die Lit. hält die von der Rspr. angesetzte grundrechtliche Eingriffsschwelle für zu hoch und bejaht einen Eingriff bei jeder „spürbaren Beeinträchtigung".[847] Teilweise wird angenommen, dass eine Verletzung von Art. 12 GG bereits dann anzunehmen ist, wenn die Gemeinde gegen §§ 107 ff. GO NRW verstößt.[848] Andere bejahen ein Abwehrrecht nur, wenn das staatliche Unternehmen einen unangemessenen Wettbewerbsvorteil genießt, z.B. weil ihm unberechtigt Vorteile eingeräumt werden, die privaten Unternehmen nicht zukommen.[849]

3. Ein Unterlassungsanspruch könnte sich aus **Art. 3 Abs. 1 GG** ergeben.

560 a) Eine Ungleichbehandlung könnte darin liegen, dass sich die Stadt S im Wege eines (indirekten) Ausgleichs durch Steuermittel einen Wettbewerbsvorteil verschafft, den H nicht besitzt. Wäre diese (Selbst-)Subventionierung nicht gerechtfertigt, so wäre sicherlich der objektiv-rechtliche Gehalt des Art. 3 Abs. 1 GG verletzt. Fraglich ist jedoch, ob aus Art. 3 Abs. 1 GG in diesen Fällen auch ein **Abwehranspruch** abgeleitet werden kann. Denn Art. 3 Abs. 1 GG gewährt grundsätzlich nur einen **Anspruch auf Gleichbehandlung** bei gleicher Betroffenheit, d.h. z.B. einen Anspruch des Konkurrenten, ebenfalls subventioniert oder gegenüber anderen nicht ungerechtfertigt belastet zu werden. Zweifelhaft ist aber, ob aus Art. 3 Abs. 1 GG nicht nur die Verbesserung der eigenen Rechtsstellung, sondern auch die Verschlechterung der Rechtsstellung Dritter verlangt werden kann.[850]

561 b) Bejaht man auch insoweit ein subjektives (Abwehr-)Recht, schützt Art. 3 Abs. 1 GG aber nur vor **willkürlichen** hoheitlichen Maßnahmen. Die Errichtung des Hotels kann indes gegenüber den privaten Konkurrenten nicht als objektiv willkürlich angesehen werden, da grundsätzlich ein öffentlicher Zweck erfüllt wird (s.o.). Wenn aber eine Gemeinde in **Erfüllung öffentlicher Aufgaben** öffentliche Mittel einsetzt, kann darin allein kein Verstoß gegen den Gleichbehandlungsgrundsatz liegen. Wie die Gemeinde im Rahmen ihrer Aufgabenerfüllung im Einzelnen ihre Haushaltsmittel einsetzt, ist zudem im Grunde eine Frage sachgerechter Kommunalpolitik und daher weithin richterlicher Beurteilung entzogen.[851]

Damit ist auch Art. 3 Abs. 1 GG nicht verletzt. H stehen aus Grundrechten keine Abwehransprüche zu.

Abwehrmöglichkeiten können sich u. U. auch aus dem **Europarecht** ergeben. Von zentraler Bedeutung ist hier das Verbot, staatliche **Beihilfen** (Subventionen) zu gewähren, die nur ausnahmsweise nach Art. 107 AEUV zulässig sind. Entscheidend ist dabei, ob ein privater Eigentümer seinem Unternehmen ebenfalls einen Zuschuss hätte zukommen lassen („market-investor-test"). Falls dies zu verneinen ist, können Quersubventionierungen (z.B. von Gewinnen aus der Energiesparte in den Bereich des öffentlichen Personennahverkehrs) gleichwohl als Gegenleistung für die Erfüllung einer gemeinwirtschaftlichen (staatlichen) Verpflichtung gerechtfertigt sein. Bei unzulässiger Subventionierung kann der Konkurrent ein Abwehrrecht unmittelbar aus Art. 108 AEUV vor dem Verwaltungsgericht durchsetzen.[852]

847 Vgl. Ehlers JZ 2003, 318, 320; Schliesky DVBl. 2004, 138, 139; Pünder/Dittmar Jura 2005, 760, 762 f.

848 Pieroth/Hartmann DVBl. 2002, 421, 426 ff.; Faßbender DÖV 2005, 89, 99 m.w.N.

849 Jarass DÖV 2002, 489, 494; Jarass/Micker NWVBl. 2004, 160, 163; Micker NWVBl. 2004, 181, 183.

850 Offen elassen von BVerwGE 65, 167.

851 Vgl. BVerwGE 39, 329, 334; Reinhard DÖV 1990, 500, 504.

III. Schließlich kommt ein vom Verwaltungsgericht gemäß § 173 S. 1 VwGO, § 17 Abs. 2 S. 1 GVG mitzuprüfende Anspruch aus dem UWG oder dem GWB[853] in Betracht. Hier könnte ein Unterlassungsanspruch aus **§ 8 UWG** einschlägig sein. 562

Beteiligt sich ein kommunales Unternehmen an einem **Vergabeverfahren** (§§ 97, 104, 107 GWB), kann der unterlegene Bieter nach Auffassung des OLG Düsseldorf den Verstoß gegen §§ 107 ff. GO NRW auch im vergaberechtlichen Rechtsschutz rügen,[854] nach gegenteiliger Meinung des OVG NRW[855] betreffen die §§ 107 ff. GO NRW nur das „Ob" der Betätigung und sind deshalb für das Vergabeverfahren irrelevant.

Dann müsste das Verhalten der Stadt einen unlauteren Wettbewerb i.S.d. § 3 UWG darstellen.

1. Früher wurde dies zum Teil bereits bei einem Verstoß gegen § 107 GO NRW bejaht.[856] Dies geschah vor dem Hintergrund, dass die Verwaltungsgerichte die privaten Konkurrenten schon nicht für klagebefugt hielten; der ordentliche Rechtsweg bot immerhin eine inhaltliche Prüfung an.[857] Dem ist der BGH nicht gefolgt. Er sieht in § 107 GO NRW keine wettbewerbsbezogene Schutzfunktion, soweit es das „Ob" der Betätigung angeht.[858] 563

2. Nach **§ 4 Nr. 11 UWG** ist unlauter nur der Verstoß gegen eine gesetzliche Vorschrift, „die auch dazu bestimmt ist, im Interesse der Marktteilnehmer das **Marktverhalten** zu regeln". Damit hat der Gesetzgeber klargestellt, dass reine Marktzutrittsregeln (wie die kommunalrechtlichen Beschränkungen) wettbewerbsrechtlich irrelevant sind.[859] Erst bei Hinzutreten weiterer Umstände kann ein wettbewerbswidriges Handeln bejaht werden (z.B. **Missbrauch oder Ausnutzung der hoheitlichen Stellung**).[860] 564

Beispiele: Verquickung wirtschaftlicher und hoheitlicher Funktionen (z.B. amtliche Werbung für öffentliche Unternehmen), missbräuchliche Ausnutzung von amtlichem Sonderwissen oder Standortvorteilen (z.B. Werbung in Schulen), Preisunterbietung mit öffentlichen Mitteln in Verdrängungsabsicht.[861] Nicht kostendeckende Entgelte einer Musikschule sind aber zulässig, um sozial Schwächere nicht auszuschließen.[862]

Allein der Verstoß gegen die §§ 107 ff. GO NRW kann daher nicht als wettbewerbswidrig angesehen werden. Da zusätzliche Umstände hier nicht vorliegen, scheidet auch ein Anspruch aus § 8 i.V.m. § 3 UWG aus.

IV. Ebenso scheidet ein Unterlassungsanspruch analog § 1004 BGB i.V.m. § 823 Abs. 2 BGB aus. § 107 GO NRW ist unabhängig von der drittschützenden Wirkung **kein Schutzgesetz**, da er keine deliktische Einstandspflicht bezweckt.[863] 565

---

852 Vgl. BVerwG, Urt. v. 16.12.2010 – BVerwG 3 C 44.09, RÜ 2011, 656, 657; OVG Koblenz EuZW 2010, 274, 276; Kahl/Ohlendorf JA 2011, 41, 48; Heinrich/Arnold DVBl. 2011, 557, 558.

853 BGH NJW 2010, 257 (Wasserpreis).

854 OLG Düsseldorf, Beschl. v. 07.08.2013 - VII-Vrg 14/13, NJOZ 2013, 2096, 2099; OLG Düsseldorf, Beschl. v. 09.11.2011 – Verg 35/11; OLG Düsseldorf, Beschl. v. 13.08.2008 – VII-Verg 42/07.

855 OVG NRW NVwZ 2008, 1031, 1032 f.; zustimmend Mann DVBl. 2010, 857; Ennuschat NVwZ 2008, 966.

856 OLG Düsseldorf DVBl. 2001, 1283, 1286; DVBl. 2000, 284, 286; OLG Hamm DVBl. 1998, 792; jeweils zu § 1 UWG a.F.

857 Mann NVwZ 2010, 857.

858 BGH DVBl. 2003, 267; DVBl. 2002, 1282; OVG NRW DVBl. 2004, 133; Warneke Jus 2003, 958; Heßhaus NWVBl. 2003, 173 ff.

859 Köhler NJW 2004, 2121, 2124.

860 Vgl. z.B. BGH DVBl. 2006, 116, 117; NJW 2003, 752, 754; BVerwG DVBl. 1996, 152, 154; VGH Mannheim NJW 1995, 274, 275; Pünder/Dittmar Jura 2005, 760, 765; Sonder LKV 2013, 202, 203.

861 Fallgruppen bei Gusy JA 1995, 253, 254 ff.

862 OLG Nürnberg GRUR 2010, 99.

Ergebnis: Die Klage des H ist daher nur begründet, wenn man ein subjektives Recht aus § 107 Abs. 1 GO NRW ableitet.

C. Beteiligung an Gesellschaften

Fall 20: Flucht ins Privatrecht (2. Abwandlung zu Fall 18)

Nachdem die Stadt S von der Aufsichtsbehörde darauf hingewiesen wurde, dass die Errichtung und der Betrieb des Hotels öffentlich-rechtlich unzulässig ist, beschließt sie, mit den örtlich ansässigen Hoteliers eine Hotel-GmbH zu gründen, die das neue Hotel betreiben soll und an der die Stadt mit 25% beteiligt ist. Ist dies zulässig?

566 Auch die Beteiligung der Gemeinde an Unternehmen und Einrichtungen, die in Rechtsformen des **Privatrechts** betrieben werden, ist nur unter den Voraussetzungen des § 108 GO NRW zulässig. Dadurch wird insbesondere die Möglichkeit der Gemeinde beschränkt, **Gesellschaften** zu gründen oder sich an solchen zu beteiligen.[864]

Da das bundesrechtliche Gesellschaftsrecht (§§ 105 ff. HGB, GmbHG, AktG) dem landesrechtlichen Kommunalrecht vorgeht (Art. 31 GG), gilt der Vorrang des Gesellschaftsrechts. Allerdings muss die Gemeinde sicherstellen, dass die kommunalrechtlichen Vorgaben eingehalten werden.[865]

I. Zulässigkeit von Beteiligungen der Gemeinde an Gesellschaften

1. Anders als § 107 Abs. 1 GO NRW erfasst § 108 GO NRW nicht nur **wirtschaftliche Unternehmen**, sondern auch **nichtwirtschaftliche Einrichtungen**, allerdings sind die rechtlichen Voraussetzungen unterschiedlich:

567 ■ Bei **wirtschaftlichen Unternehmen** müssen die Voraussetzungen des § 107 Abs. 1 S. 1 GO NRW gegeben sein bzw. bei Unternehmen im Bereich der energiewirtschaftlichen Betätigung die Voraussetzung des § 107 a Abs. 1 GO NRW (§ 108 Abs. 1 S. 1 Nr. 1 GO NRW).

568 ■ Bei **(nichtwirtschaftlichen) Einrichtungen** i.S.d. § 107 Abs. 2 GO NRW muss lediglich ein **wichtiges Interesse** der Gemeinde an der Gründung oder Beteiligung vorliegen (§ 108 Abs. 1 S. 1 Nr. 2 GO NRW). Die Subsidiaritätsklausel (§ 107 Abs. 1 S. 1 Nr. 3 GO NRW) gilt hier nicht.

569 Ein **wichtiges Interesse** i.S.d. § 108 Abs. 1 S. 1 Nr. 2 GO NRW ist immer schon dann zu bejahen, wenn mit der Beteiligung an der Gesellschaft die gemeindliche Aufgabenerfüllung erleichtert oder verbessert werden kann.[866]

Beispiel: Die Gemeinde G betreibt ihre kommunalen Frei- und Hallenbäder (§ 107 Abs. 2 Nr. 2 GO NRW) in der Rechtsform einer GmbH. Gegen die zusätzliche Einrichtung von Saunaanlagen bestehen keine Bedenken, da hierdurch die Bäder im Interesse der Bevölkerung attraktiver gestaltet werden, sodass insoweit ein wichtiges Interesse i.S.d. § 108 Abs. 1 Nr. 2 GO NRW besteht.[867]

---

863 BGH DVBl. 2003, 267, 268; OVG NRW DVBl. 2004, 133, 135; Jarass/Micker NWVBl. 2004, 160, 164; Sonder LKV 2013, 202, 203.

864 Zur Abgrenzung von § 108 GO zu § 107 GO vgl. Jarass/Micker NWVBl. 2004, 160, 161.

865 Geiger/Aßmann DVBl. 2012, 1276, 1277; Geis/Madeja JA 2013, 248, 254.

866 OLG Düsseldorf DVBl. 2000, 284; Brüning/Suerbaum, Examensfälle (2005), S. 84; enger Rehn/Cronauge § 108 Anm. III 2.

2. Da das Hotel ein **wirtschaftliches Unternehmen** darstellt, muss nach § 108 Abs. 1 S. 1 Nr. 1 i.V.m. § 107 Abs. 1 S. 1 Nr. 1 GO NRW ein **öffentlicher Zweck** die Beteiligung erfordern. Daran ändert sich auch dadurch nichts, dass die Stadt sich nur zu 25% beteiligen will. Die Beschränkungen des § 108 Abs. 1 GO NRW gelten für jegliche Beteiligung. Für Beteiligungen über 50 % bestehen nach § 108 Abs. 2 GO NRW nur weitergehende Voraussetzungen. Da hier der öffentliche Zweck die Tätigkeit der Gemeinde nicht erfordert (s.o. Rn. 542), ist die Beteiligung der Stadt an einer GmbH auch im Rahmen des § 108 GO NRW unzulässig. **570**

II. Sowohl bei Unternehmen als auch bei Einrichtungen müssen nach § 108 Abs. 1 S. 1 Nr. 3–9 GO NRW eine Reihe weiterer Voraussetzungen erfüllt sein, insbesondere **571**

- Nr. 3: Wahl einer Gesellschaftsform, bei der die **Haftung** der Gemeinde auf einen bestimmten Betrag **begrenzt** ist,

  also z.B. GmbH, Kommanditist in einer KG, **nicht** aber OHG, Komplementär einer KG oder Gesellschafter einer BGB-Gesellschaft,

- Nr. 4: **angemessenes Verhältnis** der Einzahlungsverpflichtung der Gemeinde zu ihrer Leistungsfähigkeit,
- Nr. 5: keine **Übernahme von Verlusten** in unbestimmter oder unangemessener Höhe,
- Nr. 6: rechtlich abgesicherter, **angemessener Einfluss** der Gemeinde,[868]
- Nr. 7: Ausrichtung des Unternehmens auf den **öffentlichen Zweck**.

Nach § 108 Abs. 1 S. 1 Nr. 9 GO NRW müssen Gehälter und Nebenleistungen des Führungspersonals offengelegt werden. Die Voraussetzung ist 2009 durch das Transparenzgesetz NRW[869] eingeführt worden und überträgt die bundesrechtlichen Reglementierungen für Kapitalgesellschaften auf kommunale Unternehmen und Einrichtungen.[870]

Da die Gemeinde durch die bloß 25%-ige Beteiligung keinen ausreichenden Einfluss auf die Gesellschaft hat und dieser Einfluss auch nicht anderweitig (durch Gesellschaftsvertrag, Satzung o.Ä.) abgesichert ist, ist die Gründung der GmbH auch wegen Verstoßes gegen § 108 Abs. 1 S. 1 Nr. 6 GO NRW unzulässig.

Anhang: Nach § 108 Abs. 4 GO NRW ist die Aktiengesellschaft (AG) subsidiär gegenüber anderen Gesellschaftsformen. Da das bundesrechtliche Aktienrecht dem Landeskommunalrecht vorrangig ist (Art. 31 GG), bleibt der GO bei einer AG nur ein sehr eingeschränkter Regelungsbereich. Insbesondere können die Befugnisse des Vorstandes (§ 76 AktG) und des Aufsichtsrates (§§ 111 Abs. 5, 116, 93 AktG) landesrechtlich nicht von Weisungen der Gemeinde abhängig gemacht werden (§ 113 Abs. 1 S. 4 GO NRW). Um hier den Einfluss der Gemeinde zu sichern, soll deshalb vorrangig auf andere Gesellschaftsformen zurückgegriffen werden.

867 OVG NRW OVGE 38, 20 zu § 89 GO a.F.; ebenso OVG Nds NVwZ 2009, 258; kritisch Roling NVwZ 2009, 226.

868 Zur Vertretung der Gemeinde in Unternehmen und Einrichtungen vgl. § 113 GO NRW und BVerwG, Urt. v. 31.08.2011 – BVerwG 8 C 16.10, NJW 2011, 3735; VG Münster, Urt. v. 06.05.2011 – 1 K 508/10, NVwZ-RR 2011, 741.

869 Gesetz vom 17.12.2009 (GVBl. NRW 950).

870 Zur Pflicht öffentlich Beschäftigter, die Offenlegung zu dulden vgl. BSGE 98, 129 ff.

Ist bei einer GmbH ein (fakultativer) Aufsichtsrat bestellt, gelten nach § 52 Abs. 1 GmbHG die Vorschriften des AktG über die Weisungsfreiheit der Aufsichtsratsmitglieder zwar grundsätzlich entsprechend, im Regelfall ist jedoch wegen § 108 Abs. 5 Nr. 2 GO NRW etwas anderes bestimmt.[871] Bei fakultativen Aufsichtsräten besteht außerdem eine Arbeitnehmermitbestimmung nach § 108 a GO NRW.

Teilnahme der Gemeinde am Wirtschaftsverkehr

§ 107 GO NRW: Zulässigkeit wirtschaftlicher Betätigung

Unternehmen → § 107 Abs. 1 GO	**Einrichtungen**
wirtschaftlich: von Privaten mit Gewinnerzielungsabsicht möglich ▪ öffentlicher Zweck Bedürfnis nach Leistungen durch die öffentliche Hand, Mangelsituation; nicht allein Gewinnerzielung ▪ angemessenes Verhältnis zur Leistungsfähigkeit ▪ in bestimmten Bereichen: Subsidiarität durch andere Unternehmer nicht besser und wirtschaftlicher	**nicht wirtschaftlich** → § 107 Abs. 2 GO NRW Pflichteinrichtungen; soziale und kulturelle Einrichtungen, Umwelt (insbes. Abfall, Abwasser), Eigenbedarf

§ 108 GO NRW: privatrechtliche Beteiligung

Unternehmen	Einrichtungen
▪ Voraussetzungen des § 107 Abs. 1 S. 1 GO NRW	▪ wichtiges Interesse

- beschränkte Haftung
- Einlage im angemessenen Verhältnis zur Leistungsfähigkeit
- keine unbestimmten oder unangemessenen Verluste
- angemessener Einfluss
- Gesellschaft auf öffentlichen Zweck ausgerichtet u.a.

- bei Mehrheitsbeteiligung bes. Voraussetzungen nach § 108 Abs. 2 GO NRW
- AG subsidiär, § 108 Abs. 4 GO NRW
- bei GmbH Ausgestaltung des Gesellschaftsvertrags nach § 108 Abs. 5 GO NRW

871 BVerwG, Urt. v. 31.08.2011 – BVerwG 8 C 16.10, NJW 2011, 3735 mit Anm. Altmeppen; vgl. auch SächsOVG, Beschl. v. 03.07.2012 – 4 B 211/12, NVwZ-RR 2013, 63; Bormann GmbHR 2013, 35 ff.

10. Abschnitt: Gemeindefinanzen

A. Die Finanzhoheit der Kommunen

I. Umfang der Finanzhoheit

Gemäß Art. 28 Abs. 2 S. 3 GG umfasst die Selbstverwaltungsgarantie auch die Grundlagen der finanziellen Eigenverantwortung (sogenannte **Finanzhoheit**). Hierzu zählen insbesondere das **Recht auf eigene Einnahmen** und die Befugnis, über die Ausgaben selbst zu bestimmen. Die wichtigsten **Einnahmequellen** der Gemeinde sind:[872] **572**

- **Kommunalabgaben**, d.h.
  - **Gebühren und Beiträge** (§§ 4 ff., 8 KAG),

    Beispiele: Verwaltungsgebühren für die Erteilung einer Erlaubnis oder Genehmigung, Wasserleitungsanschlussbeitrag, Kanalbenutzungsgebühren.

  - **Steuern** (Art. 28 Abs. 2 S. 3 GG, Art. 79 S. 1 LVerf),

    Hierzu zählen vor allem die von der Gemeinde erhobenen Gemeindesteuern (Art. 106 Abs. 6 GG, insbesondere Grundsteuer und Gewerbesteuer) und die Beteiligung der Gemeinden am staatlichen Steueraufkommen (vgl. Art. 106 Abs. 5, Abs. 5 a, Abs. 7 S. 1 GG).

- **Kostenerstattung** bei der Übertragung von Aufgaben (Art. 78 Abs. 3 LVerf),

  Durch Verfassungsänderung ist im Jahre 2004 in Art. 78 Abs. 3 LVerf ein **striktes Konnexitätsprinzip** eingeführt worden.[873] Dadurch soll sichergestellt werden, dass die Gemeinden und Gemeindeverbände infolge einer Überlastung mit Pflichtaufgaben ihre traditionellen Aufgaben nicht vernachlässigen müssen. Regelt das aufgabenübertragende Landesgesetz nicht gleichzeitig die Kostendeckung, verstößt es gegen Art. 78 Abs. 1 LVerf.[874]

- **Staatliche Finanzzuweisungen** im Rahmen des kommunalen Finanzausgleichs (Art. 79 S. 2 LVerf).

  Die Gemeinden haben aus Art. 78, 79 LVerf gegen das Land einen **Anspruch auf angemessene Finanzausstattung**.[875] Da die originären Einnahmen der Gemeinden ihren Finanzbedarf nicht decken, ist das Land nach Art. 79 S. 2 LVerf verpflichtet, im Rahmen seiner finanziellen Leistungsfähigkeit einen übergemeindlichen Finanzausgleich zu gewährleisten (vgl. auch Art. 106 Abs. 7 S. 2 GG). Art und Höhe der staatlichen Zuweisungen werden in den jährlichen Gemeindefinanzierungsgesetzen festgelegt.[876]

II. Einnahmen des Kreises

Die wichtigste Einnahmequelle des Kreises ist die **Kreisumlage** (§ 56 KrO NRW). Sie wird von den kreisangehörigen Gemeinden erhoben, soweit die sonstigen Erträge des Kreises die entstehenden Aufwendungen nicht decken (ebenso die Landschaftsumlage nach § 22 LVerbO). Die Festsetzung der Umlagesätze bedarf seit 2012 der Genehmigung der Aufsichtsbehörde (§ 56 Abs. 2 S. 2 KrO NRW, § 22 Abs. 2 S. 2 LVerbO). **573**

---

872 Überblick bei Siegel JuS 2008, 1071 u. Geis/Madeja JA 2013, 321.

873 Vgl. dazu Schink NWVBl. 2005, 85 ff.; Meier/Greiner NWVBl. 2005, 92 ff. und oben Rn. 68.

874 VerfGH NRW NVwZ-RR 2011, 41; dazu Articus/Schneider /Klein KommJur 2011, 1 ff.; Henneke DVBl. 2011, 125 ff.

875 Grundlegend VerfGH NRW NWVBl. 2003, 261, 263; Heusch/Schönenbroicher LVerf Art. 79 Rn. 19 ff.; Schoch Jura 2001, 121, 126; ebenso zu Art. 28 Abs. 2 GG BVerwGE 106, 280; vgl. auch oben Rn. 67.

876 Zum Verteilungsmaßstab VerfGH NRW, Urt. v. 06.05.2014 - VerfGH 14/11.

B. Kommunalabgaben

574 Kommunalabgabenrecht ist im Wesentlichen **Landesrecht** (KAG und Ortssatzungen der Gemeinden). Das Erschließungsbeitragsrecht ist dagegen weiterhin in den §§ 127 ff. BauGB geregelt. NRW hat von der Möglichkeit zur Landesgesetzgebung (Art. 74 Abs. 1 Nr. 18 GG) bislang noch keinen Gebrauch gemacht. Ergänzend gilt aber auch hier das KAG (vgl. § 1 Abs. 3 KAG).

575 Auch wenn das Kommunalabgabenrecht nicht unmittelbar Prüfungsgegenstand ist (vgl. § 11 Abs. 2 Nr. 13 b JAG), sollten Sie die **Grundbegriffe** beherrschen, da diese, wie die Fälle 21 und 22 zeigen, häufig mit allgemeinen verfassungs- und verwaltungsrechtlichen Problemen verknüpft sind.[877]

I. Gebühren und Beiträge

Fall 21: Die gestaffelten Musikschulgebühren

Der Rat der kreisfreien Stadt S beschloss für die von der Stadt betriebene Jugendmusikschule in formell ordnungsgemäßer Weise eine neue Abgabensatzung. Danach sind die „Elternbeiträge" nach dem Einkommen der Eltern gestaffelt: pro Kind mit mtl. 50 € bei einem zu versteuernden Jahreseinkommen unter 25.000 €, 75 € bei Einkommen unter 50.000 € und 100 € bei Einkommen über 50.000 €. Auf dieser Grundlage erhielt Ministerialrat R einen Bescheid, wonach er für den Besuch der Musikschule durch seine 9-jährige Tochter 100 € monatlich zu entrichten hat. R hält die Staffelung für rechtswidrig und hat ordnungsgemäß Klage beim Verwaltungsgericht erhoben. Die Stadt S verweist darauf, dass selbst der Höchstbetrag von 100 € nicht kostendeckend ist.

A. **Zulässigkeit der Klage**

576 I. Mangels aufdrängender Spezialzuweisung richtet sich die Eröffnung des **Verwaltungsrechtswegs** nach § 40 Abs. 1 S. 1 VwGO. Streitentscheidend sind die öffentlich-rechtlichen Vorschriften in §§ 2 ff. KAG i.V.m. der Abgabensatzung der Stadt S, die nichtverfassungsrechtlicher Art sind. Die abdrängende Sonderzuweisung an die Finanzgerichte nach § 33 FGO erfasst nur Abgaben, die durch Bundes- oder Landesfinanzbehörden verwaltet werden. Für die hier betroffenen Kommunalabgaben bleibt es bei der Zuständigkeit der allgemeinen Verwaltungsgerichte.[878]

577 II. Statthafte Klageart ist die **Anfechtungsklage** gemäß § 42 Abs. 1 Fall 1 VwGO gegen den Abgabenbescheid als Verwaltungsakt i.S.d. § 118 S. 1 AO.

Beachte: *Für Kommunalabgabenbescheide gilt nicht das VwVfG NRW, sondern aufgrund des Verweises in § 12 KAG die Abgabenordnung (AO). Die Anwendbarkeit des VwVfG NRW wird dadurch generell ausgeschlossen (§ 2 Abs. 2 Nr. 1 VwVfG NRW). Deshalb richtet sich z.B. die Anhörung nicht nach § 28 VwVfG NRW, sondern gemäß § 12 Abs. 1 Nr. 3 a KAG nach § 91 AO. Für den VA-Begriff gilt nicht § 35 VwVfG NRW, sondern gemäß § 12 Abs. 1 Nr. 3 b KAG die wortlautidentische Regelung in § 118 AO. Für die Aufhebung von KAG-Bescheiden gelten nicht die §§ 48, 49 VwVfG NRW, sondern gemäß § 12 Abs. 1 Nr. 3 b KAG die §§ 130 ff. AO.*

---

877 Vgl. Siegel JuS 2008, 1071 ff.

878 Vgl. Kasper VR 2007, 181, 185.

III. Als Adressat eines belastenden VA kann R geltend machen, in seinem Grundrecht aus Art. 2 Abs. 1 GG verletzt zu sein, und ist damit gemäß § 42 Abs. 2 VwGO **klagebefugt**. **578**

IV. Das **Vorverfahren** entfällt nach § 68 Abs. 1 S. 2 VwGO i.V.m. § 110 Abs. 1 S. 1 JustG NRW.[879]

V. Die **Klagefrist** von einem Monat ab Bekanntgabe des Abgabenbescheides (§ 74 Abs. 1 S. 2 VwGO) ist gewahrt.

Beachte: *Die Klage hat bei Abgabenbescheiden gemäß § 80 Abs. 2 S. 1 Nr. 1 VwGO keine aufschiebende Wirkung. Die Behörde kann aber gemäß § 80 Abs. 4 S. 1 VwGO die Vollziehung aussetzen. Sie soll die Vollziehung aussetzen, wenn ernstliche Zweifel an der Rechtmäßigkeit des angefochtenen Verwaltungsaktes bestehen oder die Vollziehung für den Abgabepflichtigen eine unbillige, nicht durch überwiegende öffentliche Interessen gebotene Härte zur Folge hätte (§ 80 Abs. 4 S. 3 VwGO). Unter den gleichen Voraussetzungen kann das Verwaltungsgericht nach § 80 Abs. 5 S. 1 VwGO die aufschiebende Wirkung ganz oder teilweise anordnen.*

B. Gemäß § 113 Abs. 1 S. 1 VwGO ist die Klage **begründet**, soweit der Abgabenbescheid rechtswidrig und R dadurch in seinen Rechten verletzt ist. **579**

Da in formeller Hinsicht keine Bedenken bestehen, kommt es entscheidend auf die materielle Rechtmäßigkeit an. Als belastender VA bedarf der Abgabenbescheid einer **wirksamen Ermächtigungsgrundlage**. Der Bescheid ist auf die städtische Abgabensatzung für die Jugendmusikschule gestützt. Diese müsste wirksam sein.

I. Als untergesetzliche Norm bedarf die Satzung ihrerseits einer **gesetzlichen Ermächtigungsgrundlage**. Diese findet sich in § 2 Abs. 1 S. 1 KAG, wonach kommunale Abgaben (Steuern, Gebühren, Beiträge) aufgrund von **Satzungen** erhoben werden. **580**

Die allgemeine Satzungsbefugnis nach § 7 Abs. 1 GO NRW reicht hier nicht aus, da mit der Abgabenpflicht ein Grundrechtseingriff verbunden ist, der wegen des Vorbehalts des Gesetzes einer speziellen gesetzlichen Ermächtigung bedarf (s.o. Rn. 353 ff.).

II. **Formelle Rechtmäßigkeit** der Satzung **581**

1. Die **Verbandskompetenz** der Stadt S könnte sich aus § 1 Abs. 1 KAG ergeben. Danach sind die Gemeinden berechtigt, nach Maßgabe des KAG Abgaben zu erheben, „soweit nicht Bundes- oder Landesgesetze etwas anderes bestimmen". Die vorrangigen Regelungen im GebG des Landes gelten gemäß § 1 Abs. 2 Nr. 2. 1. GebG NRW nicht für Angelegenheiten der **kommunalen Selbstverwaltung**. Da der Betrieb der Musikschule eine Angelegenheit der örtlichen Gemeinschaft (Daseinsvorsorge) betrifft, ist das GebG nicht anwendbar, sodass es bei der **Satzungsbefugnis** der Stadt nach § 1 Abs. 1 KAG verbleibt.

Das GebG NRW gilt an sich für die Tätigkeit der Landesbehörden (§ 1 Abs. 1 GebG NRW), nach § 1 Abs. 2 S. 2 GebG NRW aber auch für die Gemeinden bei Pflichtaufgaben zur Erfüllung nach Weisung. Die einzelnen Gebührentatbestände nach dem GebG NRW ergeben sich nicht aus kommunalen Satzungen, sondern aus Gebührenordnungen der Landesregierung bzw. der dafür zuständigen Ministerien (vgl. § 2 Abs. 2 GebG NRW).

---

879 Anders z.B. in Bayern Art. 15 Abs. 1 Nr. 1 Bay AGVwGO, wo der Adressat bei Kommunalabgaben ein Wahlrecht hat, entweder Widerspruch einzulegen oder unmittelbar Klage zu erheben.

2. Die **Organkompetenz** des Rates für den Erlass der Satzung folgt aus § 41 Abs. 1 S. 2 lit. f.) GO NRW.

3. Bedenken gegen ein **ordnungsgemäßes Satzungsverfahren** sind nicht ersichtlich.

III. **Materielle Rechtmäßigkeit** der Satzung

1. Die konkrete Ermächtigung zum Satzungserlass und ihre speziellen Voraussetzungen richten sich nach der **Art der Abgabe**.

a) Nach § 1 Abs. 1 KAG sind zu unterscheiden:

582 ■ **Steuern** als hoheitlich auferlegte Geldleistungen, die keine Gegenleistung für eine konkrete Leistung der Verwaltung sind, sondern der **allgemeinen Finanzierung** des Bedarfs eines Verwaltungsträgers dienen (vgl. § 3 Abs. 1 AO);

583 ■ **Gebühren** als **Gegenleistung für bestimmte Leistungen** der Verwaltung, die der Schuldner tatsächlich in Anspruch genommen hat (vgl. § 4 Abs. 2 KAG);

584 ■ **Beiträge** zur Deckung der Kosten für die Gewährung **wirtschaftlicher Vorteile** (§ 8 Abs. 4 KAG), und zwar ohne Rücksicht darauf, ob der Pflichtige die Leistungen tatsächlich in Anspruch nimmt (vgl. § 8 Abs. 2 S. 2 KAG, wonach die bloße Möglichkeit der Inanspruchnahme ausreicht).

Beispiele: Erschließungsbeitrag (§§ 127 ff. BauGB), Wasserleitungs- und Kanalanschlussbeitrag (§ 8 Abs. 4 S. 3 u. Abs. 7 S. 2 KAG), Fremdenverkehrsbeitrag (§ 11 KAG).

Im vorliegenden Fall scheidet eine Steuer aus, da der Elternbeitrag als **Gegenleistung** für den Musikschulbesuch verlangt wird. Entgegen der Bezeichnung handelt es sich aber auch nicht um einen Beitrag, weil nicht nur die Gewährung von wirtschaftlichen Vorteilen, sondern die **tatsächliche Inanspruchnahme** Voraussetzung für die Leistungspflicht ist. Begrifflich liegt deshalb eine **Gebühr** i.S.d. § 4 KAG vor.

585 b) **Innerhalb des Gebührenbegriffs** unterscheidet man weiter zwischen

■ **Verwaltungsgebühren** (§ 5 KAG) für eine Amtshandlung oder sonstige Verwaltungstätigkeit (z.B. für die Erteilung einer Genehmigung) und

■ **Benutzungsgebühren** (§ 6 KAG) für die Inanspruchnahme öffentlicher Einrichtungen oder Anlagen.

Beispiele: Abwassergebühr, Straßenreinigungsgebühr, Friedhofsgebühr.

Hier geht es um Gebühren für die Nutzung der Musikschule als öffentliche Einrichtung. Ermächtigungsgrundlage für die Erhebung der **Benutzungsgebühr** sind damit §§ 4 und 6 KAG.[880]

880 Zu aktuellen Rechtsfragen des Kommunalabgabenrechts vgl. Quaas NVwZ 2007, 757 ff.; NVwZ 2002, 144 ff.; Gießau NWVBl. 2004, 41 ff.; Aussprung DVBl. 2005, 740 ff.; Wiesemann DVBl. 2007, 873 ff.

2. § 6 KAG stellt in Abs. 1 S. 3 und Abs. 3 S. 1 **besondere Anforderungen** an Benutzungsgebühren auf.

a) Gemäß § 6 Abs. 1 S. 3 KAG gilt das sogenannte **Kostendeckungsprinzip**. Es besagt, dass mit Gebühren keine Gewinne erwirtschaftet werden dürfen. Lediglich der **tatsächliche Aufwand** soll durch das Gebührenaufkommen gedeckt werden (für Verwaltungsgebühren vgl. § 5 Abs. 4 KAG).[881] **586**

Vorliegend kann nicht davon ausgegangen werden, dass das Gebührenaufkommen den Verwaltungsaufwand übersteigt, da selbst der Höchstbetrag nicht kostendeckend ist. Auch die Staffelung der Gebühren führt zu keinem anderen Ergebnis. Das Kostendeckungsprinzip wirkt **generalisierend, nicht individualisierend** und schützt den einzelnen Gebührenschuldner nicht davor, möglicherweise mehr zu zahlen, als anteilig Kosten auf ihn entfallen.[882] Ob das zulässig ist, ist vielmehr eine Frage des – nachfolgend zu behandelnden – richtigen Verteilungsmaßstabes.

b) Aus dem Begriff der Gebühr wird der **Grundsatz der Leistungsproportionalität** (auch Prinzip der speziellen Entgeltlichkeit) abgeleitet. Da die Benutzungsgebühr für die Inanspruchnahme einer Einrichtung oder Anlage erhoben wird, darf der Gebührenpflichtige grundsätzlich nicht mit Kosten für eine Leistung belastet werden, die er gar nicht in Anspruch nimmt.[883] **587**

Die Gemeinde hat im Rahmen einer **Gebührenbedarfsberechnung** die nach betriebswirtschaftlichen Grundsätzen ansatzfähigen Kosten i.S.d. § 6 Abs. 2 KAG zu ermitteln. Bei der Kalkulation der voraussichtlichen Kosten steht dem kommunalen Satzungsgeber allerdings ein Prognosespielraum zu, der gerichtlich nur eingeschränkt überprüfbar ist.[884] Vgl. auch die Sonderregelung für Abfallgebühren in § 9 Abs. 2 LAbfG.

c) Nach § 6 Abs. 3 S. 1 KAG ist die Gebühr im Einzelfall nach der **tatsächlichen Inanspruchnahme** der Einrichtung zu bemessen. **588**

Dabei geht das Gesetz grundsätzlich von der wirklichen Inanspruchnahme aus (§ 6 Abs. 3 S. 1 KAG: **Wirklichkeitsmaßstab**). Wenn diese Feststellung besonders schwierig oder wirtschaftlich nicht vertretbar ist, kann ein **Wahrscheinlichkeitsmaßstab** gewählt werden (§ 6 Abs. 3 S. 2 KAG). Danach ist es ausreichend, wenn im Regelfall angemessene Ergebnisse erzielt werden.[885]

Fraglich ist, ob damit eine **Gebührenstaffelung** vereinbar ist.

aa) Die h.M. sieht in der Regelung des § 6 Abs. 3 S. 1 KAG einen **strikten Ausschluss** anderer Anknüpfungspunkte als den der tatsächlichen Inanspruchnahme. § 6 Abs. 3 S. 1 KAG fordere, dass Leistung und Gegenleistung in einem ausgewogenen Verhältnis stehen. Dem widerspreche eine Staffelung nach sozialen Gesichtspunkten.[886] **589**

---

881 Zum Kostendeckungsprinzip vgl. Wild DVBl. 2005, 733 ff.

882 Wiesemann DVBl. 2007, 873, 876; Kellner JuS 2008, 150, 155 m.w.N.

883 BVerwG NVwZ 2006, 589, 594; Wiesemann DVBl. 2007, 873, 879 m.w.N.

884 BVerwG DVBl. 2002, 1409, 1410; Oebbecke NVwZ 2003, 1313, 1314; kritisch Quaas NVwZ 2007, 757, 758.

885 OVG NRW NWVBl. 2008, 142.

886 OVG NRW KStZ 1985, 74; KStZ 1984, 78; OVG Thüringen ZKF 2002, 64; Burmeister/Becker DVBl. 1996, 651, 655 f.; Driehaus, Kommunalabgabenrecht, § 6 Rn. 214 u. 752 m.w.N.

590 bb) Teilweise wird dagegen angenommen, dass sich aus § 6 Abs. 3 S. 1 KAG **kein Ausschluss** anderer Gesichtspunkte entnehmen lasse. Die Berücksichtigung der wirtschaftlichen Leistungsfähigkeit des Gebührenschuldners habe schon im preußischen Recht (§ 7 PrKAG) gegolten und müsse um so mehr unter Geltung des Sozialstaatsprinzips (Art. 20 Abs. 1 GG) zulässig sein (so z.B. auch die ausdrückliche Regelung in den KAGen in Bayern, Niedersachsen, Saarland und Schleswig-Holstein). Bei der Neufassung des KAG NRW habe der Gesetzgeber auf die Aufnahme einer „Sozialklausel" verzichtet, weil er ihre Geltung für selbstverständlich gehalten habe.[887]

591 Für die h.M. spricht, dass das **Gebührenrecht** grundsätzlich **wertneutral** ist. Das Prinzip der Staffelung nach den Einkommensverhältnissen liegt lediglich dem Steuerrecht zugrunde. Überdies würden sich sonst bei besser verdienenden Abgabenschuldnern progressiv gestaffelte Gebührensätze in unübersehbarer Weise kumulieren (z.B. bei der Wasserversorgung, Abwasserbeseitigung, Abfallentsorgung und Straßenreinigung). Jedenfalls bei kostenrechnenden öffentlichen Einrichtungen ist eine Gebührenstaffelung **rechtswidrig** und die entsprechende Satzung nichtig.

Etwas anderes gilt, wenn es sich um Einrichtungen handelt, die **sozialen Zwecken** dienen, vgl. z.B. für Kindertageseinrichtungen § 90 Abs. 1 S. 2 SGB VIII, § 23 Abs. 5 Kinderbildungsgesetz (Hippel-Rehborn 166).[888]

3. Die Staffelung könnte außerdem gegen **höherrangiges Recht** verstoßen.

592 a) In Betracht kommt zunächst ein Verstoß gegen das sogenannte **Äquivalenzprinzip**. Dabei handelt es sich um eine allgemein anerkannte Rechtmäßigkeitsvoraussetzung im Kommunalabgabenrecht, die als spezielle Ausprägung des **Verhältnismäßigkeitsgrundsatzes** auch dann eingreift, wenn sie – wie in NRW – im KAG nicht ausdrücklich erwähnt wird. Das Äquivalenzprinzip verbietet, dass zwischen der Verwaltungsleistung und der dafür geforderten Gebühr ein **Missverhältnis** besteht (vgl. im Ansatz auch § 6 Abs. 3 S. 2 Hs. 2 KAG).[889] Im Gegensatz zum generellen Kostendeckungsprinzip ist hier entscheidend, ob **individuelle Gebühr** und **tatsächlicher Wert** der Leistung einander entsprechen.

593 Naturgemäß lässt dieses Prinzip dem Ermessen des Satzungsgebers einen weiten Spielraum und ist inhaltlich recht unbestimmt. Anerkannt ist jedoch, dass sich das Äquivalenzprinzip auf die **Höhe der Gebühr im Einzelfall** auswirken kann, d.h. die Gebühr darf nicht so bemessen sein, dass sie den Wert der Verwaltungsleistung eindeutig übersteigt. Leistung und Gebühr dürfen nicht in einem groben Missverhältnis stehen.[890]

---

887 Vgl. Gern NVwZ 1995, 1145, 1154; Menger VerwArch 68 (1977), 389, 396; Voigt DÖV 1977, 673, 674.

888 Dazu BVerfGE 97, 332; BVerwG NJW 2000, 1129 f.; OVG NRW NWVBl. 2006, 143 ff.; a.A. Kempen NVwZ 1995, 1163, 1165; Jestaedt DVBl. 2000, 1820, 1828.

889 BVerfG DVBl. 2003, 993, 994; BVerwG NVwZ 2007, 955; NVwZ 2003, 1385, 1386; Ehlers Jura 2012, 692, 699.

890 BVerwG NVwZ 2006, 936, 937; BVerwGE 109, 272, 274; Kellner JuS 2008, 150, 155.

„Bei Anwendbarkeit des Äquivalenzprinzips verfügt der Gesetz- und Verordnungsgeber über einen weiten Entscheidungs- und Gestaltungsspielraum hinsichtlich der Bemessung der Gebühr. Diese muss sich nicht auf die Kosten des Verwaltungsaufwandes beschränken, sondern kann auch andere Gesichtspunkte einfließen lassen, wie etwa den wirtschaftlichen Wert der gebührenpflichtigen Leistung ... ."[891]

Ein solches Missverhältnis ist hier selbst in der höchsten Gebührenstufe nicht gegeben. Unterricht von Musikpädagogen in von der Stadt bereitgestellten Räumlichkeiten ist mit 100 € monatlich nicht übervergütet. Das Äquivalenzprinzip ist somit nicht verletzt.

b) Im Übrigen gilt auch im Gebührenrecht der aus Art. 3 Abs. 1 GG entwickelte **Grundsatz der Abgabengerechtigkeit**.[892]

aa) Überwiegend wurde bei sozialen Staffelungen bislang ein Verstoß gegen Art. 3 Abs. 1 GG mit derselben Begründung bejaht wie im Rahmen des § 6 Abs. 3 KAG. Das Abstellen auf die Einkommenshöhe stelle eine sachfremde Differenzierung dar, weil die Gebührenbemessung sich ausschließlich an dem Umfang der **Inanspruchnahme** zu orientieren habe.[893] **594**

bb) Demgegenüber sieht das BVerfG jedenfalls bei **sozialen Einrichtungen** keinen Verstoß gegen Art. 3 Abs. 1 GG. Mit einer Gebührenregelung dürften neben der Kostendeckung auch andere Zwecke verfolgt werden. Einkommensbezogene Gebührenstaffeln seien insbesondere bei sozialen Einrichtungen unter dem spezifischen Blickwinkel der Abgabengerechtigkeit jedenfalls dann unbedenklich, solange selbst die Höchstgebühr die tatsächlichen Kosten der Einrichtung nicht deckt und in einem angemessenem Verhältnis zu der damit abgegoltenen Verwaltungsleistung stehe.[894] **595**

Bejaht hat das BVerfG dies für Kindergärten, mit deren Schaffung der Staat Chancengleichheit in Bezug auf die Lebens- und Bildungsmöglichkeiten von Kindern herstellt und zugleich grundrechtliche Schutz- und Förderpflichten erfüllt. Offengelassen hat das BVerfG die Frage, ob eine soziale Staffelung mit gebührenrechtlichen Grundsätzen vereinbar ist, da diese keinen Verfassungsrang haben.[895]

Bei der Musikschule handelt es sich – anders als bei Kindergärten – nicht um eine Einrichtung, die ausschließlich sozialen Zwecken dient. Eine Verpflichtung des Staates, derartige Einrichtungen allgemein auch für einkommensschwächere Eltern bereitzuhalten, ist nicht erkennbar. Mangels sachlicher Rechtfertigung ist die **Gebührensatzung** für die Musikschule deshalb auch wegen Verstoßes gegen Art. 3 Abs. 1 GG **nichtig**.

891 BVerwG NVwZ 2007, 955; NVwZ 2003, 1385, 1386; Kellner JuS 2008, 150, 156.

892 BVerwG NVwZ 2005, 332, 333; Wiesemann DVBl. 2007, 873, 878.

893 OVG NRW NVwZ 1996, 504, 506 f.; Jestaedt DVBl. 2000, 1820, 1825 ff.; Driehaus, Kommunalabgabenrecht, § 6 Rdnr. 214.

894 BVerfGE 97, 332; Ehlers Jura 2012, 692, 699.

895 Vgl. auch Fischer/Mann NVwZ 2002, 794, 796 m.w.N.

596 Damit fehlt es an einer wirksamen Ermächtigungsgrundlage für den **Gebührenbescheid**, der deshalb **rechtswidrig** ist. Dadurch wird R in seinem Grundrecht aus Art. 2 Abs. 1 GG verletzt, der auch vor der Auferlegung unberechtigter Geldleistungen schützt.

Ergebnis: Die Anfechtungsklage ist begründet.

Weiteres Beispiel: Bei kommunalen Einrichtungen stellt auch eine gebührenmäßige Benachteiligung **ortsfremder Benutzer** gegenüber Einheimischen einen Verstoß gegen Art. 3 Abs. 1 GG dar.[896] Denn Einheimische und Fremde nutzen die Einrichtung in gleichem Maße. Das BVerwG hält es jedoch für zulässig, wenn kein Auswärtigenzuschlag, sondern die Gemeinde lediglich einen Zuschuss gewährt **(Einheimischenabschlag)**, der sich aber nicht zum Nachteil der übrigen Benutzer auswirken darf.[897]

Eine **sachliche Rechtfertigung** für eine unterschiedliche Abgabenhöhe kann sich auch aus der Gefährlichkeit des Abgabegegenstands ergeben, z.B. erhöhte Besteuerung von Gewaltspielautomaten[898] oder sogenannten Kampfhunden.[899] Jedoch darf die Steuer keine erdrosselnde Wirkung haben und damit als verkapptes Verbot der Einnahmenerzielung praktisch zuwiderlaufen.[900]

II. Gemeindesteuern

597 Als Gemeindesteuern werden diejenigen Steuern bezeichnet, deren Aufkommen der Gemeinde unmittelbar vom Abgabepflichtigen zufließt. Gemäß Art. 106 Abs. 6 S. 1 GG sind dies

- die **Grund- und Gewerbesteuer** sowie
- die **örtlichen Verbrauch- und Aufwandsteuern**.

598 Außerdem sind die Gemeinden (mittelbar) am **staatlichen Steueraufkommen** beteiligt. Dazu gehört vor allem der Anteil der Gemeinden am Aufkommen der **Einkommensteuer** (Art. 106 Abs. 5 GG) und der **Umsatzsteuer** (Art. 106 Abs. 5 a GG). Nach Art. 106 Abs. 7 S. 1 GG fließt den Gemeinden im Rahmen des landesgesetzlichen Finanzausgleichs außerdem ein vom Land zu bestimmender Prozentsatz vom Länderanteil an den sogenannten **Gemeinschaftsteuern** (Einkommensteuer, Körperschaftsteuer und Umsatzsteuer, Art. 106 Abs. 3 GG) zu.[901]

896 OVG NRW OVGE 33, 280, 281; OVG Lüneburg OVGE 35, 321, 322; Driehaus, Kommunalabgabenrecht, § 6 Rn. 214 u. 488 i; vgl. auch OVG NRW NVwZ-RR 2005, 549: kein Auswärtigenzuschlag zum Kindergartenbeitrag und OVG Lüneburg OVGE 43, 313: Unzulässigkeit eines Zuschlages für Andersgläubige bei Benutzung eines kirchlichen Friedhofs.

897 BVerwGE 104, 60; Becker/Sichert JuS 2000, 552, 555; Ehlers Jura 2012, 692, 699.

898 Vgl. BVerfG DVBl. 2001, 1135, 1137.

899 BVerwG NVwZ 2005, 1325; NVwZ 2000, 929; BayVGH NVwZ-RR 2013, 566; OVG RP NVwZ-RR 2013, 898.

900 Vom BayVGH, Urt. v. 25.07.2013 – 4 B 13.144, KommJur 2013, 424 bejaht bei einem Steuersatz für sogenannte Kampfhunde i.H.v. 2.000 € jährlich; ebenso VG Trier, Urt. v. 13.02.2014 – 2 K 637/13 bei 1.500 €; während BayVGH, Beschl. v. 13.12.2012 – 4 B 12.567, NVwZ-RR 2013, 566 einen erhöhten Steuersatz für Kampfhunde von 700 € noch für zulässig hält.

901 Vgl. dazu die jährlichen Gemeindefinanzierungsgesetze, z.B. das GFG 2014 vom 18.12.2013 (GVBl. S. 860); allgemein zu den Gemeindesteuern Geis/Madeja JA 2013, 321 ff.

Fall 22: Kommunale Zweitwohnungsteuer

In der landschaftlich reizvoll gelegenen Gemeinde K haben zahlreiche Personen Ferienwohnungen entweder gekauft oder auf Dauer gemietet. Um die Aufwendungen für ihre öffentlichen Einrichtungen zu decken, die auch diesen Personen zugute kommen, will die Gemeinde für das „Innehaben" solcher Wohnungen eine „Zweitwohnungsteuer" erheben (§ 1 der Satzung). Sie hält dies für gerechtfertigt, weil dieser Personenkreis grds. in der Gemeinde nicht steuerpflichtig ist. Die Höhe der Abgabe richtet sich nach der ortsüblichen Jahresnettomiete (§ 5 der Satzung). Zu ihr sollen diejenigen herangezogen werden, die im Gemeindegebiet eine Ferienwohnung haben, ohne sich in der Gemeinde überwiegend aufzuhalten (§ 4 der Satzung). Die Gemeinde bittet um ein Rechtsgutachten zur Zulässigkeit einer solchen Steuersatzung.

I. Die **Ermächtigung** zum Satzungserlass ergibt sich aus § 2 Abs. 1 S. 1 KAG als Spezial- **599**
norm zu § 7 Abs. 1 GO NRW. Die konkrete Ermächtigungsnorm richtet sich nach der **Art der geplanten Abgabe** (vgl. oben Fall 21).

1. Eine **Gebühr** (§ 4 KAG) liegt nicht vor, weil die Abgabe nicht an eine Amtshandlung oder die Benutzung öffentlicher Einrichtungen anknüpft. Besondere Leistungen, wie z.B. die Abfallentsorgung, werden aufgrund anderer Regelungen gesondert berechnet.

2. Die Einordnung als **Beitrag** (§ 8 KAG) scheidet ebenfalls aus. Für einen Beitrag genügt zwar ein abstrakter Vorteil in Form der bloßen Möglichkeit der Inanspruchnahme der Einrichtung (§ 8 Abs. 2 S. 2 KAG). Es muss sich aber immer um konkrete Investitionen handeln, die speziell den Abgabenschuldnern zugute kommen, wie z.B. ein Kanalanschluss.[902] Die hier vorgesehene Abgabe soll dagegen allgemein der Erfüllung öffentlicher Aufgaben dienen.

3. Es könnte sich um eine **Steuer** i.S.d. § 3 Abs. 1 S. 1 KAG handeln. Als hoheitlich auferlegte Geldleistung, die der Gemeinde zur Deckung des **allgemeinen Finanzbedarfs** dient, ohne dass sie dem Pflichtigen einen Vorteil oder eine Gegenleistung gewährt, entspricht die Abgabe der Legaldefinition in § 3 Abs. 1 AO. Die Verfolgung weiterer Ziele, hier Deckung der Aufwendungen für öffentliche Einrichtungen, darf gemäß § 3 Abs. 1 AO Nebenzweck sein.[903] Damit handelt es sich bei der Zweitwohnungsabgabe begrifflich um eine Steuer.[904] **Ermächtigungsgrundlage** für den Satzungserlass ist somit § 3 Abs. 1 S. 1 KAG.

II. Abgaben dürfen die Gemeinden gemäß § 1 Abs. 1 KAG nur erheben, **„soweit nicht** **600**
Bundes- oder Landesgesetze etwas anderes bestimmen". Eine andere Bestimmung ergibt sich vor allem aus der Verteilung der Steuergesetzgebungszuständigkeiten im Grundgesetz. Gemäß Art. 105 Abs. 2 a GG haben die Länder die Befugnis zur Gesetzgebung über die örtlichen Verbrauch- und Aufwandsteuern nur, **„solange und soweit sie nicht bundesgesetzlich geregelten Steuern gleichartig sind"**. Da die Kompetenzen der Gemeinde im Steuerrecht nicht über die der Länder hinausgehen können, gilt diese Einschränkung auch für kommunale Steuern.

902 BVerfGE 65, 325, 344.

903 BVerfG NJW 2010, 313, 316: außerfiskalische Förderungs- und Lenkungsziele zulässig.

904 BVerfGE 65, 325, 344.

601 1. Ihrer Art nach ist eine Steuer als **Aufwandsteuer** i.S.d. Art. 105 Abs. 2 a GG einzuordnen, wenn mit ihr die in der Einkommensverwendung für den persönlichen Lebensbedarf zum Ausdruck kommende, über die Befriedigung des allgemeinen Lebensbedarfs hinausgehende **wirtschaftliche Leistungsfähigkeit** des Steuerpflichtigen getroffen werden soll.[905]

Nicht notwendig ist, dass es sich um eine besonders aufwändige oder luxuriöse Einkommensverwendung handelt.[906]

602 Die Nutzung einer Zweitwohnung zu Erholungszwecken ist ein **besonderer Aufwand**, der über die normale Lebensführung hinausgeht. Es handelt sich deshalb um eine Aufwandsteuer.[907]

Dies gilt auch für **beruflich bedingte Zweitwohnungen**, da ausschließlich auf die im Konsum zum Ausdruck kommende wirtschaftliche Leistungsfähigkeit abzustellen ist.[908] Allerdings verstößt die Erhebung der Zweitwohnungsteuer bei Ehegatten gegen Art. 6 Abs. 1 GG, wenn die Innehabung der beruflich bedingten Zweitwohnung die notwendige Konsequenz der Entscheidung zu einer gemeinsamen Ehewohnung an einem anderen Ort ist.[909] Auch **Studierende** unterfallen der Zweitwohnungsteuer am Studienort,[910] und zwar auch dann, wenn sie in der elterlichen Wohnung nur ihr früheres „Kinderzimmer" nutzen.[911]

Nicht steuerpflichtig sind dagegen Wohnungen, die nicht der persönlichen Lebensführung dienen, sondern von ihrem Inhaber als reine **Kapitalanlage**, also ausschließlich zur Einkommenserzielung gehalten werden.[912] Unzulässig ist auch eine kommunale **Einwohnersteuer**, die an die schlichte Innehabung eines (Erst-)Wohnsitzes anknüpft, da diese keinen besonderen Aufwand erfasst.[913]

603 2. **Örtlich** ist eine Steuer, wenn der gesetzliche Steuertatbestand an örtliche Gegebenheiten, vor allem an die Belegenheit einer Sache oder an einen Vorgang im Gebiet der steuererhebenden Gemeinde anknüpft. Die unmittelbaren Wirkungen müssen auf das Gemeindegebiet beschränkt bleiben, um die staatliche Wirtschaftseinheit nicht durch ein Steuergefälle zu gefährden (sogenannte **örtliche Radizierung**).[914] Anknüpfungspunkt für die Zweitwohnungsteuer ist die **Belegenheit** der Wohnung im **Gemeindegebiet**. Dass die Erfüllung des Steuertatbestandes „Zweitwohnung" es gerade erfordert, dass der Steuerpflichtige sich nicht überwiegend im Gemeindegebiet aufhält, ist unschädlich, da dies lediglich zur Bestimmung des Kreises der Abgabenpflichtigen dient.[915]

604 3. Als örtliche Aufwandsteuer darf die Zweitwohnungsteuer nach Art. 105 Abs. 2 a GG einer bundesgesetzlich geregelten Steuer **nicht gleichartig** sein.

---

905 BVerfGE 65, 325, 345; BVerwG, Urt. v. 11.07.2012 – BVerwG 9 CN 1.11, NVwZ 2012, 1407 m.w.N.

906 BVerwG DVBl. 2000, 1224; NVwZ 2002, 728; VG Münster NWVBl. 2004, 437; Meyer JA 2006, 800, 804.

907 BVerfG, Beschl. v. 15.01.2014 – 1 BvR 1656/09, DStR 2014, 420, 421; BVerfGE 65, 325, 349 f.; 114, 316, 334 f. BFH NVwZ 2010, 1047, 1048; BVerwG NVwZ 2005, 828, 829; DVBl. 2003, 748.

908 BVerfG NVwZ-RR 2010, 457; BVerwG NVwZ 2001, 440; OVG Schleswig NVwZ-RR 2008, 816.

909 BVerfG DVBl. 2005, 1576, 1577; Stüber NWVBl. 2007, 256 ff.; kritisch Beyer JZ 2006, 256 ff.

910 BVerwG NVwZ 2009, 532; OVG NRW NVwZ-RR 2005, 852; VG Aachen NVwZ-RR 2007, 558.

911 BVerfG NVwZ 2010, 1022, 1024; BVerwG NJW 2009, 1097; NVwZ 2009, 1437; BFH NVwZ 2010, 1047; OVG NRW NVwZ-RR 2007, 271; OVG NRW, Beschl. v. 01.12.2010 – 14 A 842/09.

912 BVerfG NVwZ 1996, 57, 58; BVerwG NVwZ 2005, 828, 829; Winkler JA 2007, 405, 409.

913 BVerwG DÖV 1992, 489; Wernsmann Jura 2000, 175, 177; Meyer JA 2006, 800, 804.

914 BVerwG, Beschl. v. 25.04.2013 – BVerwG 9 B 41.12, NVwZ 2013, 1426, 1427.

915 Vgl. BVerfGE 65, 325, 350; BVerfG DVBl. 2005, 1576, 1577; Drasdo NJW-Spezial 2007, 289.

Anknüpfungspunkte für eine **Gleichartigkeit** sind vor allem der Steuergegenstand, der Bemessungsmaßstab und die abgeschöpfte Quelle der wirtschaftlichen Leistungsfähigkeit. Danach kommt hier eine Gleichartigkeit mit der Einkommensteuer, der Grundsteuer und der Umsatzsteuer in Betracht.

a) Die **Einkommensteuer** besteuert den Zufluss von Einkommen ohne Rücksicht auf seine Verwendung. Dagegen erfasst die Zweitwohnungsteuer nicht die Einkommenserzielung, sondern die Einkommensverwendung. Zudem stellt sie bei der Bemessung nicht auf die Höhe des Einkommens ab.[916] **605**

b) Die **Grundsteuer** knüpft an das Haben von Grundstücken an, ohne auf den Ertrag oder die Leistungsfähigkeit des Pflichtigen abzustellen. Dagegen erfasst die Zweitwohnungsteuer eine bestimmte Art der Vermögensverwendung. Außerdem erfasst sie nicht nur Eigentümer, sondern auch Mieter. Deshalb besteht auch insoweit keine Gleichartigkeit.[917] **606**

c) Schließlich besteht auch keine Gleichartigkeit mit der **Umsatzsteuer**. Die Zweitwohnungsteuer besteuert das Innehaben einer (Zweit-)Wohnung, d.h. einen Zustand, die Umsatzsteuer besteuert dagegen Vorgänge der Lieferung oder sonstigen Leistung.[918] **607**

Gemäß Art. 105 Abs. 2 a GG steht deshalb im Verhältnis Bund – Land die Befugnis zur Einführung einer Zweitwohnungsteuer dem Land zu. Da das Land diese Kompetenz selbst nicht wahrgenommen hat, besteht insoweit das Steuerfindungsrecht der **Gemeinde** nach § 3 Abs. 1 S. 1 KAG. **608**

Weitere Beispiele für gemeindliche Aufwandsteuern sind die Hundesteuer[919] und die Vergnügungsteuer, die nach Aufhebung des Landesvergnügungsteuergesetzes nunmehr aufgrund kommunaler Satzungen erhoben werden kann. Deshalb dürfen die Gemeinden z.B. für die „gezielte Einräumung der Gelegenheit zu sexuellen Vergnügungen oder das Angebot sexueller Handlungen gegen Entgelt" eine sogenannte Sexsteuer erheben.[920] Auch eine Übernachtungsabgabe (sogenannte Bettensteuer) ist als Aufwandsteuer zulässig, darf aber nur private Übernachtungen erfassen. Berufsbedingte Übernachtungen dienen dagegen nicht der Verwendung, sondern der Erzielung von Einkommen und unterliegen daher nicht der Aufwandbesteuerung.[921]

III. Aus dem Verhältnis von § 77 Abs. 2 Nr. 1 zu Nr. 2 GO NRW („im Übrigen") folgt, dass Steuern nur erhoben werden sollen, wenn die Ausgaben nicht durch spezielle Entgelte gedeckt werden können (**Subsidiarität der Steuern**; vgl. auch § 3 Abs. 2 S. 1 KAG).[922] Eine Ausnahme gilt nach § 77 Abs. 2 Nr. 1 GO NRW nur dann, wenn spezielle Entgelte nicht vertretbar oder geboten sind. Eine Erhebung von Gebühren oder Beiträgen für das Innehaben von Zweitwohnungen ist mangels konkreter oder abstrakter Gegenleistungen der Gemeinde nicht möglich und damit weder vertretbar noch geboten. Die Erhebung einer Zweitwohnungsteuer ist daher **grundsätzlich zulässig**. **609**

916 BVerfGE 65, 325, 351; BVerwG DVBl. 1997, 1058; NVwZ 1990, 568.

917 BVerfGE 65, 325, 353; BVerwGE 58, 230, 242; Drasdo NJW-Spezial 2007, 289.

918 BVerwG NVwZ 1989, 565, 566; OVG NRW NVwZ-RR 1994, 43, 44; allgemein BVerwG NVwZ 2012, 1407, 1410.

919 BVerwG, Beschl. v. 25.04.2013 – BVerwG 9 B 41.12, NVwZ 2013, 1426; dazu Selmer JuS 2014, 188.

920 Vgl. OVG NRW NVwZ-RR 2012, 855 u. 858; VG Köln NWVBl. 2007, 491; ebenso VGH Mannheim VBlBW 2011, 400.

921 BVerwG, Urt. v. 11.07.2012 – BVerwG 9 CN 1.11, NVwZ 2012, 1407; OVG NRW, Urt. v. 23.10.2013 – 14 A 316/03, NWVBl. 2014, 158; anders noch OVG RP, Urt. v. 17.05.2011 – 6 C 11337/10, DVBl. 2011, 1039; vgl. auch OVG Schleswig, Urt. v. 06.02.2014 – 4 KN 2/13; Urt. v. 07.02.2013 – 4 KN 1/12, NVwZ-rR 2013; ThürOVG LKV 2011, 472.

922 OVG NRW NWVBl. 2007, 347; NVwZ 1990, 393, 394; ebenso HessVGH, Urt. v. 28.11.2013 – 8 A 617/12.

610 IV. Ferner muss die Gemeinde beim Satzungserlass die **formellen und inhaltlichen Anforderungen** gemäß § 2 Abs. 1 S. 2, Abs. 2 KAG beachten.

Die Satzung muss den Kreis der Abgabenschuldner, den die Abgabe begründenden Tatbestand, den Maßstab und den Satz der Abgabe sowie den Zeitpunkt ihrer Fälligkeit angeben (§ 2 Abs. 1 S. 2 KAG). Eine Satzung, mit der eine im Land nicht erhobene Steuer erstmalig oder erneut eingeführt werden soll, bedarf der Genehmigung des Innen- und Finanzministeriums (§ 2 Abs. 2 KAG).[923]

V. Wie jede andere Satzung darf auch die Steuersatzung nicht gegen **höherrangiges Recht** verstoßen.

611 1. Die Erhebung einer kommunalen Zweitwohnungsteuer könnte gegen die durch **Art. 11 Abs. 1 GG** garantierte Freizügigkeit verstoßen.

a) Der **Schutzbereich** des Grundrechts umfasst das Recht, an jedem Ort im Bundesgebiet Aufenthalt und Wohnsitz zu nehmen.[924]

b) Ein **Eingriff** in den Schutzbereich sind alle staatlich veranlassten Behinderungen oder Beeinträchtigungen der Freizügigkeit. Dazu gehören auch mittelbare und faktische Beeinträchtigungen der Wahl des Wohnorts, wenn sie in ihrer Zielsetzung und Wirkungen einem normativen und unmittelbaren Eingriff gleichkommen.[925] Bei der Auferlegung von Abgaben ist die Qualität eines Eingriffs daher in der Regel zu verneinen, solange sie keine ähnliche Wirkung wie ein striktes Verbot des Nehmens von Aufenthalt oder Wohnsitz haben.[926] Davon abgesehen begründet die Freizügigkeit keinen Anspruch darauf, dass der Aufenthalt an einem bestimmten Ort aus tatsächlichen oder rechtlichen Gründen nicht mit weiteren Konsequenzen verbunden sind.[927] Ein Eingriff in Art. 11 Abs. 1 GG liegt daher nicht vor.

612 2. Es könnte aber ein Verstoß gegen die **unionsrechtliche Freizügigkeit** (Art. 20 Abs. 2 Buchst. a) i.V.m. Art. 21 Abs. 1 AEUV) vorliegen. Zwar gelten die unionsrechtlichen Regelungen grundsätzlich nur für Sachverhalte mit **grenzüberschreitendem Bezug**, an dem es hier fehlt. Art. 20 AEUV steht aber auch ansonsten allen nationalen Maßnahmen entgegen, die bewirken, dass Unionsbürgern der **Kernbestand** der Rechte, die ihnen dieser Status verleiht, verwehrt wird.[928] In diesen Kernbestand wird allein durch die Erhebung einer Zweitwohnungsteuer indes nicht eingegriffen.[929] Auch führt eine an das Innehaben einer Zweitwohnung anknüpfende Steuer zu keiner unzulässigen Diskriminierung von EU-Ausländern oder Ortsansässigen.[930]

923 Vgl. dazu OVG NJW 2010, 102; VG Köln NWVBl. 2007, 491, 492.
924 Vgl. AS-Skript Grundrechte (2012), Rn. 320.
925 BVerfGE 110, 177, 191.
926 BVerfG, Beschl. v. 17.02.2010 – 1 BVR 529/09, NVwZ 2010, 1022, 1025.
927 BayVGH, Beschl. v. 27.03.2013 – 4 ZB 12.1377, BayVBl. 2013, 499, 500.
928 EuGH, Urt. v. 05.05.2011 – C-434/09, NVwZ 2011, 867, 869.
929 BayVGH, Beschl. v. 27.03.2013 – 4 ZB 12.1377, BayVBl. 2013, 499, 500.
930 BayVGH, Beschl. v. 27.03.2013 – 4 ZB 12.1377, BayVBl. 2013, 499, 500; vgl. auch EuGH, Urt. v. 01.04.2014 - C 80/12 zum Verstoß einer Steuerregelung gegen die Niederlassungsfreiheit (Art. 49 AEUV).

3. Es kommt jedoch eine Verletzung des Art. 3 Abs. 1 GG unter mehreren Aspekten in Betracht **(Grundsatz der Steuergerechtigkeit)**.[931]

   a) Teilweise wird die Ansicht vertreten, Aufwandsteuern seien per se verfassungswidrig, da **nicht jeder besondere Aufwand** besteuert werde (z.B. gibt es eine Zweitwohnungsteuer, aber keine Zweitautosteuer). Bei der Wahl des Steuergegenstandes hat der Gesetzgeber jedoch einen weiten Gestaltungsspielraum. Entscheidet sich der Gesetzgeber, eine bestimmte Steuerquelle zu erschließen, andere hingegen nicht auszuschöpfen, so steht der Gleichheitssatz nicht entgegen.[932] **613**

   b) Ein Verstoß gegen den Gleichheitssatz kommt aber deshalb in Betracht, weil die Abgabenpflichtigen ungleich behandelt werden gegenüber Zweitwohnungsinhabern, die ihre Wohnung **nicht als Ferienwohnung**, sondern z.B. aus beruflichen Gründen nutzen. Diese Differenzierung hält die Rspr. bereits für nicht sachgerecht. Der Unterschied bestehe lediglich im Zweck des besteuerten Aufwandes. Das Wesen der Aufwandsteuer schließe es aber aus, für die Steuerpflicht von vornherein auf eine wertende Berücksichtigung der Absichten und verfolgten ferneren Zwecke abzustellen. Besondere Umstände könnten nur in Befreiungs- oder Ermäßigungstatbeständen berücksichtigt werden.[933] **614**

   c) Eine weitere Ungleichbehandlung liegt in der Differenzierung zwischen **einheimischen und ortsfremden Zweitwohnungsinhabern**. Ein Teil der Rspr. hat dies für sachgerecht gehalten, da die Gemeinde für die Zweitwohnungen Ortsfremder die gleichen Aufwendungen hat, ihr aber von diesen Personen nicht im gleichen Maße wie von ihren Einwohnern Einnahmen zufließen, die bereits zum Aufkommen der Gewerbe- und Einkommensteuer in der Gemeinde beitragen.[934] Dem ist entgegenzuhalten, dass sich eine höhere Belastung der Gemeinde bei Auswärtigen nicht feststellen lässt, sodass kein sachlicher Grund für die Ungleichbehandlung gegeben ist. Eine Zweitwohnungsteuer, die zwischen Einheimischen und Auswärtigen sowie nach dem Zweck der Verwendung differenziert, ist mit Art. 3 Abs. 1 GG unvereinbar.[935] Eine solche **Satzung** wäre deshalb **unwirksam**. **615**

   Zulässig ist die Zweitwohnungsteuer dagegen, wenn sie alle (ortsansässigen und ortsfremden) Zweitwohnungsinhaber **gleichermaßen** betrifft.[936] Bei der Bemessung der **Höhe** der Steuer kann grundsätzlich die ortsübliche Jahresnettomiete zugrunde gelegt werden.[937]

---

931 Vgl. dazu allgemein BVerfG, Beschl. v. 15.01.2014 – 1 BvR 1656/09.

932 Vgl. BVerfGE 84, 239, 271; 93, 121, 136; Wernsmann Jura 2000, 175, 176 f. m.N. auf die Gegenansicht.

933 BVerfGE 65, 325, 357; BVerwG DVBl. 2000, 1224, 1225.

934 BVerwGE 58, 230, 243 f.

935 BVerfGE 65, 325, 354 f.

936 BVerfGE 114, 316; BVerwGE 115, 165; BVerwG BayVBl. 2007, 536; Gottschaller BayVBl. 2007, 549; Kasper DStR 2006, 2005.

937 BVerwG DVBl. 2003, 748, 749; Meyer JA 2006, 800, 805; zur (Un-)Zulässigkeit eines degressiven Steuertarifs vgl. BVerfG, Beschl. v. 15.01.2014 – 1 BvR 1656/09, DStR 2014, 420, 422.

Selbstverwaltungsgarantie (Art. 28 Abs. 2 GG, Art. 78 LVerf)					
Gebietshoheit	**Organisationshoheit**	**Finanzhoheit**	**Personalhoheit**	**Planungshoheit**	**Rechtsetzung**

- **eigenes Vermögen und dessen Verwaltung, §§ 90 ff. GO NRW**
- **eigene Haushaltsplanung, §§ 75 ff. GO NRW**
- **eigene Rechnungsprüfung, §§ 101 ff. GO NRW**
- **eigene Einnahmen**

A. **Abgaben** (hoheitlich auferlegte Geldleistungen)
- **Gebühr:** als Gegenleistung für Leistung der Verwaltung (Benutzungsgebühr, Verwaltungsgebühr)
- **Beitrag:** zur Kostendeckung, wenn Pflichtiger wirtschaftliche Vorteile haben kann
- **Steuer:** zur Deckung des allgemeinen Finanzbedarfs ohne Gegenleistung

Rechtmäßigkeitsvoraussetzungen:
1. allgemein: Satzung gemäß § 2 KAG
2. **Besonderheiten bei Benutzungsgebühr:**
   - **Kostendeckungsprinzip** (§ 6 Abs. 1 S. 3 KAG): Gesamtheit der Kosten begrenzt Summe der Einnahmen
   - Bemessungsmaßstab: Inanspruchnahme, § 6 Abs. 3 KAG grundsätzlich **Wirklichkeitsmaßstab**, Ausnahme: Wahrscheinlichkeitsmaßstab; str. Gebührenstaffelung aus sozialen Gründen
   - **Äquivalenzprinzip:** kein grobes Missverhältnis zwischen Verwaltungsleistung und Gebühr
3. **Besonderheiten bei Steuern:**
   - für Gewerbesteuer und Grundsteuer gelten Spezialgesetze; Gemeinden bestimmen Hebesätze
   - örtliche Verbrauch- und Aufwandsteuern (Art. 106 Abs. 6 S. 1 GG): grds. **Steuerfindungsrecht** der Gemeinden (Art. 28 Abs. 2 S. 3 GG, Art. 79 S. 1 LVerf, § 1 Abs. 1 KAG), aber keine Gleichartigkeit mit bundesrechtlichen Steuern (Art. 105 Abs. 2 a GG)

B. **Beteiligung am staatlichen Steueraufkommen**
- Anteil am Aufkommen der **Einkommensteuer** (Art. 106 Abs. 5 GG)
- Anteil am Aufkommen der **Umsatzsteuer** (Art. 106 Abs. 5 a GG)
- Beteiligung am Länderanteil der **Gemeinschaftssteuern** (Art. 106 Abs. 3 GG) im Wege des Finanzausgleichs (Art. 106 Abs. 7 GG)

C. **Finanzzuweisungen**
- Kostendeckung bei Aufgabenübertragung, Art. 78 Abs. 3 LVerf
- übergemeindlicher Finanzausgleich, Art. 79 S. 2 LVerf

Stichwortverzeichnis

Die Zahlen verweisen auf die Randnummern.